1 MONTH OF
FREE
READING

at
www.ForgottenBooks.com

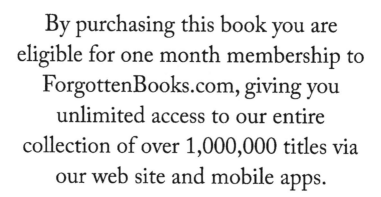

By purchasing this book you are eligible for one month membership to ForgottenBooks.com, giving you unlimited access to our entire collection of over 1,000,000 titles via our web site and mobile apps.

To claim your free month visit:
www.forgottenbooks.com/free341878

ISBN 978-0-260-05547-7
PIBN 10341878

Bibliothek für wissenschaftliche Gartencultur.

V. Band.

o

Bibliothek

für

wissenschaftliche Gartencultur.

V. Band.

Beiträge zur Landschaftsgärtnerei.

Die Felsen in Gärten & Parkanlagen

von

Rudolf Geschwind.

Stuttgart. 1880.

Verlag von Eugen Ulmer.

Beiträge zur Landschaftsgärtnerei.

Die Felsen

in Gärten und Parkanlagen.

Anleitung zur Verschönerung natürlicher und Herstellung

künstlicher Felspartien

für

Landschaftsgärtner, Gartenbesitzer, Forstmänner

und Architekten

von

Rudolf Geschwind,

Forstmeister der k. fr. Stadt Karpfen, Meister des freien deutschen Hochstiftes für Wissenschaften, Künste und allgem. Bildung zu Frankfurt a. M., ord. Mitgliede des österr. Reichsforstvereins zu Wien, Verf. des Werkes: „Die Hybridisation und Kultur der Rosen" etc.

Stuttgart. 1880.

Verlag von Eugen Ulmer.

Druck der C. Maier'schen Buchdruckerei (Eugen Metzger) in Ravensburg.

Seinen Eltern

als ein Zeichen innigster Liebe, Hochverehrung und Dankbarkeit

gewidmet

vom Verfasser.

Vorwort.

in viertel Jahrhundert auf den Alpen, im Walde und zwischen Felsen wohnend und wirkend, habe ich — als eifriger Natur- speciell Pflanzenfreund — meine Umgebung stets sorgfältigen Stu- dien unterzogen und wenn ich auch weit davon entfernt bin, sagen zu wollen: dass die Heraus- gabe vorliegenden Werkes einem wirklichen Bedürfnisse abhelfe, — glaube ich dennoch, durch gegebene Belehrung über Anwendung der Felsen in Gärten und deren Ausschmückung nicht nur jeden Naturfreund zu befriedigen, sondern auch manchen Gartenbesitzer zu erfreuen.

Gleichzeitig schmeichle ich mir, dass auch ein erfahrener Land- schaftsgärtner, wie nicht minder der Architekt, in die Lage kommen kann, diesen oder jenen meiner Winke für seine Zwecke auszunützen.

Ich sage ausdrücklich nur „Winke"; denn zu einer weit- schweifigen, das Innerste der Sache berührenden Unterweisung konnte es — schon mit Rücksicht auf den verfügbaren Raum — nicht kommen; ich musste mich meistens nur mit blossen Andeutungen begnügen, wenn dieses Buch nicht zu einem, mehrere Bände um- fassenden Werke anschwellen sollte, was ganz zwecklos gewesen wäre, weil es über einzelne, hier nur flüchtig berührte Gegenstände — z. B. über Holzarchitektur, Hydrotechnik u. s. w. — viele sehr empfehlenswerthe Werke gibt, aus denen man sich Raths erholen kann.

Anderseits zog ich in Erwägung, dass selbst der genialste Landschaftsgärtner bei manchen einschlägigen Baulichkeiten des Architekten durchaus nicht entbehren kann; es war vielmehr nur

meine Absicht: dem Gartenfreund jenen Weg zu zeigen, auf welchem
er die Idee zur Verschönerung seines Besitzthumes weiter verfolgen kann.

Vom Standpunkte des Grossgrundbesitzers ausblickend, gilt
das so eben Gesagte selbstverständlich mehr für den Park und ausgedehntere Anlagen, während auch der minder begüterte Gartenfreund,
nach Durchsicht dieses Buches, kaum mehr in Zweifel sein wird:
wo und wie er eine Felspartie in seinem Hausgarten herzustellen
und mit welchen Gewächsen er sie zu bepflanzen habe.

Der Felsenfreund wird, sofern er ganz bei der Sache ist,
mitunter wohl auch selbst Hand anlegen, zum Mindesten seine Arbeiter
belehren können und stolz auf seine Schöpfung, in dieser und mit derselben sich eine dauernd fliessende Quelle der reinsten Freude erschliessen.

Felspartien aller Formen, grosse und kleine, sind heut zu Tage
gerade modern, um so mehr muss es befremden, dass specielle
Anleitungen zu deren Herstellung gänzlich mangeln.

Letzterem Umstande ist es wohl am meisten zuzuschreiben, dass
die Kunst: Felsgruppen zu bilden, welche in Folge ihrer Natürlichkeit effektvoll wirken, noch in ihrer zartesten Kindheit liegt und dass
man in vielen Fällen zwar recht reich dekorirte Steinhaufen, sehr
selten aber schön ausgeführte und sachverständig bepflanzte Felspartien zu Gesicht bekommt.

Vergebens suchte ich nach einem Werke, welches der Felsgärtnerei, wie ich sie nennen will, gleiche Aufmerksamkeit geschenkt
hätte, wie das vorliegende; desshalb kann es aber auch gewiss auf
Originalität Anspruch machen. Anfänglich gesonnen, dasselbe durch Abbildungen illustrativ zu vervollkommnen, musste ich mein Vorhaben —
mit Rücksicht auf den Preis dieses Buches, welches ich dem weitesten
Leserkreise zugänglich zu machen wünsche, — leider aufgeben.

Dem ungeachtet glaube ich, überall deutlich gesprochen und
jeden Gegenstand so genau beschrieben zu haben, dass ich nicht befürchten muss von dem freundlichen Leser missverstanden zu werden;
selbst dort nicht, wo Illustrationen ganz am Platze gewesen wären:
und nun übergebe ich mein Werk der Oeffentlichkeit, um nachsich-
tige Beurtheilung bittend, wenn vielleicht die That dem guten
Willen nachzukommen nicht vermochte.

Stadt Karpfen in Ungarn, am Neujahrstage 1879.

Der Verfasser.

Inhalts-Uebersicht.

Erster Theil.

Felsen-Architektur.

———

§. 1.

Natur-Felsen.

Im Park und Wildgarten, seltener in und an Hausgärten, kommen hier und dort Felsen vor, die entweder als kahle Massen bereits zu Tage getreten sind, oder durch Abgraben des sie deckenden Erdreiches, oft auf wenig mühsame, mitunter auch nicht sehr kostspielige Weise, frei gelegt werden können.

Wir begegnen Naturfelsen zumeist in ihrer wildesten Form; vielfach zerrissen und zerklüftet, gewöhnlich nackt, im günstigsten Falle mit spärlichen Felsgewächsen, hin und wieder mit Wachholder, der Birke oder sonst einer genügsamen Holzart bekleidet; ein Bild der traurigsten Sterilität.

So, wie sie jetzt dastehen, können sie unmöglich unserem geläuterten Geschmacke entsprechen. — Wir mildern ihre Wildheit, indem wir zur Umformung ungeeignete Stücke oder solche an gefährlichen Stellen wegbrechen; wir sorgen, durch Anlage von Wegen, Pfaden und Treppen, für leichtere Zugänglichkeit der Höhen; wir bringen dort Ruhesitze an und bemühen uns — Felsstücke, die im Wege stehen, beseitigend, um Gewinnung herrlicher Fernsichten; wir verdecken endlich durch Bepflanzung der Anhöhen die Nacktheit ihres Anblickes; schliesslich sind wir darauf bedacht, fliessende Ge-

wässer, über das Gestein zu leiten und sie zwischen überbrückten
Schluchten und Abgründen zur Tiefe zu führen, dabei Abwechslung
in der Szenerie, Erfrischung des Kolorits und Belebung des Ganzen
zum Vollausdruck gelangen lassend. Dem denkenden Gärtner ist
hier ein weites lohnendes Feld für seine Thätigkeit eröffnet;
umsomehr, weil Parkfelsen in der Regel ziemlich grosse Ausdehnung
besitzen und deren vollständige Dekoration und Bepflanzung unter
Umständen Jahrzehnte beanspruchen kann. Das „Wie?" ist allerdings Sache des Geschmackes, hängt auch stets vom Willen des
Besitzers und dessen Geldmitteln ab; es können sonach in diesem
Werke nur allgemeine Andeutungen, Winke, nicht aber specielle
Rathschläge gegeben werden. Demungeachtet will ich mich bemühen,
den meisten Vorkommnissen Rechnung tragend, so tief als nur
immer möglich in den Gegenstand einzugehen.

Parkfelsen dürfen, wenn die Vollkommenheit landschaftlicher
Schönheit in allen ihren Theilen gewahrt werden soll, nie bis auf
den Gipfel hinauf mit Baum und Strauch bepflanzt werden. Immer
trachte man aber den Fuss des Berges zu bewalden, während
sämmtliche Vorsprünge, die Zacken, Hörner, Nadeln und
Grate kahl aus dem Grün der Baummasse hervortreten sollten.

Ebenso warne ich vor jeder geschlossenen waldartigen Bepflanzung
und ziehe unter allen Umständen die Anlage von Hainen und
Wäldchen, abwechselnd mit Wiese, Steingeröll, Abhang und Sturz-
bach, jeder anderen vor. Jede Einförmigkeit bei Bepflanzung grösserer
Naturfelsen ist streng zu vermeiden. Hier gemischte Gruppen von
Laub- und Nadelhölzern; dort ein Fichtenwäldchen, und drüben
wieder dichte Strauchpartien zwischen den Felsblöcken, während
einzelne alte Eichen, Birken und andere Solitärbäume den Rasen
beherrschen, der sich am Fusse der Felswand hinzieht, so lässt
sich ein Panorama in aller Grossartigkeit aufbauen, das durch seine
Mannigfaltigkeit gleichzeitig fesselnd auf das Auge des Beschauers wirkt.

Bäume und Gebüsche sind eine unentbehrliche Beigabe
jedes Parkfelsens und ihre richtige Vertheilung erhöht die Reize des
Bildes, das wir zu formen gedenken; während wir sie daher an
einem Punkte zusammenziehen, um düsterschattige Gruppen zu
bilden, aus deren Oeffnungen uns eine gähnende Schlucht, ein Wasserfall mit schaumumperlten Klippen, mit über den Rand geneigten
Blüthensträuchern entgegenblickt, betritt unser Fuss die Steinstufen
zur Anhöhe, wo die Baumpartien niederen Gehölzen weichen

mussten, zwischen denen sich der Pfad in schwungvollen Windungen längs dem steinigen Gelände hinzieht, über sich felsige Zacken, unter sich die gähnenden Spalten, in deren Grunde ein Wildbach tosend in die Tiefe stürzt.

Ich könnte der Bilder noch mehr zeichnen, die sich, verstärkt von dem Zauber mächtiger Naturfelsen, auf oder an denselben hervorlocken lassen; ich muss sie aber, als nicht in den engen Rahmen meiner Darstellung passend, übergehen, nur berührend, dass dort, wo Felsvorsprünge grösseren Umfanges gleichsam in den Park hineingeschoben erscheinen, und etwa eine nördliche und eine südliche Lehne vorweisen, recht ortsgemäss der südliche und nordische Landschaftscharakter gewahrt werden sollte. Die Bepflanzung, darnach modificirt, würde mit ungleich weniger Mühe und Auslagen durchgeführt und ein wünschenswerther Kontrast in's Leben gerufen werden können.

Nicht selten ereignet es sich, dass grössere Felsblöcke, lose eingebettet in Geröll, Sand oder Erde, durch Ausgrabung zu Tage gefördert und dort, wo eine grössere Anhäufung derselben stattfindet, durch zweckentsprechende Freistellung zu recht netten natürlichen Felsgruppen umgeformt werden können; besonders dann, wenn das Grundstück hügeliger Natur ist, oder am Abhange eines grösseren Berges liegt. Die Unkosten bei derlei Ausgrabungen sind oft ganz unbedeutend, namentlich dann, wenn das gewonnene Zwischenmaterial, z. B. Sand, verwerthet werden kann. Gärten, welche wegen ihrer flachen, armen Bodenkrume stets ein dürftiges Aussehen gewährten, sah ich nach erfolgter Abgrabung später im vollsten Pflanzenschmucke; ganz begreiflich: die zwischen dem Gestein angebrachten Gewächse wurden naturgemäss ausgewählt, mit guter Erde versorgt und hatten Feuchtigkeit und Schatten, während vordem die sengenden Strahlen der Sonne ungehindert alle kleinen Pflänzchen auf dem ebenen dürren Boden verbrannten.

Auf gleiche Weise können in hügeligen Hausgärten, die auf Felsen angelegt wurden, durch Sprengung der letzteren pittoreske Gebilde erzielt, Grotten und Aquarien geformt, mit einem Worte, durch Zuhilfnahme des Hammers und Schlägels eine solche durchgreifende Umwandlung vorgenommen werden, dass man kaum zu ahnen vermag, was die schaffende Hand eines genialen Gartenfreundes durchzuführen im Stande ist. Während daher der eine Gartenbesitzer missmuthig auf seine Steinwüste blickt, zaubert sein Nachbar mit geringen Mitteln ein Paradies zwischen dem Steinmeere. Namentlich haben die Bewohner alter Burgen, Schlösser und Ruinen in der Felsgärtnerei ein vortreffliches Mittel, die Umgebung ihres Wohnsitzes in einer Weise zu verschönern, welche, was Naturschönheit anbelangt, kaum etwas zu wünschen übrig lässt.

Ich sah Ruinen, bekleidet mit Epheu und Wildwein, aus dem Schatten dichter Gebüsche emporsteigen; hier hatten Fichten ihre Wurzeln zwischen die Mauerntrümmer getrieben, dort umrankte Gaisblatt die zerbröckelte Wand eines ehemaligen Prunkgemaches. Der Bergahorn und die Linde war angesiedelt worden und zwischen ihnen hatte eine Unzahl niederer Gehölze Platz gefunden, sich hainartig im Burghofe gruppirend. So ist es möglich, manche zerstörte Burg in einen traulich-lieben Wohnsitz umzugestalten; vollends dort, wo von höher gelegenen Gebirgsplateaus fliessende Wässer in die Ruine geleitet werden können.

§. 2.

Das Terrain und seine Exposition.

Beabsichtiget man, Felsgärten, ohne an gewisse Rücksichten gebunden zu sein, neu anzulegen, so müssen in allen Fällen sorgfältige Terrainstudien dem Erwerbe eines Grundstückes vorausgehen. Wer nicht in der Stadt wohnen muss, ziehe ohne sich erst viel zu bedenken, das Land vor; dort ist es möglich mit ungleich geringeren Mitteln das zu gewinnen, was in der Stadt, namentlich in einer grösseren, kaum mit Gold aufzuwägen ist, während man auf einem einsameren Landsitze oft einer solchen Fülle von Naturschönheit begegnet, dass man die wenigen Vortheile, welche das Stadtleben bietet, gerne vermissen wird.

Ausmündungen von Gebirgsthälern in Weingegenden, Alpenländer überhaupt, warme Lagen am Fusse nördlicher Gebirge, der Saum der Ebene, nie die letztere selbst, eignen sich ganz vorzüglich zu Ansiedlungen für wahre Natur- und Gartenfreunde; einestheils, weil das Klima an den genannten Lokalitäten in der Regel keine so grossen Abnormitäten darbietet, wie in dem weiten Flachlande oder im höheren Gebirge; anderseits, weil sich an den erstgenannten Oertlichkeiten nicht selten Gelegenheit darbietet, bereits mit Naturfelsen ausgestattete Grundstücke um ein Billiges anzukaufen und — wenn auch dies nicht der Fall wäre — Steine, Erde, leichter herbeigeschafft, manche Pflanze kostenlos erworben und Gewässer anstandsloser zugeleitet werden können, als dies in der Ebene der Fall sein dürfte.

Nicht selten ist es möglich, durch Zusammenstoss mehrerer Gärten, kleinerer Gehöfte und Bauernwirthschaften, ein vorzügliches Parkterrain zu gewinnen, und der Ankauf von Mühlen ist, schon wegen der damit verbundenen Wasserrechte, ein nicht zu unterschätzendes Unternehmen. Wo und was immer man ankaufe, stets sei das Augenmerk auf Gewinnung eines stark coupirten zum mindesten wellenförmigen Terrains gerichtet.

Können es Felsen nicht sein, so trachte man wenigstens Berglehnen, isolirte Hügel, in den Rahmen des Ganzen zu bringen. Ist es möglich, gemischte, wenn gleich devastirte Waldbestände, Haine, Gebüsche grösserer Ausdehnung, Gräben, Schluchten, Sümpfe, Quellen, vereinzelte uralte Bäume, besonders Eichen, Linden etc., mit in den Kauf zu bringen, um so besser. Eben so sei man bestrebt, naheliegende, verlassene Ziegeleien und Lehmgruben, alte Sandgräbereien, Steinbrüche, verlassene Stollen und Schutthalden, die oft spottbillig zu haben sind, zu erwerben, denn aus allen solchen Objekten lässt sich mit geringer Nachhilfe die Mannigfaltigkeit und Schönheit des Gartens um ein Bedeutendes erhöhen.

Was im Grossen gilt, kann auch im Kleinen Anwendung finden; der Hausgarten, sofern er felsige Partien einschliessen soll, darf nicht eben liegen. Je steiler die Berglehne, an welche der Hausgarten angelegt werden soll, desto besser eignet sie sich zur Formirung kleinerer, künstlicher Gebirge, zur Bildung von Grotten, Steilwänden, Cascaden und dergl., damit soll jedoch durchaus nicht gesagt sein, als ob in Gärten der Ebene sich durchaus keine Steinpartien anbringen liessen. O ja, aber theurer, ungleich theurer, werden letztere zu stehen kommen und dabei dennoch nicht jene Abwechslung, jenen frischen Reiz, jene Fernsicht gewähren können, wie die Berggärten. Der Garten des Flachlandes eignet sich wohl zu ausgedehnten Parkanlagen, zu weiten Wiesenteppichen, umfassenden Wäldern und Baumpflanzungen aller Art, zur Felsgärtnerei aber ziehe ich unbedingt ein mannigfach wechselndes, hügeliges Terrain jedem anderen vor und ist eine Auswahl geboten, so werde ich die Nordhänge der Berge für wilde Szenerieen und Anpflanzung aller in unserem Klima frostharten Gewächse — zu reserviren trachten.

Die Ostseite der Berge bietet, wegen der wohlthätigen und besonders vielen Alpenpflanzen sehr zuträglichen Morgensonne schon ein bei weitem lebhafteres Bild dar als die Nordseite, mit ihrem düsteren Getann, ihrer stets feuchten Kühle, ihrem bemoosten Gestein, zwischen welchem Farne, Wald- und Schattenpflanzen zum Lichte streben. Wer daher auch Blumen und Pflanzen in, bezüglich Boden und Lage anspruchsvollerer Art zwischen dem Felsen zu sehen wünscht, der ziehe die Ostseite vor, namentlich dann, wenn Wälder, Haine, zum mindesten Felswände, Mauern oder hohe Baumgruppen der Mittagssonne, von 10 Uhr Morgens an, den Zutritt vollständig versagen.

Der Wechsel zwischen Luft und Schatten, Sonnenwärme und Feuchtkühle, wirkt ungemein anregend auf die Vegetation der Ost-lehnen, namentlich dann, wenn höhere Gebirge, in Städten, Häusern, Mauern und dergl., die kalte Ostluft von unseren Lieblingen fern halten.

An der Westseite, begünstigt vom feuchten Winde und dem Anprall der Niederschläge, wird zwar noch manche Alpen- und Felsenplanze freudig gedeihen, welche in südlicher Exposition total verkümmern müsste, indessen wirken die Strahlen der Sommernachmittags-Sonne daselbst doch so energisch auf das Gestein, dass das Moos darauf zumeist vertrocknet und nur ein öfteres Giessen manche Pflanze in Vollkraft zu erhalten vermag; es sei hier hervorgehoben, wie besonders Farne an freien Westlehnen nie vollkommen werden wollen, während sie, nördlich oder östlich gepflanzt, zu üppigsten Exemplaren sich gestalten.

Die Südlehne, besonders die unbeschattete, ist dem Sonnen-brande allzusehr preisgegeben; daher, trotz allen Giessens, warm, geschützt und trocken. Sie eignet sich demnach vorzüglich zur Auf-nahme von Fettpflanzen jeder Gattung, namentlich Cactus-, Sedum-, Sempervivum-Arten werden sich daselbst ganz wohl befinden, auch manche zärtlichere Succulente, z. B. Echeveria, über Sommers dort vortrefflich gedeihen, wogegen alle Gewächse aus feuchteren Regionen, sowie auch die meisten Alpenpflanzen dort unfehlbar dem Tode entgegen gehen würden. Letzterer Aus-spruch gilt in erster Linie für alle, oder doch für die meisten Farnkräuter.

§. 3.

Wahl der Felsarten.

Die Felsenmassen, welche den festen Theil unserer Erde bilden und der Bodenkrume ihre Entstehung gegeben haben, sind bekanntlich von mannigfaltiger Beschaffenheit; theils geschichtet (durch Wasserfluthen entstanden), theils ungeschichtet (unter Einwirkung des Feuers geschmolzene Massen), theils gleichartig (von einer und derselben materiellen Beschaffenheit); theils ungleichartig (regelmässig gemengte und mit einander innig verbundene Theile); theils Trümmergestein (Bruchstücke, Geschiebe und Körner zerstörter Gebirge durch ein Bindemittel vereinigt); endlich lose Felsarten (erdig von geringer Festigkeit). Auch nach dem Gefüge, oder der Struktur, bemerken wir an den Felsarten manche Verschiedenheit; so haben wir körnige, schiefrige, dichte, porphyrartige, mandelsteinartige, poröse Felsarten, welche alle wieder, ihrer mineralischen Beschaffenheit nach, und durch die in ihnen enthaltenen einfachen krystallinischen Mineralien, einer Classification unterworfen werden können. Wir wollen uns, damit die Auswahl bei Bildung künstlicher Steinpartien vorkommenden Falles nicht schwierig werde, mit den einzelnen Felsarten und ihren, unserem Zwecke dienlichen Eigenschaften, näher bekannt machen.

I. Granit.

Eine ungleichartige, verschieden, meist hell- und rothgrau gefärbte Felsart, welche sich durch zackige, steile Wände und wilde Felsgruppen auszeichnet. Auch hervorstehende Felsblöcke, Kugeln, Säulen, Pyramiden u. dgl. zeigen sich öfters und liefert diese Gesteinart ein vorzügliches Material für Gartenbauten aller Art, sowie zur Herstellung von künstlichen Felsen.

2. Gneis.

Ungeschichtet, von schiefrigem Gefüge und ähnlicher Verwendbarkeit, wie der Granit.

3. Glimmerschiefer.

Ungeschichtet, von ausgezeichnet schiefrigem Gefüge. Verwittert leicht und daher nur zu kleineren Felsgruppen passend, wo

er sich wunderschön ausnimmt. Verwittert gibt er eine vortreffliche
Erde für Alpenpflanzen.

4. Thonschiefer.

Scheinbar gleichartig, ausgezeichnet schiefrig und daher nicht
zu Felsgruppen selbst, wohl aber zu Felstreppen, Dachdeckung, zu
Fussböden in Grotten, Aquarien u. dgl. äusserst brauchbar.

5. Syenit.

Ungeschichtet, in andere Felsarten übergehend, verschieden
von Farbe, empfehlenswerth zu Steinpartien in Hausgärten.

6. Zirkon-Syenit.

Vulkanische Felsart von besonders schönem, oft buntem Ansehen, daher für Ziergärten, als Weg- und Beeteinfassung, sowie zu
kleinen Felsgruppen, recht tauglich.

7. Diorit.

Ein körniges Gemenge von eigenthümlichem Ansehen und meist
grüner Farbe. Recht brauchbar.

8. Grünsteinporphyr.

Ein inniges Gemenge von Feldstein und Hornblende, von grüner
Farbe, ins Graue und Schwärzliche spielend.
Bildet felsige Gehänge, zerrissene Formen und steile Wände.

9. Dolerit.

Inniges, körniges Gemenge, oft porös, graue oder schwarzgraue
oft säulenförmige Ablösungen und kegelartige Bergformen bildend.

10. Basalt.

Bekannte, feinkörnig gemengte Gebirgsart von bläulicher oder
graulichschwarzer Farbe. Zu kleinen Gruppen nicht empfehlenswerth.

11. Gabbro.

Körniges Gefüge mit düsteren Farben. Bildet steile felsige
Berge, deren Abhänge Schutt und Geröll bedecken.

12. Serpentin.

Aeusserst feinkörnig, von Farbe wandelbar; vorherrschend grün, ins Graue, Braune, Schwarze gehend, vielfach gefleckt, geadert, gestreift, oft blutroth gezeichnet.

Bildet kegelförmige, steile Berge.

13. Augit.

Basaltähnliche, scheinbar gleiche Massen von schwarzgrüner, schwarzgrauer oder grünlichgrauer Farbe.

14. Smaragditfels und Granulit.

Diese im Fichtelgebirge und Steyermark vorkommenden, sehr schönen Felsarten zeigen ein körniges Gefüge und können, da sie ohnehin selten sind, nur für Stadtgärten und kleine Felspartien empfohlen werden.

15. Quarzfels.

Aus Quarzmasse bestehend, zeigt er sich in Gefüge und Farbe sehr veränderlich; ist gewöhnlich weiss, nicht selten grau, roth oder bräunlich. Sehr brauchbar für Ziergärten zur Einfassung der Blumengruppen und Beete.

16. Kieselschiefer.

Quarzmasse von dichtem Gefüge und mannigfaltig von Farbe; meist grau, braun, schwärzlich, grünlich, röthlich nach allen Richtungen mit Quarzadern durchzogen.

Verwendung wie bei Nr. 15.

17. Feldsteinporphyr.

Mancherlei Veränderungen unterliegend und als Porphyrschiefer, Mandelsteinporphyr, Hornsteinporphyr, Thonporphyr, Kugelporphyr wechselnd in Gefüge und Färbung vorkommend. Der Feldsteinporphyr ist sehr verbreitet und wird wegen seines häufigen Vorkommens zu Steingruppen oft benützt.

18. Trachyt.

Der Trachyt liefert schon wegen seiner Farbe — ein mannigfaltiges Grau, welches ins Weisse, Grüne, Blaue, Gelbe, Rothe und Schwärzliche spielt — und besonders dann, wenn er porös erscheint,

ein beliebtes, Material zu grossen und kleinen Steingruppen, welches
auch die Eigenschaft besitzt, dass Moos sehr leicht darauf fortwächst.

19. Phonolith.

Ungeschichtete vulkanische Gebirgsart von grauer ins Grüne
sich verlierender Farbe und grosser Härte.

Bildet zerrissene Formen und felsige Gehänge und ist im Park
am schönsten, wenn auf die Kante und zu mehreren neben einander
gestellt, aus Moos oder kurzen Rasen hervortretend, auch dann, wenn
schieferplattenartig aufeinander gethürmt.

20. Obsidian.

Schlackenartiges Feuergebilde, glasig, häufig porös, schwarz,
ins Graue, Braune und Grüne spielend; welches sehr zerrissene Berggestalten zeigt und zur Nachbildung derselben in Gärten dienen kann.

21. Pechstein.

Halbverglaste vulkanische Masse von grüner, grauer, rother oder
brauner Farbe. Zu Einfassungen und Blumenbeeten verwendbar.

22. Perlstein.

Körnige, perlartige Felsmasse von verschiedenem Grau, welches
häufig ins Gelbe, Braune und Rothe spielt. Nur für Ziergärten.

23. Bimsstein.

Faseriges Gewebe, gleichsam aus durcheinander geschlungenen
Glasfäden bestehend, unrein weiss von Farbe, ins Grüne, Gelbe und
Graue übergehend.

Kann zum Ueberzug der Höhlenwände, zu Grottenverzierungen
und Felsimitationen in Doppelfenstern verwendet werden.

24. Urkalk.

Der Farbe nach weiss, ins Graue, Blaue, Grüne, Gelbe, Braune und
Rothe gehend, von lichter gefärbten Kalk- und Quarzadern theilweise
durchzogen, gleichartig, hat zerrissene, steile, kahle Formen,
zerklüftet in grosse Blöcke und kann zur Gruppenbildung empfohlen
werden, besonders dann, wenn man ihn von der Oberfläche
unserer Erde sammelt.

25. Uebergangskalk.

Gleichartig, geschichtet, grau, meist etwas ins Blaue gehend, mit lichten gefärbten Kalkadern durchzogen. Zuweilen auch roth und gelb von Farbe. Wild und zerrissen in seinen Formen, an denen sich Gipfel, Nadeln und Hörner bemerkbar machen, bildet ferner Mauern, steile Abhänge, nackte Felsen, enge, tief eingeschnittene, schroffe Thäler.

26. Alpenkalk.

Gleichartig, geschichtet, dicht, schmutziggrau.

27. Grauwacke.

Undeutlich geschichtet, aus Trümmern bestehend, grau oder röthlichbraun.

28. Todtliegendes.

Deutlich geschichtet, dessen Geschiebe und Körner durch braunrothes, weisses oder graues Bindemittel verbunden sind.

Bildet steile Wände, schroffe Felsen mit schmalen Thälern und tiefen Schluchten.

29. Bunter Sandstein.

Sehr regelmässig geschichtet, einförmig roth oder roth und weiss gestreift.

30. Muschelkalk.

Regelmässig geschichtet, dunkelgrau, auch hellgrau, auch blauschwarz und gelblichweiss.

31. Keuper.

Der grobkörnige, wie besonders der feinkörnige Keupersandstein gibt sehr zierliche hellfarbige Felsen, denen leicht spitze Zacken gegeben werden können.

32. Dolomit.

Gleichartig, undeutlich geschichtet, oft aus einer Menge kleiner Krystalle mit vielen Zwischenräumen und Höhlungen bestehend. Die Farbe ist weiss, ins Gelbliche, Röthliche, Graue spielend.

Bildet theils kegelförmige Massen, theils sehr steile, fast senkrechte Wände, oft Grotten, breite Spalten und Klüfte. Wird empfohlen.

33. Lias-Kalk.

Regelmässig geschichtet, gleichartig. Von Farbe sehr dunkel, grau, braun, in's Schwarze gehend, gelb gefleckt oder ringförmig gezeichnet.

34. Oolith und Jurakalk.

Der erstere ausgezeichnet durch seine eigenthümliche körnigo Struktur, verschieden gefärbt, bildet sehr steile Abhänge. Der andere deutlich und ungleich stark geschichtet. Licht graulich oder gelblich.

35. Kreide.

Gleichartig, geschichtet, rauh. In der Oberlage weissfarbig, die Mittellage grau mit Glimmerblättchen, die unterste unrein weiss mit schwärzlichen Eisensilikat-Körnern. Die Kreideformation bildet malerische Gegenden mit engen Schluchten, steilen Wänden, scharfen Rücken und über einander stehenden Mauern.

36. Quadersandstein.

Von grosser Verschiedenheit, weniger deutlich geschichtet, weiss oder gelblich, roth und braun.

37. Grobkalk.

Aeusserst regelmässig geschichtet. Die Farbe wechselt in verschiedenem Grau und Gelb mit grünen Körnern.

38. Grüner Sandstein.

Verschiedene Schichtung, von graulichweisser Farbe, welche durch die grünen Körner gefleckt erscheint. Berggestalten von auffallend zerrissenen Formen.

39. Süsswasserkalk.

Die wichtigste Felsart für künstliche Steinpartien, äusserst verschieden. Bekannt ist der Travertino, ein sehr leichter, zelliger, licht gefärbter Kalk, der an der Luft fest wird und sich röthet; ferner der Kalktuff, ein poröses, blasiges, tropfsteinartiges Gebilde mit Blätterformen, Stengeln u. s. w., von gelblicher Farbe. Siehe das Weitere unter: „Tuffsteine und Kalksinter".

40. Wiener Sandstein.

Geschichtet, bläulichgrau, zeigt Glimmerschuppen, Kohlenspuren und Eisen-Silikatkörner.

Ausser Tuffsteinen, Tropfsteingebilden und Bimsstein, ist es selten möglich, Felsarten aus weiter Ferne herbeizu-

schaffen. Man wird sich daher in der Mehrheit der Fälle mit
dem begnügen müssen, was man in der Nähe hat.

Dagegen sind einige Gebirgsgegenden so reich an unterschiedlichen Felsarten, dass man recht wohl eine beliebige Auswahl darunter treffen kann und für diese Gegenden sind obige Zeilen
hauptsächlich geschrieben. Kalk-, Granit- und Porphyrgestein
empfiehlt sich wegen seiner Festigkeit zu grösseren Felsgebilden,
während alle übrigen Felsarten nur mehr für weniger umfangreiche
Gruppen, die sämtlichen buntgefärbten oft grellen Steinarten wohl
nur in Blumengärten nächst dem Hause verwendbar sind.

Stark mit Glimmerblättchen durchzogenes, daher gold-
oder silberglänzendes Gestein, ist anwendbar auf dem Grunde von
Wasserbassins, Quellen, kleinen Bächen und kann besonders der an manchen Orten häufige Gneiss als schönes und
billiges Einfassungs- und Ziermaterial warm empfohlen werden.

Die Nähe von Bergwerken, welche oft herrliche Quarzge-
bilde und sonstiges seltenes Gestein zu Tage fördern, gibt Gelegenheit zur Beischaffung des schönsten Materials für Teppichgärten
und Beeteinfassungen.

Nicht unerwähnt darf ich lassen, dass ich in der Lage war,
Anthracit-Kohle mit Vortheil bei Teppichbeeten zu verwenden.
Ebenso habe ich zentnerschwere Holz-Opale in meinem Garten,
welche ihre Entstehungsweise (in Opal umgewandeltes fossiles Holz)
an Holzgefüge und Holzgestalt durchaus nicht verläugnen und ganze
Stammstücke darstellen. Solche Gartenzierden sind allerdings nicht
überall zu haben; wo sie aber von selbst auftreten, säume man
nicht, sie nach Möglichkeit zu Gartendekorationen auszubeuten.

§. 4.

Tuffsteine und Kalksinter.

So manchem meiner geehrten Leser wird eine Gesteinform aufgefallen sein, die man in der Neuzeit so häufig zur Verzierung der
Aquarien und Terrarien benützt.

Es ist der Tuffstein, richtiger Tuffkalk oder Kalktuff,
ortweise auch Duckstein genannt und in seiner Beschaffenheit nichts
anderes als eine Ablagerung von kohlensaurem Kalk, also Kalkstein,
aus Quellen oder Bächen, welche Kalkerde in Kohlensäure haltigem

Wasser aufgelöst enthalten. Tuffsteine bilden sich nicht überall
gleichartig; es kann aber meine Aufgabe nicht sein, alle hieber
einschlagenden Bildungen und Formen näher zu beleuchten, sondern ich
muss mich begnügen, von jenem Tuffstein zu sprechen, der namentlich
in Thüringen kunstmässig abgebaut wird und einen weitgehenden
Handelsartikel bildet.

Dort findet man einzelne Strecken, von oft nur geringer Ausdehnung, welche wohl einst Sümpfe gewesen sein mochten und als
solche mit allerlei Schilf und Geröhricht bewachsen waren, welches
von den Absätzen der kohlensauren Kalkerde inkrustirt wurde, und
nunmehr, kaum einen Meter unter der Oberfläche, in den wunder-
lich und zart gebildeten Formen der Tuffsteine zu Tage tritt.

Die feinsten dieser Gebilde scheinen von Moosen herzurühren,
nach deren Verwesung die so überaus porösen Steine zurückblieben,
obwohl nicht zu zweifeln ist, dass auch durch gleichzeitige Entwickelung von kohlensaurem Gas der Kalktuff so porös geworden
sein mag.

Im Uebrigen finden sich auch Tuffsteine von ziemlich dichter
oder sandig-körniger Beschaffenheit; gewöhnlich enthält der Kalktuff
auch sehr viele wohlerhaltene organische Reste von Pflanzen
und Thieren, theils ausgestorbenen, theils noch lebenden Arten
angehörig, Schneckenhäuser, Knochen; selbst gut erhaltene Schalen
von Vogeleiern hat man darin gefunden.

Hier und da findet man dergleichen Ablagerungen von Kalktuff
in sehr mächtigen Schichten; ja es haben sich sogar rings um die
Quellenöffnungen ganze Hügel davon angehäuft, oder thalwärts ausgebreitet. Vieler Kalktuff liefert daher, wo er häufiger auftritt,
wegen seiner porösen Beschaffenheit einen ganz vortrefflichen und
dabei leicht bearbeitbaren Baustein, der nicht schwer, dabei
aber doch sehr haltbar ist und sich mit dem Kalkmörtel
aufs innigste verbindet, welche Eigenschaft ich wohl zu beachten bitte.

Selbstverständlich werden zu Bauzwecken nur die weniger schön
geformten Massen, die zunächst der Ackerkrume liegen, verwendet;
wogegen sich die Industrie dieses früher werthlosen Materials bemächtigt und die feinsten Formen des Kalktuffs, als sogenannte
Grotten-Tuffsteine zu verschiedenen Gartenornamenten und
Dekorationen verarbeitet und versendet.

Feinere Tuffsteine liegen stets unter der obersten Schicht des roheren Kalktuffs und zeigen sich dem Auge in so wunderbaren phantastischen Formen, dass man fast versucht werden könnte zu glauben, die Natur habe hier nicht allein gewirkt.

Ausser den inkrustirten aufrechtstehenden Halmen von Rohr und Schilf, durchkreuzt von geknickten Gräsern und kleinen Baumzweigen, die oft wunderbar ineinander verflochten erscheinen, verziert mit Muscheln und Schneckengehäusen, entdeckt man schon in den Steinen selbst kleine Grotten und Höhlen der mannigfaltigsten Form, und nicht selten so wunderliche Figuren, dass man erstaunt diese Produkte aus der unterirdischen geheimnissvollen Werkstätte der Natur betrachtet.

Der Abbau des Kalktuffs wird besonders in Thüringen, bei Weimar, Langensalza, Mühlhausen, Jena und an anderen Orten, schwunghaft betrieben und der Verarbeitung dieses Gesteins zu Garten-Ornamenten grösstmöglichste Aufmerksamkeit zugewendet. Man erzeugt daselbst nicht nur Blumenvasen, Aquarieneinsätze, Goldfisch- und Fontainenständer, Park- und Blumensäulen, sondern mancher Unternehmer sendet auch sogenannte Grottenbauer (bei freier Fahrt und Station pro Tag nicht unter 6 Mark) ins Weite, welche die mit Glücksgütern gesegneten Gartenfreunde durch Aufbau von Tuffsteinfelspartien, gewölbte Tuffstein-Grotten und Tuffstein-Ruinen erfreuen. An den genannten Orten verfertiget man auch Consolen, Ampeln, garnirte Blumentöpfe und entwickelt in diesen Artikeln nicht selten eine Genialität, die in Erstaunen setzt. So werden z. B. Ruinen en miniature, auf einem kleinen Felsen stehend, ausgemeisselt und meist als Aquarieneinsätze verwendet, die wirklich ganz allerliebst sind. Man denke sich diese kleinen Felsen von Höhlen und Gängen durchklüftet, während ein wildromantischer Gang von kleinen Felsensäulen begrenzt, von tiefen Schluchten hinauf bis zum Wartthurme führt, an den sich das altersgraue Gemäuer einer verfallenen Kapelle anlehnt, und in einem zweiten vom Zahne der Zeit benagten kleinen Thurme seinen Abschluss findet. Das Gemäuer verbirgt ein, ebenfalls mit Tuffstein garnirtes Blumentöpfchen, in welches, nach Belieben, passende Pflanzen, etwa Lycopodien, Lobelien, Succulenten, Farne u. s. w. eingesetzt, wie ebenfalls auch die Höhlen des Berges mit Erde ausgefüllt und bepflanzt werden können; so, dass das Ganze dann einer jener mittelalterlichen Ruinen ähnelt,

welche — aus frischem Waldesgrün hervorragend — nach oft müh-
seliger Wanderung dem entzückten Auge des Touristen, durch die
herrliche Rundschau, eine ganz neue Welt eröffnen.

So weit es sich um Verwendung der Tuffsteine zu Ornamenten für Ziergärten und zu Kunstwerken aller Art handelt, bin
ich ganz damit einverstanden; so wie ich diesem Gestein stets das
Wort reden werde, wenn der Gartenfreund wünscht, Miniaturgebirge unter Glas herzustellen, kleine Felspartien zwischen
Doppelfenstern und allenfalls auch in Glashäusern aufzubauen; dort aber, wo beabsichtigt wird, grössere Felsanlagen
künstlich zu schaffen, kann von einer Verwendung des Tuffsteines —
ganz abgesehen davon, dass derselbe ziemlich theuer und für den
minderbemittelten Gartenfreund meist unerschwinglich ist, denn
100 Centner prima Qualität kosten 150 Mark, geringere Waare immer
noch 120 Mark, während ausgesuchte Stücke mit 3 Mark per Zentner
an Ort und Stelle bezahlt werden müssen — schon desshalb nicht
die Rede sein, weil das Kalktuffgefüge mehr oder weniger doch den
Anstrich des Aussergewöhnlichen, Unterirdischen,
daher für die Oberwelt und wilde Scenerien nicht Passenden,
besitzt.

Steinpartien, von Kalktuff hergestellt, sehen in der Regel zu
gekünstelt, oft sogar kindisch aus, sind obendrein sehr theuer;
ich kann sie daher durchaus nicht empfehlen, allenfalls nur dann,
wenn man nicht die edlere Form dieses Gesteines, sondern
die letztere Qualität, die sich mehr dem Natürlichen nähert,
hierzu verwendet und Tuffstein als Unterlage für Sedumpflan-
zungen und andere Succulenten benützt, wozu er sich, wegen
seiner Porosität, ganz vorzüglich eignet.

Dagegen kann ich den Kalktuff als das vorzüglichste und
leichteste Material zur Wand-Verzierung und Auskleidung
von Grotten, Grüften, Höhlungen und unterirdischen
Bauten aller Art, nicht genug empfehlen. Dort ist er an seinem
rechten Platze und harmonirt mit seiner Umgebung auf das vortheil-
hafteste; zumal er, vermittelst gewöhnlichen Kalkmörtels, Gypses
oder Cements gekittet, auf Ziegel- und Steinwölbungen gleich
gut haftet.

Auch Tuffstein-Ruinen und Thierwohnungen im Park,
aus Tuffstein zweiter Qualität hergestellt, nehmen sich nicht übel
aus; es sind eben künstliche Gebilde, die sich mit den Formen des

Kalktuffs wohl vereinigen lassen, ohne eine Disharmonie hervorzurufen. Wo daher dieses Gestein von nicht zu grosser Entfernung
herbeigeschafft werden kann, mag dessen Verwendung, zu obgedachtem
Zwecke, immerhin stattfinden; vorausgesetzt, dass die Geldmittel
des Gartenfreundes keine Einsprache erheben.

Park- und Blumensäulen sowie Fontaineständer im
Naturpark, etwa gar vor einer Ruine oder Felspartie aufzustellen, das verbietet der gute Geschmack und Schönheitssinn
gänzlich. Dergleichen Ornamente passen entschieden nur für den
Blumengarten und sind, zwischen Waldscenen wahrnehmbar,
nahezu hässlich.

Ich erwähnte zuvor der Bildung von Tuffsteinpartien für
Saftpflanzen, und komme nochmals darauf zurück, bemerkend,
dass es eben nicht unumgänglich nöthig sei, die ganze Gestein-
gruppe massiv aus Kalktuff herzustellen. Dieses in manchen Gegenden kostbare Material bedingt mitunter eine haushälterische Verwendung und so wird es genügen, wenn der Hügel selbst aus einer
Mischung von Schutt, Sand, Ziegelstücken, Lehm und Erde aufgeworfen
und bloss dessen Oberfläche mit Tuffsteinen ausgelegt wird;
so spart man an Material und genügt dem Zwecke vollkommen,
denn alle Saftpflanzen, die ihre Wurzeln in dieses poröse Gemenge
treiben, werden selbst bei den heftigsten Regengüssen nicht durch
Fäulniss zu Grunde gehen.

Eine andere recht vortheilhafte Verwendung findet der Kalktuff
beim Aufbau der Farnwände und Farnsäulen, über welche
ich später ausführlicher sprechen werde. Dazu müssen allerdings
oft recht hübsche Stücke ausgewählt und kunstgemäss aneinander
gekittet werden, um dem Ganzen, neben einer gefälligen bizarren
Gestalt, auch die nöthige Festigkeit zu verleihen.

Man thut wohl daran, beim Ankaufe eines grösseren Bedarfes
an Kalktuff persönlich Auswahl zu treffen, und womöglich eine
ganze Wagenladung auf einmal zu beziehen, wodurch sich die
Ausgaben verhältnissmässig vermindern; denn der Bezug von
Tuffstein in kleineren Partien, gepackt in Kisten oder Fässern,
sofern er sich öfters wiederholen sollte, ist mit ungewöhnlichen
Spesen verknüpft, und entleidet dem Gartenbesitzer nicht selten
total die Lust zu ferneren Ankäufen.

Tropfstein, auch Stalaktit oder Höhlenstein, heisst
eine Mineralform, deren Bildung neueren Zeiträumen angehört; er

zeigt stets eine faserige Textur, besteht in der Regel aus **Kalk-
spat** oder **Aragonit** und entsteht als Niederschlag oder durch Ablagerung aus herabträufelnden kalkhaltigen Wässern. Er bildet sich
mehr in Spalten oder Höhlungen des Erdinnern, als an der äussern
Oberfläche und überzieht Decken, Wände, auch den Boden der Kalk-
steinhöhlen (Tropfsteinhöhlen) oder bildet frei herabhängende **Zapfen**
oder **Säulen** in denselben, zuweilen jedoch höchst abenteuerliche
Formen, die mit Thieren, ja auch mit Menschen und deren Werken
entfernte Aehnlichkeit aufweisen.

Reich an solchen Höhlen sind in **Deutschland** besonders der
Harz, wo die **Baumanns-** und **Bielshöhle** zu den bekanntesten
gehören; in **Oesterreich** die **Adelsberger-** und **Luegger-**
Grotte (beide sehr berühmt und viel besucht) in **Krain**, wo überhaupt, nächst Adelsberg, eine Menge ähnlicher Höhlen . bestehen.
Endlich ist auch der **fränkische** und **schwäbische Jura** reich
an derlei Gebilden des Kalksinters, dessen derbere Massen, wegen
ihrer schönen Textur und Färbung, sehr häufig zu kleinen Kunst-
gegenständen verarbeitet werden.

Während meines Aufenthaltes in **Krain** (Schloss Luegg) war
ich oft in der Lage, **Stalaktiten**, welche hinderlich im Wege
standen, abzubrechen; dies geschah mit Stücken bis 1 Meter Länge
und brachte mich auf die Idee, sie an anderen Orten als Höhlen-
dekoration zu verwenden, was sich in der That allerliebst ausnimmt.

Nicht selten werden beim Auffinden **neuer** Höhlen oder Erweitern der alten sehr schöne Tropfsteine abgebrochen und nutzlos
bei Seite geworfen, während sie doch zur Dekoration unterirdischer
Bauten und Räume, künstlicher **Grotten**, **Grüfte** u. dergl.,
recht gut verwendet werden könnten, und an den letztgenannten
Orten eine ganz ungewöhnliche Zierde bilden, wenn man sie **in
ihrer ursprünglichen Stellung** an die Grottenwölbungen
ankittet, was eben so gut mit **Cement** wie mit **Gyps** geschehen kann.

Schliesslich erwähne ich noch der Verwendung von **Petrefakten**
in unseren künstlichen Grotten, namentlich des **Holzopals**, der
nichts anderes als in Opal umgewandeltes **fossiles Holz** ist, Holzgefüge und Holzgestalt hat und sich als versteinerte Ast-, Stamm-
und Wurzelstücke, oft von bedeutender Grösse, in **Siebenbürgen**
und **Ungarn** vorfindet. Bedauerlich ist nur, dass sich der Holzopal
so leicht **abblättert**, denn er ist ein Dekorationsmittel ersten
Ranges für mancherlei Zwecke.

Ich besitze Holzopale von nahezu einem Meter Länge und
0,5 Meter Durchmesser, die, im Garten aufgestellt, jeden Beschauer
fesseln und, zwischen dem grünen Farnkraute, vollkommen alten
Holzstöcken ähneln. Wer sich derlei Opale auf leichte und nicht
sehr kostspielige Weise verschaffen kann, säume nicht, sie zur Ausschmückung des Gartens zu verwenden, wo sie, passend aufgestellt,
selbst in der Nähe einer Steinpartie, von wundervoller Wirkung sind.

§. 5.

Die Erde und ihre Mischungen.

Dort, wo Felspartien künstlich gebildet werden und die zum
Gedeihen der Felsenpflanzen nöthigen Erdarten oft aus weiter Ferne
herbeigeschafft werden müssen, kann von einer Bodenbeschaffenheit
selbstverständlich keine Rede sein; wohl aber ist es unbedingt nöthig,
die Erdarten, welche zur Ausfüllung der Löcher, Spalten und
Felsritzen dienen, sowie jene, welche die Grundlage der Baum-
und Strauchpartien bilden, näher kennen zu lernen.

Wir bedürfen zur Anlage und Bepflanzung unserer Felsgruppen
sowohl der schweren wie der leichten Erdarten im gleichen Maasse.
Erstere für die Tiefe und zur Erhaltung einer gleichmässigen
Feuchtigkeit, die letzteren zur Untermischung und Lockerung
bindenderer Erdarten, zumeist aber zur Kultur aller Gewächse,
deren Wurzeln nicht zu tief in den Boden dringen und einen
lockeren, humosen Boden lieben.

Die schwerste unserer Erdarten ist der Thon oder thonige
Lehm. Er kann in den seltensten Fällen, etwa bei Wasseranlagen, für
sich allein gebraucht werden; denn er ist kalt, schwer, und unter allen
Erdarten am meisten geeignet, das Wasser längere Zeit zu halten. Mit
hinreichendem Zusatze von Sand und Humus aber ist der Lehm für
ältere Exemplare von Bäumen und Sträuchern, besonders für
jene mit lederartigen, immergrünen Blättern, mancherlei
Alpen-Zwiebel- und Fettpflanzen sehr vortheilhaft, weil derselbe nicht nur den allzu üppigen Holzwuchs mindert und daher
Blüthen- und Fruchtansatz befördert, sondern auch den Holzgewächsen
weit mehr und auf längere Zeitdauer Nahrung bietet, als der Humus.

Für grössere Exemplare unserer Felsenbäume, denen das häufige
Giessen nicht zu Gute kommen kann, sowie allen Sträuchern, die

an Lokalen stehen, wo ein zu starkes Austrocknen des Bodens
befürchtet werden muss, ist eine vorwiegende Beimischung von Lehm
sehr zweckmässig und man nimmt zu diesem Behufe lieber Lehm
von kultivirten Aeckern und Wiesen (lehmige Rasenerde) sowie auch
von alten Lehmwänden — weil letztere von der Luft vollkommen
ausgewittert, milde und locker geworden ist, — anstatt jenen aus
Lehmgruben. Letzterer muss vor dem Gebrauche lange Zeit,
mindestens einen Winter über, den Einwirkungen des Frostes und
der Sonne ausgesetzt und mit Laub, Sägespänen, Nadeln u. dergl.
vermischt werden, um ihn lockerer zu erhalten. So zubereiteter
Lehm ist fast für alle Gehölze, mit Ausnahme der eigentlichen
Moor-, Haide- und Sandpflanzen, brauchbar, und wenn sie erst eingewurzelt sind, wird man weit grössere Freude an ihnen erleben,
als mit denselben Gewächsen, die auf humoserem, lockerem Boden
stehen; ja ich kann behaupten, dass, mit Ausnahme einiger Nadelhölzer, der Robinia-, Genistaarten u. s. w., — es nur sehr
wenige Pflanzen gibt, die, einmal eingewurzelt, auf wirklichem
Lehmboden nicht gedeihen.

Dem Lehm an Bündigkeit und Schwere nachstehend ist unsere
gewöhnliche Acker-, Garten-, auch schlechtweg nur Dammerde
genannt; sie besteht aus einer Mischung von Lehmerde und Sand,
mit vorwiegendem Humusgehalte. Da sie ausser ihrem reichen Humusgehalte auch das Vermögen besitzt, jeder Zeit locker zu bleiben
und den Wurzeln eine ungehinderte Ausbreitung gestattet; da
sie ferner das Wasser längere Zeit bei sich zu behalten vermag,
sich auch, längerem Regen ausgesetzt, mit keiner Kruste überzieht:
so gedeihen in ihr fast alle Pflanzen. Durch eine Mischung von
gesiebtem, verwittertem Lehm, Mistbeet- oder Düngererde, Walderde,
Torf, Sand u. dergl., — wobei bald die eine bald die andere Erdart
vorherrschen kann, was sich nach den Gewächsen richtet, welche
man zu ziehen gedenkt — kann man die Dammerde künstlich
zusammenstellen und mehr oder minder fett machen. Sie macht
den Hauptbestandtheil des zu Felspartien verwendeten, künstlichen Bodens aus und wird dort, wo Lehm den Untergrund
bildet, stets die Oberfläche beherrschen müssen; wenn man es
nicht vorzieht, Felshöhlungen, in welche man Pflanzen zu
setzen gedenkt, ganz mit Dammerde vollzufüllen.

Zuweilen leichter als Dammerde, jedoch meist schwerer
als diese, je nachdem der Lehmgehalt vorwiegt — ist die Rasen-

erde. Je nach Beschaffenheit des Untergrundes ist diese Erde —
welche entsteht, wenn man Rasen von Wiesen, Weiden oder
sonstigen Grasplätzen einige Centimeter tief abschält und, auf Haufen
geworfen, verwesen lässt — bald sandig, bald moorig oder lehmig,
immer aber sehr reich an Humus. Rasen von fetten, schwarz-
gründigen Wiesen oder Viehtriften liefert selbstverständlich die beste
Erde, besonders dann von vielseitiger Brauchbarkeit, wenn man den
Stücken frisches Laub, Sägespäne und Sand untermischt hat.

Die vorgenannten Materialien häuft man im Herbste zusammen,
und zwar schichtenweise auf ungefähr 1 Meter hohe Haufen,
arbeitet das Ganze mit dem Spaten tüchtig durch, wobei man darauf
zu achten hat, dass das Unterste stets nach oben kommt, und man
wird schon nach einem Jahre Gebrauch hiervon machen können.
Bemerken muss ich, dass diese Erde am kräftigsten wirkt, wenn die
Rasenstücke noch nicht ganz zerfallen sind.

Rasenerde von hervorragend lehmiger Beschaffenheit ist
dem reinen Lehm unter allen Umständen vorzuziehen und bei allen
Baum- und Strauchpflanzungen die allerbeste Erdart.

Rasenerde, von moorigen Wiesen gewonnen, ist für das
Moorbeet und seine Bewohner, für die meisten Felsen- und
Alpenpflanzen, wie nicht minder für alle Waldpflanzen,
namentlich Coniferen, und selbst für die Freiland-Ericen,
mit vollem Rechte empfohlen worden; nur sei man darauf bedacht,
diese Erde stark mit Sand zu vermengen. Für alle krautartigen
Gewächse und für sehr viele Holzpflanzen, die einen lockeren, aber
dabei auch nahrhaften Boden lieben, ist sie sehr zu empfehlen.

Eine weitere, leichte Dammerde ist die Lauberde. Sie bildet
den sogenannten Waldhumusboden und kommt zuweilen ganz
rein vor, z. B. in dichten Buchenwäldern, besonders dort, wo das
Laub, in Felsspalten und Vertiefungen aufgefangen, vermodert.

Bei der künstlichen Bereitung der Lauberde wird Laub aller
Art (das von weichen Holzarten: Aspen, Linden u. dergl. ist jenem
von harten Hölzern: Buchen, Eichen, stets vorzuziehen, auch sei
hier erwähnt, dass das Eichenlaub die schlechteste Erde producirt)
— auf Haufen kompostirt und sogleich das nöthige Quantum
Sand hinzugefügt. Einige Gärtner bringen den Heckenschnitt,
Abraum aus Holzschuppen, Fichten- und Tannennadeln,
Moos, unter das nasse Laub und verfahren, wie bei der Bereitung
der Rasenerde gelehrt worden; ich muss jedoch bekennen, dass ich

es vorziehe, Laub- und Nadelerde getrennt lagern zu lassen.
Lauberde kommt später in Benützung als die Rasenerde und man
muss durch Feuchthalten des Laubes für dessen stete Fermentation
sorgen.

Die Lauberde enthält ungemein viele Nahrungsstoffe für die
Pflanzen; sie kann durch Zugabe fetter Mistbeet- oder Düngererde schwerer, durch Beimengung von Haideerde und Sand
magerer gemacht werden.

Die Nadelerde, ein Produkt verwesten Coniferenlaubes,
ähnelt in ihrem physikalischen und chemischen Verhalten der
Haideerde und wird, in Ermangelung letzterer, zur Kultur der
Ericen, Vaccinien u. dergl. verwendet.

Sie bildet sich häufig von selbst in geschlossenen Nadelholz-
namentlich Föhrenbeständen und von vorzüglicher Güte in den
Felsspalten der Bunt-Sandsteinformation, woselbst sie theils aus verwesten Nadeln, theils aus den Schuppen des Stammes, nicht minder
aus Kiefern- und Fichtenzapfen, Samen u. dergl. entsteht;
oft mit anderem vegetabilischen Humus (Moos, Laub) gemischt
vorkommt, und bald mehr bald weniger Sand enthält. Sie unterscheidet sich von der ihr nahestehenden echten Haideerde, mit
welcher sie gleiche Verwendbarkeit hat, durch ihre hellgrau-
braune Farbe, sowie durch ihren stärkeren Humusgehalt; auch
enthält sie weniger Sand.*)

Die Holzerde, in nicht genutzten Wäldern häufig an der
Oberfläche bemerkbar und durch Verwitterung der Lagerhölzer
entstanden, sonst auch in alten hohlen Bäumen, namentlich in
Linden, Eichen, Weiden vorkommend — ist noch leichter als die
Lauberde und wegen der steten Einwirkung der Luft während ihrer
Bildung immer locker und mild anzufühlen. Sie kann nicht frisch
verbraucht werden, weil sie anfänglich eine der Vegetation nach-
theilige Säure bei sich führt — sondern man muss sie wenigstens

---

*) Laut Notiz in Dr. Neuberts Deutschen Gartenmagazin vom Jahre 1877,
5. Heft, Seite 143, wird auf dem Württembergischen und Badischen Schwarz-
walde eine ausgezeichnete Haideerde in den Nadelholzwäldern gegraben
und sogar über die Grenzen dieser Länder ausgeführt, welche zum grossen
Theile auch aus dem Abfall der Nadelhölzer besteht, und feinen Sand in
angemessener Menge enthält. Diese lagert auch auf Buntsandstein.

ein bis zwei Jahre hindurch unter öfterem Umschaufeln den atmosphärischen Einwirkungen aussetzen.

Sie kann zuweilen die Haideerde ersetzen und dort, wo eine nahrhafte, aber sehr lockere und leichte Erdart erforderlich ist, z. B. zur Kultur der Orchideen, Farne u. s. w. — mit grossem Vortheile gebraucht werden.

Künstlich bereitet man sie, wenn man Abraum der Holzschuppen, Sägespäne, Heckenschnitte, verfaultes Holz, gleich der Rasen- und Lauberde, kompostirt. Noch schneller kommt man zum Ziele, wenn man bereits vermorschte Stöcke diverser Holzarten zerkleinert und in Haufen ablagern lässt, oder bereits mürbe gewordene Lagerhölzer biezu verwendet.

Die Moor- oder Torferde ist eine lockere, nach dem Zusammenballen wieder leicht zerfallende, braune oder schwarzbraune Erde, welche aus einer bedeutenden Menge (70—80 Prozent) vegetabilischem Humus, sehr wenig Sand und einem geringen Antheile von Eisenerde besteht. Zuweilen enthält sie auch einen Antheil freier Säuren und muss daher, wenn sie zur Gartenkultur dienen soll, durch Anwendung von Kalkstaub oder Asche, sowie durch Liegenlassen an der Luft und öfteres Umarbeiten — entsäuert werden. Sie verdankt ihr Entstehen den Sumpfpflanzen, besonders dem Sumpfmoose (Sphagnum acutifolium und obtusifolium), welche unter Wasser verwesten oder so zu sagen verkohlten.

Die Moorerde ist, ihrer Qualität nach, sehr verschieden; die beste ist schwarz, feinkörnig und sandreich und diese eignet sich, nach einjähriger Bearbeitung und Aussetzung meteorischer Einflüsse, recht gut für alle Haideerdepflanzen, während sie, je blässer von Farbe, desto leichter und untauglicher für die Pflanzenkultur ist.

An den Ufern der Abzugsgräben findet man in Torfgegenden eine recht brauchbare Erde. Man nehme sie nur von jenen Grabenufern, welche bereits mit Gras bewachsen sind und bloss zu einer Tiefe von 4 bis 15 Centimetern. Allein auch diese Erde enthält noch immer einen zu starken Säuregehalt, als dass man sie sogleich zur Pflanzenkultur verwenden könnte; sie muss vielmehr in flache Haufen gebracht und mindestens 1 Jahr lang fleissig bearbeitet werden.

Erde, von der Oberfläche mehr oder minder bewachsener schwarzer Moorgründe, ist weniger gut; wogegen die von bereits

kultivirten (entwässerten und zu Feldbau benützten) Moorstrecken
sogleich in Verwendung genommen werden kann. Soll die Moorerde
dem Zwecke vollkommen entsprechen, so darf sie nie im reinen
Zustande angewendet, sondern muss bald mit Haide- bald mit
Lauberde, sogar mit Lehm gemischt werden; umsomehr, als die
Pflanzen in Moorerde allzustark austrocknen. Wir bemerken dies
auch in der freien Natur recht deutlich und so sehen wir viele
Pflanzen der Haidegegenden dort am üppigsten wachsen, wo zufällig
Erdmischungen stattfanden.

Eine weitere Erdart, die wir in den Kreis unserer Betrachtungen
ziehen, ist die Haideerde. Von allen uns bekannten Erdarten
ist sie die magerste, vielleicht auch die leichteste, und dabei
so locker, dass sie, selbst im feuchten Zustande, nach dem Zusammenballen bald wieder zerfällt.

Sie besteht aus einem feinen, milden Gemische von mehr oder
weniger Torf- und Haidekrauthumus, der im Laufe vieler
Jahre sich unter den Haidekräutern bildet, und vielem feinen glänzenden, weissen Quarzsand.

Von Farbe ist die Haideerde bald grauschwarz, bald braun;
doch hat die Farbe auf die Qualität keine Rückwirkung; feucht
ist sie schwärzlicher, aber im trockenen Zustande erhält sich durch
den Sand ein hellgraues Ansehen. Die Haideerde saugt das Wasser
stets schwer ein und bindet dasselbe nie lange.

Der Fundort der echten Haideerde ist dort, wo die gemeine
Haide (Calluna vulgaris), auch Besenhaide genannt, am häufigsten und üppigsten wächst; namentlich in Nadelwaldungen.

In Güte dieser nachstehend, wird jene erachtet, die man an
solchen Orten findet, wo Heidel- und Preisselbeeren ganze
Strecken überziehen. Sie ist dort, auf der Oberfläche des Bodens,
kaum in einer Tiefe von 8—15 Centimetern abgelagert, scheint um
so besser zu sein, je sandiger sie ist und muss vor dem Gebrauche
gleichfalls ein Jahr lang der Lagerung und öfterer Bearbeitung
unterzogen werden.

Beim Stechen im Walde sehe man darauf, dass das grobe
Haide- und Preisselbeergestrüpp vorher abgehackt und beseitiget
werde, wogegen die Wurzeln obgenannter Gewächse im Boden bleiben
müssen und mit zur Nutzung kommen. Die Haideerde ist, bald
wirklich, bald nur eingebildet, für eine Menge fremder Pflanzen
unentbehrlich, besonders für neuholländische, kap'sche und

viele Alpenpflanzen, nicht minder für feinwurzelige, nordamerikanische Holzgattungen (?) auch für andere Pflanzen mit feinen Faserwurzeln, und dürfte sich, zweifelsohne, für alle solche Pflanzen eignen, welche in ihrem Vaterlande auf magerem, sandigen Boden wachsen.

Die Haideerde, welche in Kalkgegenden fast ganz mangelt, wird in Folge veränderter Waldbehandlung und Aufforstung immer seltener und theurer und bildet, neben der Moorerde, einen viel gesuchten, oft gut bezahlten Handelsartikel. Man hat daher schon seit längerer Zeit nach einem Surrogat für Haideerde geforscht und in manchen Fällen, durch besondere Erdmischungen, das angestrebte Ziel auch wirklich erreicht.

Zuerst nenne ich nur die künstliche Haideerde, welche gewonnen wird, indem man Torfabfälle mit feinzerhacktem, moosigen Haidekraute und dem vierten oder fünften Theile feinen Sandes in Haufen zusammenbringt, bei trockener Witterung oft begiesst, auch umarbeitet und so vermodern lässt. Allein diese, allerdings sehr gute Haideerde, ist erst nach mehreren Jahren brauchbar, weil sich alle obgenannte Materialien nur schwer zersetzen.

Ihr nahestehend ist die Nadelerde (siehe Lauberde) und auch diese lässt sich in gleichem Zeitraume aus Nadeln, Zapfen, Samen und Rindenschuppen künstlich bereiten.

Sehr nützlich hat sich auch eine Mischung von 3 Theilen reiner Moor- mit 1 Theil reiner Haideerde, nach Bedürfniss Sandzugabe, erwiesen.

Eine in Nordamerika gebräuchliche Erdmischung, welche sehr günstige Resultate liefert, die dort gänzlich fehlende Haideerde auch vollkommen ersetzt — besteht aus $\frac{1}{2}$ verwester feinsandiger, lehmiger Rasenerde, $\frac{1}{4}$ Lauberde, $\frac{1}{4}$ Flusssand, Holzkohle, in kleinen Stückchen angewendet, nach Belieben. Mit diesem Compost werden in Amerika selbst alle Cap- und Neuholland-Pflanzen kultivirt und man nimmt dort an, dass die in Rede stehende Erdmischung mehr Lebenskraft hervorzaubere, weil sie mehr Ingredienzen enthält, welche den Pflanzen besser zusagen, als die Haideerde. Dabei ist ein Versauern der Topferde nicht zu befürchten, ein jährliches Umtopfen der Pflanzen nicht nöthig; die Ballen trocknen weniger aus und bedürfen weniger des Giessens; — lauter Vortheile, welche die Haideerde nicht

gewährt. Man kann indessen sämtliche Mischerden zwar erfolgreich zur Kultur fast aller Gattungen aus der Familie der Ericaceen, als da sind: Rhododendron, Azalea, Kalmia u. s. w.
verwenden, die Gattung: Erica selbst wird sich aber, mit weniger
Ausnahme, jeder fremden Erdart hartnäckig widersetzen und
stets das beste Gedeihen in einer Mischung von $^3/_4$ sandiger,
reiner Haide- oder Nadelerde und $^1/_4$ Moorerde beurkunden.

Auch der Composterde, als einer der fettesten Erdarten,
sei hier gedacht.

Komposterde wird auf verschiedene Art bereitet und man lässt
bald diesen bald jenen Stoff bei der Bereitung vorwiegen. Die
einfachste Anleitung aber, welche gegeben werden kann, ist die,
dass man alle verwesbaren Stoffe, z. B. Sägespäne, Stroh,
Laub, Nadeln, trockene Blüthenstengel und anderen
Gartenabraum, Knochen, Hornspäne, Abfälle aus den
Schlachthäusern, Strassenkoth, Asche, unterschiedlichen thierischen Mist — besonders von Hornvieh,
Schafen und Geflügel — Russ, Lederabfälle u. dgl. m.,
mit Dammerde vermischt, auf Haufen bringt, letztere öfters
umarbeitet und mit flüssigem Dünger, Urin, Jauche, Blut,
zwei bis dreimal im Monate begiesst. So erhält man, je nachdem
zur Zusammenstellung mehr oder weniger Dünger genommen wurde,
oft schon nach Jahresfrist eine überaus kräftige Düngererde, welche,
selbstverständlich, nie für sich allein, sondern nur als boden-
verbesserndes Mittel, in kleineren Quantitäten der Pflanzenerde bei-
gemischt oder auf die Oberfläche, 5—10 Centimeter hoch, ausgebreitet wird, um die Vegetation mancher Pflanzen anzuregen.
Eine Beimischung von Sand und Holzkohle (Kohlengestübe,
Kohlenstaub) ist unter allen Umständen sehr vortheilhaft. Eine
Auffüllung mit dieser Komposterde ist die einzig mögliche
Düngung, weiche jenen Pflanzen, die in Felsenanlagen wachsen
und gedeihen sollen — gegeben werden kann, wobei ich nicht unberührt lassen darf, dass Gewächse, welche zu ihrem Gedeihen
Moor- oder Haideerde erfordern, keinen, wie immer Namen
habenden, Dungstoff vertragen und in dem Falle, wenn sie
Zeichen von Schwachwüchsigkeit oder gar ein auffallendes
Kümmern erkennen lassen sollten, nur durch Auffüllung kräf-
tiger Lauberde angeregt werden dürfen.

Am Schlusse dieses Abschnittes noch eine Bemerkung über den

Sand, welcher das beste, wohlfeilste und daher auch das gebräuchlichste Lockerungsmittel der Erde bildet. Zur Freilandkultur eignet sich am besten der Fluss- oder Triebsand, einestheils weil er fast überall und in grosser Menge zu haben, anderseits weil er von allen fremdartigen, oft schädlichen Erdtheilen gänzlich befreit, ausgewaschen und abgerundet ist.

Grobkörniger Sand eignet sich vortrefflich zu allen Baum- und Strauchpflanzungen, wogegen der feine weisse Grubensand, nachdem er sorgfältig gewaschen und dadurch von allen thonigen und abschlemmbaren, eisenhaltigen Theilen befreit wurde — sich mehr zur Kultur feiner, hartholziger, zartwurzeliger Gewächse, namentlich der Azaleen, Camellien, Ericen, so auch vieler Alpenfelsenpflanzen, wie nicht minder fast aller Succulenten, eignet.

Letzterer bildet auch die gewöhnlichste Beimischung der Moor-, Laub- und Haideerde, obwohl nicht geläugnet werden kann, dass feiner, gut geschwemmter Flusssand, fast bessere Dienste leistet.

Zum Schlusse ist noch einer Perle unter den künstlichen Erdarten: der gebrannten Erde — auch kurzweg Branderde, Rasenasche genannt — zu gedenken.

Ob zwar nicht überall nach Gebühr gewürdiget, ist die Rasenasche doch eines der vorzüglichsten Anregungs- und Nährmittel für viele Pflanzen; obenan für jene, welche schwereren Boden lieben oder vertragen, und denen animalischer Dünger, mit Rücksicht auf regelmässigen Wuchs und vollendeten Kronenbau — nicht geboten werden darf, sowie für alle, viele und kräftige Nahrung liebende Holzgewächse, gleichviel ob letztere in Geschirren, oder im Freilande kultivirt werden sollen, wie auch für die meisten härteren Perennien.

Gebrannte Erde eignet sich vorzugsweise zur Coniferencultur, auch die Mehrzahl der Holzgewächse mit immergrünen, lederartigen Blättern offenbart unter Einwirkung der Branderde freudiges Wachsthum und trägt dunkelgrünes, glänzendes Laub zur Schau.

Ferner empfehle ich die schwerere Branderde zu jeder Art von Kompostirung, auch als vortreffliches Ersatzmittel des Lehms und der Gartenerde dort, wo in kleinem Raume den Wurzeln viel Nährstoff zugeführt werden soll, also auf und zwischen dem Gestein, in Felsenritzen, Klüften, auf Mauern, Plateaus, in den Löchern und Rissen der Wände und an anderen ähnlichen Orten.

Die in Rede stehende Erdart wird gewonnen, wenn man im Hochsommer Rasenplatten aussticht — je dicker diese ausfallen und je lehmiger die Erde ist, auf welcher sich die Grasnarbe erzeugte, um so schwerer wird die Branderde werden — dieselbe mit der Grasnarbe nach innen auf die Kante stellt, solchergestalt gut austrocknen, und die, in einen meilerförmigen Haufen geschichteten, vollkommen dürren Rasenstücke, unter Beihilfe von möglichst wenig Holz total verkohlen (ausbrennen) lässt. Das aus dieser langsamen Verkohlung hervorgegangene Produkt kann man füglich in drei, scharf unterscheidbare Qualitäten sortiren.

Der erste Theil dieses Brandhaufens liefert nämlich eine rothe, gebrannten Mauerziegeln ähnliche, wenig bindende Masse, welche, von minderer Qualität, sich nur zur Ausfüllung des Grundes tiefer Pflanzlöcher und zur Formirung von Stein-, besonders Cactus- oder Sedum-Hügeln eignet.

Ein zweiter Ausstich des Erdmeilers fördert ein mehr oder minder rothbraunes Material schon weit vorzüglicherer Qualität zu Tage, welches, untermischt mit Garten-, Laub- oder Nadelerde, allenfalls mit Compost, bei allen Holz- und Strauchpflanzen vorzügliche Dienste leistet.

Die dritte Qualität des Brandhaufens ist die allerbeste. Sie ist von Farbe schwarz, oder doch schwarzbraun, fühlt sich milder, fettiger an, als die übrige Branderde, besitzt mehr Adhäsion und ist, selbstverständlich unter entsprechender Beimengung anderer Erdarten, für alle feine Gehölze, obenan für Rosen und exotische Coniferen — ein ausgezeichnetes Nährmittel, welches auch vielen Moorbeetpflanzen zu gute kommen dürfte.

Nicht unberührt darf ich lassen, dass leichte Bodenbeschaffenheit der zum Ausbrennen gelangten Rasenstücke, dunklere und lockerere Rasenasche hervorbringt, sowie ich darauf aufmerksam mache, dass die Branderde — namentlich dann, wenn sie für Kübelpflanzen und Topfexemplare Verwendung findet — vor dem Gebrauche monatelang ablagern sollte, eine Gärtnerregel, gegen welche ich gerne bekenne, gesündiget und gebrannte Erde frisch weg im Freilande verwendet zu haben, ohne dass dies dem kraftvollen Höhenwuchs der darin gepflanzten Gewächse irgendwie beeinträchtiget oder sonst geschadet hätte.

§. 6.

Anlage steiniger Hügel.

Eine der schwierigsten und undankbarsten Aufgaben des Landschaftsgärtners wird wohl die sein, in gesteinarmen Ebenen Felsgruppen herzustellen. Die Herbeischaffung grösserer Steinmassen verschlingt nicht selten enorme Summen, von deren Grösse sich Jener keinen Begriff machen kann, welcher Felsbauten nie selbst ausführte.

In diesem misslichen Falle hilft man sich durch ein einfaches Mittel, indem man, je nach Umständen und Bedürfniss, bald grössere, bald kleinere Hügel aufwirft und letztere so situirt, dass sie, in der Nähe waldiger Partien angebracht, von Baum und Strauch so umgeben sind, wie es im Freien zumeist der Fall ist.

Derlei Erdhügel werden mit Rasen belegt und schliesslich vermittelst Steinblöcken derart dekorirt, dass letztere gleichsam die zu Tage tretenden Spitzen eines nahezu verrasten,. daher unterirdischen Felsens vorstellen. Man hüte sich hierbei ängstlich, Unnatürliches ins Leben zu rufen, sondern studire die Beschaffenheit solcher Steinhügel im Freien.

Gefehlt wäre es jeden Falles, kleinere Steine massenhaft auf diesem Hügel anzuhäufen. Einige grosse, gut angebrachte Felsstücke sind hier von weitaus grösserer Wirkung, als viele künstlich auf einander gethürmte Steine. Felsblöcke. die aus der Erde hervorschauend, gleichsam den Kamm eines kleinen Gebirges darstellen, und dessen massige Verzweigung unter der Rasendecke ahnen lassen, müssen unbedingt wettergrau, besser noch bereits mit Flechten überwachsen sein, zugleich so tief in die Erde eingelassen werden, als sie früher darin stacken; auch versteht es sich wohl von selbst, dass alle Steine eines Hügels von gleicher Formation und Art sein müssen, z. B. entweder nur Fonolith oder lauter Granit. Das Vermengen diverser Gesteinarten würde nur dazu beitragen, die Künstelei grell hervortreten zu lassen und den beabsichtigten Effekt zu verwischen. So wie das Zuviel zu vermeiden ist, so schadet das zu Wenig; auch vermelde man das senkrechte Aufstellen aller Steine und bringe flachliegende, mit spitz-zackigen untermischt, hier scharfe Kanten, dort förmliche Absätze an; ja, es gibt Fälle, wo sogar das Emporragen grösserer säulenartiger Gebilde ganz am rechten Orte ist.

Nicht immer ist es thunlich, grössere Steinblöcke im
Ganzen aus dem Walde herbeizuschaffen. Man hilft sich, indem
man die Steinkolosse zertrümmert und die einzelnen Stücke im
Garten, an der Stelle wo sie figuriren sollen, zusammenkittet. Oft
lassen sich Fonolithplatten im Walde leicht von einander lösen
und eben so mühelos im Garten wieder zusammenfügen; kann man
hiebei das auf dem Steine gewachsene Moos schonen, so
thue man dies, so viel als möglich.

Wenn ich auch über die Bepflanzung von Felspartien später
ausführlicher sprechen werde, so kann ich doch nicht unterlassen,
schon hier einige, den Gegenstand berührende Winke zu geben.

Wir haben nordische und südliche Landschaftsbilder;
je nachdem man das eine oder andere zum Ausdrucke gelangen lassen
will, muss auch die Anpflanzung solcher Hügel darnach modificirt
werden. Kaktus zwischen Fichten anbringen zu wollen, wäre
eben so lächerlich, als Birken zwischen Palmen zu pflanzen. Auf
den Hügel selbst darf man so wenig als möglich Bäume bringen.
Eine Birke, hie und da ein Wachholder, einige Wildrosen,
knapp an den Felsstücken eine Partie des Adlersaumfarns
(Pteris Aquilina), vielleicht einige Brombeersträucher, Rasen
von Heidel- und Preisselbeeren, ein oder das andere Felsstück
vom Epheu umrankt: das wäre so ziemlich die Grenze unseres
Pflanzsystems, nicht zu vergessen die nächste Umgebung der
Steinblöcke, theilweise diese selbst mit lebendem Waldmoose
zu belegen und, durch öfteres Giessen, für das Anwachsen des
letzteren zu sorgen.

Pittoreskere Gebilde aber werden geschaffen, wenn das zu
Tage tretende Gestein sich höher über die Rückenfläche des
Hügels erhebt und zackige Riffe mit klaffenden Felsen abzu-
wechseln scheinen. Den grössten Reiz werden aber solche Hügel
erst dann entwickeln, wenn über sie hinweg das Auge zu einem
fernen, entlegenen Hintergrunde zu schweifen vermag, oder wenn
an ihrer Seite sich Schluchten hinziehen, in deren Grunde
Wasser rieselt, über welchem Fichten ihre schlanken Aeste im
Winde schaukeln.

Die Eindrucksfähigkeit solcher Steinhügel gewinnt durch
streng gewählte Umgebung der letzteren, desshalb können wir
nach eigenem Ermessen theils durch umsichtiges Bepflanzen, mehr
noch durch richtige Auswahl des Platzes selbst, ein Bild entstehen

lassen, das um so anmuthiger sein wird, je besser wir es verstehen, den Charakter der Berge jenes Landes, in welchem wir leben, hineinzulegen, denn wahr ist es, dass das Bemühen, südliche Landschaften in unserem kälteren Norden in Szene zu setzen, zumeist die lächerlichsten Eindrücke - hinterlässt. Nur noch die Bemerkung, dass bei Mangel an zureichender Erde in nächster Nähe auch Bauschutt ganz vorzügliche Dienste leistet, der nicht selten in grösserer Menge kostenlos zu haben ist. Doch vergesse man nicht bei Formation dieser Hügel auf diesen Bauschutt schliesslich mindestens meterhoch Erde aufzutragen, weil an ein Gedeihen der Hügelpflanzen, besonders der Gehölze, im reinen Bauschutt nicht zu denken ist.

§. 7.
Felsgruppen in Hausgärten.

Es gibt Landschaftsgärtner, welche die Anlage von Felspartien in kleineren Gärten als „kindisch" bezeichnen. Ich bin durchaus nicht dieser Ansicht, denn auch Hausgärten von weniger als einem halben Hektar Fläche lassen sich, allerdings unter Beobachtung gewisser unabänderlichen Regeln, zu recht wilden Felsplätzen umgestalten.

Häufiger begegnet man kleineren Steingruppen in Hausgärten, ja selbst an öffentlichen Plätzen und diese, von Stümpern in der Landschaftsgärtnerei ausgeführten Steinhügel sind es allerdings, welche den Eindruck des Lächerlichen hervorrufen. Feldsteine von mannigfacher Form und Farbe, weder bemoost, noch mit Flechten bewachsen, ohne System zusammengeworfen, zumeist mauerartig angehäuft, die Fugen mit trockenem Sumpfmoose verstopft, hier und dort ein Sedum, mitunter eine ganz unpassende Warmhauspflanze, im Stadium des Eingehens darauf gepflanzt: so präsentirt sich uns ein Unding, das man mit dem pompösen Namen „Felspartie" belegt, im Grunde genommen aber nichts anderes ist, als ein das Auge beleidigender Steinhaufen, der von seiner Umgebung (geschorener Rasen und Teppichbeete) grell absticht..

Man vergisst bei Anlage von Felspartien gewöhnlich, dass man ein Stückchen Wildniss schaffen will, die an sich nicht das geringste Zeichen von Kunst, nie eine auffällige Regelmässigkeit

haben darf, und dass die Umgebung solcher wilden Plätze —
was Steinpartien denn doch einmal sind — eben auch mit
diesem wilden Charakter harmoniren müsse, desshalb vor allem
regelmässige Blumenbeete in nächster Nähe ausschliesst.

Während Bäume und Sträucher kleinen isolirten Steinpartien durchaus nicht aufgebürdet werden dürfen, muss die Pflanze,
welche man im Felsgarten blühen sehen will, auf dem Felsen
selbst stehen.

Felspartien zwischen regelmässig angeformten und künstlich
gehaltenen Anlagen aufbauen zu wollen, ist unter allen Umständen
ein grober Fehler der Landschaftsgärtnerei, welcher sich, ob früher
oder ob später, bitter rächt; immer müssen Felsgruppen an ent-
legene, von Blumenbeeten abgesonderte, mit Baum und Strauch
umgebene Gartentheile verlegt werden, es sei denn, man beabsichtige Kaktushügel und andere Saftpflanzengruppen anzulegen, die allerdings ganz frei, wenn auch abseits der grossen
Blumenbeetpartie aufzustellen wären.

Wer Felsgruppen in kleineren Hausgärten anlegen will,
thut wohl daran, den ganzen Garten in ein felsiges Waldplätzchen umzugestalten, so nur wird das Kleinliche der Anlage vermieden, indem man sich leicht in den Gedanken finden kann, das
Gärtchen sei auf dem Felsen selbst, nicht aber der Felsen
im Garten angelegt worden.

Man besorge sich vorerst eine Skizze der zu formenden Anlage. Ausgerüstet mit dieser Skizze, auf welcher auch die zu pflan-
zenden Bäume, etwaige Wasserläufe und Baulichkeiten genau verzeichnet sein sollten, schreite man zur Herstellung der Wege und
Pfade, sowie der übrigen Bauten, später zur Ausführung der
Felsgruppen und nur dann, wenn auch die letzteren vollendet
sind, kann die Bepflanzung der Wald- und Steinparthie vorgenommen werden.

Man theile sich die Arbeiten womöglich so ein, dass man im
Herbste beginnt und mit Ende April des nächsten Jahres
die letzte Pflanze auf die Gruppe bringt; im Laufe des Winters
werden sich alle aufgeschütteten Erd- und Schutthaufen genügend
gesetzt und die eingerammten Steine vollständig im Boden befestigt
haben, so dass man nicht zu befürchten braucht, pflanzengefährliche
Senkungen und Steigungen des Gesteins stattfinden zu sehen.

In Hausgärten wird man in der Regel von allen kostspieligen

Felsbauten absehen und sich nur auf die Herstellung **einiger Gruppen** beschränken müssen. Man forme **ein Gebirge im Kleinen** mit. seinen Schluchten, Einsattelungen, Höhlen, Riffen. Ist der Garten mit einer **Mauer** eingefriedet, so lässt sich recht wohl die eine oder andere Seite derselben zu einer **Felswand** umgestalten.

Die gebirgig-zerklüftete Gestaltung des Hausgartens lässt sich recht gut durch **Abgrabung** einerseits, anderseits durch **Aufschüttung**. des solcherweise gewonnenen Erdreiches herstellen. Je **thoniger** die Gartenerde, desto **fester** die Hügel und Wände; aufgeschichtete Erde suche man durch etwas Befeuchtung und Feststampfen vor dem Abrutschen zu bewahren.

Alle solchergestalt geformten Hügel müssen mit Steinen belegt werden.

Man wähle nur Steine **einer Felsart** dazu. Am schönsten nimmt sich mit **Moos** und **Flechten** überwuchertes Wald- und Haidengestein aus, namentlich sind manche Flechten reizend und verleihen dem Steine ein wettergraues Ansehen, das sich für immer in gleicher Schönheit und Lebendigkeit erhält.

Waldmoos wird unter den Strahlen der Mittagssonne gebräunt; es erhält sich nur im tiefen Schatten frisch und grün und verträgt höchstens die Morgensonne.

Kahles Gestein kann mit Moosen bekleidet werden.

Unter fortwährendem Bespritzen, mindestens zwei Mal des Tages, wurzelt Waldmoos baldigst wieder auf dem Stein.

Es gibt viele Hypnum-Arten, die auf Felsen wachsen; man wähle unter den bekannten Species der Umgegend jene, welche feste, dicht anliegende, niedrige **Platten** bilden.

Hierüber später Ausführlicheres, für jetzt wollen wir uns zu der Schichtung und Gruppirung des Gesteins wenden.

Je grösser der zur Verwendung kommende Stein, desto natürlicher und schöner werden die Felsgruppen ausfallen.

Bei Bekleidung der Erdhügel vergesse man nicht, dass **jeder Stein eingelassen** werden muss, d. h. ein sogenanntes **Lager** bekommen muss, in welchem sein **Schwerpunkt ruht.** Die **grössten** Steine bilden selbstverständlich **die Stütze** der Gruppe und werden am äussersten Rande, zu unterst, nahezu bis zur Hälfte ihres Umfanges, in die Erde gebettet; die flechtengraue oder moosige Seite nach Aussen, die unansehnliche nach innen.

Runde Steine vermeide man wo möglich ganz. Man bilde auch niemals regelmässig-kegelförmige Haufen, sondern lasse die höchste Ungleichheit in der Formirung obwalten. Sehr hübsch sind höhlenartige Räume und Felsthore, welche, selbst bei der beschränkten Höhe von 2 Metern, sich recht natürlich präsentiren. Wo eine einfache Aufschichtung des Gesteins nicht genügt, nehme man zur Mauerung seine Zuflucht; der dazu verwendete Kalkmörtel muss selbstverständlich die Farbe des Gesteines haben, daher bald heller-, bald dunkler-grau gefärbt werden.

Bei der Gruppirung oder Mauerung des Gesteins vergesse man nicht, die für die Pflanzen nöthigen Höhlungen aufzusparen. Letztere werden mit der, jeder Pflanze zusagenden Erdart ausgefüllt, und müssen, je nach Bedürfniss, bald kleiner bald grösser gelassen werden.

Nicht minder wirkungsvoll präsentiren sich, sogenannte gestürzte und umgefallene Steine, die das Ansehen haben, als wären sie von der Höhe auf anderes Gestein gestürzt, oder hätten sich, von der eigenen Schwere zu Boden gezogen, an anderes Gestein angelehnt; hierzu eignen sich flache oder langgestreckte Felsstücke am besten und können, sowohl zu zweien oder mehreren beisammen, im Rasen, wie nicht minder auf den höchsten Punkten des Steinhügels, Verwendung finden.

Zuweilen findet man im Walde, oder an anderen Lokalitäten, Felsgruppen, die, obwohl nur einige Meter hoch, dennoch, in Bezug auf pittoreske Schönheit, kaum etwas zu wünschen übrig lassen.

Derlei kleine Felsen lassen sich oft mit wenig Unkosten abtragen, allenfalls sprengen, und in ihrer ursprünglichen Gestalt im Garten aufstellen, wobei man allerdings Cement und Mauerung zu Hilfe nehmen muss. Ehe man zur Zertrümmerung solcher Gebilde schreitet, ist es nöthig, eine kleine Zeichnung von denselben zu machen und mit deren Hilfe den Wiederaufbau herzustellen. Am leichtesten geht derlei Zertrümmerung, und ohne wesentliche Schädigung des Gesteines, beim Feldsteinporphyr und Phonolith von statten, indem sich die einzelnen Platten dieser Felsarten leicht abheben, und, ohne sonderliche Mühe, neu zusammenfügen lassen.

Ich empfehle zu derlei Arbeiten geschulte Steinarbeiter zu verwenden, die, wenn gleich höher im Taglohn, dennoch weit billiger, weil geschickter, als gewöhnliche Taglöhner, arbeiten. Der Steinmetz und Bergknappe wird sich auch, vermöge seiner

Praxis, in vielen Fällen zu helfen wissen, wo die Theorie des Gartenfreundes oder Landschaftsgärtners rathlos dastehet. Aus schon bestehenden Steinbrüchen lässt sich übrigens, wenn im nächsten Walde nicht gesammelt und hantirt werden darf, zuweilen recht brauchbares Material beziehen, das, mit lebendem Waldmoose belegt, bald seine ursprüngliche, oft unnatürliche, Grubenfarbe verliert; auch ist ein geschickter Steinmetz im Stande, dem ausgebrochenen Steine oft jene Bearbeitung angedeihen zu lassen, die, beispielsweise gesagt, aus dem unförmlichsten Klumpen eine groteske Felsspitze hervorzaubert.

Ich habe nur noch einige Worte über den Transport der Steine hinzuzufügen.

Gewöhnlich werden Steine, gleich anderem Baumaterial, rücksichtslos auf den Wagen geworfen und dadurch die schönsten Kanten und Ecken abgestossen, der Stein unscheinbar, ja nicht selten ganz unnatürlich gemacht, die Flechten abgerieben u. dgl. m. Schöne Felsstücke, selbst die kleinsten, müssen auf Stroh gelegt und dürfen nicht zu eng aneinander geschichtet werden; man fahre langsam und sei überhaupt in jeder Weise darauf bedacht, dem Gestein seine ursprüngliche Form und Farbe zu erhalten.

§. 8.

Felsmauern und Wände.

Werden Abhänge durch Felsen gebildet, so heissen sie schroff; sind diese glatt und beinahe senkrecht, so nennt man sie Mauern oder Wände.

Schroffe Felsmassen sind eine grosse Zierde jedes Landschaftsgartens. Beträgt die Neigung einer Abdachung oder eines Abfalles über 60 Grad, so hört beinahe alle Vegetation auf und nur auf kleinen Absätzen oder Vorsprüngen wird es möglich, Pflanzen, wie die Linaria Cymbalaria, anzubauen.

Felswände wirken daher nur durch ihr kahles imponirendes Ansehen, wenn sie, neben Wald und Gestrüpp, zur Höhe ragen oder aus den Fluten eines Gewässers emporsteigen. Sie sind um so wirkungsvoller, je zerrissener und zackiger ihr Obertheil ins Blaue starrt.

Ruinen, auf der Felsmauer aufsitzend, mildern zwar die Wildheit des Ganzen, erhöhen aber den Reiz der Landschaft, besonders dann, wenn erstere die Gegend zu beherrschen scheinen.

Einen seltenen Eindruck machen Felswände, wenn sie ein kleines, verstecktes (selbst künstliches) Thal einschliessen.

Das natürliche Vorkommen von Felswänden in Parkgärten kann nur in Hochgebirgs- und Alpenländern beobachtet werden und ist an gewisse Felsarten gebunden.

So zeigt beispielsweise die Kreide, der Dolomit, Granit und Feldsteinporphyr öfters steile, senkrechte, sogar überhängende Wände, mit zackigem Gipfel, wogegen manche andere Felsart nur in abgerundeten Bergformen auftritt. Ausser einer nothdürftigen Bepflanzung der Absätze und des Gipfels mit genügsamen, Trockenheit vertragenden Gewächsen, lässt sich an diesen Naturmauern sehr wenig thun; es sei denn, man beabsichtige, Stufen in die Felswand zu hauen, welche zur Höhe führen sollen. Obwohl ich diese Künstelei schon sah, muss ich sie, als den Eindruck schmälernd, ernstlich widerrathen.

Ganz anders gestaltet sich aber die Aufgabe des Landschaftsgärtners, wenn es gilt, künstliche Felswände herzustellen.

Gewiss ein schwieriges Unternehmen, besonders dort, wo Steine nur mit vielen Umständen zu erhalten oder weit her zu transportiren sind!

In letzterem Falle werden derlei nachgebildete Felsmauern ziemlich kostspielig zu stehen kommen, obwohl nicht geleugnet werden kann, dass eine ausgedehntere Felsgruppe ohne Felswand kaum denkbar ist.

Ich will versuchen, dem Gartenfreunde diesfalls mit Rath an die Hand zu gehen.

Die erste, obwohl kostspieligste Art, künstliche Felswände zu errichten, ist die der Mauerung.

Feldsteine, wettergraue, mit Flechten bewachsene, werden einfach zu einer hier und dort von der senkrechten Richtung abweichenden, oft überhängenden, ortweise gespaltenen Mauer zusammengeschichtet und die Fugen an trockenen Orten mit Kalk, in feuchten Lagen mit Cementmörtel verstrichen.

Selbstverständlich muss der Mörtel die Farbe des Gesteines annehmen, welches man zur Mauerung verwendet, daher bald heller, bald dunkler-grau, rothgrau, braungrau u. dgl. sein. Diese Nuancen sind leicht, durch Beimischung von Russ, Kohlenstaub, pulverisirten Gesteinarten, und mineralischen Farben unter den Mörtel, mit welchem die Fugen verstrichen werden — herzustellen und ein geschickter Maurer wird bald das Richtige treffen. Man menge und färbe zuerst eine ganz kleine Partie und ist diese dem Gestein anpassend, so kann schon eine grössere Quantität vorgerichtet werden.

Die nicht sichtbare Verbindung der Steine unter einander kann vermittelst gewöhnlichem Kalkmörtel stattfinden; es wird demnach zur äusseren Verbindung des Gesteines nicht viel Material nothwendig sein und kann in manchen Fällen sogar auch Steinkitt an Stelle des Mörtels treten.

Die Verbindung braunen Gesteines durch plastische Darstellung grauer Baumzweige oder Wurzeln vermittelst Kittes, wie man dies bei Rohbauten zuweilen sieht, ist unnatürlich; daher bei Felswandmauerungen zu verwerfen.

Nachgebildete Felswände dürfen, wenn sie natürlich aussehen sollen — nie aus verschiedenem Gestein zusammengesetzt, nicht mit Mörtel beworfen (verputzt) auch nicht zu klein angelegt werden. Eine Höhe von mindestens 12 Metern, bei dreifacher Breite, ist für die meisten Fälle, auch in Parkgärten, genügend; wobei zu beachten ist, dass die Mauerung sehr an Natürlichkeit gewinnt, wenn die obere Partie zackig und wellenförmig gebildet wird und die Felswand in ihrer Höhe bedeutend differirt; so zwar, dass, während ein Theil bis zu 20 Metern emporsteigt, der nächste bis auf 6 Meter fallen, ein anderer sich wieder auf 12 Meter erheben kann u. s. f. Eine Trennung längerer Felsmauern durch tiefere Einrisse und Verklüftung sollte nicht unterlassen werden, weil dergleichen auch bei natürlichen Felswänden öfter vorkommt. Nicht minder warne ich vor jeder Glättung und Ebenung der Mauern, indem dies zu gekünstelt aussieht.

Eine andere Weise der Herstellung künstlicher Felswände besteht darin, dass man gewöhnliche Stein- (oder Ziegel-) Mauern mit senkrecht aufgestellten Steinplatten verkleidet, die Fugen verkittet oder mit gutem gefärbtem Kalkmörtel verstreicht.

Um die Haltbarkeit der Steinplatten, welche eben sowohl auf der Oberfläche gesammelt, wie auch frisch gebrochen sein können, dabei aber möglichst umfangreich und dünn sein sollten — zu erhöhen, ist es wohlgethan, zwischen je zwei Platten einen, mindestens 60 Centimeter langen, Eisennagel in die Mauer zu treiben. Der Doppelhaken dieser Nägel wird das Ablösen oder Rutschen der Schieferplatten verhindern und ist, mit Kitt verputzt, nicht zu bemerken. So vorgehend kann man grosse Flächen ziemlich schnell und derart auskleiden, dass selbst ein geübtes Auge die Täuschung nicht leicht gewahr wird.

An Orten, wo Feuchtigkeit vorherrscht, an Gewässern, bei Wasserfällen und dgl., lassen sich Felswände imitiren, indem man zwischen den Cementverputz Steinchen eindrückt, oder einen groben Cementanwurf dadurch herstellt, dass man Sandkörner von Haselnussgrösse mit Cement zu einem Mörtel verbindet und mit diesem gewöhnliche Mauern bewirft. Ich mache Ungeübte in solchen Arbeiten darauf aufmerksam, dass man stets nur wenig von dieser Masse anmachen darf, und sogleich verbrauchen muss, weil Cement an der Luft schnell verhärtet.

Wo Felswände errichtet werden sollen, deren Hintergrund aus einer senkrecht abgegrabenen Erd- besser Lehmwand besteht, an welche sie sich anlehnen, kann man sich — vorausgesetzt dass die Wand selbst eine Höhe von 6 Metern nicht überschreitet — dadurch helfen, dass man der Erdwand eine kleine Rückneigung nach Oben gibt, zugleich schmale, ungefähr 15 Ctm. breite, staffelförmige Absätze in die Erdmauer gräbt und auf diese Stufen Steinplatten schuppen- oder auch ziegeldachförmig aufstellt.

Man beginnt mit der Arbeit, von Unten nach Oben zu fortfahrend, dergestalt, dass man zu unterst die grössten und schwersten Steinplatten so anlehnt, dass mindestens ein Drittel ihres Umfanges in schmale Gruben eingelassen und dadurch ein fester Fuss gebildet wird. Ist die erste (unterste) Reihe aufgestellt, so werden die Platten noch mit schuhlangen Eisennägeln, welche anstatt des Kopfes zwei, circa 8 Ctm. lange, wagrechte Haken haben, an die Erdwand angedrückt.

Nun folgt eine zweite und sofort die nächste Reihe, welche gleichfalls, wenn auch nicht so tief, in den korrespondirenden Mauerabsatz eingelassen, und auf ähnliche Weise befestiget wird, bis die gewünschte Höhe erreicht ist.

Vorsichtshalber verwende man, je höher man kommt, um so dünnere Platten; auch gebietet die Schönheit des Baues, dass man keine Regelmässigkeit in der Verkleidung walten lasse.

Etwaige Fugen verstreiche man mit Steinkitt; grössere Räume, die sich besonders dann ergeben, wenn man abgerundete Platten verwendet, müssen begreiflicher Weise ausgemauert werden. Einzelne vorspringende Ecken, durch aus der Wand hervorragend eingemauerte Steine zu bilden, ist, schon der Befestigung des Ganzen wegen, rathsam und erhöhet, gut ausgeführt, die Schönheit der Felsmauer.

Um die Täuschung aufs äusserste zu treiben, sollten Felswände an dem höchsten Bergtheile oder nahe dem Gipfel eines Hügels aufgebaut werden, welcher, mit zackigen Felsstücken belegt und mit einigen Sträuchern bepflanzt, das Gepräge der Wildheit vervollständigen wird. Nur vergesse man nicht, den Fuss des Berges in ein Steingeröll zu verwandeln, oder, wenn letzteres nicht ausführbar wäre, mit Gehölzen zu bepflanzen, über deren Laubdache sich majestätisch oder drohend die nackte Felswand erhebt. Der Epheu (siehe die Beschreibung desselben) ist zur Decoration natürlicher wie künstlicher Felswände unentbehrlich. Trockene Vorsprünge südlicher Felsmauern können ausdauernde Cactus- und Sedum-Arten, sowie Iris germanica, beherbergen.

§. 9.

Zerklüftungen in senkrechter und horizontaler Richtung.

Mannigfaltig sind die Formen der Abfälle und Vertiefungen.

Einzelne scharfe Einschnitte in zackige Felswände nennt man Scharten und ihre Herstellung ist ohne sonderliche Mühe zu bewerkstelligen, indem man bei Naturfelsen den nicht gewünschten Theil einfach mit Pulver, Hammer und Schlegel beseitiget; bei Kunstfelsen die betreffende Stelle gleich beim Aufbau der Felswand oder bei Bekleidung der Hügel aufspart.

Rinnen sind von der Höhe des Berges herabziehende, schmale Vertiefungen und auch ihre Herstellung in künstlich angelegten Felspartien (wohl meist nur zur Ableitung des Regenwassers, oder zur Leitung von Quellen und Wasserstürzen) unterliegt durchaus keinen Schwierigkeiten.

Schluchten werden alle grabenartigen Vertiefungen genannt, wenn sie tief, eng und dabei steil erscheinen; Felsschluchten oder Klüfte sind in ihrem Vorkommen stets an das Gestein gebunden und ergeben sich durch Erweiterung der Felsspalten.

Felsspalten und Schluchten findet man zumeist an schroffen Felswänden, sie beherbergen in der Regel Wildbäche und Wasserfälle.

In letzter Form und Ausstattung bieten Felsklüfte das Bild höchster Romantik und Wildheit; wo es daher thunlich ist, sprenge man die Felsschlucht in natürlichen Parkfelsen aus, und können Quellen oder gar Bäche aufgefangen und in derlei Zerklüftungen geleitet werden, so unterlasse man dies, selbst auf die Gefahr einer beträchtlichen Mehrausgabe hin, ja nicht, indem die in den Park geleiteten Wasser auch anderweitig benutzt werden können, und mehr als einem Zwecke dienen.

Ist die Zuleitung des Gewässers nicht ausführbar, so sorge man für die Bepflanzung der Schlucht, in deren Grunde sich zuweilen noch eine zureichende Bodendecke findet, auf welcher doch wohl einige seltene Straucharten gedeihen werden. Nebenbei kann man Treppen in den Felsen hauen und die Schlucht recht passend als ein Hilfsmittel zur Ersteigung der Höhe benützen.

Bekanntlich sammelt sich in Schluchten Regenwasser und das stürzt oft mit Getöse und Gewalt in die Tiefe, Steine und Gewächse mit sich fortreissend. Man nehme darauf Bedacht und sorge, durch Herstellung steiniger Binnen an dem tiefsten Grunde, für ungefährliche Ableitung des Wassers.

Hierbei sind abermals Ausmeisselungen des Felsens, hier und dort auch Mauerung von Schutzvorkehrungen, nicht zu umgehen.

Wünscht man die Bepflanzung ganz kahler Schluchten oder deren Wände um jeden Preis durchzusetzen, so müssen Vertiefungen in das Gestein gemeisselt und mit entsprechender Erde ausgefüllt werden. Zuweilen genügen schon kleine, treppenförmige Vorsprünge, auf welche man sehr bündigen Thon aufbringt und in dessen schüsselförmiger Vertiefung erst die Pflanze in ihr zusagende Erde setzt.

Legföhren und einige Wachholderarten, Rhododendron, Spiräen, Sorbusarten, Birken, Felsmispeln u. dgl. eignen sich recht gut für derlei Lokalitäten.

Was die Herstellung von senkrechten Felsschluchten zwischen künstlichen Felsgruppen betrifft, so kann dies auf die einfachste Art durch Unterbrechung der Felswand geschehen. Breite und Tiefe solcher künstlichen Zerklüftungen richten sich selbstredend nach dem Umfange der Gesammtanlage und werden bei Wänden von 12 Metern Höhe und 36 Metern Breite bloss 3 bis 6 Meter obere Weite, dabei ungefähr 6—8 Meter Tiefe — betragen.

Ich empfehle, derlei Schluchten, besonders wenn sie tiefer als 8 Meter sein sollten, nicht durch gerade, sondern durch theilweis gebrochene Wände — mit mannigfach gestalteten scharfen Ecken und Vorsprüngen ausgestattet — zu bilden, so zwar, dass man den Hintergrund der Felskluft — selbstverständlich von vorne betrachtet — nicht sogleich gewahr wird und es das Aussehen gewinnt, als habe man eine endlose Zerklüftung vor sich. Einzelne, nicht allzugrosse Höhlen oder Grotten in das Geklüft anzubringen, halte ich für sehr angezeigt; auch kann man senkrechte Schluchten so formen, dass sie sich, tief im Hintergrunde, theilen und bloss die scharfe Ecke der Theilung sichtbar wird.

Felsklüfte enden entweder schon am Fusse der Mauer, oder verbinden sich mit horizontalen Schluchten, welche in der Regel tiefen Gräben ähneln, sich in mannigfachen Windungen durch das Gelände fortziehen und oft so grosse Dimensionen annehmen, dass sie sich in kleine Thäler verwandeln.

Wagrechte Schluchten können sowohl felsiger, wie nicht minder erdiger Beschaffenheit sein; nicht selten zieht ein Bächlein in ihrem Grunde zwischen Erlen und Weidengestrüpp dahin; wagrecht fortziehende Schluchten sind daher in der Regel der Vegetation überaus günstig, und da sie, ihrer Natur nach, unter dem Niveau des Gartens liegen, so gewähren sie mancher schutzbedürftigen, zarteren Pflanze erwünschten Standort, genügende Feuchtigkeit und Schutz vor rauhen Winden, eventuell vor den brennenden Strahlen der Sonne. Solche Schluchten, wenn sie nicht etwa steile, felsige Wände haben, bieten also dem Landschaftsgärtner überaus weiten Spielraum. Er kann sie ortweise absperren und Wasserfälle bilden; er kann an den lehmigen Wänden breiter, tiefer Gräben Felsgruppen anbringen; er kann diese Erdrisse an ihrer schmalsten Stelle überbrücken u. dgl. m.

Ich habe soeben mächtige Lehmschluchten vor Augen, in deren Mitte sich, durch Abschwemmung, isolirte Berge, ja förmliche Felsspitzen, Festungswerke mit schroffen Wänden gebildet hatten, überwuchert mit Wildrosen, Wachholder und anderem Gestrüpp, während die Wurzeln verkrüppelter Eichen gleich Schlangen sich ober dem Abgrunde winden. Wie leicht liessen sich aus solchen Schluchten die schönsten Punkte eines Landschaftsgartens formen!

Es sind nun nur noch die Ränder solcher horizontal fortlaufender Schluchten zu besprechen. Erstere dürfen weder überall

flach, noch ganz hügelig oder felsig, ihrem ganzen Laufe ent-
lang nicht nackt, aber auch nicht durchweg bepflanzt sein. Lichte
Stellen müssen mit hainartigen Anpflanzungen abwechseln, zum
mindesten Gesträuchpartien an den Biegungen oder Einbuchtungen
vorkommen; hier den Hintergrund verdecken, dort den Blick über
grüne Matten weit in die Ferne schweifen lassen.

Was für Schluchten von grösseren Dimensionen als Gesetz aufgestellt worden, gilt auch für künstliche, k l e i n e r e, grabenartige
Einsenkungen. Sie können leicht ausgeworfen, ihr Lauf mühelos
dirigirt und ihre Anpflanzung ohne sonderliche Hindernisse bewerkstelligt werden. Wie alle buschreichen Zerklüftungen, gewähren
sie v i e l e n Thieren, namentlich den kleineren Vögeln, willkommene
Schutz- und Aufenthaltsorte; sollten daher überall angelegt werden,
wo es, ohne dem Gesammteindruck Abbruch zu thun, geschehen kann.

§. 10.

Bildung der Gipfel und Bergrücken.

So mannigfaltig die Formen der A b h ä n g e sind, eben so mannigfaltig ist die Beschaffenheit der G i p f e l und B e r g r ü c k e n.

Sind die Gipfel abgerundet, so heissen sie K ö p f e oder K e g e l.
Sie ergeben sich von selbst bei jedem kegelförmig zulaufenden Berge
und Hügel und sind für die Vegetation noch am gedeihlichsten,
weil sie zumeist aus Erde bestehen. Man vergesse indessen nicht,
dass Berggipfel den Stürmen preisgegeben sind, auch unter den
verderblichen Einflüssen der Witterung stehen. Der Landschaftsgärtner
wird sie daher, wenn auch nicht ganz kahl dastehen lassen, so
doch nur mit Straucharten oder niedrigbleibenden, heimischen
Baumarten bekleiden.

A b g e p l a t t e t e G i p f e l werden P l a t e a u x genannt. Auch
im kleinsten Garten können P l a t e a u x gebildet werden, es ist
namentlich das o b e r e Ende jeder langgestreckten Felswand in der
Regel ein Plateau.

Solche kleine Hochebenen gewähren häufig eine weite Fernsicht
mindestens über den Garten; man sieht sich daher oft veranlasst,
auf solchen erhöhten Punkten R u h e p l ä t z e anzubringen, von denen
aus man sich dem Vollgenusse eines freien Ueberblickes hinzugeben
vermag.

Auch Berg- und Felsebenen sind allen Winden und den Einwirkungen des Frostes, sowie jenen der Sonne ausgesetzt. Sollen sie daher bepflanzt werden, so müssen ebenfalls nur harte Holzarten dazu gewählt werden. Des zu befürchtenden Windbruches wegen nehme man Gehölze mit tiefgehender reicher Bewurzelung; daher sind Fichten und ähnliche Hölzer mit flachstreichenden Wurzeln von solchen Plätzen ausgeschlossen.

Langgezogene, schmale Berg- und Felshöhen nennt man Rücken; sie laufen entweder wagrecht fort oder senken und heben sich, um als sanfte Einbiegungen der Berge Sattel, als einzelne scharfe Einschnitte felsiger Gebirgsrücken Scharten zu bilden.

Ausgezackte, felsige Gebirgsrücken heissen Kämme; zugespitzte nennt man Spitzen. Schmale Spitzen heissen Nadeln oder Zinken, schiefstehende Hörner.

Spitzen sind in der Regel zerrissen, steinig, seichtgründig und selten fruchtbar; Nadeln und Hörner bestehen fast immer aus nackten Felsen.

Wo diese Formen im Park und Wildgarten von selbst vorkommen, wird der Gartenfreund sein Bepflanzungssystem darnach einzurichten wissen, wenn er das beherzigt, was ich über die Anpflanzung der Bergkegel und Plateaux vordem sagte. Je felsiger, zerrissener, erdarmer der Höhenzug, um so genügsamere Holzarten werden in Verwendung kommen müssen. Zuweilen erscheinen Hochplateaux der Wildgärten versumpft, moorig. In diesem Falle wähle man die Berg-Erle und Weimuthskiefer und siedle den Königsfarn, Spiraea Aruncus, die Heidel-, Preissel- und amerikanische grosse Heidelbeere daselbst massenhaft an, der Weiden und Sumpfkiefern nicht zu vergessen.

Ganz anders gestaltet sich aber das Verhältniss, wenn alle diese vorbezeichneten Gebirgsformen im verjüngten Massstabe nachgebildet werden sollen. Ein solches Gebirge en miniature erfordert alle Aufmerksamkeit und Genialität des Felsgärtners und stehen letzterem nicht alle erdenklichen wettergrauen Steinformen, klein und gross, zur Auswahl vor Augen, so kann aus seinen Händen nichts Schönes hervorgehen.

Absätze und Terrassen werden gebildet, wenn man zwei oder mehr Felswände auf einander stellt, von denen immer die nächstfolgende an Höhe abnimmt und mindestens 3 Meter tief zurücktreten muss.

Derlei stufenförmige Bergwände, die, was ich wohl nicht
erst zu bekräftigen brauche, nur am Abhange eines mässigen Berges
oder grösseren Hügels aufgebaut werden können, gewähren den
Vortheil mannigfaltiger Ausnützung. Werden die Terrassen mit
Umsicht angelegt — nicht regelmässig, sondern wellenförmig,
mehrfach durchbrochen längs den Mauern hingeleitet — dann ist
ihre künstliche Entstehungsart durchaus nicht auffällig; wird später
diese terrassenförmige Abdachung an ihren flachen Theilen mit
Baum und Strauch geschmückt, welche den Fuss der Wände verdecken, so bildet das Ganze ein prächtiges Bild landschaftlicher
Schönheit von ganz ungewöhnlichem Charakter. Viele Abhänge
zeigen ferner einzelne Vorsprünge und Ecken oder scharfe
Biegungen. Das sind an und für sich ungeschützte Formen
felsiger Natur und können leicht durch Aufstellung langgestreckter,
spitzer Steine selbst an den steilsten Abfällen nachgemacht werden.

Gleich diesen werden Spitzen, Nadeln, Zinken und Hörner
nachgebildet und, da alle vorbezeichneten Formen vegetationslos
und kahl aus ihrer Umgebung emporragen, werden sie von altersgrauen Feldsteinen aufgemauert, wobei man die Vorsicht gebraucht,
bei schiefstehenden oder überhängenden Felstheilen zur
Befestigung einen guten Steinkitt anzuwenden und hin und
wieder eiserne Klammern zu benützen.

Wenn auch alle letztgenannten Felsformen unerlässliche Bei-
gaben eines jeden, gleichviel ob urwüchsigen oder nachgebildeten
Höhenzuges sind, so können doch einzelne derselben auch isolirt
in kleineren Hausgärten Anwendung finden. Unter anderem sind
z. B. mehrere Meter hohe, nadelartige Felsstücke zwischen dichten,
besonders immergrünen Gebüschen von Taxus und anderen
Coniferen reizend, nicht minder schön jene von Phonolithplatten
zusammengestellten, oben überhängenden Steinsäulen, welche
aus blüthenreichem Gewirr der Schling- und Klettersträucher stolz
herausschauen. —

Auch kann nicht in Abrede gestellt werden, dass alle aus
dem Grün hervortretenden Felsvorsprünge, wie immer sie
heissen mögen, fast eben so wirkungsvoll in ihrer Gesammterscheinung
sind, wie grössere Felspartien.

§. 11.

Berglehne und Geröllschicht.

Abdachungen der Berge minder steiler und wenig felsiger Natur nennt man in der Volkssprache Berglehnen. Auch sie unterliegen manchen Formen, sind oft bewaldet, zuweilen nackt, oft mit Rasen bewachsen, in welchem gestürzte Felsblöcke eingebettet sind, während um letztere sich mannigfache Sträucher — hier in kleine, dort in grössere Gebüsche zusammengedrängt — ansiedelten.

In letzterer Gestalt sind Lehnen namentlich dann, wenn sie sich am Fusse steiler Felsen befinden, am schönsten und ihre Nachbildung um so empfehlenswerther, weil die malerische Wirkung der aus der Erde ragenden isolirten Felstheile durch Umpflanzung zierlicher Straucharten, und die seltene Schönheit der saftiggrünen Lehne selbst, durch Anlage vereinzelter Baumgruppen ungemein gehoben werden kann.

Hainartige Anpflanzungen an solchen Lehnen, welche meistens hügeligen Waldwiesen ähneln, sind um so effektvoller, je mehr sie sich in ungezwungener Gruppirung vereinigen, gleichzeitig die Totalansicht des im Hintergrunde aufsteigenden Felsens von einzelnen Punkten aus frei geben und gleichsam coulissenartige Begrenzungen der Seitentheile bilden.

Verliert sich der Fuss solcher Lehnen in die Ebene, an das Ufer eines Teiches, oder gar an das Gestade eines See's, so lässt das dadurch hervorgezauberte Gesammtbild nichts zu wünschen übrig, besonders wenn man es versteht, die untere, an das Gewässer stossende Partie der Abdachung mit imponirenden Blattpflanzen, worunter Gynerium argenteum die Hauptrolle spielt, zu dekoriren.

In der Natur ist es häufig der Fall, dass durch Verwitterung des Gesteins Steinabrutschungen und Steinfälle — an manchen Felsen so zu sagen täglich — bemerkt werden können und im Laufe der Zeit sich nicht unbeträchtliche Geröllschichten am Fusse der Steilwände anhäufen. Zuweilen ist es möglich — durch Abtragung loser Felstheile — derlei Steinfälle, welche oft dem darunter Wandelnden gefährlich werden und Baum und Strauch arg schädigen, zu beschränken. Nach und nach hören an

manchen Orten diese unliebsamen Vorkommnisse von selbst auf
und es siedeln sich zwischen der Geröllschicht gerne Sträucher,
und in feuchteren, nördlichen Lagen auch Farne an.

Ich hatte das Unglück, vor Jahren in den Krainer Alpen ein
Gebäude bewohnen zu müssen, dessen Eingang nicht selten mit
losgelösten Felsbrocken besäet war. Durch Herstellung von
starken Flechtzäunen, trockenen Steinmauern und ähnlichen Schutzmitteln knapp unter dem Felsen steuerte ich
einigermassen dem Uebel. Uebrigens sind tiefwurzelnde Laubgehölze
das beste Schutzmittel gegen in die Tiefe rollende Steine.

Der unschöne Anblick des in seiner vollen Nacktheit daliegenden
Gerölls nöthigt uns zu rechtzeitigen und energischen Vorkehrungen
und fordert uns auf, so schleunig als möglich Gehölzpflanzungen
aller Art um jeden Preis durchzuführen. Man wähle dann
nicht zu ängstlich, sondern greife zu dem ersten besten schnell-
wüchsigen und gut wurzelnden Gehölz, wesshalb Pappeln,
Weiden, Birken eben so willkommen sein werden, wie Sam-
bucusarten, Haselsträucher, Brombeeren, Wildrosen,
Fuchswein und Waldrebe. Dass man, wenn man hinreichende
Vermehrung besitzt, auch edlere Holzarten dem Buschwerke zu-
gesellen könne, ist klar. Demnach wird eine Untermischung mit
Tannen, Kiefern, Ahornen, Eschen, Eichen nicht zu verwerfen sein, wobei man Rücksicht zu nehmen hat, ob der Untergrund
tiefgründig und humusreich, oder steinig, sandig, arm an Nähr-
stoffen ist, ob wir in nördlicher und feuchter, oder südlicher
und heisser Lage kultiviren, um darnach die passende Auswahl zu
treffen.

Sofern uns die undankbare Aufgabe zufällt, alte mächtige Geröllschichten zu bepflanzen, so müssen selbstverständlich kleinere
lose Steine so lange beseitigt werden, bis man auf das in der Tiefe
ruhende, in der Regel fruchtbare Erdreich stösst. Es ist dabei
nicht unbedingt nöthig, in vielen Fällen kaum möglich, den grössten
Theil des Gerölls abzutragen, man hilft sich dann wie es eben geht,
und begnügt sich damit, dass man in einer Entfernung von
mehreren Metern grubenähnliche, noch besser trichterförmige
Vertiefungen zwischen dem Gestein aushebt, in deren Grund
man Humus finden wird und die Holzpflanze einsetzen kann.

Auf diese Weise vorgehend, ist es möglich, selbst ausgedehntere Geröllmassen mit verhältnissmässig geringen Unkosten

dabei ziemlich rasch zu bewalden; auch unterliegt es keinem
Zweifel, dass die den Geröllvertiefungen anvertrauten Holzgewächse
recht freudig vegetiren werden, weil sich bekanntlich unter der
Geröllschicht stets hinreichende Feuchtigkeit ansammelt und die
wallartig aufgeschichteten Steine um die Trichter, den tiefer stehenden
Pflanzen erfolgreich Schutz vor brennenden Sonnenstrahlen und er-
kältenden Winden gewähren.

Zuweilen ist es freilich nicht ausführbar, derlei trichterförmige
Aushöhlungen zu machen, so z. B. dann nicht, wenn mächtige
Felsblöcke in die Tiefe gestürzt sein sollten, die Geröllschicht mithin
zu mächtig ist, um auf oben angedeutete Art bewältigt werden zu
können. Man hilft sich in solchen, glücklicherweise selteneren Fällen
damit, dass man beseitigt was eben zu beseitigen geht, die Entfernung
der einzelnen Pflanzlöcher unter einander erweitert, und in die nur
flach ausgehobenen Gruben zuerst Rasenbrocken, dann Erde schüttet
und darauf die bequemste Kulturmethode folgen lässt.

Ist die Pflanzung gelungen, so werden die neugebildeten Wurzeln,
zwischen dem Gestein fortkriechend und sich erfahrungsmässig
oft widernatürlich verlängernd, bald hinreichende Nahrung und
von selbst den Weg in die Tiefe, ins fruchtbare Erdreich finden,
denn es ist durchaus keine Seltenheit, dass sich zwischen den gefallenen Steinen durch Blätterzufuhr, Erdabrutschung u. dgl. im
Laufe der Jahre Humus angehäuft hatte, welcher nunmehr unseren
Setzlingen oder Saaten zu gute kömmt. Die Aufforstung solcher
anscheinend sterilen Flächen ist oft durchaus keine Unmöglichkeit.

In anderen Fällen wird man, um auf fruchtbaren Boden zu
stossen, keine grubenähnlichen oder trichterförmigen Vertiefungen
zwischen der Rollschicht auswerfen können, sondern schmale, tiefe
Löcher ausheben müssen, was indess den dahin gepflanzten Gewächsen nur von Vortheil ist. Ueber die Bepflanzung von solchen
Flächen übrigens in einer anderen Abtheilung dieses Werkes noch
Näheres.

§. 12.

Engpässe.

Der Engpass und die senkrechte Schlucht haben miteinander grosse Aehnlichkeit; der Unterschied besteht nur
darin, dass Letztere hinten geschlossen ist, während der

Engpass den Aufstieg zur Anhöhe oder in ein jenseits des Felszuges gelegenes Thal vermittelt.

Oft sind Engpässe das Bett eines periodischen Flusses, oft eines
konstant fliessenden Baches, ihrer Natur nach felsig-steinig, schattig,
feucht, kühl.

Wo sie vorkommen lässt sich, mit alleiniger Ausnahme der
Verbesserung eines etwa durch sie führenden Weges, oder der Ansiedelung von Farnkräutern und Moosen, sehr wenig in ihnen
und für sie thun. Künstlich können Engpässe nur in beschränktem Masse hergestellt werden und sind nur da am richtigen
Platze, wo ein schmaler, mauerförmiger Gebirgszug nachgebildet
wurde, oder wenn gewünscht wird, durch eine etwas breitere Zerklüftung desselben aus der tropischen Abtheilung des Gartens in
die nordische zu gelangen, besser gesagt: wo der felsig-waldige,
wilde Theil des Gartens durch ein Miniaturgebirge vom Blumengarten getrennt wurde, oder wo Felswände das Tusculum des
Gartenfreundes, die Gruft oder sonst ein nicht Jedermann geöff-
netes Plätzchen einschliessen.

Aehnlich der Felskluft werden Engpässe dadurch künstlich
hergestellt, dass man den Zusammenhang der Mauer an dem
geeigneten Punkte unterbricht. Der Engpass kann als breiter,
oben offener Spalt gebildet; er kann aber auch grottenähnlich
überwölbt werden; in letzterem Falle gleicht er mehr einer schmalen,
langgestreckten Höhle.

Um die Täuschung zu vervollständigen, sollte der Eingang
des Passes naturgemäss dekorirt, mit dichtem Buschwerk und üppigen
Schlingsträuchern umrankt werden, so zwar, dass das uneingeweihte
Auge die Mündung der Zerklüftung nicht sofort gewahrt, ja dass
der Zutritt allenfalls nur durch Beiseiteschieben des Gerankes ermöglicht wird.

Künstliche Engpässe werden ferner eben so wie Felswände
durch Verkleidung der Stein- oder Ziegelmauern gebildet; man
mache sie nicht gerade, sondern leite den Pfad um eine Ecke,
führe denselben allenfalls auch über einige Stufen zur Höhe, um
jenseits hinab zum weit geöffneten Ausgang schreiten zu können,
wo der Kontrast des Bildes, das nunmehr vor unserem staunenden
Blicke auftaucht, nicht verfehlen wird, den mächtigsten Eindruck
auf uns zu üben.

Uebrigens dürfte es, selbst im grössten Parke, nicht rathsam sein **mehr als einen** künstlichen Engpass herzustellen. Man muss mit Knalleffekten auch im Gartenfache geizen.

§. 13.

Höhlen.

Höhlen oder **Grotten** nennt man von der Natur gebildete, **hohle Räume** im Innern der festen Erdkruste. Sie finden sich am häufigsten in Kalkstein- oder Dolomitablagerungen, kommen aber auch in verschiedenem anderen Gestein vor.

Ihre Grössenverhältnisse, Höhe, Weite und Längenausdehnung sind ganz ausserordentlich verschieden; viele sind **einfach**, andere erweitern sich zu sogenannten **Kammern** und verzweigen sich **labyrinthartig** zu weiten **Gängen**.

Die Möglichkeit, im Park und Garten derlei Hohlräume zu besitzen, ist durchaus nicht ausgeschlossen. Ich selbst habe vor Jahren Schloss **Luegg** in **Krain** bewohnt, wo eine, der berühmten **Adelsberger Grotte** ähnliche Höhle sich unter dem Schlosse im Erdinnern hinzog, und so mancher Bauer jener Gegend, des südlichen Krains und des Karstgebietes nennt eine ähnliche, interessante Grotte sein.

Beglückt ist derjenige Gartenfreund, dessen Park Fels und Höhle beherberget, denn angenehm ruht sichs dort nach den Mühen des Tages im kühlen Schatten, dort, wo die Quelle leise murmelnd sich Bahn gebrochen durch die Spalten der Grotte.

Aber **derlei** Lokalitäten sind selten, **sehr selten**, in der Nähe der Städte; **wo sie daher** vorkommen, müssen sie als Edelsteine der Waldwildniss betrachtet und **naturgemäss** dekorirt werden.

Die **Grotte** ist eine jener urwüchsigen Schönheiten, welche sich dem Gartenbesucher nicht von selbst aufdrängt, die mehr gesucht als gesehen werden will und, wiewohl durch ihre Verborgenheit, in **dekorativer Hinsicht**, sehr wenig in Betracht kommen kann, dennoch **nie** verfehlt, den Lustwandler aufs angenehmste zu überraschen, wenn er durch irgend einen abseits führenden Schleichweg sich verleiten lässt, den Fuss zwischen die dichten Gebüsche zu lenken und endlich, **vor** der Felswand stehend, ein lauschiges, von der Welt und ihrem Treiben abgeschiedenes Plätzchen findet, wo er unvermuthet einer befriedigenden Ruhe sich hinzugeben

vermag. — **Felswand**, **Grotte** und **Gebüsch** sind daher **un-
zertrennliche** Alliirte, die **Quelle** eine sehr schätzenswerthe
Beigabe, verborgene, schmale **Pfade** angezeigt, **Epheu** und andere
Schlinggewächse als Dekorationsmittel unerlässlich, **Farnkräuter** und **Nadelhölzer** in nächster Nähe höchst wünschenswerth.

Immer schiebe sich ein **kleiner Vorplatz** zwischen die
Grotte und das sie umgebende Gebüsch, um die Ueberraschung des
plötzlich seine Schritte hemmenden Wanderers zu vergrössern; wo
aber von **hochliegenden Höhlen** aus Fernsichten gewünscht
werden, oder solche von hervorragender Schönheit sind, verbanne
man Baum und Strauch rücksichtslos von dem Eingange der Grotte
und weise alles Gehölz in die Tiefe, allenfalls **nur einer Rothbuche** oder sonstigem Waldbaume, der seine Aeste tief und schützend
über die **Moosbank** seitwärts des Einganges breitet, gern den
Platz vergönnend.

Farne, **Moose**, **Epheu**, manche **Kriech- Häng-** und
Kletterpflanze dienen zur Verzierung des Einganges; reizend ist
es, wenn **zartere** Schlinggewächse guirlandenartig von der äussern
Wölbung über dem Eingange herabhängen und einzelne, **schönblühende** oder sonst dekorative Pflanzen die **Spalten des
äusseren Gesteines** füllen.

Jede Grotte soll **schattig** und **kühl** sein. Ist sie es von
Natur aus nicht, wie etwa bei hoher, exponirter, südlicher Lage,
so muss dafür gesorgt werden, dass hohe Bäume im Laufe der Zeit
den Schatten ihres Laubdaches auf den **Eingang** werfen, oder
Felsblöcke, vorgeschobene **Felswände** u. dergl. die Strahlen
der Mittags- und Nachmittagssonne abhalten. Durch **Schatten-
tücher** Kühlung hervorrufen zu wollen ist weder genügend, noch
der Oertlichkeit anpassend.

Zu **hochgelegenen** Grotten führen zuweilen in die Felswand
gehauene oder künstlich hergestellte **Steintreppen**; sie seien
bequem, doch nicht zu breit, was den Effekt schmälern würde,
mit **Geländern** von Naturholz (sammt Rinde) oder Eisenguss, in
Form von Baumästen, versehen.

Was immer man an dem **Aeusseren** der Höhle, oder an
dem zu ihr führenden **Wege** baue, Alles biete den Anblick eines
ungeschmälerten Naturwaltens, sogar den tiefer Wildniss!

§. 14.

Troglodyten-Palast.

Eine jede, mit dem Aufwande aller zu Gebote stehenden Mittel naturgemäss von Aussen, reich und kunstvoll im Innern dekorirte Höhle wird zum Palast der Troglodyten, gleichviel ob die Grotte der Urzeit entstamme, oder einer gut ausgeführten Gewölbemauerung ihr Dasein verdanke.

Während sonach die einfache Wildgrotte ausser einigen Moosbänken nichts enthalten darf, was die Kunst geboren, ziert die Troglodyten-Höhle ein Heer von Kunstschätzen, Bildern, Statuen, seltene Mineralien decken die Wände, Malereien sind nicht ausgeschlossen, der Boden besteht aus kostbarer Steinpflasterung und die Pflanzenschätze fremder Zonen — allerdings einer sorgfältigen Wahl unterzogen — vegetiren in diesem Raume, dessen Inneres genügendes Licht durchziehe, um ihre Existenz nicht zu gefährden.

Wenn man ein Uebriges thun will, nehme ein kleiner Springbrunnen die Mitte der Grotte ein und spende Kühlung und Frische, eventuell geniessbares Quellwasser. Wenn es hoch geht, können selbst exotische Vögel — selbstverständlich nur in Käfigen — hier gehalten, eine Petrefakten-Sammlung untergebracht, oder sonstige seltene Naturprodukte deponirt, ein Arsenal alter Waffen aufgestellt, mit einem Worte: die Grotte zum Depot von vielem Seltenen und Schönen gemacht, in ein wahres Tusculum für den Besitzer umgestaltet werden, wobei sich die innere Ausstattung und Eleganz selbstverständlich ganz nach dem Geschmack und den Geldmitteln des Gartenfreundes richtet.

Der Troglodyten-Palast einfachster Form besteht aus einer Verkleidung der Wände mit Tropfsteingebilden, sogenannten Stalagniten oder Stalakiten, mit Tuffsteinen (siehe diese) oder sonstigen leicht zu erlangenden schönen, allenfalls bunten Steinarten, Granit, Glimmerschiefer, unterschiedlichen Krystallisationen, (aus Schutthalden der Bergwerke oft mühelos und billig zu bekommen), Holzopal (an manchen Orten Ungarns massenhaft auftretend), diversen Erzen u. dergl.

Dass alle diese und ähnliche Verkleidungen des Gewölbinnern mit Geschick und Geschmack durchgeführt werden müssen, wenn sie der Schönheit und Würde eines Palastes entsprechen sollen, das wolle sich der geehrte Leser ebenso gesagt sein lassen, wie das zum Troste Minderbegüterter, dass man eben auch nicht immer Tausende hinauszuwerfen brauche, um etwas Elegantes, Geschmackvolles, Hervorragendes herzustellen und die Troglodytenhöhle würdig ihres Namens auszuschmücken, ja, dass man oft mit wenig Geld das erreicht, was ein Anderer mit Unsummen nicht vollständig zu erzielen vermag.

Der Troglodyten-Palast sollte aus mehreren Abtheilungen, Seitengrotten, Gängen und kleineren Höhlen bestehen, die, ohne durch Thüren getrennt zu sein, dennoch abgesonderte Räume darstellen, von denen jeder, obgleich in Styl und Ausstattung wechselnd, dennoch mit dem Ganzen eine harmonische Vereinigung bilde. Jede dieser Seitengrotten sei anders geziert, nur die Muscheldekoration sei hier vollständig verbannt, weil sie, den Wohnungen der Najaden eigenthümlich, andern Orts Beachtung und Anwendung findet.

Ist es ausführbar, durch Felssprengung und Erweiterung mehrerer kleinerer Räume einen Hauptsaal und etwa gar Seitengrotten zu bilden, zu denen man erst vermittelst Stufen oder selbst nur Treppen gelangen kann, so ist damit eine wünschenswerthe Abwechslung und Mannigfaltigkeit geschaffen.

Fensteröffnungen müssen vorsichtig ausgemeiselt und solche, selbst an der Decke, so angebracht werden, dass volles Licht, aber keine Sonne in diese Räume falle. Schutz durch Bäume und Gebüsche ist daher wünschenswerth, auch verwahre man alle Fensteröffnungen — von denen viele auch horizontal angebracht werden müssen — vor Regengüssen und kitte sie aufs Sorgfältigste; nehme, wo möglich, nur Scheiben von Doppel- oder Spiegelglas und lasse die Rahmen von Eisen herstellen, weil Holz zu schnell dem Verderben preisgegeben wäre.

Man lege alle Fensteröffnungen so an, dass sie von Aussen nicht gesehen werden können; ist dies aber unausführbar, so maskire man sie durch vorstehende Felsstücke, eventuell durch Bäume oder andere Pflanzen.

Mangeln Höhlen im Parke, sind aber Felsen vorhanden, so ist es ein Leichtes, durch Sprengen und Ausmeiseln des Gesteines die nöthigen Räume zu bilden; sind aber auch keine Felsen, wohl aber Hügel oder Berglehnen von ziemlich steiler Abdachung da, so muss Ausgrabung und Gewölbmauerung an Stelle

ersterer Arbeiten treten und die Umgebung des Troglodyten-Palastes
zur Felswand (siehe diese) umgestaltet werden.

Ausführliche Anweisung über die vorgenannten Arbeiten geben
zu wollen, würde zu Weitläufigkeiten führen und den Rahmen dieses
Werkes überschreiten; ich bemerke nur, dass Kreuzgewölbe, nach
dem System des Spitzbogens konstruirt, im vorliegenden Fall
den Vorzug verdienen, dass daher der gothische Baustyl allein
im Innern der Erde massgebend sein sollte.

Die einzelnen Wölbsteine lasse man mit gutem Kalk- in
feuchteren Lokalen mit Cementmörtel aneinander mauern und
die mittleren Pfeiler mit Tuffsteinen und Felsstücken
verdecken.

Zur Anklebung von Zierrathen, Mineralien u. s. w. an
die Innenseite der Gewölbmauern, bediene man sich des Gypses,
wo es feucht sein sollte, des Cementes oder eines beliebigen
guten Steinkittes.

Nicht ausgeschmückte Höhlenwände färbe man mit einem hellen
Blaugrau.

§. 15.

Treppen.

Zur Berghöhe, auf Plateau's, in Grotten, auf Felsvorsprünge grösseren Umfanges führen Steintreppen mannig-
faltigster Form und Grösse. Hier breit und solid, dort schmal,
steil, vielfach unterbrochen.

In Bezug auf ihre Lage oder Anlage unterscheiden sie sich in
Freitreppen — und solche werden wir benützen, um Plateau's
und Felshöhen zu ersteigen, — während innere Treppen nur in
Grotten und sonstigen Höhlungen Verwendung finden.

Die Breite und Länge einer Treppe hängt natürlich von der
Bestimmung derselben ab; bei Felsanlagen wird man sich in der
Mehrheit der Fälle mit schmalen Treppen begnügen müssen,
oft nur für eine Person zugänglich, und nur ausnahmsweise werden
zu jenen Stiegen, die eine bessere Communication nach hoch gelegenen
Felsterrassen ermöglichen sollen und gewissermassen Haupttreppen
repräsentiren, auch die Bedingungen grösserer Bequemlichkeit hinzutreten müssen derart, dass auch zwei Personen auf einer solchen
Stiege unbeirrt neben einander gehen können.

Die Form der Treppe, des Treppenraumes, ist von dem Arrangement der Gesammtfelsanlage abhängig. Gerade Treppen, d. i. solche, die ihre Richtung beibehalten, werden eben so gut, wie gebrochene Treppen, welche von der geraden Linie abweichen, Verwendung finden seltener aber gewundene Treppen. Letzterer Form begegnen wir bei der Felsgärtnerei fast nur in den Thürmen der Ruinen, zuweilen an den Eingängen tief gelegener Grotten und an sonstigen Kunstbauten im Felsinnern, wo man genöthiget ist, in schmalem langem Raume hoch zu steigen — unter dem Namen Wendeltreppe.

Die Treppen kann man aus Stein, aus Holz oder aus Eisen herstellen; oft verwendet man gleichzeitig Stein und Holz, Eisen und Stein, Eisen und Holz zur Herstellung derselben; welches Material man aber benützt, immer vermeide man bei Felsanlagen und Felstreppen die Zeichen äusserer Künstelei und schliesse jede Verzierung bei derlei Bauten strenge aus.

Bei Freitreppen nehmen sich die steinernen, deren Stufen aus auf einander gelegten, gewachsenen, bemoosten oder flechten-grauen Steinen, platter Form, bestehen, am natürlichsten aus, namentlich dann, wenn auf die Regelmässigkeit der Stufen nicht geachtet wird. In Hausgärten, wo die Länge und Breite der Felsstiegen nicht so grossartig ist, wie auf natürlichen Felsen im Park und Waldgarten, kann durch einfache, stufenförmige Abgrabung der Erde und Belegung der letzteren mit Flachsteinen, eine recht bequeme, dabei sehr natürliche Treppe gebildet werden.

Bei Naturfelsen, wo die Länge der Treppen nicht selten bedeutend wird, ist allerdings Kalkmauerung nicht zu umgehen, indess kann man letztere recht gut verbergen, wenn man den Mörtel grau färbt und nur dort zu Tage treten lässt, wo es nicht zu umgeben ist.

Freitragende Treppen, nämlich solche, welche nur durch Vermauerung der einzelnen Stufen in der Umfassung oder Wand derart gebaut werden, dass sich jede nächstfolgende Stufe auf die vorangehende stützt, sind bei Felsanlagen nicht gut ver-wendbar, sowie auch hölzerne, noch weniger eiserne Treppen nur höchst selten auf Felsen gebaut werden sollten.

Hölzerne Treppen leiden zu sehr von den Einflüssen der Witterung und müssen recht solid hergestellt, sowie in Bezug auf ihre Festigkeit häufig untersucht und oft erneuert werden, sind daher nicht selten gefährlich, besonders in der Nähe von Untiefen und wenn sie neben Abgründen vorbei führen, demungeachtet kann man sie sehr oft nicht umgehen.

Ihre geringe Dauer bedingt die Verwendung von Eichenholz, selbst dann sind sie öfteren Reparaturen unterworfen. Der vielen hiezu nöthigen Arbeitskräfte wegen, sind Holztreppen verhältnissmässig theurer als steinerne, während · eiserne Treppen den Nachtheil haben, dass sie zu gekünstelt aussehen. Man kann letztere ähnlich' den Stein- und Holztreppen konstruiren, da sie aber in Folge des Begehens, oder im Winter bei Frost und Glatteis, sehr glatt zu sein pflegen, so ist ein Ausgleiten und Fallen in die Tiefe zu befürchten. Man konstruirt desshalb eiserne Treppen mit hölzernen Trittstufen, oder wendet allenfalls schwache Steinplatten als Trittstufen bei eisernen Treppen an. Damit eiserne Treppen nicht so bald durch Rost leiden, müssen sie gut mit Oelfarbe angestrichen werden. Man erneuere öfter diesen Anstrich, der, des natürlichen Aussehens wegen, in grauen Farbentönen gehalten werden sollte.

Werden Felstreppen nicht rechts und links von Wänden begrenzt, oder führen sie gar an einer Felsmauer zur schwindelnden Höhe, so erhalten sie, der Sicherheit wegen, an der freien Seite ein Geländer oder eine Brustwehr von Stein, Holz oder Eisen. Führt die Treppe längs den Abgründen hin, so ist es angezeigt, die Brustwehr voll auszuführen, kleine eiserne oder hölzerne Treppen dagegen erhalten ein durchbrochenes Geländer, das in der Regel ähnlich den Baumästen, oder von letzteren selbst solid hergestellt zu werden pflegt.

Auch Holztreppen sollten, der Dauerhaftigkeit wegen, mehrmals mit Leinöl oder Leinölfirniss bestrichen und gut im Anstrich erhalten werden.

Jenen Treppen, die in Grotten, Thürmen, dunklen Gängen ausgeführt werden, verschaffe man durch zweckentsprechend angebrachte Oeffnungen das nöthige, wenn auch oft nur gedämpfte Licht. Eine Reinhaltung aller Treppen von Unkräutern, gefallenen Steinen u. dergl. ist anzuempfehlen; auch kann ich nur rathen, Felstreppen, wo immer sie angebracht werden, nicht nur möglichst fest, sondern auch nie zu steil anzulegen. Je mehr eine Felstreppe gebrochen ist, je öfter sie ihre ursprüngliche Richtung verändert und je kürzer die einzelnen Stiegenarme,

je grösser dagegen die Ruheplätze zwischen letzteren (die
Poteste) sind: desto bequemer, fester und natürlicher muss eine
solche Treppe werden.

§. 16.

Ruheplätze.

Gut angebrachte, wohl erhaltene und schön dekorirte Ruheplätze sind keine überflüssige Beigabe einer Felsanlage. Form
und Ausstattung derselben wechselt mannigfaltig. Hier begegnen
wir einem Ruhesitze im Schatten mächtiger vollbelaubter Bäume,
drüben an dem kahlen Ufer eines Sees, wo sich die Abendsonne
mit glühendem Golde in den Fluthen zu baden scheint, und die
Schwäne den Fuss der Terrasse umrudern, dort wieder am Plateau
des Felszuges die herrlichste Fernsicht gewährend.

So können wir uns der Orte noch viele denken, wo Ruhesitze
theils nöthig, theils anwendbar sind, bald frei, bald versteckt im
Laube und in der Höhle, immer aber geschützt vor Sturm und
Nässe, dabei möglichst schattig, kühl, einladend zu längerem
Verweilen, zur Erquickung für das Auge, oder zur Ruhe.

Die richtige Auswahl solcher Plätze erhellt aus dem Bedürfnisse und ergibt sich bei sorgfältiger Prüfung des Terrains ganz
von selbst.

Nicht alle Ruheplätze können frei, hochliegend, nicht alle verborgen, einsam sein. Man muss eben allen wechselnden Neigungen,
allen Stimmungen des Gemüthes volle Rechnung tragen!

Ruheplätze können, was die äussere Anlage betrifft, frei oder
geschützt ausgeführt werden.

Frei, d. h. durch Bäume, Gebüsche oder Ueberwölbungen vor
Sonne und Regen nicht geschützt, nur am Gipfel steiler Felsen,
an dem kahlen Ufer grösserer Gewässer und an anderen ähnlichen
Oertlichkeiten, wo die Anpflanzung von Schutzgehölzen widernatürlich, oder wegen mangelnder Bodenkrume, unausführbar wäre; nicht
minder dort, wo vom höchsten Punkte eines Felsens die Rundschau
über das Ganze gewonnen werden soll, ohne dass durch Kunstbauten
der urwüchsige Naturcharakter verwischt werde.

Man liebt es, die Ruheplätze in Lauben und Halbgrotten anzubringen und sorgt durch Anpflanzung schnellwüchsiger, dichtkroniger

und grossbelaubter Holzarten von Schlinggewächsen und Kletterpflanzen für den nöthigen Schatten.

Was die Ersteren, nämlich die Lauben, betrifft, so verstehe ich darunter verschiedengeformte Gestelle in wechselnder Grösse aus Stäben von Eisen oder Holz hergestellt, welche mit Pflanzenlaub bekleidet und überwölbt werden. Fehlt einer Laube die Decke, so nennt man sie Wand oder Mantel.

Unter Anwendung letzterer Form, Ruheplätze zwischen Felsanlagen zu schützen, ist weit angezeigter, weil man ohnehin in der best angelegten und dichtest berankten Laube bei Regenwetter nicht lange verweilen kann und Seitenwände auch, besonders wenn sie etwas höher gezogen werden, vor Sonnenbrand schützen.

Man baut nicht selten Lauben aus dem Schnitte sich willig fügender Gehölze, die ihren Stamm ohne Stütze frei tragen, so z. B. viele Waldbäume: die Weissbuche, Ulme, der Feldahorn, die Kornelkirsche. In diesem Falle bleibt das Gestell, welches die Grundlage der Laube bildet, weg und die Lauben selbst — respektive ihre Wandungen sammt Decke — werden durch künstlichen Schnitt obengenannter Schutzhölzer gebildet.

Lauben sollen durch einfache Lieblichkeit erfreuen, jede Pracht ist zu vermeiden; es kann eine, bloss einen Sitz beschattende, vorn ganz offene Laube von rohen Aesten reizender sein, als eine andere von Schmuckeisen. Ueberhaupt vermeide man bei Felsanlagen alle künstliche Tischler- oder Zimmermannsarbeit und stelle auch dann, wenn ein Gestell für die Laube nothwendig, solches nur von Naturholz her.

Als Ruheplatz betrachtet, ist die Laube nur vorne weit offen schön.

Auf dem Felsen gibt man bei Anlage der Laube dem Strauchwerk den Vorzug, schon desshalb, weil dieses die Bedeckung des Ganzen am Zeitigsten besorgt. Sehr gebräuchlich und beliebt sind Geisblattlauben, obwohl von Vielen getadelt. Wahr ist es, dass man in einer alten Gaisblattlaube nur trockenes Holz sieht. Dagegen ist der Duft der Gaisblattblüte höchst angenehm, und es üben die, im Mondlichte um die Blütensträusse sich tummelnden, schwirrenden und nektartrunkenen Insekten einen eigenen Reiz aus.

Zur Umkleidung des Laubengestelles empfehle ich ferner: Aristolochia Sipho, Tecoma (Bignonia) radicans, die Wisterien, Periploca graeca etc. für warme Lagen, den Epheu

für Schattenpartien, Ampelopsis hederacea, Caprifolium ita-
licum, Celastrus ecandeus, Clematis Vitalba und Viticella für
schutzlose, kältere Orte. Werden Laube, Mantel und Schutzwand
von Waldbäumen gebildet, so empfehle ich zweimal, im Frühjahr und Sommer, zu beschneiden. Man verwende nur eine Holzart zu solchen Lauben, und zwar nur junge Gewächse.

Die Umgebung der Ruheplätze harmonire mit der Gesammtanlage. Auf und an Felsen sind Künsteleien jeder Art ohnehin
nicht anwendbar, doch lässt sich Manches thun, ohne dem Naturcharakter zu schaden.

So wähle man zu Lauben in Laubhölzern nur die letzteren,
in Nadelholzpartien Taxus, die Fichte, Wachholderarten, so umgebe man die Ruhesitze felsiger Ufer mit hochwachsenden Sumpf- und Dekorationspflanzen wie Gynerium,
Eulalia, Heracleum, Phormium, vielen Gräsern; mit
Tamarisken, Weiden, Erlen u. dergl.; so belebe man einsame, hohe Felssitze durch Sedum, Vaccinium, Saxifraga, Spirea, Sorbus und andere genügsame Pflanzen.

Wechselnd in Form, Grösse und Gestalt sind die Sitze selbst.

Hier überschattet das, dünne Baumstämme bebürdende Stroh-
oder Schilfdach einige aus Astholz fabrizirte Holzbänke, dort
oben bildet das nackte, nothdürftig ausgemeisselte, kalte Gestein
selbst den harten Sitz, und wieder anderwärts, im Schatten der
Buchen, begegnen wir, einladend zur Ruhe, der schwellenden
Moosbank.

Wir unterscheiden Bänke und Stühle. Erstere können auch
fest sein, besonders dann, wenn sie grössere Ruheplätze umschliessen,
oder an sonst unveränderlichen Orten aufgestellt werden; sie
dürfen in Felsgärten nie künstlerisch-schön aussehen, sondern müssen
mit dem Waldcharakter übereinstimmen. Am zweckmässigsten sind
Bänke und Stühle mit Gestellen von Gusseisen, rohe Baumstämme
nachahmend, mit Sitzen und Lehnen von Holz. Je kleiner der
Felsgarten, desto leichtere Bänke und Stühle kommen in Gebrauch;
man mache sie daher möglichst von Holz.

Die beliebten Bänke und Stühle von Wurzeln und rohen
Baumästen sind zwar recht nett und passen ganz für Fels und
Wald, leider aber halten sie nicht lange und man beschmutzt sich
an faulender Rinde oder zerreisst sich an hervorragenden Nägeln
die Kleider. Bänke von Birkenholz, so schön sie oft sind, vermeide

man ganz; sie haben die kürzeste Dauer, müssen oft erneuert
werden, sind daher kostspielig. Zu Holzbänken ist Eichenholz
vorzuziehen; wenn man die Rinde daran lässt, muss das Holz unbedingt mitten im Winter gefällt werden. Ueberhaupt ist eine
trockene Ueberwinterung von transportablen Holzbänken anzuempfehlen.

Steinbänke sind hart und kalt, in feuchten Lagen daher
nur dann zu benützen, wenn sie einen Holzüberzug (Sitz) erhalten; sie haben die längste Dauer.

Stühle, von abgesägten Baumstücken angefertigt, sind
plump und roh und beleidigen das Auge, obwohl sie ziemlich lange
in Gebrauch stehen können.

Rasenbänke, selbst wenn sie ganz gut gehalten werden,
zeigen oft kahle Stellen, an welchen man sich beschmutzt, sind kalt,
oft feucht und für an Rheumatismus und Gicht leidende Personen
durchaus zu verwerfen. Früh und Abends, bei Thaufall und auch
Regenwetter, sind sie ganz unbrauchbar, denn sie strotzen vor
Nässe. Die in den Fels gemeisselte Bank ist unverwüstlich,
aber erkältend und muss ein hölzernes Sitzbrett bekommen.

Moosbänke sind schön und originell, obwohl sie an all den
Uebelständen der Rasen- und Steinbänke laboriren. Man baut sie
von wettergrauen Steinen, verstopft die Fugen mit lebendem Moose
und bringt eine schwache Erddecke darauf, auf welche man grosse
Platten lebenden, auf Felsen gesammelten Mooses theils nur
einfach, theils in Doppellagen oder dreifacher Tapezirung andrückt.
Die erste Mooslage kann mit kleinen Häckchen befestigt werden,
dies ist aber auf horizontalen Flächen nicht absolut nöthig.
Die Erde muss, ehe man die erste Mooslage darauf bringt, gehörig
durchfeuchtet werden, auch ist es räthlich, die Moosdecke oft zu
bespritzen. Die senkrechte Seite der Bank (der Fuss) kann mit
Epheu berankt werden, den man durch Schnitt platt am Gesteine
hält. Auch kann man Lysimachia Numularia und Glechoma
hederacea dazu verwenden, welche beide Pflanzen zwischen den Fugen
überall hinkriechen und bald das Ganze begrünen.

Das Ueberwerfen von todten Moosbrocken auf Steinbänke ist
weder schön, noch praktisch. Gut gepflegte Moosbänke im Walde
sind reizend, man sitzt weich auf ihnen, sie sind schwellend, an
trockenen Tagen nicht nässend und, da das Moos öfter erneuert
werden kann, auch immer neu, fest, billig und angenehm!

§. 17.

Das Felsthor.

Imposant in seiner Natürlichkeit ist das Felsthor!

Wer die Felslabyrinthe der sächsischen Schweiz und andere ähnliche Gebirgsformationen gesehen, wird mir beistimmen müssen, dass es nichts Ueberraschenderes, nichts Grossartigeres gibt, als wenn der Wanderer plötzlich erstaunt steht vor dem mächtigen Felsbogen und den Blick schweifen lässt über die lachende Landschaft, welche sich in der Tiefe und Ferne im Hintergrunde, umrahmt von Fels und Wald, vom Blau des Firmamentes freundlich abhebt.

Aber wo, so wird der geehrte Leser fragen, gibt es einen Park, der solche Naturschönheiten einschliesst?

Ich muss gestehen, dass die in Rede stehende Gebirgsformation nur selten im Park oder Wildgarten anzutreffen sein wird, und man muss daher, will man die Reize von derlei Felsgebilden geniessen, zur Kunst seine Zuflucht nehmen.

Felsklüfte lassen sich überwölben, nebeneinander stehende Spitzen durch einen Bogen verbinden, ebenso Hörner und Nadeln. Bricht man hier etwas aus, kittet dort das Gestein zusammen, nimmt ab und fügt hinzu, wo es nöthig, so wird man mit einiger Umsicht und Geschicklichkeit recht gut das Felsthor zu Stande bringen, ohne gerade Unsummen verschwendet zu haben.

Felsthore bilden auch den Eingang zu weiten Grotten, zu tiefen Gängen, die sich im Gebirgsinnern fortziehen, endlich zum Troglodyten-Palaste und zur Gruft.

Je nach ihrer Bestimmung werden sonach derlei Gebilde mancherlei Modifikationen unterworfen werden müssen. Wie und wo man aber baue, überall sehe man auf Dauer und Solidität des Felsthores, besonders auf Festigkeit der Widerlager, auf Haltbarkeit des Grundes.

Breite Felsthore ähneln Gewölben und sind wie diese zu behandeln.

Auch hier kann ich nicht dringend genug empfehlen, den besten Kalkmörtel, in feuchten Lagen Cement, zur Verfügung und Mauerung zu verwenden. Die an den Tag tretenden Steine müssen wettergrau sein und felsenähnlich geschichtet werden, wobei man zackige Vorsprünge, Tropfsteingebilde, diverse Höhlungen u. dergl. mitanbringen kann.

Zur Dekoration vergesse man des Mooses nicht, die Eingangsseiten kann Epheu umranken. An den Wänden breiter Felsthore, besonders wenn sie feucht sind, kann man Farne verwenden, sowie es recht hübsch aussieht, wenn einige Sedumarten im Geklüfte und zwischen Spaltungen wachsen, Kriech- und Kletterpflanzen von der Wölbung herabhängen.

§. 18.

Die schwebenden Gärten der Semiramis.

Erhöht man sich etwa vorfindende nicht zu weit von einander entfernt stehende Felsblöcke durch Aufmauerung auf mindestens 4 Meter und verbindet man diese Stützen durch Balken von Holz oder Eisen, verschalt dieses Gerüst, schüttet Erde darauf, bepflanzt endlich das solchergestalt gewonnene, hochliegende Gärtchen mit Baum, Strauch und Blume, so hat man den Garten der Semiramis in einfachster Form vor sich.

Mangeln Felsblöcke im Garten, so mauert man aus wettergrauem Gestein gleichhohe Steinsäulen auf, ohne auf Regelmässigkeit und mathematisch genaue Stellung dieser Steinpfeiler zu sehen. Verbindet man sie dann, wie oben gesagt, untereinander, so kann man, wenn günstige Umstände es gestatten, noch ein zweites Stockwerk, ähnlich dem ersten, freilich dann mit mehr Vorsicht und bei zuverlässiger Solidität des Unterbaues, konstruiren.

Zu den Etagen führen höchst natürlich gehaltene, schmale Felstreppen ohne Geländer, und auch die Stockwerke selbst entbehren der künstlich-verzierten Brustwehr, indem diese letztere, von Naturholz (mit Rinde), von grauen Feldsteinen oder Pflanzen — namentlich niedrig gehaltenen Sträuchern — hergestellt werden kann.

Dass man auch springende und fliessende Wasser mittelst Luftdruckes und maskirter Röhrenleitung auf diese Bauten bringen könne, ist selbstverständlich, und so wären wir mit den Umrissen der Semiramisgärten fertig.

Indessen ergeben sich bei der Ausführung so manche Schwierigkeiten, auch kann nicht geläugnet werden, dass derlei Bauten, so sonderbar schön und selten sie wären, ziemlich theuer zu stehen kommen.

Denkt man sich diese Gärten einfach als Terrassen, nur mit
dem Unterschiede, dass der untere Raum hohl ist, so wird man auf
die Idee von Wölbungen gelangen.   Letztere, so solid und
praktisch sie sonst wären, müssen, ihrer Kostspieligkeit wegen,
ausser Acht gelassen werden; auch ist es nicht zu umgehen, sie
felsartig zu maskiren, denn dadurch würden massive Steinmauern geschaffen werden, die viel Raum und noch mehr Geld
beanspruchen.

Sollte es doch Einem oder dem Andern beifallen, den Unterbau von derlei Anlagen zu wölben, so hat dies nicht die geringsten Schwierigkeiten, und man hätte dann nichts weiter nöthig,
als über dem Gewölbe eine, die Feuchtigkeit abhaltende Lage
von Cement, Asphalt oder sonstigen wasserdichten Stoffen
anzubringen.

Man könnte dann den Unterbau recht vortheilhaft als Glashaus, mindestens zur frostfreien Durchwinterung zärtlicher Gewächse
benützen, den Oberbau aber so leicht und zierlich als nur immer
möglich und mit der Festigkeit verträglich, ausführen.

Das zunächst brauchbare und sehr empfehlenswerthe, obwohl
theuere Material für derlei Anlagen, ist das Eisen. Man kann
Ober- und Unterbau ganz aus Eisen herstellen und alle Säulen mit
Felsstücken umgeben, welche man unter einander verkittet, die
Stäbe und Querstangen aber vermittelst Schlingpflanzen verkleiden. Dadurch erhält man einen leichten, luftigen Bau, der
den Charakter des Schwebens noch am besten wiedergibt.

Der Holzbau kann leicht und zierlich sein, dauerhaft ist
er nicht, denn die Balkenlage des ersten Stockwerkes, auf welcher
die Platten, Blumenbeete und Wege ruhen, sind nach wenigen
Jahren vollständig verfault; demnach ist der Holzbau trotz der
Billigkeit der ersten Anlage ziemlich theuer.

Wir kennen verschiedene Materialien, welche man zum Schutz
des Unterbaues gegen die durchdringende Feuchtigkeit verwendet,
doch sind Platten von Eisen, Kupfer, Blei, Zinkblech allem anderen
Material vorzuziehen.

Steinplatten sind nur auf Eisen gelegt verwendbar, weil
alles Holzwerk unter ihnen leicht verfault; sie müssen in Cement
gelegt und gut verfügt werden.

Dachpappe und ähnliche Surrogate sind leicht und minder
kostspielig, sie haben indess den Nachtheil kurzer Dauer und öfters

nothwendiger Nachbesserung, wesshalb ihre Verwendung nicht
räthlich ist. Etwas besser bewährt sich die Steinpappe als Deckungs-
mittel, muss aber, so wie die Dachpappe und der Asphalt-
guss, als Unterlage Schalung oder dichte Lattung erhalten.

Asphalt und der durch Zusatz von pulverisirtem Kalkstein
gewonnene Asphaltkitt, sind zur Herstellung der Fussböden und
Auskleidung, statt des Cements, sehr vortheilhaft und lassen sich
dünn gewalzte Asphaltplatten mit besonderem Vortheil für die
hängenden Gärten der Semiramis verwenden.

Der sogenannte Machabée-Mastix (aus 19 Proz. Bitumen
von Bastennes, eine Art Asphalt, aus 60 Proz. Pech, 2 Proz. Gallipot,
4 Proz. Wachs, 3 Proz. Talg, 6 Proz. hydraulischem, an der Luft
zergangenem Kalk und 6 Proz. Romancement bestehend) kann zur
Abhaltung von Feuchtigkeit empfohlen werden und dient zugleich
dazu, Stein- und Eisentheile zu verkitten.

In den meisten Fällen wird guter Cement oder Asphalt-
guss, auf untergelegte, getheerte Bretter und Blechbedeckung angebracht, eine vortreffliche Bodendecke abgeben. Wie immer man
baue, sorge man doch stets für eine geringe Neigung der Bedeckung, um Stauungen zu begegnen und sei durch Anlage von
Rinnen auf Abzug des überschüssigen Wassers nach allen Seiten
hin bedacht.

Die hängenden Gärten der Semiramis können im grossartigsten Prachtstyle, aber auch ganz bescheiden zur Ausführung
gelangen und werden in dieser wie in jener Weise hergestellt, nicht
verfehlen, den günstigsten Eindruck zu hinterlassen, wenn man es
versteht, dem Bau einen ungewöhnlichen, grotesken Anstrich
zu geben, der am sichersten durch entsprechende Dekoration mit
Gestein hervorgerufen wird.

Hat man zwei Abtheilungen gebildet, so kann die eine derselben recht gut den Waldcharakter wiederspiegeln, während die
andere, im hochfeinen Gartenstyle gehalten, die Erzeugnisse
moderner Gartenkunst aufnehmen und Teppichbeete, Springbrunnen, Blumenvasen, Pflanzenständer, Gewächse der
wärmeren Zonen und Aehnliches beherbergen kann.

Die Form von derlei Hängegärten kann beliebig gewählt werden, doch würde ich rathen, die schmalen, langen Figuren zu verwerfen und lieber auf Polygone Bedacht zu nehmen. Ueberhaupt
stimme ich — im Falle etwas Bizarres geschaffen werden soll —

dafür, keine peinliche Regelmässigkeit in der Gesammtanlage der hängenden Gärten vorwalten zu lassen. Man kann den
Semiramisgarten auch so anlegen, dass er aus einer Menge kleiner,
unregelmässig übereinander gethürmter Blumenbeete
besteht, zu welch jedem eine schmale Felstreppe führt. Diese
Anlage ist reizend und kann selbst im kleinsten Garten zur Ausführung gelangen, sie hat das Ansehen eines grottenähnlich durchbrochenen Felsens, auf dessen Absätzen die Kinder Floras sich ein
Rendez-vous gegeben!

Ein Semiramisgarten ohne Blumen ist nicht denkbar.

Ob man Gewächse in Töpfen, Kästen oder sonstigen Geschirren
dahin bringt, ist ganz gleichgültig, doch sehe man stets darauf,
dass alle Gartengeschirre mit der übrigen Dekoration harmoniren,
oder durch Moos und Stein maskirt werden.

Ist es durchführbar, so schütte man auf die Wölbung der einzelnen Abtheilungen, oder auf die wasserdichten Fussböden derselben,
eine ungefähr 0,6 Meter hohe Erdschicht, wobei man die Vorsicht gebraucht, vorerst auf den Grund eine ungefähr 15 Centimeter
starke Schicht von Tuffsteinen, Moos, Holzkohlen, Scherben
u. dergl., welche den Abzug des überflüssigen Wassers nach den
Rinnen hin ermöglichen, anzubringen.

Die Erde des Semiramisgartens sei lehmiger Natur, um das
zu schnelle Austrocknen derselben auf der luftigen, sonnigen Höhe
zu verhindern. Zu gleichem Zwecke belege man auch überall, wo
es ohne Störung des Anblickes möglich, die Erdoberfläche der
Beete, Kästen und Töpfe mit lebendem Moose.

Da keine Pflanze ohne Wasser gedeihen kann, so ist die Beischaffung des letzteren von höchster Wichtigkeit. Man kann selbst
kleine Reservoirs anlegen, wo das durch die Rinne abgeleitete
Regenwasser aufgefangen wird, und da bekanntlich das Wasser jeder
Gartenanlage, wie immer sie heisse oder aussehe, zur höchsten
Zierde gereicht, so scheue man eine kleine Mehrauslage nicht, um
— sei es durch einfache Wasserleitungen, sei es durch Zuhilfenahme des Dampfes — das so nützliche Element in den engeren
Rahmen des Semiramisgartens zu bringen.

Je nach der Laune, dem geläuterten oder verschrobenen Geschmacke und den Geldmitteln des Besitzers, wird der in Rede
stehende Garten in Bezug auf seine innere Einrichtung unend-
licher Modifikation und Verschönerung unterworfen sein, es lässt

sich daher auch in dieser Richtung Nichts bestimmen. Nimmt man grössere Bauten vor, und dienen Wölbungen dem Ganzen zur Stütze, so kann eine hinreichende Erddecke aufgeschüttet werden, um das Einpflanzen, selbst von Baum und Strauch, zu ermöglichen, welche dann dort wie im freien Grunde wachsen werden, wenn man die Auswahl mit Vorsicht unternimmt und Zwergformen den Vorzug einräumt. Dass man nur die seltensten, schönsten, reichblühendsten Species in den Garten aufnehme, ist selbstverständlich, ebenso dass hier der beste Ort ist, Gewächshauspflanzen während des Sommers mit Sorgfalt zu pflegen.

Während ich darauf aufmerksam mache, dass Schlingpflanzen aller Art nicht nur nicht zu umgehen sind, sondern dass sie die hervorragendste, so zu sagen mit der Anlage innigst verwobene Zierde des Gebäudes sind, und theils aussen, im freien Gartengrund, stehen können (Ampelopsis, Hedera, Aristolochia, Wisteria und andere hochwachsende harte Arten) theils in Kästen gepflanzt, das Innere zieren helfen müssen (Clematis, Ecremocarpus, Bignonia, Ipomaea, Tropaeolum, Maurandia und dergleichen mässig wachsende zärtlichere Species), bemerke ich, dass sich der Semiramisgarten am vortheilhaftesten in einen Rosengarten umwandeln lässt, wo niedrige, wurzelechte Rosen jeder Form, Farbe und Grösse im freien Grunde wuchern und Schlingrosen sämmtliche Pfeiler, Säulen und Brüstungen bekleiden: Man kann auch, falls der Garten etwas grösser ist, Alleen von Rosenbäumchen bilden, kurz, ein Gemälde schaffen, wie solches an anderen Orten nicht zum zweiten Male zu sehen ist.

Die höchsten, sonnigen Partien der hängenden Gärten eignen sich ganz vortrefflich für Felsgruppen, welche man mit Fettpflanzen (Succulenten) besetzt. Diese Pflanzen vertragen den grössten Grad von Trockenheit, oft auch die strengste Winterkälte, z. B. unsere heimischen Sedum- und Sempervivum-Arten, und können daher auch mit Vortheil zur Nachbildung von Rasen benützt werden.

Die schwebenden Gärten lassen sich auch im Laubdache der Bäume anbringen.

Man verbinde zu diesem Zwecke einzelne, alte, stark gabelästige, nicht zu weit von einander stehende Bäume durch eine Balkenlage, noch besser vermittelst eines Rostes von Eisen

miteinander, verziere und bekleide das Gerüst mit Baumrinde
oder Korkholz, bringe hölzerne Stiegen an und der hohe
luftige Ausbau, wo man mit den Vögeln im Schatten des Gezweiges
wohnen kann, ist fertig.

Es sitzt sich sehr angenehm da oben in dem duftenden Blatt-
und Blütenmeere, wenn die brennenden Sonnenstrahlen aufgefangen
werden vom Laubdache, aus dessen dunklen Verzweigungen der
Spottvogel sein Lied ins Blaue schmettert.

Auch hier spielen unten im Gartengrunde wurzelnde Schlinggewächse, besonders harte, hochgehende Wildweinarten,
die erste Rolle. Eine Aufbringung von Erde ist in vielen Fällen
nicht thunlich, oft nicht rathsam; dafür entschädigen uns Topfpflanzen aufs reichlichste, und Fuchsien, Lantanen, Pelargonien, Rhododendron und Azaleen wetteifern um
unsere Gunst und Pflege.

In dieser Weise vorgehend können wir uns viel Angenehmes
schaffen und dem Gaste manches Sehenswürdige bieten, was von
dem Gewöhnlichen weit absticht.

Auf eines muss ich jedoch den Gartenfreund bei Anlage des
Semiramisgartens besonders aufmerksam machen: auf die Erhaltung
einer freien Aussicht, welche von solchen Anlagen aus oft in
reicher Fülle genossen werden kann.

Wo Winde herrschen, ist es wohlgethan, die Wetterseite
durch Glas- oder Bretterwände abzuschliessen. Man sorge für
Schatten und Kühlung, spritze Beete und Gänge, sowie alle
Gewächse wo möglich allabendlich und beherzige es, wenn
ich dem geehrten Leser zurufe:

Ohne Gestein, Moos, Schlingpflanzen und Wasser
ist ein Semiramisgarten nicht ausführbar!

§. 19.

Farnwand und Farnsäule.

Farne, sowohl jene des Gewächshauses wie auch jene des
Freilandes sind jetzt sehr Modesache.

Es ist durchaus nicht gleichgültig, wo und wie eine gewählte
Sammlung dieser Modepflanzen aufgestellt wird, denn immer müssen

wir bei Dekoration des Gartens mit n i c h t d u r c h i h r e B l ü t e
hervorragenden Gewächsen dahin arbeiten, dem Blatte Vollentwickelung und der ganzen Pflanze den effektvollsten Standpunkt zu
gönnen. Dies wird am sichersten durch Aufbau von F a r n w ä n d e n
und F a r n s ä u l e n erreicht.

E r s t e r e können recht gut an einer nördlich, nordöstlich oder
nordwestlich gelegenen M a u e r angebracht werden und es lassen sich
solche F a r n w ä n d e theils in Gestalt einer mit Farnkräutern
d i c h t b e w a c h s e n e n F e l s e n w a n d — wo also mehr der
Natürlichkeit Rechnung getragen wird — theils in g e k ü n s t e l t e r
F o r m zur Ausführung bringen. Natürlich gehaltene Farnwände
müssen einen felsenähnlichen, grauen Untergrund haben, von dem
sich das helle Grün der Farne recht schön abhebt. Man baut sie
durch Aufthürmung und Verbindung f l e c h t e n g r a u e r, theilweise
b e m o o s t e r W a l d s t e i n e so senkrecht als möglich bis zur
Höhe von 3—4 Meter auf und sorgt, durch Anbringung u n r e g e l-
m ä s s i g e r Spalten, L ü c k e n und Z e r k l ü f t u n g e n, für die
zur Aufnahme der Farne bestimmten P f l a n z l ö c h e r, welche für
k l e i n e r e A r t e n eine Tiefe von mindestens 15 Centimeter haben
müssen, für die hochwachsenden, g r ö s s e r e n Spezies aber nicht
unter 30 Centimeter messen dürfen. Dass man am G r u n d e kleine
Löcher zum Abzuge der überflüssigen Feuchtigkeit bei starken oder
anhaltenden Regengüssen anbringen müsse, ist wohl Jedermann
einleuchtend.

Die E r d e für Farne in diesen Löchern sei im Allgemeinen
eine leichte, humöse Walderde, aus der Verwitterung von B a u m-
l a u b und N a d e l n entstanden, mit reichlicher Beigabe von feinem
S a n d e. Wo H a i d e e r d e und T o r f zu haben, ist eine M e n-
g u n g letzterer beiden Erdarten mit S a n d oder mit W a l d e r d e
für mehrere Species weit angezeigter; auch sei hier erwähnt, dass
g r ö s s e r e, a u f d e r E r d e w a c h s e n d e Farne mit einer
s c h w e r e r e n Erdart vorlieb nehmen, während die auf Felsen und
in deren Zerklüftungen wohnenden, k l e i n e n Farnkräuter zu ihrer
Vollentwickelung unbedingt einer l e i c h t e n, s a n d i g - h u m ö s e n
E r d e bedürfen.

Die Einpflanzung der Farne nehme man im zeitigsten Frühjahre,
kurz vor der Entwickelung der Wedel vor; ich glaube die Erfahrung
gemacht zu haben, dass sie zu dieser Zeit eher eine Wurzelver-
letzung überstehen.

So sind mir viele Exemplare von Pteris aquilina, L.,
die ich im Herbste pflanzte, erst im Juni des nächsten Jahres
und dann sehr kümmerlich ausgetrieben, wogegen einzelne im
Frühjahre während der Wedelentrollung gegrabene Exemplare
derselben Species, welche ich obendrein noch zwei Wegstunden
weit transportiren musste, freudig weiter gewachsen sind.

Beim Einpflanzen lege man Grobsand, Steinchen,
Holzkohlen, Torfmull u. dergl. auf den Grund der Grube,
setze auf diese Schicht unmittelbar die Wurzel des
Farns und füttere dann den übrigen Raum des Pflanzloches mit
leichter Erde aus, so zwar, dass noch mindestens 6 Centimeter
Erde über den Wedelknospen lagert, worauf man das Ganze mit
der Brause tüchtig angiesst. Wohl besser ist es, auf den Grund der
Grube Wald- oder Torfmoos zu legen und auch die Erde mit
zerhacktem Moose zu mengen.

Belegt man die Pflanzlöcher noch obendrein mit einer Platte
lebenden Mooses, welches die Feuchtigkeit regulirt, dann lässt
— sofern man das überaus nöthige tägliche Giessen und Bespritzen der Gesammtanlage bei trockenem Wetter nicht versäumt — der Wuchs und die Schönheit der Farne nichts zu wünschen übrig. Selbstverständlich wird das Giessen gegen die Ruhe-
zeit zu moderirt. Die abgestorbenen Wedel sommergrüner Arten
schneide man nur dann ab, wenn sie vollständig vertrocknet sind.

Es ist mir auch gelungen exotische Farne, die man sonst
für sehr zärtlich hielt, während der heissen Sommermonate auf den
in Rede stehenden Wänden zu kultiviren, und hebe ich hervor,
dass solche Farne der ganzen Anlage eine ungewöhnliche Zierde
verleihen. Es ist auch durchaus nicht nöthig, derlei Farne der
wärmeren Zonen auszupflanzen, man kann sie sammt den Geschirren, in welchen sie stehen, in Pflanzlöcher versenken,
wobei man nur die Vorsicht gebraucht, den Topfrand durch Auflegen von Waldmoos zu verdecken. Gut ist es, die Töpfe weder
in Erde, noch in Sand zu versenken, sondern mit Moos zu um-
füttern, welches das Austrocknen des Topfballens verhindert, ohne
die Manipulation in irgend einer Weise zu hemmen.

In der vierten Abtheilung dieses Werkes werde ich den Farnkräutern einen besonderen Artikel widmen, worauf ich die geehrten
Leser verweise und hier nur die Bemerkung vorangehen lasse, dass
sich selbst unter unsern heimischen, wildwachsenden Farnen

hinreichende Formschönheit und Eleganz vorfindet, um auch auf
minder kostspielige Weise eine Farnwand schmücken zu können.

Entsagt man bei Anlage von Farnwänden von vornherein jeder
Natürlichkeit und hat nur die Kunst vor Augen, was in kleinen
Haus- und Schmuckgärten oft der Fall sein dürfte, so kann
man eine Wand von Tuffsteinen oder anderem, allenfalls buntem
Gestein, in Ermangelung dessen von mancherlei Formen und Ge-
fässen aus gebranntem Töpferthon herstellen.

Letztere können in Topf- oder Nischen-, in Schalen- oder
Muschelform angefertigt werden und müssen Löcher zum
Anheften, sowie am Grunde auch Oeffnungen zum Abzug
des Wassers haben.

Derlei, zur Aufnahme von Farnen bestimmte Gefässe können
in Form und Grösse, in Qualität und äusserer Ausstattung selbstverständlich ungemein variiren, sie können glasirt und ungla-
sirt (roh), auch mannigfach gefärbt sein, doch würde ich der
aschgrauen, rothbraunen und blaugrauen Farbe,
schon des Kontrastes wegen, den Vorzug einräumen.

Auch Holzschwämme, ausgehöhlt, mit Lack überstrichen
und verkehrt, d. h. mit der Flachseite nach oben, aufgehängt,
können zur Aufnahme kleinerer Farne dienen.

Wird eine grössere Wandfläche mit solchen Ornamenten bekleidet, so dürfte es gerathen sein, die Verkleidung so zu machen,
dass von dem Untergrunde der Mauer selbst Nichts zu bemerken
wäre. Dies wird am leichtesten dadurch bewerkstelligt, dass man
regelmässig-quadratische, etwa 30 Centimeter im Gevierte
messende, ungefähr 3—4 Centimeter dicke Tafeln von gutem Thon
ausbrennen lässt, in deren Mitte die nischenförmige Aushöh-
lung zur Aufnahme der Farne sich befindet. Derlei Platten
kann man vermittelst Haken an die Mauer hängen, allenfalls mit
zwei Eisennägeln befestigen.

Solchergestalt können auch Bretterwände, selbst Latten-
zäune u. .dergl. verkleidet, und der unschöne Anblick von so
manchem alten Gebäude gemildert, wo nicht ganz gehoben werden.

Holzwände lassen sich mit Moos verkleiden, welches durch
Nägel festgehalten wird. Man wähle hiezu das auf flachen Steinen
wachsende, kurze Moos, welches sich leicht in grossen Platten
abschälen lässt. Diese Art von Dekoration empfiehlt sich dann,
wenn man kleine Farne in Holzgefässen oder Holzschwämmen

kultivirt und an die Bretterwand anhängt. In Ermanglung von
Waldmoos kann auch Baumrinde oder Korkholz zur Wand-
verkleidung zwischen den Nischen benützt werden.

Ich habe in meinem Garten eine ziemlich hohe Lehmwand
durch Abgrabung gewonnen, welche ich mit Moos tapezirte. In
hie und da angebrachte Löcher pflanzte ich Farne — einzelne,
seltene, sammt den Geschirren in den Löchern bergend — und habe
so eine Farnwand von seltener Frische und Schönheit gewonnen.
Das tägliche, abendliche Bespritzen der Wand hält Farne und Moos
frisch, grün und gesund.

Ueber das Arrangement nur so viel, dass man kleine und
grosse Farne nicht bunt durcheinander stelle, sondern ein gewisses
System beobachte; ich empfehle in erster Linie für Farnwände nur
klein- und schwachwüchsige, nicht über 30 Centimeter hoch
werdende Arten. Will man auch starkwüchsige Species nicht
entbehren, so pflanze man sie am Fusse der Wand ins Freiland
und vertheile die übrigen dergestalt, dass sich die kleinsten Sorten
in der Mitte und am Obertheile der Farnwand befinden.

Farnsäulen können, in Gestalt von Felsspitzen an schattigen
Orten, unter Bäumen u. dergl. aufgestellt, nicht verfehlen, dem
kleinsten Gärtchen einen besonderen Liebreiz zu gewähren. Sie sind
leicht herzustellen, wenn man Mörtelmauerung zu Hilfe nimmt und
die Pflanzlöcher aufspart. Will man die Mauerung umgehen, so
lässt sich eine, dann freilich etwas kegelförmige Farnsäule dadurch
bilden, dass man graue, moosige oder verflechtete Waldsteine in
immer engeren, nach oben zu von 15 zu 15 Centimeter abnehmenden
Kreisen aufeinander thürmt, und mit Erde, sowie mit lebendem
Waldmoos verfugt, und zwar dergestalt, dass das Ganze, wenn mit
Farnen bepflanzt, eine kompakte Felsnadel bildet.

In vielen Fällen wird man weit besser wegkommen, wenn man
unregelmässig abgerundete Beete mit Steineinfassung herstellt und solche Beetchen, deren jedes selbstverständlich einen
mindestens 15 Centimeter breiten Erdrand haben muss, in welchen
man die Farne pflanzt, eines ober dem andern aufsetzt. Die Ein-
fassungssteine des ersten, untersten Beetes, welches dem
grössten Drucke ausgesetzt ist, müssen gross sein und zur Hälfte in
die Erde eingelassen werden; auch gebietet die Vorsicht, dass jede nachfolgende Steinschicht mindestens
bis zu einem Drittheil ihrer Höhe in die Erde des ihre Unterlage

bildenden E r d b e e t e s gebettet werde, um dem ganzen Baue die
nöthige Festigkeit zu verleihen.

Beliebt sind Farnsäulen von T u f f s t e i n e n ausgeführt, die
auch aus einem Stücke gemeisselt oder bis zur gewünschten Höhe
— nicht unter 3 Meter — zusammengekittet zu werden pflegen.
Dass solche Prachtstücke nur für gezierte und gekünstelte Gärten,
keineswegs aber in den Park passen und auch hoch im Preise stehen
(schöne Stücke kosten zuweilen bis 400 Mark), ist so manchem
Gartenfreunde bekannt.

Unter dem Namen F a r n s ä u l e sehen wir oft in Ausstellungs-
lokalen Steingebilde, die nichts weniger als „s ä u l e n ä h n l i c h"
aussehen, vielmehr einem mehrseits durchbrochenen kleinen Felsen
ähneln. Sie werden von Tuffsteinen oft sehr zierlich aufgebaut und
geschmackvoll dekorirt, sollten aber richtiger „S t e i n p a r t i e m i t
F a r n d e k o r a t i o n" benannt werden.

Man kann auch H o l z s ä u l e n durch angehängte, h a l b k r e i s -
f ö r m i g e T h o n g e f ä s s e bekleiden und mit Farnen schmücken.
Derlei Thongefässe werden, ähnlich den H o h l z i e g e l n angefertigt, scharf g e b r a n n t, allenfalls glasirt und an die Holz-
säule genagelt; sie müssen sehr exact angefertigt werden und
alle v o n g l e i c h e r G r ö s s e sein, wenn sie die Säule, ohne Z w i -
s c h e n r ä u m e sehen zu lassen, nach allen Richtungen umschliessen
sollen. Derlei aufgeputzte und gekünstelte Farnsäulen stellt man
am besten in die M i t t e eines kreisrunden S c h a t t e n b e e t e s, das
mit V i n c a, E p h e u und anderen schattenliebenden Gewächsen voll-
gefüllt wurde. Man wähle nur die k l e i n s t e n, f e i n s t e n Farne
für derlei Gebilde und sorge durch tägliches Bespritzen der Säule
für genügende F e u c h t i g k e i t des Bodens und der Luft.

Uebrigens lässt sich auch a u s p l a s t i s c h e m T h o n eine
3 Meter hohe Säule bilden, wenn man als S t ü t z e einen 10 Centimeter dicken H o l z p f a h l mit abwechselnd gestellten Quersprossen
in die Erde rammt und an dieses Holzgestell den bindenden Lehm
fest andrückt, dann trocknen lässt, endlich Pflanzlöcher ausscharrt
und das Ganze dicht m i t M o o s u m k l e i d e t. Wird all dies gut
ausgeführt, so kann selbst der gewiegteste Kenner den Ursprung
dieser jahrelang haltenden Farnsäule nicht errathen.

§. 20.

Das Moorbeet.

Viele prachtvolle Holzpflanzen der Gebirgsregion fremder
Zonen, sowie auch manche der einheimischen Flora, der Sumpf-
und Haidegegenden, endlich einige Wald- und Felsenpflanzen verlangen zu ihrem vollen Gedeihen nicht nur einen, von Nadelhölzern
dicht umgebenen oder auf andere Art sehr geschützten Standort, der die durchdringenden, tieferkältenden Nord- und Ostwinde
abwehrt, zugleich aber auch die sengenden Strahlen der Mittagssonne von unseren Lieblingen fernhält, sondern auch eine besondere
Bodenmischung und einen steten Feuchtigkeitsgrad des
Erdreiches.

Manche derselben gedeihen bei der Topfkultur, namentlich
in ihrer zartesten Jugend, nur in sandiger Moor- oder Haideerde und diese Wahrnehmung gab Veranlassung, Gehölze, welche
man im Freien zu kultiviren gedachte, gruppenweise in besondere Beete zu pflanzen.

Derlei eigens zubereitete Beete nannte man schon von jeher
wegen ihres vorwiegenden Moor- oder Torferdegehaltes kurzweg
Moorbeete und alle Gewächse, welche darin Aufnahme fanden,
bezeichnete man als die sogenannten Moorbeetpflanzen.

Dahin rechnete man die meisten Arten der Gattungen: An-
dromeda, Azalea, Arctostaphylos, Clethra, Empetrum,
Ephedra, Erica, Gaultheria, Ilex, Itea, Kalmia, Ledum,
Mahonia, Magnolia, Menziesia, Myrica, Rhododendron,
Rhodora, Spiraea, Stewartia, Ulex, Vaccinium, einige
Coniferen, Cornus florida, und viele Perennen, z. B. die
meisten Enziane, Hypericum calycinum, die Orchideen,
darunter besonders die Cypripedien, ferner die Calceolarien,
Farnkräuter, Pinguicula, Primula und viele andere, Schatten
und Feuchtigkeit liebende Gewächse.

Ein solches Moorbeet pflegt man bis zur Tiefe eines Moters
auszugraben und auf den Grund dieser Grube ungefähr 15 Centimeter
hoch groben Kies, Steine, Topfscherben, Bauschutt
u. dergl., den Abzug des Wassers förderndes Material zu schütten.
Nun kommt eine, ungefähr 10 Centimeter hohe Lage von Moos,
auf welcher die Erdmischung lagert. Letztere besteht entweder

aus gleichen Theilen von Torf und sandiger Haideerde, oder
aus einer Mischung von Moorerde, (welche ungefähr $2/3$ des
Ganzen betragen sollte), Haide-, Wald- oder Lauberde und
Sand. Gut ist es, wenn dieser Mischung etwas Holzerde beigemengt wurde, und wenn dieselbe mit unverwesten Wurzelfasern,
mit Torfbrocken oder halbverfaultem Laube untermischt
erscheint, weil dann die Pflanzen nicht so sehr verzärteln und das
Wasser ungehindert durchsickern kann. Auch darf diese Erdmischung für Moorbeete durchaus nicht gesiebt werden.

Man vergesse hierbei nicht, dass ein gleichmässiger Feuchtigkeitsgrad des Moorbeetes Hauptbedingung für das Gedeihen der
in dasselbe gepflanzten Gewächse ist und daher in dem Falle, wenn
das Moorbeet von Natur keine feuchte (nicht nasse!) Lage haben
sollte, es im Sommer, oder selbst im Herbste, bei anhaltender
trockener Witterung, reichlich und täglich begossen, zum mindesten bespritzt oder überbraust werden muss, besonders dann,
wenn man genöthigt war, dem Moorbeete eine mehr südlichere
Lage zu geben, weil in diesem Falle die leichte Moor- und Haideerde stark austrocknet und die feinen Wurzeln mancher hier kultivirten Pflanzen in Folge der Trockenheit ungemein leiden.

Soweit die Erfahrungen der alten Gärtner; dem geehrten Leser
wollen wir jedoch die Frage gestatten:

Ist die Moor- und Haideerde, ohne welche man weder sämmtliche Azaleen, noch Rhododendrons, am allerwenigsten aber
Camellien und Ericen zu kultiviren vermag, absolut nothwendig
zum Gedeihen der vorgenannten Pflanzen?

Blickt man etwas aufmerksamer um sich, so wird man finden,
dass besonders Gehölze, welche Moor- und leichten Humusboden zum Gedeihen verlangen, eben nicht häufig sind; ja, dass
auf reinem Torf- und Moorboden nur sehr wenige Gehölze gut
fortkommen und jene, welche darin-wachsen, nur eine geringe
Grösse erreichen.

Man durchwandere nur einmal die Moor- und Haidegegenden
der nordeuropäischen Länder und man wird bald gewahr, dass Flora
ihr Füllhorn über diese Gegend nicht ausgeschüttet hat.

Ja, den Wanderer beschleicht unbewusst das drückende Gefühl
der Bangigkeit, wenn sein Fuss die endlose, düstere Haide oder das
heimtückische Moor betritt, wo nur hier und dort ein vegeta-

bilisches Gebilde von hervorragendem Farbenreichthum die Monotonie des Ganzen unterbricht.

Hie und da ein Stechpalmstrauch (Ilex Aquifolium) mit seinen glänzenden, steifen und stachlichen Blättern, dessen Zweige bei älteren Individuen voll schöner rother Früchte hängen, die giftige poleiblättrige Andromede (Andromeda polifolia), die Sumpfhaide (Erica Tetralix), die Moosbeere (Empetrum nigrum); und Andere sind es, welche, an den Torfboden gebunden, im schwarzen Moor ihr kümmerliches Dasein fristen, und nur die Enziane mit ihren schönen, grossen, blauen Blumen (Gentiana Pneumonanthe) leuchten hervor aus dem düstern Grunde.

Mitten im Moore, am Rande feuchter Gräben, im Dunkel des Halbschattens, zwischen Schwarzerlen, Woiden und Sumpfkiefern, hebt sich majestätisch der Königsfarn (Osmunda regalis) mit seinen breiten, doppelt gefiederten Wedeln empor zum Lichte. Man sieht daher, dass auf dem nassen Moorboden sehr wenige Pflanzen fortkommen und auch anderweitige Erfahrung lehrt, dass ausser Alnus glutinosa, Betula alba, Betula nana, Betula fruticosa, Betula excelsa, Erica tetralix, Pinus rigida, Taxodium distichum, Thuja occidentalis, Cupressus thyoides, Dirca palustris, Nyssa aquatica, Rhamnus frangula, Salix aquatica; von Perennen: Spirea Ulmaria, palmata und venusta, Iris Pseudo-Acorus nur noch wenige für derlei Bodenverhältnisse passen.

So ist auch die Haideerde, die für viele nordamerikanische Pflanzen, Azaleen, Rhododendrons, Ericen u. s. w. fast ausschliesslich verwendet wird, und ohne welche man selbst einige der feineren Coniferen nicht zu kultiviren wagt, keineswegs absolut nothwendig zum Gedeihen der Moorbeetpflanzen. Man hat zu Oefterem Gelegenheit gehabt, zu bemerken, dass alle die oben genannten Pflanzen in jeder zarten, sandigen Rasenerde, in Laub- und Holzerde, oder in jedem milden Gartenboden, der keine Kalkbestandtheile hat, freudig fortwuchsen, wenn man es nicht verabsäumt, für gehörige Drainage zu sorgen und diese Gewächse, wenn sie im vollen Wachsthum sind, im Zustande gleichmässiger Feuchtigkeit zu erhalten. Reisende berichten uns, dass viele unserer kultivirten Rhododendronarten als: Rhododendron maximum, ponticum, arboreum, u. s. w. auf ihrem heimathlichen Standorte in weichem Lehmgrunde, in

verwitterndem Granit, Glimmerschiefer und Gneis, wo
sich auch nicht eine Spur von Haide- oder Moorerde vorfindet, in
grosser Ueppigkeit wachsen. Es ist sonach klar, dass es überhaupt
nur eine milde, sandig-lockere und reichhaltige Erdmischung
ohne Kalkbestandtheile sein müsse, welche die obengenannten
Pflanzen zu ihrem Gedeihen bedingen, und dass die Haideerde und
der Sand, welche beide den Boden poröser machen, das Festwerden
des Gemisches verhindern, den ungehinderten Abzug allzuvieler
Feuchtigkeit sichern und den zarten feinen Wurzeln das leichte
Eindringen in die Erde ermöglichen, sich kaum viel anders als
durch ihre physikalischen Eigenschaften wirksam erweisen.

Es muss wahrlich Wunder nehmen, dass in Europa die Haide-
erde als absolut nothwendig betrachtet wird, während man sie in
Nordamerika für ganz entbehrlich gefunden hat und dort
längst einen einfachen Compost gebraucht, der mit weit geringeren
Kosten als die Haideerde, zu erlangen ist und obendrein nicht jene
Nachtheile herbeiführt, welche die Anwendung der Haideerde im
Gefolge hat.

Ich kann nicht unberührt lassen, dass in Nordamerika, dem
Vaterlande einiger Rhododendrons, nämlich: maximum und Ca-
tawbiense, der Kalmias, Andromedas, ferner der Azalea
nudiflora, glauca, calendulacea u. A., keine einzige Haideart
vorkommt, nicht einmal die über fast ganz Europa verbreitete
Erica vulgaris, dass sonach dort von einer Haideerde in unserem
Sinne gar keine Rede sein könne.

Wir finden Azaleen, Kalmion und andere nordamerikanische
Gewächse, die wir in übergrosser Aengstlichkeit nur in Haide-
oder Moorerde kultiviren, in grossen Massen an felsigen Abhängen gegen Norden, im Schatten von Waldbäumen, in einer sehr
dünnen Schicht Lauberde und Sand oder verwittertem Fels, auf
einem Untergrund von hartem Granit und dichtem Lehm.

Ein Gleiches kann man von den Azaleen und Rhododendrons unserer deutschen und schweizer Alpen, von den pontischen Azaleen, von den Rhododendrons aus dem Kaukasus
berichten; sie alle wachsen an Plätzen, wo sich von Haide- und
Moorerde keine Spur vorfindet.

Vergebens fahndete ich in einigen Privatgärten, wo ich sowohl
die indischen Azaleen, als auch Camellien in üppigstem
Wuchse fand, nach Spuren von Haideerde; ja ich sah Anpflanzungen

von Rhododendrons im Freilande in einer humusreichen
feinsandigen Gartenerde, die nichts zu wünschen übrig liessen.

Nun noch ein Wort über die Camellien, welche manche
Gärtner ganz und gar nicht ohne Haideerde zu ziehen verstehen.

In ihrem Vaterlande (China und Japan) wachsen sie im Schatten
des Waldes und lieben daher auch reichliche Feuchtigkeit. In Haide-
boden wachsen sie dort absolut nicht, wohl aber in einem
humusreichen, etwas leichten vegetabilischen Boden, wie wir ihn in
unseren gemischten Nadelwaldungen und in Buchenwäldern so häufig finden.

Wenn wir Camellien — natürlich unter besonderen Schutzmitteln gegen die Winterkälte — auch im sogenannten Moorbeete
zu kultiviren gedenken, so sei hier berührt, dass diese Gewächse im
Allgemeinen in jeder weder zu schweren, noch zu leichten, jedoch
lockeren, nahrhaften und von unverwesten Theilen freien Erde gedeihen.

Aus allen den vorhergehenden Betrachtungen über Moorbeetpflanzen geht wohl klar hervor, dass es nicht Torf- und Haideerde
allein ist, welche auf das vorzügliche Gedeihen der Ericaceen Einfluss nimmt, dass vielmehr Erd- und Luftfeuchtigkeit die
wesentlichsten Faktoren bei der Kultur der Moorpflanzen bilden,
und dass nicht die Kälte allein es ist, welche unsere Lieblinge
tödtet (sie wachsen bekanntlich selbst an der Schneeregion in Alpenländern, ja einige sogar im hohen Norden), sondern vielmehr das
plötzliche Aufthauen im Winter und bei Beginn des Frühjahres, in
Folge des Sonnenscheines.

Moorbeete sollten daher nur dort angelegt werden, wo die
Sonne bloss im Sommer beim höchsten Stande die Pflanzen zu
treffen vermag, in der kalten Jahreszeit aber nicht mit ihren
Strahlen belästiget.

Kann daher das plötzliche Aufthauen auf andere Art
verhindert werden, so ist eine Anbringung des Moorbeetes unter
der Traufe hoher Bäume mehr schädlich als nützlich, dagegen dort nicht zu umgehen, wo keine genügende Schutzpflanzung
der Sonne und dem Winde freien Zutritt gestatten würde.

Wir verlegen gerne das Moorbeet in nördliche, östliche
und westliche Lagen, besonders, wenn es dort Schatten durch
Gebäude, Felsen oder Wald findet und weil die Luft in diesen

Lagen gewöhnlich einen grösseren Feuchtigkeitsgrad besitzt, allein wir dürfen dabei nicht vergessen, dass gerade von jenen Himmels- gegenden her die stärksten und eisigsten Winde wehen, und wir dann auf Mittel bedacht sein müssen, diese gefährlichen Winde — sei es durch Anpflanzung von Gehölzen, besonders hochgehender, durch dichte Hecken, Nadelholzgruppen, oder durch Anbringung von Mauern, Zäunen oder unter Umständen auch Gartengebäuden und Felsanlagen — möglichst abzuschwächen.

Die beste Lage wäre demnach im Parke, oder da, wo uns die Wahl überlassen bliebe, der tiefste Punkt einer Einsattelung, eine nach Südosten offene Mulde, eine kesselartige Vertiefung nördlich gelegener Einhänge, vor Allem aber der Fels mit seinen verschiedensten Formationen und Zerklüftungen, wo allen Arten der Moorbeetpflanzen, natürlich nur in kleinen Gruppen oder auch nur im Einzelstande, die geeignetste Lage und Bodenmischung geboten werden kann.

Es gibt Gegenden des südlichen Deutschlands und Oester- reichs, wo Moorbeetpflanzen, sofern sie in nördlicher Lage gepflanzt und gegen Wintersonne durch die in unmittelbarer Nähe be- findlichen Nadelholzbestände geschützt werden, gar keine Winterdecke bedürfen und selbst die strengsten Winter im Freien ausdauern, wenn man es nicht verabsäumte, die Wurzel durch Moos (besser lebendes, angewurzeltes, als todtes) oder Laub vor dem Eindringen des Frostes zu bewahren, und gerade dieses Schutzmittel ist es, welches wir den, auf der Felsgruppe zer- streut stehenden Moorbeetpflanzen auf leichte Weise bieten können.

Auch vergesse man nicht, dass der Standort am Felsen für viele Moorbeetpflanzen ein naturgemässer ist, und dass dort von einer Stagnation des Wassers keine Rede sein könne, während die Wurzeln genöthiget, die engsten Ritzen zwischen den Felsen auf- zusuchen, sich in einem Zustande gleichmässiger Feuchtig- keit und Kühle befinden und von den Spätfrösten in keiner Weise belästiget werden können.

Man setze daher, wo und wenn es nur immer möglich ist, alle Ericaceen auf Felsen, und dort, wo die letzteren nicht bereits vorhanden, errichte man für diese so überaus zierende Pflanzen- familie künstliche Felsgruppen, wobei die Pflanzungen um so

schöner ausfallen, je grösser, abwechselnder und pittoresker die Felsgruppen angelegt würden.

Nur auf dem Fels ist es möglich, den Rhododendrons
und vielen Alpengewächsen jenen leichten, wechselnden Schatten
zu geben, den sie so sehr lieben, ohne sie in die Nacht fortwährenden
Schattens dichter und hoher Laubkronen zu verbannen.

Zu solchen schattenwerfenden Gehölzen gehören die Birken
mit ihren luftigen, lichten Baumkronen, einige Nadelhölzer, besonders Lärchen, ferner die Tamarisken und andere Holzgewächse
mit kleinen Blättern oder lockerem Habitus, zwischen welchen
alle Rhododendrons, Azaleen und andere höhere Moorbeet-
gewächse, gleichsam das Unterholz bildend, mit Vortheil Platz finden
können.

Ueber die Details einer solchen Bepflanzung lassen sich allerdings keine speciellen Vorschriften geben, hier kann ich nur im
Allgemeinen andeuten, was zu thun und was zu unterlassen wäre, während eine geschickte Hand, ein genialer Kopf schon das Richtige und
Zweckmässigste von selbst finden werden; auch pflegt, oft mitten in
der Arbeit dieser oder jener glückliche Gedanke zu kommen, diese
oder andere, bessere Anschauungsweise Platz zu greifen, und Vor-
züge sowie Mängel einer Anlage werden in der Regel oft erst
nach Verlauf einer Wachsthumsperiode an den Tag treten,
wesshalb eine theilweise Umänderung der Pflanzung nach
längerem Zeitraum, eine Verschiebung einzelner Exemplare an
passendere Plätze, ein Ersatz dieses oder jenes sich mittlerweile
als ungeeignet erwiesenen Gewächses durch ein anderes, schöneres,
oder härteres, schon nach Jahresfrist kaum zu umgehen ist.

Glaubt man durch vereinzelte Aufstellung der Ericaceen
auf der Felspartie nicht den gewünschten Effekt hervorbringen zu
können, so mag immerhin eine bosketartige Zusammenstellung
dieser Gewächse Platz greifen, obwohl nicht zu leugnen ist, dass
sie, auf letztere Weise behandelt, am Unpassendsten kultivirt
werden, auch ihre Blumen nie in so reichem Masse und in so vollendeter Schönheit präsentiren, wie beim Einzelstande.

Um das Unzweckmässige, Veraltete einer solchen Anlage einigermassen zu paralysiren, schlage ich vor, Moorbeetgruppen nur am
Fusse einer nördlich oder westlich gelegenen Felsenwand —
eventuell an einer gegen jene Weltgegenden gerichteten, zur Felswand
umgestalteten oder sonstwie ähnlich maskirten Gartenmauer, mit

nach rechts und links auslaufenden, die Gruppe theilweise ein-
schliessenden, regellosen Steinpartien — anzulegen; aber, doch
ja nicht im Rasen oder etwa gar mit den, fast zum Ueberdruss
gewordenen kreisrunden Linien begrenzt, sondern etwas mehr
naturgemäss, frei, unregelmässig, mit abwechselnden,
oft hervorspringenden Konturen, gleichsam wie ein Plätzchen in
den Alpen, wo sich von selbst eine Gruppe Alpenrosen angesiedelt.

Ueber die Anlage des Moorbeetes habe ich schon früher das
Nöthige gesagt, auch in dem Abschnitte, über die Erde und ihre
Mischungen Alles mitgetheilt, was wissenswerth erschien; ich berühre nur noch, dass das Beet ungefähr 15 Centimeter höher aufgeschüttet werden sollte, als das Niveau des ganzen umgebenden
Platzes, und dass, behufs Harmonie des Ganzen, Tuffsteine oder
sonstige schöne Steine, nie aber die das Auge beleidigenden Schlacken
aus Glasöfen, die Aussenlinie des Beetes begrenzen sollten.
Man kann das Moorbeet auch mit Epheu, Sinngrün u. dergl.
umrahmen, zwischen die Steine Cyclamen, Asarum u. dergl.
kleine, schöne, schattenliebende Perennen pflanzen, was sich
allerliebst ausnimmt.

Mit gleichem Vortheil lassen sich zwischen dem Einfassungs-
gestein zarte, niedrige Farnkräuter, besonders Asplenium
Trichomanes, Cystopteris fragilis und montana, Camptosorus rhizophyllus und lebendes Moos anbringen, was dem Ganzen
einen eigenen, ungewöhnlichen Reiz verleiht.

Will, oder kann man Steine zur Einfassung des Moorbeetes
nicht benützen, so verwende man Calluna vulgaris, besonders
die weissblühende Varietät, Erica herbacea, Gentiana
acaulis, cruciata und vernalis, Möhringia muscosa, Soldanella alpina, Wulfenia carintiaca, Hopatica triloba, von
der besonders die rothe und blaue gefüllte Varietät reizend ist,
Primula farinosa, Convallaria majalis und die gefüllte
Varietät derselben, und noch manche andere Schatten und Feuchtigkeit
liebende, ausdauernde Spezies dazu, die Orchideen nicht zu
vergessen.

Von Kalthauspflanzen lassen sich während des Sommers
als Einfassung der Moorbeete mit Vortheil auch Calceolarien; von Warmhauspflanzen, vom Monat Juni ab, fast nur Begonia Rex-Varietäten verwenden.

Von den vielen Arrangements in diesem Genre will ich dem geehrten Leser nur eines vor Augen zu bringen versuchen, weil sich dieses am Besten bewährte und obendrein für viele andere Zwecke passend zeigte, und den durchaus nicht zu verachtenden Vortheil gewährt, dass man auch in einem kleinen Hausgarten hievon Gebrauch machen kann.

An der Ostseite eines, mindestens unter einem Neigungs-winkel von 20 Grade aufsteigenden Hügels wird ein halbkreis-förmiger, unregelmässiger Platz ausgegraben, dessen Sohle zwar geebnet, jedoch gegen Osten mässig (auf den Meter einen Centi-meter) abfallend gemacht wurde. Die Grösse des Platzes selbst richtet sich nach den Verhältnissen des Gartens und seines Besitzers, es sollte aber die Querbreite (von Nord nach Süd) nicht unter 12 Meter, bei einer Tiefe (Richtung Ost—West) von nicht weniger als 8 Meter, betragen.

Die ausgehobene Erde wird ausserhalb des Platzes, theils west-lich, am höchsten Rande dieser Grube, theils nördlich und südlich und zwar dergestalt aufgeschüttet, dass unregelmässig-pyramidale Haufen sich bilden, die später durch Belegen mit Fels-trümmern und Einsenken von Steinen einer zerklüfteten Hügelkette en miniature gleichen und das Gesenke im malerischen, unregel-mässigen Bogen umrahmen. Der Hintergrund wird westlich durch die steil abfallende Erdwand begrenzt, welche, zu einer niedrigen (doch nie unter 4 Meter hohen), am Rande ausgezackten, mit einigen mässigen Ritzen und einer Zerklüftung grotesk aufgeputzten, orts-weise vorspringenden Felsenwand (siehe die Anleitung dazu) umgeformt, der ganzen Anlage etwas Ernstes verleiht.

Das Ganze soll ein liebliches, kleines, von Felsen umrahmtes Waldplätzchen vorstellen und muss demnach der Eingang im Osten ein Felsthor, allenfalls eine natürliche, von Tuffstein geformte Wölbung bilden.

Das Niveau das Platzes erhebt sich, wie schon früher gesagt worden, mässig gegen den Hintergrund, so auch gegen die Nord-und Südgruppe, um Regenfluthen den Ausgang durch das Fels-thor zu gestatten. Der Grund wird ausgehoben und mindestens 30 Centimeter tief mit zerschlagenem Basalt oder Granit, auf welchen eine Lage groben Sandes gebreitet wurde, ausgefüllt.

Dem Eingang gegenüber, 3 Meter von der Hinterwand ent-fernt, erhebt sich vor dem unregelmässig in einer Breite von 2 Meter, knapp an der Felswand angelegten Moorbeete eine, womöglich aus Tuffsteinen oder sonst schönen, jedoch von der Felswand in der Farbe nicht zu sehr abstechenden Steinen gebildete Säule in einer Höhe von ungefähr 3 Meter. Auch dieses Felsengebilde soll möglichst naturgetreu und pittoresk geformt werden, weil es bestimmt ist, der Glanzpunkt des ganzen Platzes zu werden.

Dies die Architektur, nun die Ausschmückung.

Das Bepflanzen des Moorbeetes erfolgt in der bereits angegebenen Weise mit Rhododendron-Arten, oder deren Hybriden, die hochgewachsenen selbstverständlich knapp an der Wand, die niedrigen mit pontischen Azaleen, Azalea calendulacea und Azalea mollis untermischt, eine Steineinfassung des ganzen Beetes ist selbstverständlich. Auf die Felspartien rechts und links vom Eingange sind diverse schöne Alpenpflanzen, im Hintergrunde derselben (höher nach oben) mehrere schönblühende, niedere Sträucher zu pflanzen und in die versteckten Winkel rechts und links einige seltene Coniferen, z. B. Cryptomeria japonica, oder in deren Ermangelung Tamarisken, an der Hinterwand da und dort Hedera Helix emporklimmend.

Die Tuffsteinsäule, deren Fuss Vinca umzieht, beherberge die zierlichsten, seltensten Freilandsfarne in malerischer Ungebundenheit und Frische; eine oder die andere Hängepflanze, allenfalls Saxifraga Fortunei tricolor, vollende die Ausschmückung.

Den Eingang umranke Epheu oder wilder Wein, in reizenden Festons herabhängend.

Nun ist nur noch der Aussenrand des Felsthales zu verzieren und dies geschehe theils mit seltenen Juniperus-Arten, die ihre Zweige theilweise über den Abgrund strecken (Juniperus prostrata, Sabina, squammata), theils mit dichtkronigen Sträuchern, denen sich mehr im Hintergrunde und womöglich südlich und nördlich Nadel- und Laubholzgruppen anschliessen.

Den grotesken, nicht unter 5 Meter hohen Felsgipfel der Hinterwand kröne ein seltener, schönblühender, winterharter Laubbaum, etwa eine Magnolia.

Man sieht, dass wir es hier mit einer jener Anlagen zu thun haben, welche die meiste Ausstattung zulassen und offen gesprochen, auch einige Kosten verursachen, dafür aber auch weit von dem Gewöhnlichen abweichen.

Genug an dem, der Fingerzeig ist gegeben; möge der minder bemittelte Blumenfreund das eine oder das andere hinweglassen, der Reiche so Manches hinzufügen, was ich nicht zu berühren, geschweige denn in den Rahmen meines Bildes aufzunehmen wagte, so werden doch beide mit Befriedigung auf ein Werk blicken können, zu dessen Ausbau es mir vergönnt war, einigen Rath zu ertheilen.

§. 21.

Dryas-Gruppe.

Man denke sich eine grössere Partie alter Laubbäume in irregulärer Zusammenstellung, womöglich von verschiedener Art und Gestalt, nicht zu dicht an einander gerückt, an einer sanft geneigten nördlichen oder östlichen Lehne und unter diesen Baumriesen einen Ruhesitz, Pavillon, eine Eremitage u. dergl., auf, oder umgeben von grotesken Felsblöcken, so hat man das kahle Gerippe dieser Anlage vor sich.

Wir begnügen uns damit jedoch noch nicht, sondern gehen einen Schritt weiter, indem wir uns das felsige Gefüge mit schattenvertragenden Sträuchern unterpflanzt, Eremitage und Lusthäuschen mit Epheu umrankt denken.

Das Charakteristische des ganzen Plätzchens aber ist seine Ruhe und Einsamkeit, indem wir dasselbe womöglich an einen der entferntesten Winkel des Gartens oder Parkes verlegen. Schlingpflanzen des verschiedenartigsten Gepräges klettern die rissigen Stämme hinan, um sich bald in den Baumwipfeln zu verlieren, bald die Aeste zu umstricken, und dann wieder, guirlandenähnlich, zum Nachbar hinüberzusteigen, oder als blütenreiche Schnüre herabzuhängen, geschaukelt vom leisesten Winde, der uns ihre Wohlgerüche zuführt.

Das Auge verliert sich im Laubdome, wo die Grasmücke zwitschert, und haftet an dem dicht verschlungenen Geäste da oben, welches keinem Sonnenstrahl auf die Gewächse da unten, und zu den feuchten, moosigen Felsen Zutritt gewährt.

So denken wir uns dies schattige Plätzchen in der Schwüle eine Julitages.

Wir verfolgen hiebei nicht die Einförmigkeit des gewöhnlichen
Gartenstyles, sondern wollen, wie überall bei den Felsen, ein Stück
Wildniss um uns herum erblicken. Desshalb müssen wir in den
meisten Fällen von allen anderen Gartenblumen und selbst von
annuellen Schlingpflanzen Umgang nehmen und uns mit
Sträuchern und holzartigen, oder sonstigen, wenig Pflege bean-
spruchenden Schlinggewächsen begnügen.

Zwischen den Felsen dürfen daher nachstehende schattenvertra-
gende Sträucher am Platze sein: die meisten Ericaceen, Buxus,
Cornus alternifolia, sanguinea, Cytisus nigricans, capitatus, supinus
— Cotoneaster vulgaris, Crataegus oxyacantha, Daphne Laureola, Mezereum, — Hedera, Evonymus, Ilex, Ligustrum
vulgare, Lonicera alpigena, nigra, coerulea, Xylosteum, — Mahonia, Philadelphus, Prunus Padus, Rhamnus Frangula,
catharticus, Ribes alpinum, triste, Rosa canina, alpina —, Rubus,
Symphoricarpus racemosus, Sambucus nigra, — Staphylea
pinnata, trifoliata —, Tamarix africana, gallica; unter den Coniferen: Juniperus prostrata, virginiana, — Taxus, Thuja (Biota)
die niederen, strauchartigen Formen.

Von den Staudengewächsen werden im Geklüfte die Spiräen
und sämmtliche hochgehende Farne: Pteris aquilina, Osmunda
regalis u. A. Verwendung finden.

Unter den holzartigen Schlinggewächsen nehmen die
Varietäten der Rosa sempervirens: Adelaïde d'Orleans und Félicité
perpétuelle, unstreitig den ersten Rang ein, obwohl nicht vollkommen
hart (sie erfroren mir ungeschützt sogar schon bei — 17°R.), so
sind diese Rosen, da sie so rasch und hoch klettern und grosse
Blütenbüschel in seltener Menge bringen, auch das glänzende Laub
bis tief in den Winter hinein grün behalten, an Orten, wo man
rasche und elegante Bedeckung wünscht, nicht gut wegzulassen.

Diesen beiden Rosen nachstehend im Range, jedoch härter, sind
die amerikanischen Schling- oder Prairierosen (Rosa rubifolia und ihre Varietäten), endlich einige Gartenvarietäten der Alpenrose,
besonders R. bengalensis florida. Letztere ist vollkommen hart.

Man kann von Schling- und Kletterrosen nie zu viel anpflanzen.
Ich bedauere unendlich, dass man diese Rosen so selten sieht, denn
der Anblick einer, in den Baumwipfeln vollblühenden Rosa sem-
pervirens-Varietät ist wahrhaft bezaubernd!

Genug an dem, wir bringen sie an unserer Schattenpartie

überall an, wo es nur angeht, unterpflanzen sie, um sie zu
schützen, mit Hopfen oder mit wildem Wein, und vor den kältesten Winden geschützt, wird sie selten zurückfrieren, besonders
wenn man es nicht verabsäumte, ihren Wurzelstock durch Moos
oder Laub zu verwahren.

Celastrus scandens der Baumwürger (halbschattig), die griechische Schlinge, Periploca graeca, Bignonia radicans, ferner
die Wistarien namentlich Glycine (oder Wistaria) chinensis,
klettern zwar, so auch der Pfeifenstrauch Aristolochia Sipho,
sehr hoch und blühen schön, sind auch ziemlich hart, verlangen
aber, mit Ausnahme des Baumwürgers und Pfeifenstrauches, eine
mehr oder weniger sonnige Lage und wir werden alle diese Schlinggewächse an unserem Schattenplätzchen nie recht zur vollen Blüte
bringen können, was indessen nichts zu sagen hat, weil wir uns
mit dem Laube und der Eleganz der Ranken begnügen können.

Einige andere Schlingpflanzen sind es noch, auf welche ich die
Aufmerksamkeit des geehrten Lesers besonders lenken zu müssen
glaube, nämlich auf den wilden Wein (Ampelopsis hederacea),
welcher von keiner Schlingpflanze durch Schönheit der Belaubung
übertroffen wird. Die wilde Rebe gedeiht sehr gut im Schatten,
erfriert nie, und das feurigrothe Herbstkolorit der Blätter, in den
höchsten Baumgipfeln gewährt bei der natürlichen Grazie des Gerankes einen herrlichen Anblick. Sie ist daher auch für unsere
Schattenpartie eine unersetzliche Pflanze und wir werden sie häufig
daselbst ansiedeln.

Vitis Labrusca, die amerikanische Filzrebe, zeichnet
sich gleichfalls durch Härte und grosses Blattwerk aus, dazu kommt
noch der Vortheil, dass sie geniessbare Beeren trägt, welche Vögel
herbeilocken; wo diese Rebe nicht zu haben, empfehle ich Vitis
riparia, den Uferwein als Ersatz, zumal seine Blüten sehr wohlriechend sind.

Die dritte der empfehlenswerthesten Schlingpflanzen ist eine
knollige Perenne, die Boussinggaultia baselloides, von ungemein
kräftigem Wuchse, mit allerdings unscheinbaren Blüten. Sie rankt
in einem Sommer 8 Meter hoch, muss aber jeden Herbst herausgenommen oder gut mit Laub bedeckt werden, wenn sie den Winter
überdauern soll.

Caprifolium-Arten sind zwar in Blüte schön und wohlriechend, dabei frosthart, vertragen auch etwas Schatten, ranken

aber nicht so hoch, wie die vorgenannten Schlinggewächse. Wir werden sie daher an den Rand der Anlage verweisen und dort über Felsen und Baumstümpfe herabhängen lassen, was sich, gut ausgeführt, oft recht malerisch ausnimmt.

Schliesslich gedenke ich noch der Clematis-Arten, die alle schönblühend und von denen die meisten frosthart und hochrankend sind. Die originellen Federbüsche (Samen) zieren bei einigen Arten im Herbste ungemein. Sehr hoch wachsen: Clematis Vitalba, virginiana, montana u. A., sie sind zugleich unempfindlich gegen Witterungseinflüsse, und wir werden uns daher mit ihnen vorzugsweise beschäftigen.

Lässt man einige, wo möglich alle der vorbeschriebenen Schlinggewächse in buntestem Gewirr an den Bäumen hinanlaufen und sich oben nach Belieben verstricken, so hat man ein Bild, das weit von allem gewöhnlichen Gartengepräge abweicht.

Allerdings können Jahre vergehen, ehe unsere Schlingpflanzen die gewünschte Grösse erreichen. Kauft man aber junge, starkverzweigte, kräftige Exemplare, und unterstützt das Wachsthum so lange, bis sie die untersten Astpartien der Schirmbäume erreicht haben, durch Composterde, so wird man über die Leistungsfähigkeit der Pflanzen nicht zu klagen haben Dort, wo schattenwerfende Bäume fehlen sollten, möge man Felspartien, die dann allerdings nicht so imposant aussehen werden, selbst bis zu einer Breite und Länge von 12 Meter und einer Höhe von 4—6 Meter durch eingerammte Eichenstämme (sammt der Rinde), an deren oberen Ende sich eine Eisenvergitterung hinzieht, überdachen. In diesem Falle kann man zur Ueberkleidung des Gitterwerks auch sonneliebende oder schutzbedürftige Schlinggewächse, als da sind Wistaria, einige Clematis, alle Schlingrosen, Tropaeolum u. A., auch einjährige Kletterer benützen und es ist stets wohlgethan, die Felsgruppe von der Sonnenseite her durch eine Umpflanzung von raschwachsenden Nadel- und Laubhölzern, zugleich mit schönblühenden und hochgehenden Sträuchern gegen Austrocknung und Stürme zu schützen.

§. 22.
Volière, Eulen- und Raubthierhaus.

Der begüterte Naturfreund sucht die Thier- und Pflanzenschätze des Erdballes nach Möglichkeit in seinen nächsten Bereich zu ziehen.

Neben Glas- und Treibhäusern legt er Fischweiber an, züchtet
Vögel fremder Zonen und hält Raubthiere im Zwinger.

Alle Wohnungen gefangener Thiere sollten mit ihrer nächsten
Umgebung, und so weit es thunlich, mit der Lebensweise und den
Gepflogenheiten der Gefangenen harmoniren.

So ist es Mode geworden, für Bär, Wolf, Fuchs und Dachs
höhlenartige Räume herzustellen, so baut man für Raubvögel
Felsklippen in Mitten ihrer Bauers, so bannt man Eulen in das
tiefe Dunkel vergitterter Grotten und selbst in den Wohnungen der
kleineren lieblichen Sänger dürfen heutzutage Steingruppen nicht
fehlen, um das Gefangenleben allen Thieren erträglicher zu machen,
der Natur nachzuahmen und das Auge zu ergötzen.

Im Garten stehende Vogelhäuser grösseren Umfanges, von
Natursteinen aufgebaut, sind dauerhaft, zweckentsprechend und schön
und für Höhlenbrüter um so angezeigter, weil so mancher der
letzteren sich verleiten lässt, trotz Gefangenlebens sein Nestchen im
Geklüfte zu bauen.

Zweckmässig, ja unentbehrlich dabei ist eine Verbindung von
Stein und Eisen, und namentlich die Rahmen der Fenstergitter
und Thüren müssen aus Eisen bestehen, wenn sie den Wirkungen
der atmosphärischen Einflüsse nicht allzubald unterliegen sollen.
Man leitet nicht selten fliessende Wässer, die für derlei Bauten
bestimmt sind, über kleine, künstliche Felsen, oder lässt sie in
steinerne Becken niederrinnen, worin sich die Vögel so gern baden.

Beliebt sind Tuffsteine für solche Bauten, und in der That ist
eine gelungene Imitation der Felsen durch das in Rede stehende
Gestein recht hübsch, obwohl etwas kostspielig. In Ermangelung
des Kalksinters nehme man nur flechtengraue Wald- und Haide-
steine und sorge durch eine sorgfältig ausgeführte Mauerung mit
grau gefärbtem Kalk- (in feuchteren Lagen Cement-) Mörtel für
Solidität des Aufbaues.

Angezeigt ist es, den Sockel des Baues mindestens einen
halben bis 1 Meter hoch über das Erdniveau zu erheben und durch
gute Cementpflasterung vor Grundwasser zu schützen, zugleich
sorge man für verdeckte Räume, wohin sich die Vögel bei Unwetter flüchten können, für Schattenplätze u. dergl., auch darf der
Futterplatz nicht dem Wetter ausgesetzt sein. Wer exotische
Vögel züchtet, muss für erwärmte Kammern sorgen, in welche die

Vögel schon Anfangs Oktober untergebracht werden; man scheide sie von der Volière durch vergitterte Glaswände.

Eulen, Füchsen, Dachsen, Wölfen, Bären, Kaninchen, den Marderarten, Wildkatzen, Meerschweinchen und anderen Höhlenbewohnern biete man Grotten, die um so fester gebaut und um so stärker vergittert sein müssen, je grösser und wilder das Thier ist, welches sie bewohnen soll. Ebenso richtet sich die Grösse des Gelasses nach dem Thiere, wobei freilich auch die Geldmittel und der verfügbare Raum Etwas mitzusprechen haben. Ein isolirter Felsen voll Grotten für die Höhlenbewohner, auf dessen Rücken eine Ruine oder sonst ein romantischer Bau thront, welcher in seinen Thürmen Uhu und Eule, Falk und Geyer, wohl auch Tauben aufnehmen kann, eignet sich am Besten zu einem kleinen zoologischen Garten, obwohl diese Thiere eben so gut in Felshöhlen zwischen Wald und Gebüsch zerstreut untergebracht werden können, was ich um so mehr gutheisse, als die unangenehme Ausdünstung, welche alle diese Thiere trotz der besten Pflege und grössten Reinlichkeit verbreiten, eben nicht mit den Blumendüften übereinstimmt.

Solche zerstreute Thierwohnungen verdecke man, so gut es geht, durch passende Holzgewächse, besonders durch Nadelhölzer, umranke die Felsen mit Epheu und anderem Schlinggewächs, und hat man es verstanden, dem Baue Zierlichkeit zu verleihen, sorgt man für hinreichende Abfütterung, Tränkung und Reinhaltung, so kann man manche Freude an seinen Gefangenen erleben.

Einzelne Wasserbewohner internire man auf felsige Inseln, die unter Umständen auch mit Strauch und Baum, mit Schilfrand und Wasserpflanzen mancher Art dekorirt sein können.

So lassen sich Biber und Fischotter, eventuell auch ein Seehund halten, so werden Reiher, Balle, Rohrdommel, Wildente, Möve und noch viele andere Wasser- und Sumpfvögel auf solchen Inseln sich des Lebens freuen, ja sogar zum Brüten gebracht werden.

Schön sind ferner grottenartig gewölbte Räume, zur Aufnahme von Felsentauben bestimmt. Uebervölkert man solche Taubenwohnungen nicht, so glaubt man sich in die Felshöhlen Krains versetzt, besonders wenn man, um die Täuschung zu vergrössern, hinter das Drahtgitter einige Stalaktiten anbringt.

Tiefer in den Gegenstand einzudringen, gestattet mir der diesem
Werke zu Grunde liegende Plan nicht.

Der begüterte Gartenfreund wird übrigens an der Hand eines
tüchtigen Architekten in den zoologischen Gärten zu Hamburg,
Berlin, Amsterdam, Frankfurt u. a. O. so eingehende
Studien über zierliche Thierwohnungen machen können, dass ich
auch hier meiner Aufgabe: Andeutungen, nicht aber ausführliche Unterweisungen zu geben, treu bleiben kann. Ich wollte nur
berühren, dass auch den zoologischen Gärten, gross und klein, Felsbauten zur hervorragendsten Zierde gereichen.

§. 23.

Die Ruine.

Das aus Waldesdunkel, aus dem Schatten mächtiger Tannen
hervorblickende, altersgraue Gemäuer, die Spuren einstiger Schönheit,
Macht und Grösse an sich tragend, fesselt den Fuss des Wanderers
und gern lenkt er seine Schritte zwischen das verfallene Mauerwerk,
um aus dem Bogenfenster hinab ins weite Thal zu blicken, oder in
einem verfallenen Erker sich stillen Betrachtungen, Träumen über
Vergänglichkeit irdischen Glückes hinzugeben.

Das Schönste dieses Genres ist die deutsche Burgruine
mit ihren gothischen Fenstern, mit ihren Erkern, Wartthürmen und
Schiessscharten und da sie mit dem Fels so zu sagen eine. ver-
schmolzene Masse bildet, so ist es abermals der Felsen, der .uns als
nothwendige Beigabe mit in den Kauf gegeben wird.

Wir werden sonach Burgruinen nur auf dem Rücken eines
Felsens bauen und ist letzterer nicht bereits vorhanden, so muss ein
hoher Erdhügel aufgeworfen werden, dessen Aeusseres — durch
aufgelegte Felsblöcke felsartig geschickt dekorirt — nicht seinen
Ursprung errathen darf.

Auf einer 10 Meter hohen, künstlichen, allenfalls aus einem
Gewässer emporragenden Felswand, die in diesem Falle solid und
daher gemauert sein muss — den Wartthurm aufzusetzen, ist
nicht so schwierig, und auch der Zubau der übrigen Burgbestand-
theile en miniature gehört heutzutage, bei der Höhe, welche die
Baukunst erreichte, wohl keineswegs zu den schwierigsten Unter-
nehmungen.

Ich bemerke ausdrücklich, dass bei Aufbau von Ruinen in Gärten von umfangreichen Baulichkeiten nicht die Rede sein kann, dass Vieles nur angedeutet, Vieles maskirt und, als dahinter existirend, fast nur gedacht werden muss, endlich dass die Grösse des Gartens den allein richtigen Massstab für die Grösse und den Umfang der Ruine liefert. Dies schliesst übrigens keineswegs aus, dass auch in kleineren Gärten, Burgruinen, freilich dann nur im geringsten Grössenverhältnisse, nachgebildet werden können, ohne den Eindruck des Lächerlichen hervorzulocken, wenn man es über sich gewinnen wird, den ganzen Garten für diesen Zweck zu opfern und sich die Ruine als früher schon dagestandenes Hauptobjekt, welches theilweise zur Wohnung selbst eingerichtet werden kann, denkt.

Ruinen, im kleineren Massstabe ausgeführt, vertreten in kleinen Gärten oft die Stelle von Taubenhäusern und Kaninchenbehältern, deren Thürme dienen nicht selten als Pavillons oder anderen Zwecken; kurz, die Verwendbarkeit künstlicher Ruinen ist höchst mannigfaltig.

Die meisten illustrirten Gartenschriften bringen von Zeit zu Zeit Modelle von Ruinen jeden Styles, so dass es nicht schwer hält, das für den eigenen Garten Passendste daraus zu wählen, indessen glaube ich, dass es noch besser wäre, einen guten Bauzeichner zu gewinnen, der die eine oder andere Lieblingsruine, welche wir besuchten, aufs Papier übertrüge, wonach jeder Ingenieur die Ausführung im verkleinerten Massstabe übernehmen würde.

Es bliebe in erster Linie die Wahl des Platzes zu bestimmen. Man weise dem fraglichen Bauwerke im Parke den höchsten, freiesten Punkt an, vorausgesetzt, dass Naturfelsen uns nicht der Mühe des Wählens überheben, und führe von schwerer, lehmiger Erde, der zur Hälfte Bauschutt beigemengt sein darf, einen möglichst kegelförmigen Hügel auf, dessen Höhe nicht unter 12 Meter betragen darf, wenn ein nennenswerther Effekt hervorgerufen werden soll. Man forme diesen Hügel mindestens 1 Jahr vorher, damit sich die Erde gehörig setze, dabei eine feste Grundlage für den Bau abgebe, und belaste die Seitenwände, mehr noch den Fuss des Hügels, gleich beim Auftragen der Erde mit Felsblöcken, welche in die weiche Erde einsinkend und ineinander greifend, bald eine kompakte Felsmasse darstellen werden, auf welche man getrost ein nicht zu umfangreiches Gebäude aufsetzen kann,

besonders wenn man die grösste Last, z. B. Wartthürme und Saal-
mauern, auf zu Höhlen umgestalteten Wölbungen, auf gemauerten
Felswänden u. dergl. ruhen lässt.

Kleinere, nicht über 20 Meter hohe Ruinen (sammt Unterbau)
können allenfalls auch nur auf Wölbungen ruhend hergestellt
werden, welche letztere aber man geschickt felsartig dekoriren und
gut verdecken muss. Solchergestalt bilden sich weite Höhlungen,
die theils als Grotten und Sitzplätze verwendet werden können,
theils Wohnungen für Höhlenbewohner aus dem Thierreiche
abgeben; nicht minder zur frostfreien Durchwinterung von zarten
Holzgewächsen, zu Dienerwohnungen, Magazinen u. dergl. dienen
können und dadurch die darauf verwendeten grösseren Auslagen
einigermassen ersetzen.

Ruinen griechischen, römischen und romanischen
(byzantinischen) Baustyles bedürfen nicht des Berges; es genügt
vollkommen, sie auf den Rücken eines flachen, kaum 4 Meter hohen
Hügels zu postiren, dessen Lehnen durch Trümmer und Felsblöcke, zwischen denen sich Epheu und andere Rankengewächse, auch ornamentale Sträucher hinziehen, verdeckt werden. Diese Art Ruinen
eignet sich ganz vortrefflich zur Aufstellung vor Seen und Teichen,
als Plätze wo der Kaffee und Thee servirt wird, und lassen sich die
Säulen recht schön mit Wildwein und Wistarie sinensis, sowie
mit Kletterrosen umwinden, was einen seltenen Anblick gewährt.

Auch passen zur Dekoration dieser Ruinen südlichen Charakters
Cypressen, Lebensbäume, Pinien und andere exotische
Nadelhölzer; ferner Pyramidenpappeln und verschiedene
immergrüne Laubgehölze, als: Buxus, Laurocerasus, Viburnum, Ilex, immergrüne Eichen und dergleichen südländische
Gewächse, nicht zu vergessen, dass Rosen, in Menge angepflanzt,
hier ganz am Platze sind. ·

Ruinen gothischen Baustyles bedürfen zur Ausschmückung
und theilweisen Verdeckung — welch letztere, richtig ausgeführt,
den Reiz des Ganzen erhöht und den Bau oft grösser erscheinen
lässt, als er es in Wirklichkeit ist — unserer nordischen Baum-
und Straucharten, besonders der Fichten und Tannen, der Linden,
Eichen, Vogelbeerbäume und Ahorne. Eine deutsche Burgruine ohne Linde, Vogelbeerbaum und epheuumrankten
Wänden widerstrebt unseren, mit der Muttermilch eingesogenen
Begriffen von Bergfesten und Schlössern, — demnach muss auch die

künstlich hergestellte d e u t s c h e Ruine, gleichviel, ob gross oder klein, Aehnliches aufzuweisen haben.

Ich würde in kleineren Gärten die Ruine an den entferntesten Winkel verweisen. Dort, wo sich die Mauern in einer Spitze begegnen, ist der Erdhügel oder die Gewölbmauerung leichter hergestellt, und, sich auf die dann freilich nothwendig s t a r k e n Gartenmauern stützend, auch minder kostspielig. Der Kunstfelsen gibt die Höhlung für einen geräumigen Sitzplatz parterre, vor welchem sich ein kleiner Rasenplatz ausbreite, auch fehle, während man die Felswand mit Farnen, Moos und Epheu dekoriren würde, im Rasen der Blumenkorb mit Geranien, Rosen u. dergl. nicht.

Das Uebrige des vielleicht bloss ein Drittel Hektar umfassenden Gartens sei ein dichtes, waldiges Gelände, zwischen welchem sich sandige, schmale Pfade schlängeln, bergauf, bergab, und wo L a u b - und N a d e l h o l z, umrankt von Schlingsträuchern aller Form und Gestalt, sich um Felszacken schaaren, die drohend aus dem Dickicht herauslugen, in dessen Schatten, sofern es möglich, ein Bächlein hinziehe.

Den W a r t t h u r m umkreise die Taube, und eine schmale S t e i n t r e p p e führe in die B u r g g e m ä c h e r, von denen jedes einzelne ein Tuskulum sei für die Familie. Oft lässt sich mit einigen Auslagen und viel Genie sowie Liebe für die Sache mehr thun, als mit viel Geld und wenig Sinn für wahre Naturschönheit und Poesie!

Zum Schlusse bemerke ich, dass die Ruine nur s c h e i n b a r eine solche sein solle, und dass z u v i e l des Guten, in Bezug auf Bruchwände, Spaltungen, Trümmer, Geröll, nicht gethan werden dürfe. L o s e Steine auf Mauern sind unter allen Umständen zu vermeiden, und g e f a h r d r o h e n d e Stellen nicht erst zu bilden. Desshalb lege man auch die T r e p p e, namentlich Wendeltreppen recht solid an, und wenn auch der R o h b a u zuweilen vorherrschend, ja massgebend ist, so können, unbeschadet der Charakteristik des Baues, manche Stellen und Gelasse des konservirenden Bewurfes und A b p u t z e s durchaus nicht entbehren.

Es ist nicht unbedingt nöthig, aber wohlgethan und geschmackvoll, das I n n e r e entsprechend dem Aeusseren zu dekoriren. Desshalb sind alterthümliche Möbel den jetzt modernen vorzuziehen und selbst in Bezug auf G e r ä t h e und G e s c h i r r e ist es von guter Wirkung, wenn schöne, altmodische Gefässe dem Gaste zuwinken.

§. 24.

Stein-Einfassungen.

Beete in Hausgärten pflegt man nicht selten mit Rasen ein-
zufassen, besonders ist dies bei erhöhten, terrassenartig angelegten, Gebrauch geworden.

Der unparteiische Gartenbesucher wird aber bekennen müssen,
dass derlei Einfassungen von Rasen selbst dann, wenn noch so accurat
ausgeführt, nur eine Zeit lang schön sind, später aber, wenn sich
diverse Unkräuter vorschieben, ein hässliches Ansehen bekommen,
und dass, sobald man die nicht gewünschten Pflanzen ausjätet,
Lücken entstehen, welche schwer zu vermeiden sind.

Nur besondere, schwachwüchsige Grasarten, stets kurz gehalten
und fortwährend begossen, sind eine seltene Gartenzierde; meist
sieht man vernachlässigte Grasnarbe in den Hausgärten, oft klaffende
narbige Rasenstücke, die den Wunsch nach einem besseren Surrogate
aufkeimen lassen.

Ich empfehle angelegentlichst, zur Begrenzung flach- wie auch
hochgelegener Beete nur Steine zu nehmen, die man entweder in
ungezwungener Anordnung, felsähnlich, auf- und nebeneinander
schichtet, oder — in sehr geschmückten Gärten — kunstgerecht zu
niedrigen Mauern oder Terrassen formt.

Im ersteren Falle nehme man verschieden geformte, wetter- und
flechtengraue, oft auch bemooste (für nördliche Lagen) Steine, lässt
sie etwas in die Erde ein, so zwar, dass noch der grösste Theil über
die Oberfläche hervorragt, und pflanzt in die Zwischenräume und
Fugen: Sedum- und Sempervivumarten, Portulak und
andere niedrige Einfassungs-, Kriech- und Hängepflanzen,
welche, bei einiger Pflege, bald alle Zwischenräume durchziehen und
einen schönen Anblick gewähren werden.

Reizend nehmen sich niedrige, blaue Lobelien zwischen den
wettergrauen Steinen aus, und wer diese Art Einfassung, ihre Nettigkeit und Sauberkeit sah, wird keine andere wählen. Gras verwildert,
besonders im Park, um Gebüschränder schnell, und dort sind natürlich
angelegte Einfassungen von grösseren Waldsteinen, zwischen
welche man Epheu, Vinca, Mitchella repens, Cyclamen
europaeum, Lysimachia numularia aurea, Omphalodes verna,
Phlox Nelsoni, nivalis, an schattigen Stellen auch niedrige Farne,

z. B. Asplenium trichomanes, einreihen kann, ganz am rechten Platze.

. Auch Alyssum saxatile, Arabis alpina, Arenaria verna, Armeria vulgaris und alpina, Aster alpinus, Aubrietia deltoidea, Bellis perennis fl. pl., Cerastium tomentosum, Campanula pusilla, Dianthus plumarius, Erinus alpinus, Gentiana acaulis und vernalis, Globularia cordifolia, vulgaris, Jasione montana, Iberis saxatilis, sempervirens, Iris pumila, Lychnis viscaria, Primula alle Arten, Saponaria ocymoides, die meisten Saxifraga, alle Sedumarten, Sisyrinchium anceps, Viola mehrere Arten, eignen sich hierzu.

Einfassungen um Wege, besonders wenn letztere durch Rasenflächen führen, lassen sich recht vortheilhaft von Steinen bilden und ersetzen stets die theuren, oft minder schönen Holz- und Eisengestelle. Gut ausgeführte Begrenzungen von Rasenflächen durch Steine verhindern, wenn man sämmtliche Steine zur Hälfte in die Erde eingräbt, die Ausbreitung des Grases nach den Wegen hin.

Ein grosser Vorzug der Einfassungen von Stein ist ihre unverwüstliche Dauer, ihre Billigkeit und leichte Behandlung.

Namentlich ist dies bei höher gelegenen, terrassenartig angelegten Beeten mit Rändern bis zur Höhe eines Meters und darüber bemerkbar, wo eine felsähnliche Randdekoration mit eingelegten Kriechpflanzen ebenso schön wie zweckmässig ist und selbst im kleinsten Hausgarten Verwendung finden kann.

In südlichen Gegenden, an heissen, trockenen Abhängen, wo Gras, trotz aller Pflege, nie gedeihen kann, wird man mit Vortheil zum Stein greifen, um Beete und Böschungen zu befestigen, zu begrenzen und alle Fugen mit Sedum, welches der grössten Dürre widersteht und durch sein bald freudiges, bald verschleiertes Grün ganz gut in derlei Anlagen passt, zu verdecken.

Beabsichtigt man, Hauspflanzen über den Sommer im Freien aufzustellen, was oft eben so schön wie zweckmässig ist, so wird man sie gruppenweise auf etwas erhöhte Beete anbringen und die Töpfe in Sand, Moos, Kohlenabfälle und ähnliches Material einsenken.

Zur Begrenzung dieser Beete bediene man sich abermals der Steine und da man den Rand dieser Beete in gewisse symmetrische

Formen zwängt, so werden die äusseren Linien derselben bald halbkreis-, bald wellen-, bald sternförmig gebildet.

Zu derlei Künsteleien in gezwungener, steifer Anordnung passt der unregelmässige Feldstein durchaus nicht, man wähle daher hiezu Steinarten, welche sich, wenigstens an der Stirnfläche, regelrecht behauen lassen, oft buntgefärbtes Gestein, zuweilen sogar Schlacken aus Hochöfen und Glashütten.

Letztere beiden Surrogate würde ich gern vermieden sehen, dafür empfehle ich, sich der Steine aus Bergwerken zu bedienen, die sich oft leicht bearbeiten lassen und nicht selten Crystalle eingesprengt enthalten.

Beeteinfassungen um Hauspflanzengruppen werden in der Regel nie höher als einige Centimeter über den Rand des höchsten Gartentopfes ausgeführt, in vielen Fällen lässt man sogar den Topfrand über das Niveau des Beetes hervorschauen; hierzu dürfte eine Höhe von nicht unter 15, nicht über 30 Centimeter entsprechen. Bekommt man Steine im rohen, frischgebrochenen Zustande, so muss selbstverständlich ein Bergarbeiter, Steinmetz u. dergl. zu Hilfe genommen werden, der die Vorderfläche des Steines ebnet, während er letzterem zugleich eine stumpf-keilförmige Gestalt verleiht und nun wird es dem Gärtner ein Leichtes, durch Zusammenschieben des solcherweise bearbeiteten und handgerecht gemachten Gesteines, den Begrenzungslinien der Beete zu folgen. Zur Verfugung dieser Trockenmauerung benützt man in der Regel nur feinen Bachsand, indessen kann auch Erde, ausgelaugte Asche und anderes Material hiezu verwendet werden.

Dass man Beeteinfassungen von Stein, sofern sie Jahre lang gleichem Zwecke dienen sollen, auch gleich fest aufmauern kann, ist selbstverständlich. Man kann dann eine ornamentale Verzierung in Anwendung bringen und die Fugen mit gefärbtem Kalkmörtel, Kitt oder Cement verstreichen.

Eine dritte, wahrscheinlich noch ganz unbekannte und bisher nur in meinem Garten durchgeführte Benützung von Steinen ist die bei Anlage von Teppichbeeten und Blumenmosaik.

Das Eigenthümliche dieser Verwendungsart besteht darin, dass man verschieden gefärbte Steine die Stelle der Blumen vertreten lässt, und gilt dies in erster Linie von Farben, welche im Pflanzenreiche sehr selten, oder nie so rein und intensiv vorkommen, z. B. von Rothbraun, Schwarz und verschiedenen anderen

Mitteltinten. Man fasst entweder die einzelnen Abtheilungen und Figuren des Teppichbeetes mit farbigen Steinen ein, welche in **Faustgrösse** am passendsten benützt werden können, oder lässt **Blumenfarben in kleinen Beeten mit der Farbe des Gesteines, welches dann das ganze, mosaik-artig ausgepflasterte Beetchen füllen muss,** abwechseln.

Endlich kann man auch die schmalen **Fusssteige** zwischen den Blumen des Mosaikbeetes mit farbigen Steinchen, welche entweder nur lose hingelegt oder auch aneinander gekittet sein können, ausfüllen.

Die in der Natur von selbst vorkommenden Farben sind unbestritten die besten und haltbarsten. In Ermanglung deren kann man **künstlich gefärbte** Steinchen, selbst **Chamottsteine, Ziegeln, Schlacken, Topfscherben, Sand, Stein-** und **Holzkohle** zu Hilfe nehmen; zuweilen sind Abfälle aus Steinbrüchen und Fabriken zu der in Rede stehenden Mosaik verwendbar, oft sehr billig zu bekommen.

Die Anlage solcher Mosaik-Beete ist indessen keine so leichte Sache und erfordert Schönheitssinn, Geschicklichkeit und Geduld. Auch vergesse man nicht, dass das Farbenspiel der Beete nur von einer gut gewählten Zusammenstellung der Pflanzenarten abhängt, nicht aber, was viele Gartenfreunde glauben, von einer **grossen Verschiedenheit** der in Verwendung kommenden Blumen. Ja, es lässt sich mit **wenigen** Arten und einigen Hauptfarben der Zweck vollkommen erreichen.

Farbenkontraste können sowohl den Effekt der Anlage vernichten, wie auch sehr erhöhen, je nachdem man Pflanzen neben einander stellt, deren Blumenfarben zusammen passen oder nicht.

In erster Linie sind hiebei jene **Ergänzungsfarben** im Auge zu behalten, die immer zu einander passen, z. B. **Roth zu Grün, Orange zu Himmelblau, Gelb zu Violett, Indigoblau zu Orangegelb.**

Weiss passt stets zu **Blau** und **Orange** und fast besser noch zu **Roth** und **Rosa,** während es **Gelb** und **Violett** verdunkelt. Passen Farben nicht zu einander, so braucht man nur **Weiss** dazwischen zu setzen und der gute Effekt ist hergestellt.

So harmonirt auch **Orangegelb** mit **Blassblau, Grünlichgelb** mit **Dunkelrosa, Dunkelroth** mit **Dunkelblau,** und **Orange** mit **Violett.**

Dunkelbraun, Schwarz und Schwarzpurpurroth entspricht am passendsten den blassen Farben Gelb, Blassgelb,
Weiss, Fleischfarbig n. dergl.

Effektlos, ja augenbeleidigend sind die Zusammenstellungen von
Rosa mit Scharlach oder Orange, Orange mit Orangegelb,
Gelb mit Gelbgrün, Blau mit Violettblau, Roth mit
Orange, Rosa mit Violett, und Blau mit Violett.

Ich darf mich im Hinblick auf meine begrenzte Aufgabe nicht
eines Breiteren auslassen, nur so viel sei hier noch gesagt, dass das
Grün der Mosaikbeete besser durch Sinngrün, Epheu und
Sedum, als vermittelst Gras hergestellt wird und Lysimachia
nummularia aurea vortreffliches gelbgrünes Füllmaterial bietet.

Wer etwas ganz Apartes in diesem Genre haben will, der lege
flache Beetchen wechselweise mit solchen an, die erhöht ausgeführt werden und einen gewölbten Rücken haben, dessen Farbe
besser durch Sedum, Sempervivum, Kleinia, Echeveria
und sonstige Saftpflanzen herzustellen wäre.

§. 25.

Cactus- und Sedum-Hügel.

Anlagen dieser Art eignen sich mehr für Hausgärten, als
für den Park oder für öffentliche Anlagen, fast könnte man behaupten,
sie passen nur für Gärten geringsten Umfanges und können, ihrer
Billigkeit, sowie der Leichtigkeit ihrer Aufstellung wegen, überall
und allgemein Verwendung finden.

. Selbst der wenig bemittelte Gartenfreund wird in der Lage
sein, sich einige Sedum-Arten zu sammeln, eventuell zu kaufen,
und die Durchwinterung einiger Cactusspecies ist eine so leichte
Sache, dass ich nicht zweifle, es werden dem Felsenfreunde mit Anfang des Frühjahrs so manche Exemplare zu Gebote stehen, welche
als Solitärpflanzen auf der Felspartie prunken können.

Dazu ist die Anlage des Sedumhügels durchaus keinen Schwierigkeiten unterworfen; er kann überall, nur nicht im Schatten der
Bäume, aufgestellt werden und beansprucht ausser der Herbeischaffung
einiger Fuhren Bauschuttes oder Sandes, einer oder zwei Fuhren
Steine, sowie der Erwerbung von einigen Fettpflanzen keine
sonderliche Mühe und Geldausgabe.

Bewirft man einen, zwei Meter hohen Schutthaufen mit Erde, formt durch Belegen mit wettergrauen und flechtenbewachsenen, zackigen Feldsteinen einen zwei- bis dreispitzigen Felsen und bepflanzt die sich ergebenden Höhlungen und Fugen mit Sedum acre, sexangulare, rupestre, elegans, glaucum, spurium, pulchellum, fariniferum u. A., bringt hier und da ein Sempervivum, eine Echeveria u. dergl. an, krönt das Ganze mit einigen Cactusarten, die reich und schön blühen, z. B. Phyllocactus Ackermanni — so ist der Sedumhügel fertig.

Da derlei Anlagen dem vollen Lichte ausgesetzt bleiben müssen, zum mindesten Morgen- und Mittagsonne haben sollten, so ist ein Anbringen von lebendem Moos nicht angezeigt, wohl aber kann man die Fugen des Gesteines mit grauem Thon verstreichen, damit die humose Erde, in welche man alle Succulenten pflanzen muss, nicht durch Regengüsse abgeschwemmt werden.

Wenn auch Saftpflanzen die grösste Hitze und Trockenheit ohne Gefahr vertragen, so ist es doch rathsam, Sedumhügel täglich zu überbrausen, damit der Wuchs der Saftpflanzen freudiger werde. Dieses Ueberspritzen ist bei trübem Wetter zu unterlassen, überhaupt jede Wassergabe nicht nur bei Regenwetter, sondern auch einige Tage nachher einzustellen, wenn man Wurzelfäule vermeiden will.

Zartere Hauspflanzen können auch in Töpfen gelassen und bloss in Sand eingesenkt werden, vorausgesetzt, dass die Töpfe gute, grosse Abzuglöcher haben, und die Topferde eine sehr leichte ist.

Aehnlich den vorgenannten Felspartien lassen sich auch Felswände aus Feldsteinen aufführen, wenn man anstatt Mörtel, Lehmbrei und Moos nimmt und gleich beim Aufbau in die Verfugungen Sedumzweige einlegt, welche sich bei einigem Begiessen bald bewurzeln und noch in demselben Jahre die Wand überziehen. Ich empfehle hierzu: Sedum acre, spurium, sexangulare und pulchellum wegen ihres raschen Wuchses und ihrer Härte.

Sedumhügel können ferner auch dadurch hergestellt werden, dass man einen beliebig geformten Schutt- oder Sandhaufen mindestens 5 Centimeter dick mit einem Lehmbrei überzieht, der auch noch mit Kuhfladen oder Pferdekoth durchknetet sein kann.

In diese, noch feuchte Lehmschichte oder Decke bohrt man vermittelst des Fingers kleine Löcher in unregelmässiger Entfernung und steckt in diese Oeffnungen Sedumzweige zur Hälfte ihrer Länge ein. Von nun an muss das Hügelbeet täglich gut begossen

werden, um das Anwachsen und Ueberranken der Oberfläche zu begünstigen. Das garstige Aussehen der Lehmdecke mildert man durch
Uebersieben mit Sand oder Bewerfen mit kleinen Steinen, so
lange die Lehmschicht noch nass ist, worauf man Sand und Steine
mit der flachen Hand sanft eindrückt.

Man kann auch andere rankende Fettpflanzen hierzu verwenden, zum mindesten zwischen die Sedumarten einige Portulac-
pflanzen oder Zweige anbringen, obgleich ich gestehe, dass ein solcher
Hügel nur von einer Sedumart, z. B. von Sedum acre oder
glaucum gebildet, ungleich schöner aussieht, besonders dann, wenn
man einige schöngeformte, flechtengraue Steine geschickt auf diesen
Hügel setzt.

Es kann hier nicht die Absicht vorliegen, die Natur nach-
ahmen zu wollen; eine solche Anlage bleibt immer ein Kunstwerk,
dem man seinen Ursprung schon von ferne ansieht, und welche daher
auch zwischen die Blumenbeete des Hausgartens passt.

Ein sorgfältiges Fernhalten selbst des kleinsten Unkrautes ist
erstes Bedingniss, denn nur Nettigkeit hebt derlei Gebilde; zufällig entstandene Lücken bessere man schnell aus, am besten
durch in Töpfen gehaltene Reservepflanzen, oder durch einge-
steckte, kräftige Seitenzweige.

Ich bemerke nur noch, dass wenige Sedumarten auffallend und
schön blühen und die meisten, wenn verblüht, Lücken zurücklassen;
es ist daher bei mir Gewohnheit geworden, die Blütenstengel vor-
zeitig abzuschneiden, jedenfalls aber sogleich nach dem Ab-
blühen auszurupfen, was besonders bei Sedum acre und reflexum
gut geht.

Sedum glaucum blüht spärlich und kann ich diese Art angelegentlichst zur Bedeckung von Sedumhügeln empfehlen.

Die meisten Sedumarten sind frosthart und verlangen keinen
Winterschutz; andere zarte Saftpflanzen — besonders seltene,
schwachwachsende Cactusarten — bringe man rechtzeitig ins
Winterquartier.

§. 26.

Der Fels unter Glas, im Grossen und Kleinen.

Wir haben bisher nur über Park- und Garten-Felsanlagen, sowie
über deren Umformung, Neubildung und Dekoration im Freien

gesprochen, es ist aber nothwendig, dass wir unser Augenmerk nun auch auf jene Steinpartien wenden, welche in geschlossenen Räumen, unter Glas — sonach in Gewächshäusern, Wintergärten, in Glaskästen und zwischen den Doppelfenstern des Wohnraumes — Aufstellung finden können.

Errichtet man Felsgruppen in beglasten Räumen, so geschieht es wohl zumeist nur zu dem Zwecke, die exotischen Farne, welche unsere Sommer im Freien nicht gut vertragen, das ganze Jahr über in freudigem Wachsthum zu erhalten, und — da sich der Farn nirgends so gut präsentirt, als auf dem Felsen, ja einige Arten mit unterseits gefärbtem Wedel nur auf erhöhten Standorten ihre ganze Schönheit zu entfalten vermögen — für effektvolle Wirkung der Farngruppen zu sorgen.

Fast alle Farne lieben Schatten, zum mindesten das gebrochene Licht, und so wird es möglich, unseren Lieblingen — ohne Gefahr für ihr Dasein — die hintersten, düstersten Partien des Hauses anzuweisen, Plätze, wohin das Sonnenlicht, von den Palmen, Cordylinen, Dracaeneen und anderen hochwachsenden Blattpflanzen aufgefangen, nur verstohlen zu blicken wagt.

Dort, an der Hinterwand des Gebäudes bauen wir unsere Felsgruppe und wählen für sie das schönste, uns zu Gebote stehende Material. Selbst wenn die Partie unverrückt, Jahre hindurch, dastehen soll, halte ich eine Mauerung mittelst Kalkmörtel durchaus nicht für angezeigt, wenigstens nicht überall, vielleicht nur an dem Fusse des Felsstückes und ziehe eine naturgemässe felsähnliche Aufschichtung und Lagerung des Gesteines zwischen lebendem Waldmoose und Erde, jeder anderen vor, schon desshalb, weil den Farnwurzeln nach allen Richtungen hin Zutritt gestattet ist und die zur Verfügung benützten Moose und Miniaturfarne, Selaginellen und Lycopodiaceen, ferner alle zur Zwischendekoration in Verwendung kommenden Kriechpflanzen überall reichliche Nahrung vorfinden und unter jenen Verhältnissen leben, welche die heimatlichen Standorte ihres fernen Vaterlandes ihnen so überreich darboten.

Verfügt man über fliessendes Wasser, so ist es ein Leichtes der Steinpartie das Ansehen einer, von Felsen eingeschlossenen Quelle zu geben, und hat das Gewächshaus eine räumlich-grössere Ausdehnung, so ist man wohl nicht verlegen, durch Aufstellung von Coniferen, deren Kübel selbstverständlich zwischen Gestein ein-

gesenkt, auch sonst entsprechend mit Moos u. dergl. verdeckt sein
müssen, die Täuschung vollständiger zu machen.

In dieser Richtung lässt sich so manches Schöne schaffen und
die Natürlichkeit und Ungezwungenheit des Arrangements wird wohl
mehr Beifall finden, als all die seltenen, stramm in Reih und Glied,
auf Stellagen stehenden Gewächse.

Je nach der Geschmacksrichtung und Vorliebe für die eine oder
andere Pflanzenart, kann auch ins Gegentheil übergegangen und ein
helles, sonniges Glashaus mit Oberlicht für seltene Succulenten
eingerichtet, und die eine Felspartie mit Cacteen, die andere
mit Mesembrianthemumarten, Euphorbien, Stapelien,
Cotyledon, Kolosanthes, zarten Sedum- und Sempervivumarten bepflanzt werden, wobei ich durchaus nicht zweifle,
dass der seltene Anblick solcher Zusammenstellung viel Nachahmer
und Bewunderer finden wird.

Die Erde zur Ausfüllung der Pflanzlöcher und Felsritzen muss
unbedingt leicht, humos, sandig, der Untergrund stark durchlassend
sein; nur so wird man ein fröhliches Gedeihen an seinen Lieblingen
wahrnehmen, denen volles Luftgeben im Sommer, streng
regulirte Bewässerung, zuweilen sogar Ueberbrausung, Lebens-
bedingung ist.

Glashäuser mit sprudelndem und fliessendem Wasser und
Sammelbecken sind wie Aquarien zu benützen, über deren
Anlage und Behandlung ich auf einen späteren Theil dieses Werkes
verweise.

„Aber" — so wird mancher meiner geehrten Leser nach
Durchsicht dieses Werkes sagen — „ich verfüge über keinen Garten,
und auch über kein Glashaus, ich wohne in der Stadt und die
Fenster meiner Wohnzimmer gehen dem Hofe zu, dessen Pflaster
nur die Morgensonne beleuchtet; welche Vortheile erwachsen
mir von der Kunst, Steine künstlich zu Felsgebilden aufzu-
thürmen?" —

Viele! — So mancher Pflanzenfreund disponirt über mehrere
Lokale, er hat ein Nebenzimmer mit hohen Fenstern, wenn auch
dort die Sonne wenig zu sehen ist.

Wohlan, er richte dieses Zimmer zur Aufnahme und Kultur der
Gewächse her, indem er zuerst den Fussboden wasserdicht gestaltet
oder mit Sand bestreut, er bilde aus den Wänden Felsmauern,
er bringe Felsgruppen in diesem Gelasse an und selbst an die

Decke kitte er mittelst Gyps stalaktitenähnliche Gebilde, das Ganze in eine Art Grotte verwandelnd.

Auf diese Weise umgestaltet, wird das Nebengemach allerdings nicht zur Aufnahme von Pelargonien und Rosen, von Veilchen und Hyazinthen dienen, allein es wird dennoch die seltensten Schätze der vegetabilischen Welt, kostbare Kriechpflanzen, Gewächse aus dem tiefen Schatten der Wälder, vor Allem aber elegante Farne beherbergen und zur Vollentwickelung bringen können. Auf solche Weise kann eine dumpfige Nebenstube zum kleinen Paradies umgewandelt werden und namentlich Erker lassen sich, wenn mit Schattentüchern verhängt, zu reizenden Plätzen umformen.

Diese und ähnlich eingerichtete Gemächer trennt selbstverständlich eine Glasthüre mit möglichst grossen Scheiben, oder ein grosses Glasfenster vom eigentlichen Wohnzimmer, um dem Pflanzenfreund zu gestatten, jederzeit einen Blick in das Eden werfen und sich an den Pfleglingen erfreuen zu können.

Eine grottenartige Umrahmung des Einganges, mit Stalaktiten oder sonstigem nadelförmig herabhängendem Gestein geziert, trägt ungemein viel dazu bei, das Bizarre dieser Einrichtung hervortreten zu lassen und kann Stadtbewohnern einen hohen Genuss verschaffen.

In Fällen, wo Steine nicht aufzutreiben wären, oder das Gemach zu sehr beschweren würden, kann man zur Korkholzverkleidung seine Zuflucht nehmen. Man errichtet Stellagen, verziert sie felsähnlich mit Baumrinde und Korkholz und dekorirt auch Fenster und Eingangsthüre in ähnlicher Weise, indem man sich die Form der Gruppe und der Stalaktiten aus leichten Brettern aussägen lässt, auf welch letztere man sodann das Korkholz nagelt. Mit Beiziehung eines geschickten Tischlers und unter Zuhilfenahme einer guten Zeichnung, wird man bei einiger Liebe zur Sache die herrlichsten, täuschendsten Gebilde in kurzer Zeit herstellen, ohne sich zu grosse Ausgaben aufzulegen.

Dass man im letzteren Falle alle Gewächse in Töpfen oder Kästchen kultiviren muss, ist begreiflich, indess schliesst die Anwendung von Korkholz durchaus nicht aus, dass man aus letzterem auch pittoreske, steinähnlich-ausgehöhlte Gebilde formen und in dieselben die Pflanzen unmittelbar einsetzen könne.

Farnliebhabern, die elegante Zimmer lieben und in diesen ihre Lieblinge zu sehen wünschten, bietet der sogenannte Farnkasten

ein Mittel, die feinsten, zierlichsten Arten der in Rede stehenden
Pflanzen im prunkendsten Salon kultiviren zu können.

Farnkästen werden in der Regel aus starken Glasplatten zusammengestellt, welche in ein eisernes Rahmwerk eingefügt und
verkittet werden. Dieser Glaskasten steht auf einem Boden von
Eisenguss oder Blech und muss das Hauptaugenmerk auf einen
guten Abzug des Gusswassers gerichtet werden, weil sonst die Erde
leicht sauer wird, wodurch die Farnwedel nicht nur bald ein
kränkelndes, vergilbtes Aussehen bekommen, sondern auch, wenn
dieser Zustand nicht baldigst gehoben werden sollte, in kurzer Zeit
eingehen.

Solche Farnkästen, die jeder Klempner anfertigen kann, in
grösseren Städten wohl auch fertig zu haben sind, können in Form
und Grösse verschieden sein. Ich rathe zur vieleckigen (am
schönsten ist die achteckige) Form, bei einem Verhältniss der
Breite zur Höhe wie 1 zu 2 oder 2 zu 3, nicht unter 1,0, nicht
über 1,5 Meter breit (letztere Grösse für Salons), wobei ich bemerke,
dass über die äussere Ausstattung und Verzierung nichts Posi-
tives gesagt werden kann.

Was die innere Einrichtung des Farnkastens anbetrifft, so
ist jenes Arrangement das schönste, welches die geschickte Nachahmung eines von Farnen bewachsenen Felsens zeigt und Hügel, wie
Thäler en miniature darstellt.

Tuffsteine eignen sich am besten zur Formation dieses Felsens
im Kleinen. Man wähle die schönsten, wenn auch theuersten Stücke
und verkitte sie zu einem pittoresken Schaustück, dessen Höhlungen,
mit Torf- oder Walderde gefüllt, zur Aufnahme zierlicher Farne
und sonstiger, Feuchtigkeit liebender Pflanzen, hinlänglich aufgespart werden. Dessenungeachtet darf man die Farne selbst nicht
zu tief einsetzen, sondern belege lieber die Erdoberfläche mit
Moosen und Selaginellen, welch letztere — gleichsam zur
Rasenbildung rings um den Felsen gepflanzt — bald einen
schönen, dichten, grünen Teppich bilden werden, wenn man nicht
versäumt hat, den Boden des Kastens mit Topfscherben zu belegen
(in einer Höhe von 3—5 Centimeter), worauf man eine Mischung
von Moorerde, Sand, Holzkohlen, Moos und Steinchen breitet, um
eine poröse Erdschicht und guten Wasserabzug herzustellen.

Ist man mit der Gruppirung des Felsens im Reinen, so schreite
man zur Bepflanzung desselben. Langjährige Erfahrungen setzen

mich in die Lage, dem geehrten Leser folgende Arten von Farnen empfehlen zu können:

Adiantum capillus Veneris, ein ziemlich hartes, hübsches nur 20 Centimeter hochwachsendes Farnkraut:

Adiantum cuneatum, eines der zierlichsten aller Farne, etwa 30 Centimeter hoch. Es hat einen hübschen hängenden Habitus und hellgrünes Laub.

Adiantum formosum, ungefähr 60 Centimeter hoch, nur für grössere Kästen.

Adiantum assimile, eine sehr zierliche Spezies, welche gegen 30 Centimeter hoch wird.

Adiantum setulosum, ein niedrig wachsender Farn.

Adiantum pedatum, eine harte aber im Kasten reizende Art, die 30 Centimeter erreicht, oft auch höher wird.

Accophorus chaerophyllus, ein elegantes Farnkraut, 25 Centimeter hoch.

Accophorus immensus, etwas höher, sonst eben so zierlich wie vorhergehendes.

Asplenium adiantum acutum, gedeiht auch im Freien, besser jedoch im Kasten.

Cheilanthes alabamensis, eine sehr niedliche Species, ungefähr 20 Centimeter hoch, verlangt warme Plätze und darf nicht bespritzt werden, denn von der Nässe werden die Blätter braun und sterben bisweilen ab.

Cheilanthes elegans, ein schöner, kleiner Farn von 30 Centimeter Höhe, der sich in jeder Collection befinden sollte. Verlangt gleiche Behandlung wie der vorhergehende.

Lastrea glabella, eine sehr niedliche, ausgezeichnete Species, ungefähr 25 Centimeter hoch, verträgt das Spritzen sehr gut.

Lastrea pubescens und canariensis, beide wegen ihrer grossen Zierlichkeit sehr zu empfehlen.

Notochlaena Eckloniana, reizender Farn, schön wie wenige, verlangt aber einige Aufmerksamkeit bei der Kultur und verträgt wie die Cheilanthes-Arten keine Nässe an den Blättern.

Ausser den genannten Farnen kann ich noch empfehlen:

Notochlaena Maranta und sinuata..

Adiantum caudatum und tenerum.

Onychium auratum, japonicum und lucidum.

Pteris scaberula (ist vielleicht das eleganteste aller niedrigen Farnkräuter).

Pteris cretica und serrulata.

Lomaria Gibba.

Trichomanes radicans; dieses Farnkraut gewährt mit seinen reizenden, lebhaft grün gefärbten Wedeln einen prächtigen Anblick.

Gymnogramme chrysophylla.

Laucheana.

Cheilanthes argentea und viscosa.

Diplacium lanceum.

Todea superba, Fraseri und hymenophylloides.

Alle Vorgenannten sind niedrige, meist nur 30 Centimeter hohe Farnkräuter.

Was die Behandlung solcher Farnkästen betrifft, so ist sie eine sehr einfache. Vorsichtiges Giessen und Bespritzen, jährliches Umpflanzen der Farne in frische Erde, darauf beschränkt sich die ganze Cultur. Das Umpflanzen geschieht Ende Februar oder Anfangs März, wobei man die Wurzeln möglichst schont und den neu gepflanzten Farnen einige Tage hindurch viel Schatten und wenig Luft gibt, bis man sieht, dass die Wurzeln wieder im Stande sind, ihre Nahrung aus dem neuen Boden zu entnehmen.

Dass man solche Farnkästen, bepflanzt mit zarten Arten des Warm- und Kalthauses, an geschützten Stellen des Gartens leicht aufstellen und dass man auch kleinere Felspartien im Freilande mit Glasfenstern umgeben und Gewächse wärmerer Zonen darunter gross ziehen, allenfalls in ununterbrochener Pflege darin halten könne, ist einleuchtend und müssen es nicht immer Farne sein, die man zur Bepflanzung des unter Glas gehaltenen Felsens wählt. Einige Succulenten, die wenig Regen vertragen und viel Wärme bedingen, zarte, schattenliebende Kriechpflanzen, überhaupt Miniaturpflanzen aller Art, lassen sich in solchen Kästen während des Sommers recht gut im Garten ziehen und mit Beginn der kälteren Jahreszeit ins Glashaus oder Wohnzimmer zurückversetzen.

Ebenso einleuchtend dürfte es sein, dass sich solche Felspartien unter Glas recht gut mit Wasser verbinden lassen (siehe einen späteren Artikel über Aquarien) und auch ein Springbrunnen dabei Platz finden könne. Derlei glasüberdeckte Felspartien lassen sich auch als Terrarium benützen, indem man Lurche, besonders

Laubfrösche und Eidechsen, darin gefangen hält. welche den Miniaturfelsen als willkommenen Ruhe- und Tummelplatz ansehen und sich sehr gern darauf sonnen.

Als Terrarium benützte Farnkästen, welche Thiere beherbergen sollen, können nur harte, gemeinere Arten, die unter gewöhnlicher Behandlung gedeihen, einschliessen.

Grosse, gegen Osten oder Norden gekehrte Fenster des Wohnraumes lassen sich, falls im Zimmer selbst die Aufstellung eines Farnkastens oder Terrariums nicht gewünscht wird, auf leichte Weise in kleine Glashäuser umgestalten, die man entweder mit Succulenten (bei voller Sonne) oder Farnen (schattig) bepflanzt.

In einen Blechkasten von ungefähr 15 Centimeter Höhe, mit gutem Oelfarbenanstrich und Abzugsröhre für das Gusswasser versehen, baut man den Miniaturfelsen. Das ist das Ganze einer solchen Fenstereinrichtung, zu welcher man, wenn es hoch kommt, noch eine felsen- oder grottenartige Verkleidung der Wände und Pfeiler mit in Cement oder Gyps gelegten Steinen (am besten Tuffsteinen) hinzufügen sollte.

Wer es haben kann, lasse anstatt der gebräuchlichen hölzernen Fensterrahmen, welche gar zu leicht dem Verderben unterliegen, solche von Eisen anfertigen, auch empfiehlt es sich, möglichst grosse Scheiben zu wählen, welche von Aussen, besonders wenn man Neugierige fernhalten, oder eine hässliche Aussicht nicht geniessen will, wellenförmig gegossen sein können.

Sonstige Einrichtung, Verzierung und Bepflanzung richtet sich nach den Geldmitteln und nach der Vorliebe des Besitzers für das Eine oder Andere, für ein Glashaus zwischen dem Doppelfenster en miniature, für einen Farnkasten, oder für ein Terrarium. Dem entsprechend muss dann auch die Lage nach den Himmelsgegenden gewählt werden, denn es ist bekannt, dass viele Thiere und Pflanzen volle Sonne, manche Halbschatten, andere wieder tiefen Schatten lieben.

Beabsichtigt man einen kleinen Springbrunnen im Doppelfenster anzulegen, so muss sich das Wasserreservoir hierzu im oberen Stockwerke befinden, und das Rohr, gleichviel ob von Kautschuk oder Eisen, in der Mauer versteckt liegen, was einige Umstände verursacht und am besten bei Neubauten durchgeführt zu werden vermag, oder dort, wo der Blumenfreund zugleich Hausbesitzer ist.

Im Uebrigen sind alle Architekten mit derlei Ausführungen

vertraut, und in grösseren Städten gibt es für diesen Kunstzweig so geschulte Arbeiter, dass man nicht in Verlegenheit kommen kann, wenn man seine diesbezüglichen Wünsche realisirt sehen will.

§. 27.

Tusculum.

Der Gelehrte, Beamte, Geschäftsmann, ja Jeder, dessen Geist viele Stunden des Tages hindurch in Spannung gehalten, oft überbürdet wird, sehnt sich nach Stunden der Erholung, der Ruhe, nach Augenblicken ungestörten Alleinseins.

Wo aber könnte man diese eher finden, als in der freien Natur unter dem Schatten des Laubdaches, zwischen den ewig schweigsamen Felswänden? Wohlan, man baue sich dort sein Tusculum; dort, fern vom Getriebe der Welt, und finde Schutz vor Neugier und Zudringlichkeit innerhalb des moosigen, laubumrankten Geklüftes!

Die Anlage des Tusculums nach meiner Idee — welche in ihrem Zusammenhange wohl nirgends ausgeführt erscheint, sondern sich nur in einzelnen, unvollkommenen Theilen einen Weg in die Praxis zu bahnen vermochte, — nimmt zwei wichtige Faktoren für sich in Anspruch: Geschmack und Geld! Ohne diese beiden im innigsten Verein ist an eine gelungene Herstellung des Tusculums gar nicht zu denken.

Ich will versuchen auch ohne Zuhilfenahme von Abbildungen, ohne Vorlage eines detaillirten Bauplanes, den geehrten Leser in die Geheimnisse und Schönheiten des Tusculums einzuführen.

Bei unseren Wanderungen im Park ist uns wohl schon öfters ein einsamer, gebüsch- und baumreicher, anscheinend felsiger Theil, aufgefallen. Die Pfade, welche anderorts den ganzen Park durchkreuzen und überall hin den Einblick gestatten, scheinen hier absichtlich vergessen worden zu sein; bloss der Hauptweg umgibt in weitem Bogen diese Wildniss und windet sich dem Hange zu. Wir folgen ihm, indem wir durch Tannen- und Fichtendickichte dahin wandeln und gelangen endlich aufs Plateau der Hügelkette.

Wir überschreiten die überbrückten felsigen Ufer eines kleinen Gebirgsbaches, seinem Laufe folgend, und stehen unerwartet am Rande eines ganz in dem dichten Gebüsche versteckten Weihers von mässigem Umfange.

Kein Sitz ladet an dieser scheinbar vergessenen Stelle zur Ruhe. Sinnend stehen wir am Saume des Gewässers, in dessen Fluten seltene Wasserthiere sich tummeln und, je mehr wir hinabschauen in die Wellen, welche so eigenthümlich strahlend und funkelnd zu uns emporleuchten, wenn ein Sonnenblick sich durch das Gebüsch stiehlt und magisch die krystallene Grundtiefe des Wasserbeckens durchblitzt: desto klarer steht es vor unserem geistigen Blicke, dass wir uns im Banne des Ungewöhnlichen, im Bereiche eines Räthsels befinden, welches wir zu lösen wünschen.

Vergebens forschen wir nach den Abzugskanälen des Gewässers, denn jenseits desselben hemmt ein dichtes, verworrenes, dorniges, wenn gleich verwildertes, so doch gewiss ehemals künstlich angepflanztes Gebüsch unseren Fuss, und hält von weiteren Nachforschungen energisch ab. Wir kehren auf den Hauptweg zurück, um links abermals hinab ins Thal zu steigen, wo wir endlich nach langem Suchen tief unten zwischen den felsigen Hängen den unterirdischen Abfluss des Gewässers entdecken.

Es ist offenbar: zwischen diesem und dem buschreichen Weiher da oben an der felsigen Lehne, geschützt von Dickicht und Dorn, liegt das ganze Geheimniss des Parkes! Wie es erforschen? —

Abermals auf dem Hauptwege fortschreitend entdeckt unser, bereits mehr geübtes und geschärftes Auge ein gleichsam von der Höhe gerolltes, fast mannshohes Felsstück. Epheu, Brombeerranken und Wildwein breiten ihre schlanken, mitunter stacheligen Zweige schützend über Baum und Gestein aus, den Hintergrund maskirend und den schmalen Pfad verdeckend, der sich zwischen Fels und Gebüsch verliert.

Das Geranke bei Seite schiebend, betreten wir, überrascht und forschend, den halbverborgenen Fusssteig und stehen endlich vor einer kleinen felsigen Pforte. Die halbgeöffnete, schwere, eichene Thüre gestattet den Eintritt.

Fast zögernd setzen wir den Fuss über die Schwelle.

Ein düsterer, grottenähnlicher Gang, sich stollenartig verlängernd, kaum hoch genug, um nicht mit dem Kopfe an die Stalaktiten der Decke anzustossen, kaum so breit, um zwei nebeneinander wandelnden Personen Raum zu gönnen, empfängt uns.

Nach Aussen mündende Felsspalten gestatten dem Tageslichte nur beschränkt den Eingang.

Instinktmässig schleichen wir in den Hintergrund und betreten die wenigen nach Oben führenden Steinstufen.

Eine z w e i t e Felsgrotte, ähnlich der ersteren, nimmt uns auf. Im Hintergrunde abermals Stufen, doch diesmal zur Tiefe führend. Nun w i e d e r eine Felshöhle. Tageslicht blickt uns entgegen und, indem wir nochmals zur Höhe steigen, sehen wir uns in einem Felsgemach, dessen eine Seite gallerieähnlich durchbrochen, aus Felsbogenfenstern den Blick ins Freie, in die Tiefe gestattet.

Wir stehen abermals wie festgebannt, überrascht und zugleich geblendet!

Ein von der Aussenwelt ganz abgeschlossenes, vom Gebüsch verdecktes, kleines, langgestrecktes F e l s e n t h a l breitet sich voller Lieblichkeit vor uns aus.

Rasch eilen wir eine Steintreppe hinab, die pittoreske Aus-stattung einer Grotte parterre, welche wir durchschreiten müssen, um ins Freie zu gelangen, ganz unbeachtet lassend — und stehen endlich mitten in der gesuchten Terra incognita, vor der Lösung des Räthsels, das unsere Phantasie so lange beschäftigte.

Es ist ein reizendes Stückchen Erde, auf welchem wir uns jetzt befinden.

Senkrechte F e l s e n w ä n d e von wechselnder Höhe, daher oben wellenförmig abgeschnitten, im Grunde bald geradlinig fortlaufend, bald scharfkantig vortretend, zuweilen von kleineren, höhlenartigen Räumen durchbrochen, ortsweise mit Absätzen und Vorsprüngen ver-sehen — i s o l i r e n d i e s T h a l v o l l s t ä n d i g. In Folge einer An-näherung seiner Umwandung ist das Thal ungefähr in der Mitte bis auf wenige Meter Breite eingeschnürt, daher gleichsam in zwei Ab-theilungen geschieden, von denen d i e v o r d e r e auffällig das Walten von Menschenhänden zeigt und mit den seltensten Pflanzen aller Zonen geschmückt ist, während die h i n t e r s t e n P a r t i e n mehr den Waldcharacter wiederspiegeln.

Epheu, wilder Wein, auch andere Schling- und Kletterpflanzen, verdecken theilweise die Felswände, um sich hoch oben an Baum und dornigem Strauch fortzuranken, welche, neugierig über die zackige Brustwehr hinab ins Thal blickend, willig ihr Gezweige den Emporkletternden entgegenstrecken. Während im Vordergrund nächst dem nettgebauten, wettergrauen B o r k e n h ä u s c h e n — welches, halb in den Fels hineingezwängt, in seinen Gemächern Comfort mit Eleganz verbindet und ganz dazu angethan ist, um in seinen trauten

Räumen Stunden behaglicher Ruhe zubringen zu können — mässig-
grosse Rasenplätze, mit noch kleineren prunkenden Blumenbeeten nicht fehlen, führt der sauber gehaltene Kiesweg
uns weiter ins Innere dieses Edens, hin zum Wasserfalle, der
brausend über moosige Felsblöcke stürzt und in dessen silbernem
Perlenschaume die Forelle spielt, vergeblich nach der stahlblauen
Wasserjungfer fahndend, welche in pfeilschnellem Fluge das Wasserbecken umkreist.

Wir treten hin zum Nadelholzwäldchen, in dessen Grunde,
zwischen Moos und Gestein, die seltensten Farne ihre Wedel in
der Luft wiegen; wo neben Sinngrün die Heidelbeere wuchert,
wo die Mitchella repens im Schatten der seltensten Coniferen
am Boden hinkriecht und die Meise lockt in den Wipfeln der
Tannen.

Auch das Moorbeet mit seinen Rhododendrons, Azaleen, Kalmien und sonstigen dahingehörenden Gewächsen taucht
vor unseren Blicken auf; kurz, wir sehen der schönen und seltenen
Pflanzen, theils vereinzelt, theils in Gruppen vereinigt auf Rasen,
Felsstück, am Ufer des Gewässers, wie nicht minder in den Spalten
der Felswand, so viele, dass wir nicht müde werden zu schauen
und zu bewundern.

Die schattig-kühle Höhle da drüben, herrlich grottirt, führt
in ihren Abzweigungen zum „Troglodytenpalaste" (siehe Beschreibung desselben .§. 14) und im weiteren Verlaufe der Höhlengänge etwa auch in die „Wohnung der Najaden" — worüber
ich später sprechen werde — und so sehen wir der versteckten
Herrlichkeiten noch viele, bei näherer Untersuchung des kleinen
Zauberthales.

Beim Rückwege aus diesem Eden gönnen wir uns noch einen
Blick aus den Felsenfenstern der höchstgelegenen Grotte,
die, einem Schwalbenneste gleich, ihre Brüstung weit über die Tiefe
hinausstreckt; wir bewundern das anmuthige Bildchen, welches dort,
zwischen jener zackigen Scharte, weit hinter der Parkgrenze, ver-
goldet vom Strahle der sinkenden Sonne, uns entgegenlächelt und
verlassen endlich, hochbefriedigt das Tusculum mit seinen Grotten
und Höhlengängen, seinen Kunst- und Pflanzenschätzen, wünschend,
ähnliches zu besitzen.

Unsere gewöhnlichen, bürgerlichen Verhältnisse gestatten allerdings die Realisirung eines solchen Wunsches nicht, sofern der Aufbau

des Tusculums, im Geiste der vorausgegebenen Skizze,
vorgenommen werden soll, allein es genügt vollkommen, und dürfte,
sofern man nur umsichtig zu Werke geht, einem kostspieligen Baue
und dem vor Augen habenden Endzwecke durchaus nicht nachstehen,
wenn man sich mit einem einfachen verborgenen Felsthale von
vielleicht nur 40 — 100 Meter Länge und 15 — 35 Meter Breite begnügt, auch die Höhe der Felswände bis zu 12, 8, ortsweise
sogar bis zu 6 Meter ermässigt.

Troglodytenpalast und Wohnung der Najaden, sowie
prunkende Ausstattung der Grotten muss in diesem Falle ganz
wegbleiben und anstatt der Höhlengänge und der Felsgallerie
genügt eine tiefere, verborgene Felsspalte, allenfalls eine in die
Felswand selbst eingelassene Eichenthüre, welche allerdings der
Umgebung entsprechend angefertigt werden muss.

Ein kleines Borkenhaus, gleichviel ob Schweizerstyl oder
Eremitage, ist freilich schwer zu entbehren; soll es aber auch wegfallen, so muss wenigstens für eine trockene, gesunde, luftreine
Grotte vorgesorgt werden, wo man sich nicht die Gicht holt und
bessere Möbel nicht vermodern. Auch ist es unabweisbare Nothwendigkeit, eine Höhle, wo man sich täglich aufhält, an dem
höchsten Punkte des Niveaus anzubringen, einestheils um
dem Tropf- und Regenwasser den Eintritt zu verwehren, anderseits
um von diesem Orte aus das ganze Felsthal übersehen zu können.

Mit Rücksicht auf zuströmende periodische Gewässer, sollte
auch die Sohle des Thales ein hinreichendes Gefäll, unter Umständen
sogar 3 Centimeter per Meter, besitzen und ist eine Quelle, ein
Wasserfall im Bereiche des Thales, so muss selbstverständlich der
Abfluss dieser ständig und oberirdisch fliessenden Gewässer dem tiefsten Punkte des waldigen Hintergrundes zugeleitet
werden, wo mitunter ein kleines Reservoir ganz am rechten
Platze ist, wogegen unterirdisch angelegte Leitungen nach
Erforderniss in jeder Richtung ausmünden können. Das Wasser
ungewöhnlich heftiger Niederschläge (Platzregen, Wolkenbrüche,
Schneeanhäufungen) wird durch einen geräumigen, in der Wandung
angebrachten, demungeachtet gut versteckten Kanal ebendaselbst
nach Aussen geleitet.

Erlauben es die Geldmittel und ist es überhaupt wünschenswerth,
so lässt sich solch ein, im kleineren Maassstabe ausgeführtes Felsen-
thal recht gut mit einem Glasdache versehen und in ein Winter-

haus umwandeln, wodurch es möglich wird, auch in der kältesten
Jahreszeit sich des frischen Grünes und einiger Blumen erfreuen zu
können. Seltene und zarte Coniferen, in den freien Grund
ausgepflanzt, würden hier eine ihren Wachsthumsverhältnissen zusagende, geschützte Lage angewiesen erhalten, demgemäss auch eine
üppigere Vegetation, als an anderen Orten, zeigen.

Nicht minder finden Freunde exotischer Vögel in diesem
Felsthale erwünschte Gelegenheit zur Züchtung fremder Sänger,
vorausgesetzt, wenn ein Drahtnetz die letzteren am Entweichen
hindert, sie auch nicht allzugrosse Liebhaber der jungen Blätter,
Gipfeltriebe und Knospen sind, und man sich mit einigen Pär-
chen begnügt, so, dass allenfallsiger, an Vegetabilien verursachter
Schaden, weniger fühlbar wird.

Unsere heimischen Vögel der insektenfressenden Sippe:
Nachtigall, Roth- und Blaukehlchen, Grasmücke, Zaun-
schlüpfer, Meisenarten, würden sich noch besser für die Ge-
fangenschaft im erweiterten Raume eignen; allenfalls sind kalifornische Schopfwachteln, vielleicht fremde Insekten-
fresser zu wählen und an felsähnlich dekorirten Wasserstürzen
und Quellen sind Bachstelzen und Wasseramseln reizende
Erscheinungen.

Wird das Becken des Wasserfalles oder der Quelle, im Hintergrund unseres Thales, in ein Garten-Aquarium umgestaltet,
so kann vielleicht auch der herrliche Eisvogel hier seinen bleibenden
Wohnsitz finden; man vergesse dabei aber nicht, dass sowohl Eis-
vögel, wie auch Wasseramseln, die grössten Feinde der Fisch-
brut, des Laiches und der Wasserinsekten sind und das Wasserbecken
bald entvölkert sein würde, wenn nicht durch öfteren, sogar
täglichen Zusatz von Bachfischchen, den oben genannten Wasser-
tyrannen hinreichende Nahrung zu Gebote stünde.

.Bevor man zur Angriffnahme aller diesfälligen Arbeiten
schreitet, sind vorher genaue Ueberschläge zu verfassen und eingehende Terrain-, sowie Boden-Studien vorzunehmen, denn
nirgends ist leichter, wie man zu sagen pflegt: „Die Rechnung
ohne den Wirth zu machen" und anstatt der geträumten Herrlich-
keit ein lächerliches Machwerk hervorzurufen, als eben hier.

Sind fliessende Wasser erwünscht — und sie sollten es
immer sein, denn ohne dasselbe bleibt selbst das best angelegte und
herrlich dekorirte Felsthal unvollkommen — so sichere man sich

in erster Linie das Recht darauf, nicht minder ein kon-
stantes Zuströmen zu jeder Jahreszeit.

Die beste Lage für derlei versenkte Thäler sind gegen Osten
oder Südosten sanft geneigte, langgestreckte, womöglich bewaldete
Berglehnen, die ihr Wasser von dahinter liegenden, höheren
Gebirgen empfangen.

Eine zu starke Neigung des Terrains, sowie völlige Ebene,
hat mancherlei Uebelstände im Gefolge, erschwert und vertheuert
die Arbeit; eine zu sonnige Lage ist der Vegetation hinderlich,
indem sich die Sonnenstrahlen an den Felswänden fangen, daselbst
zu lange festgehalten werden und eine unerträgliche Hitze hervorrufen, während die Nordlage zwar Schatten und Kühle im Gefolge
hat, dafür aber auch im Herbst und Frühjahr die Kälte ins Felsthal bannt und alle Höhlenräume mit zu viel, nicht gewünschter
Feuchtigkeit ausstattet.

Mit Rücksicht auf entsprechende Vertheilung von Licht und
Schatten, Wärme und Kühle, sollte auch das Tusculumthal sich in
seiner Längsrichtung von Süden nach Norden oder von Südost
nach Nordwest, minder erwünscht: von Südwest nach Nordost
ziehen. Bei solcher Lage wird die schwächer wirkende Morgensonne regelmässig die eine, die kräftige Nachmittags- und Abendsonne die gegenüber liegende Felswand erwärmen und dem
Felsgärtner Gelegenheit bieten, eine Trennung der die Wände be-
kleidenden Schling- und Kletterpflanzen, mit Rücksicht auf
die Anforderungen derselben, durchführen; es bedarf gewiss auch
keiner näheren Beleuchtung, dass die der Sonne abgekehrte
(nördliche) Felswand für Wald- und Schattengewächse (Nadelhölzer,
Farne, Moose und dergl.) sich vorzüglich eignet, auch Wasserfall
und Aquarium beherbergen sollte, während die der Sonne zuge-
kehrte kürzere Thalwand, welche sich durch Trockenheit und Wärme
auszeichnet und wo Grotten und sonstige Hohlräume, mit Bedacht-
nahme auf trockene Luft angebracht wurden — Succulenten und
Trockenheit vertragende Felsenpflanzen aufnehmen kann.

Der Untergrund des gewählten Terrains kann entweder ein
felsiger, kompakter, oder ein erdiger, schotteriger sein. Erstere
Bodenbeschaffenheit wird freilich die Kosten der Aus- und Abgrabung
bedeutend erhöhen, man vergegenwärtige sich aber, dass man dann
Felswände und Höhlen mit ewiger Dauer fix und fertig hat
und durch den Verkauf des ausgesprengten Steinmateriales die

Kosten der Anlage vielleicht zum Theil decken kann, während eine erdige, gut bearbeitbare Beschaffenheit der Tiefe zwar die Vollendung beschleunigt und die Auslagen der Aushebung herabdrückt, dagegen aber noch viele andere Ausgaben des Gartenbesitzers harren, unter denen die für Höhlenwölbungen, sowie jene für Ausmauerungen der Felswände nicht die geringfügigsten sind.

Minder begüterten Gartenbesitzern wird daher die Wahl eines lockeren, erdigen (womöglich lehmigen) Untergrundes, Jenen aber, die das Geld zu beachten nicht genöthigt sind, die Bearbeitung eines felsigen Terrains anzurathen sein; ungeachtet dessen, dass die Grenzen des Gartens oft keine freie Wahl übrig lassen und man das Terrain nehmen muss, wie man es vorfindet.

Recht vortheilhaft erweist sich dort, wo Gelegenheit hierzu geboten wird, die Erwerbung von alten Steinbrüchen, welche oft so angelegt sind, dass mit etwas Zubau und nach Wegräumung des aufgespeicherten Schuttes, das Tusculum fertig dasteht; wobei die in den Fels gehauenen Wohnungen der Arbeiter nicht selten prächtige Höhlen abgeben, welche meist auch ganz trocken sind. Bei solchen Steinbrüchen, sowie in allen jenen Fällen, wo das Tusculumthal in Naturfelsen angelegt wurde, nehme man darauf Bedacht, dass die Thalsohle mindestens ein bis zwei Meter tiefer ausgehoben und der Aushub durch fruchtbare lockere Gartenerde ersetzt werde, um den eingepflanzten Gewächsen des Freilandes hinreichende Nahrung zu bieten.

Dass der Auswurf des Thales an der tieferen Seite des Gehänges angehäuft werden sollte und dort, so wie überhaupt rings um das Felsthal, zur Bildung von irregulären Hügeln und Steinpartien benützbar sei, ist selbstverständlich; nicht minder das, dass die Felswände unter allen Umständen eine, mindestens meterhohe Brustwehr umgeben müsse, welche hinreichend befestigt und massiv ausgeführt wird, um dem andringenden Gewässer heftiger Niederschläge den Eintritt ins Tusculum zu verwehren. Auch sorge man dafür, dass Stein- oder Erdrinnen nicht gewünschtes Wasser von diesem Walle, selbstverständlich an der dem Thale abgekehrten Seite der Brustwehr — nach rechts und links — in die Tiefe führen. Es ist nicht unbedingt nöthig, wohl aber zweckmässiger und pittoresker, dass dieser Wall von Steinen hergestellt werde; ein meterhoher Erdaufwurf mit Strauchwerk bepflanzt, allenfalls mit Steinen belegt, thuts in vielen Fällen auch und hat den Vortheil der Billigkeit für sich. Wurde vor diesem Erdwall ein hinreichend breiter (mindestens 30 Centimeter) und eben so tiefer Graben ausgehoben, dessen Instandhaltung geboten erscheint — so wird man über das Eindringen von Schnee- und Regenwasser ins Felsthal nie zu klagen haben, vorausgesetzt, dass etwaige Einrisse sogleich bemerkt und ausgebessert werden, wesshalb eine öftere Revision des Walles und der Gräben dringend geboten ist.

Ueber die innere Einrichtung und Bepflanzung unseres heimlichen Felsthales viele Worte verschwenden zu wollen, hiesse Wasser ins Meer tragen!

Ich beschränke mich darauf, hinzuweisen, dass ich einen kleinen Rasenplatz, sowie eine Coniferengruppe nur ungern vermissen würde; dass ich aber auch Azaleen-, Camellien- und Rhododendrongruppen nach Thunlichkeit anlegen und mir vor Allem vergegenwärtigen würde: es handle sich in diesem gegebenen Falle nicht nur darum, ein verborgenes, einsames, sondern auch ein höchst anmuthiges Plätzchen hervorzuzaubern, und dass es der Charakter wahrer Wildniss nicht sein dürfe, welcher hier zum Ausdrucke gelangen solle.

Indem ich vor eigentlicher Ueberladung ernstlich warne, kann ich doch im Tusculum, und namentlich in dem traulicheren, sonnigen Vordergrunde — der geehrte Leser erinnere sich, dass ich das Tusculum-Thal durch Einschnürung seiner Mitte in zwei kleinere Abtheilungen von verschiedener Prägung geschieden wissen will — eine sorgfältige Zusammenstellung des Besten und Schönsten unserer Lieblinge anrathen, vielleicht auch eine Blumenfontaine auf dem Rasen, wenn etwa nicht schon ein natürlicher Springquell mit der Anmuth seines murmelnden und plätschernden Wassers und seines Sprühregens vorgesehen ist.

Und welche Aussichten eröffnen sich vollends dem Rosenfreunde zwischen jenen verborgenen Wänden zur Zucht und Pflege der edelsten, seltensten seiner Lieblinge?! —

Könnte es wohl einen glücklicheren Gedanken geben, als den, hier in diesem Eden, mit und zwischen seinen Lieblingen allein zu sein, allein mit seinen Errungenschaften, allein mit den Produkten einer glücklichen Neuzüchtung, allein im Besitze aller Perlen dieses Genres? Hier. das Hervorragendste in schön gezogenen Bäumchen, dort die Schlingrose, Wand und Hütte, Fels und Gestein unter der Wucht ihres Blütenmeeres begrabend, auch seitwärts in Festons und Guirlanden von Wand zu Wand gezogen, Bäume umrankend, Lauben deckend, bald als Säule, bald im Bogengange zierend, immer aber anmuthig, blendend und erfreuend.

Die Rose ist im Tusculum ganz am Platze; sei es, dass wir die Vereinzelte im Rasen bewundern, sei es, dass wir sie in den Gebüschen wiederfinden, welche sich an den Felswänden hinziehen und mit ihrem Dufte Alles um sich her berauschen!

§. 28.

Das Labyrinth.

Zweifelsohne griechischen Ursprungs bezeichnete dieses Wort in der Vorzeit gewisse vielverzweigte, im grossartigsten Massstabe angelegte Gebäude oder unterirdische Felsaushöhlungen, welche viele unter sich zusammenhängende Kammern enthielten und nur einen oder wenige Ausgänge hatten, daher sich der Eintretende leicht darin verirren konnte. Nicht minder wurden die verschlungenen Gänge ausgedehnter Bergwerke, Steinbrüche, Katakomben u. dergl. mit dem Namen Labyrinth belegt und sind die weitläufigen Felsaushöhlungen bei Knossos — welche durch Menschenhände gebildete, in halber Höhe eines Berges angelegte Kammern oder Säle darstellen, deren Docken durch stehengelassene rohe Pfeiler gestützt werden — noch jetzt die bedeutendsten, weil sie sich in grossen Windungen und Verschlingungen stundenweit auf einem geringen Flächenraume hinziehen und, ohne Gefahr sich zu verirren, von Fremden nicht betreten werden können.

Natürliche Labyrinthe felsiger Natur sind ferner die unterirdischen Grotten und Höhlen in Inner-Krain — in der Nähe von Adelsberg, Luegg und Planina — deren vielfache Verzweigungen und Seitenhöhlen ein Wirrsal hochpittoresken Charakters vorstellen.

Solche Höhlengänge, wenn auch im Kleinen, künstlich nachzubilden, will ich dem Felsenfreunde nicht zumuthen, wohl aber dessen Aufmerksamkeit auf die sogenannten Irrgärten der Hortologen richten, welch erstere nichts anderes sind, als künstlich ineinander verschlungene schmale Wege, durch Laubwände getrennt und in mannigfachen Windungen das Gärtchen durchziehend; so zwar,

dass es oft grosse Mühe verursacht, sich aus diesem duftigen grünen
Labyrinth herauszufinden. Es gibt viele Anleitungen hierzu, ja ich
glaube, es sind über die Kunst, Irrgärten anzulegen, manche
Bände voll geschrieben und so viele Pläne gezeichnet worden, dass
ich es nicht für lohnend finde, tiefer in diesen Gegenstand einzudringen, sondern nur hinzufügen muss, dass die Anlage eines Irrgartens, dessen Pfade von Buchsbaum oder Weissdornhecken
gesäumt, oder von künstlich geschnittenen Hornbaum und Buchen-
wänden umfasst werden sollen, viel Geld und noch weit mehr
Zeit — eine Weissbuchenwand, die raschest wachsend, welche
hergestellt werden kann, braucht mindestens 15 Jahre zur Vollkommenheit — auch viel Geduld beansprucht.

Wo es sich daher um Neuanlage eines Irrgartens handelt,
würde ich rathen, lieber Steine zur Absonderung der einzelnen
Pfade zu verwenden; dergestalt, dass gewissermassen scharfe schmale
Steinrücken gebildet würden — etwa meterhoch und darüber —
welche mit Rosenbüschen, Ilex, Spiräen, Buchsbaum,
Wachholder, Retinospora ericoides, u. dergl. bepflanzt, Weg
vom Wege absondern, dabei aber auch, wenn schmal gehalten,
bald ein undurchdringliches Dickicht, besser gesagt, eine sich
hundertfach durchkreuzende Hecke bilden würden, welche zu durch-
brechen Keinem einfallen dürfte, der des Weges verlustig geworden.

Recht spasshaft, für leicht erschreckbare Gemüther sogar ängstlich, müsste es sein, wenn derlei Irrgänge über bebrückte Wasserläufe führten, allenfalls in lichte Höhlungen ausmündeten, deren
Hintergrund die Aussicht ins Freie eröffnete, ohne dass dieser Wunsch
nach Freiheit realisirt würde, indem schroffe Felsabsätze oder
vortretende steile Wände aufs Neue unübersteigliche Hindernisse
böten.

So ist der Fels auch hier der Vermittler verschönernder Gartenkunst und wer es verstehen sollte, Felswände coulissenähnlich
dem Wanderer vorzuschieben, dessen Fuss den Irrgarten betrat,
wird des Lobes nicht verlustig bleiben, denn nichts kann imposanter,
nichts beirrender sein, als das Felsenlabyrinth in seiner
wildesten Form!

Zweiter Theil.

Gestein in Verbindung mit Wasser.

—

§. 1.

Die Felsenquelle.

Das Urbild wildromantischer Schönheit, zugleich die kostbarste Perle jedes Gartens, ist die aus dem Gestein tretende, sprudelnde Quelle mit ihrer erfrischenden Kühle, ihrer einsamen, träumerischen Umgebung, mit dem ganzen Reize ihrer silberschäumenden Wellen, ihres geheimen, stillen und doch wohlthätigen Lebens!

Die Felsenquelle mag uns stets ein liebes trautes Plätzchen sein, wohin wir uns in der Schwüle des Sommertages wenden können, um dort Ruhe und Erquickung zu finden.

Ein Ort, der diesen Anforderungen entsprechen soll, muss demgemäss auch behandelt und hergerichtet werden; ist daher der Quell nicht schon von Natur aus mit alledem ausgestattet, was ein sinniges Gemüth beansprucht, so muss die Hand des Menschen verbessernd und umformend eingreifen. Gehölze müssen gepflanzt, Blumen müssen angesiedelt, Ruheplätze angelegt, der nöthige Schatten geschaffen, der Ablauf des Wassers geregelt, ja oft die Quelle in ihrem ganzen Umfange wesentlich verändert, ihr Austritt aus dem Gestein modifizirt, zum mindesten das Becken verschönert werden.

Wird bei allen diesen Arbeiten die verschönernde Hand des Menschen gar nicht, oder doch nur oberflächlich wahrgenommen, um so besser, daher müssen an der Felsenquelle alle ins Auge fallenden Künsteleien streng vermieden werden, es dürfen keine nach mathematisch-symmetrischen Linien geformten Blumenbeete, keine Statuen, keine Gartensäulen im Rasen, vor allem aber

keine gruppenweise Aufstellung von Topfpflanzen, keine tropischen
Gewächse in Mitten des bescheidenen Wirkens unserer nordischen
Waldnatur in Anwendung kommen, wohl aber Nadelholz- (beson-
ders Fichten- und Tannen-) Dickichte, viel Epheu und der
Schmuck unserer heimischen, eventuell auch jener der exotischen
Farne.

Wie unsere Gartenquelle herzurichten sei, das zeigt ein Wald-
gang, ein Besuch zur ersten besten, tief im Getann verborgenen Quelle.

Ein schmaler Fusspfad führt uns über Baumleichen und moosige
Teppiche zwischen den Riesen des Waldes hin zum Gewässer.

Wie wenig sehen wir da, und doch wie viel können wir an
diesem, in seiner Einfachheit so imposanten Orte lernen! Hoch empor
ragt die Felswand, an deren Fusse sich ein mächtiger Ahorn angesiedelt, seine Wurzeln tief in das zerbröckelte Gestein der Felsspalte treibend. Aus letzterer heraus, zum hellen Tageslichte eilend,
zwängt sich das Wasser. Ein durstiger Köhler hat vorbedachtlich
ein Stückchen halbgerollter Fichtenrinde in das Mundloch des Gewässers gesteckt und über erstere hinweg sprudelt die Quelle auf
das feinbemooste Gestein, zwischen welchem Farne stolz ihre Wedel
tragen; hier und dort ein lichtes Ufer, so recht geeignet als Bade-
platz für die Sänger des Waldes, die triefend auf dem Kies umher-
hüpfen, während die Bachstelze und die Wasseramsel vergnügt in der
vollen Flut herumwaten.

Wasserinsekten tummeln sich auf dem Grunde und fallen dem
Rothkehlchen zur Beute, das dort im Fichtendickicht sein Abend-
liedchen singt, und die Strahlen der untergehenden Sonne blicken
verstohlen hinein zwischen die schlanken Stämme, gleichzeitig jene
epheuumrankte Felswand vergoldend, aus welcher der Quell zu
Tage tritt.

Wer wollte die Kräuter, die Moose, die Farne alle nennen,
welche sich hier um den Quell und in seinem Laufe angesiedelt?
Sie alle, vom duftenden Schneeball an bis zur goldenblühenden
Dotterblume, lieben Feuchtigkeit, vertragen wohl auch den Schatten,
und wer die Ufer seines Quellwassers im Garten mit Pflanzen zu
schmücken gedenkt, wird nicht fehl gehen, wenn er seinen Bedarf
aus erster Hand, am Waldquell selbst, bezieht. Es sind meist
bescheidene und wenig prunkvoll blühende Gewächse; wir stellen
ihnen zur Seite andere hervorragende, unter denen ich in erster Linie
so manchen fremden, aushaltenden Farn, unser Vergissmeinnicht,

ferner Butomus umbellatus, Calla aethiopica, Hemerocallis
fulva, — Iris Pseud-Acorus, sibirica u. A., Hibiscus palustris,
—Impatiens Balsamina, Noli tangere, candida, glanduligera,
insignis, leptoceras und tricornis, — Lobelia splendens und fulgens,
Lythrum Salicaria, alle Rheum Arten, Sagittaria sagittifolia,
Spiraea Ulmaria, palmata, Aruncus, venusta u. A. nenne.

Für den Lauf des Quellwassers eignen sich auch, weiter ab von
dem Ursprunge, manche Gräser und schilfartige Gewächse: Canna,
Dracaena, Arundo, Caladium, Cyperus, Agapanthus,
Funkia, Acorus, Typha, Schachtelhalm, Binsen u. dergl.

Schöne Uferpflanzen sind auch: Tussilago Petasites, Lysimachia verticillata, Epilobium roseum, Lythrum superbum,
Solanum Dulcamara, Aster salignus u. a. m.

Ich bemerke hier ausdrücklich, dass nicht die Menge der in
Verwendung kommenden Pflanzen, sondern eine glückliche Auswahl weniger dekorativer Arten es ist, welche dem Quell zum
hervorragenden Schmuck gereicht. Man kann mit wenigen Farnen,
mit Epheu, einigen Moosen, Vinca, Spiraea Aruncus und
Myosotis azorica, sowie mit einigen Exemplaren von Convallaria majalis die Quelle hinreichend zieren und wahrscheinlich
damit mehr erreichen, als mit einer ungeschickten Ueberladung des
Quellufers durch allzuprunkende, exotische Gewächse.

Unter den Sträuchern nenne ich besonders die Tamarisken
und Myricarien als grosse Zierde der Ufer und auch für die
kleinsten Gärten passend, ferner Rhamnus frangula, Dirca
palustris, Nyssa aquatica, Erica Tetralix, einige Mahonien,
Prunus padus, — Viburnum Opulus, dentatum, Oxycoccos u. A.

Ich habe bis jetzt bloss vom natürlichen Quell gesprochen,
und komme nun zur Besprechung künstlicher Quellen.

Ihr Platz ist in der Felspartie, im engeren Sinne an der
Felswand, im tiefen Geklüft und Gespalt, in deren Schooss sie zu ent-
springen scheinen muss, wenn unsere Illusionen nicht gestört
werden sollen.

Auf leichte Weise wird eine Quelle nachgebildet, wenn sie den
Abfluss eines höher liegenden Gewässers — gleichviel ob
dasselbe ein Bach, Teich oder sonstiges Reservoir ist — bildet.
Man zwänge derlei Gewässer in enge Röhren von Gummi, Thon
oder Metall (letztere sind vorzuziehen schon ihrer Dauer wegen)
und leite ihren Lauf in die Felsgruppe, so hat man sein Ziel erreicht.

Selbst in den kleinsten Gärten kann eine Quelle sprudeln, wenn sie ihre Entstehung auch nur einem Reservoir verdankt, welches wieder konstant durch einen Brunnen gespeist zu werden vermag.

Wer die Auslagen nicht scheut und ausserhalb des Gartens über Bachfluss oder Teichwasser verfügt, kann vermittelst einfacher Motoren, im schlimmsten Falle durch Aufstellung einer Dampfmaschine, welche das Wasser nach jedem beliebigen Punkte des Gartens befördert, seine Wünsche verwirklicht sehen.

Uebrigens ist die Beiziehung eines geschickten Wasserbautechnikers zu diesen und ähnlichen Arbeiten ein unumgängliches Erforderniss.

§. 2.

Cascaden und Wasserfälle.

Unter Cascaden (vom italienischen cascare, fallen) im engeren Sinne, versteht man solche Wasserfälle, welche durch kleine Bergwässer gebildet werden, die absatzweise in mehreren kleineren Bogen hoch über Felsen herabstürzen, während der Wasserfall von seinem Anfangspunkte bis zum Auffall nur einen, mehr oder weniger grossen Bogen darstellt.

In der Gartensprache gibt man allen künstlichen Wasserfällen den Namen Cascaden, was nach dem Vorausgesagten indess nicht richtig ist.

Natürliche Wasserfälle findet man zumeist bei Bächen im Hochgebirge, die auf stufenförmige Felsenabsätze treffen, ferner bei Flüssen und Strömen, wenn ihr Bett in seiner regelmässigen Neigung durch einen plötzlichen steilen Abfall unterbrochen wird.

Begreiflicher Weise sind Wasserfälle um so imposanter, je grössere Wassermassen sich im Zuströmen befinden, je reissender die Schnelligkeit letzter und je tiefer die Stelle liegt, wohin die Gewässer abfallen.

In Ebenen kommen selten Wasserfälle zum Vorschein, indess bildet nicht selten der Abfluss eines Teiches in den anderen, tieferliegenden, einen kleinen Wasserfall.

Obwohl es der künstlichen Wasserfälle eine Unzahl gibt und namentlich jene der Gärten zu Marly, unweit Versailles, und zu St. Cloud in Frankreich, bei dem Lustschlosse Loo in Geldern, auf der Wilhelmshöhe bei Kassel u. a. sich eines europäischen Rufes erfreuen, so ist doch selten ein Garten anzutreffen, der einen imposanten Fall naturgemäss strömenden Wassers zur Ansicht brächte.

Indessen ist die Möglichkeit nicht ausgeschlossen, dass viele Gartenbesitzer sich an dem Reize eines Wasserfalles ergötzen könnten, denn Felsen können hiezu vorgerichtet, eventuell aufgemauert, Bäche, die ihren Lauf auf Hochplateaus haben und etwa die Grenzen unseres Grundstückes berühren, können herübergeleitet, und oft auf leichte Weise zum Niedersturze gebracht werden.

Selbst ein Bächlein, das Wasser einer Quelle, einer Wasserleitung, eines Mühlgrabens, sogar Abflüsse von naheliegenden Teichen und Seen können benutzt und unseren Zwecken dienstbar gemacht werden, sofern man einige Ausgaben und Mühen nicht scheut und im Rechte des Wassers ist.

Quelle und Wasserfall streiten um den Vorrang im Garten. Letzterer eignet sich mehr für den Wildgarten und Park, während die Felsenquelle selbst im bescheidenen Hausgärtchen am rechten Platze ist.

Sollen Cascaden und Wasserfälle ihrem Zwecke entsprechen, so müssen sie mindestens von einer Höhe herabgleiten, die 12 Meter beträgt. Kleinere Wasserfälle, besonders wenn sie nicht von einer schnell und reichzuströmenden Wassermenge gespeist werden, schwächen den Eindruck und geben der Anlage einen Anstrich von Künstelei, während bei einigermassen natürlicher Felsgruppirung das Wasser schon eines halben Meter breiten und tiefen Mühlgrabens, von entsprechender Höhe stürzend, von grosser Wirkung sein kann.

Also nur dann, wenn die Strömung eines Baches oder Grabenbettes eine sehr starke, das heisst mit vielem Gefäll versehen ist und in sich eine Anstauung zulässt, kann man von dem obigen Höhenmaasse des Wasserstrahles abgehen, ortweise selbst Gewässer der Ebenen dazu zwingen, ihr Gesammtgefäll für eine gewisse Länge der Aufstauung, über ein Wehr hin, in jähem, urplötzlichen, fast senkrechten Fall zu vollziehen.

Die Grundanlage des nachgebildeten Wasserfalles ist demnach in allen Fällen ein bald frei daliegendes, bald verstecktes, einfach gebautes Wehr, dessen Anfertigung dem Hydrotechniker obliegt, während die Ausschmückung und Verdeckung des vorgenannten Bauobjektes dem Gärtner zufällt.

Ich darf mich daher, ohne auf die Kurve des Wasserstrahles, Breitenausdehnung der fallenden Wassermasse, Höhe des Falles, ferner auf den silbernen Reflex, auf die schäumende Wallung und Resonanz der Wasserfälle näher einzugehen, gleich zu der Maskirung des Wehres selbst wenden.

Es bedarf wohl keiner weiteren Auseinandersetzung, dass der künstlich gebaute Wasserfall mit seinem kahlen Gerippe in Mitten der ungezwungenen Natur des Parkes eine höchst klägliche Rolle spielen würde, namentlich ist die offen zu Tage tretende Brett- oder Steinwand des Staues nicht dazu geeignet, einen harmonischen Eindruck hervorzubringen.

Unsere Sorge wird es daher sein, alles Künstliche, das Auge Störende, nach Thunlichkeit zu verstecken.

Hier hilft uns abermals die Felsimitation aus der Verlegenheit, denn nur die Steinmauerung in felsenähnlichem Gefüge ist hier ganz am rechten Platze.

Durch Portlandcement aneinander gekittete, möglichst grosse Felsblöcke, die der Gewalt des Wassers energischen Widerstand zu leisten vermögen, mit stark hervortretender, barocker Form, eignen sich zu einer solchen Maskirung am besten; indem sie, gleich gestürzten Blöcken, rechts und links neben dem Strahl liegend, letzteren gleichsam einzuzwängen scheinen, oder eine Felsspalte darstellen, durch welche sich die hier scheinbar mit Gewalt durchdrängenden Gewässer einen Ausgang geschaffen.

Die Pflanzenwelt, namentlich Moose und Farne, mehr seitwärts auch Bäume und Sträucher, anziehend gruppirt, wird ein Uebriges dazu thun, die Täuschung zu vollenden und so werden wir nach und nach ein Bild vor uns entstehen sehen, das an Grossartigkeit und Lieblichkeit einer alpinen Scenerie wenig nachsteht.

Wir haben oben nur von einem, in seinem Sturze unbeirrten Fallstrahl gesprochen, es kann aber auch gewünscht werden, den Fallstrahl ortweise zu unterbrechen, um dessen abermalige Vereinigung tiefer unten wirksamer darzustellen. Dies wird am sichersten dadurch bewirkt, dass man Steinblöcke dem Strahl in den Weg stellt und so die Hindernisse, welche auch die Wasserfälle unserer Gebirge nicht selten in ihrem Laufe antreffen, am natürlichsten zur Anschauung bringt.

Die überreichen Wassermassen stark strömender Bäche gestatten, schon vom Wehr aus, eine Vertheilung des Strahles in zwei oder mehrere Arme, welche Regulirung durch eingelegte Steinblöcke erzwungen werden kann und der Gesammtanlage etwas Wildes, Urwüchsiges verleiht, besonders dann, wenn da unten im Becken des Falles auch einige grössere Felsstücke kühn aus der schäumenden Wallung starren.

So schön auch alle mehrfach unterbrochenen, auf Felsbänke und Absätze stürzenden Fallwasser sind, so schwer wird es, solche Cascaden des gekünstelten Anstriches, der ihnen leider so oft anklebt, zu entkleiden, und noch schwerer ist es, diese Absätze — ohne geradezu muschelförmig-ausgehöhlte Becken darstellen zu müssen — der Formation jenes Gebirges anzupassen, welches man im Kleinen dem Beschauer vorführt.

Man hilft sich in der Mehrzahl der Fälle dadurch, dass man dem stürzenden Strahle einen, zwei, nach Umständen auch mehrere schmale Felsvorsprünge entgegenstellt und diese unregelmässig durch wagrecht angebrachte, grosse, verflachte Steine verbindet, wodurch die Wassermassen genöthigt werden, sich bald hier, bald dort den Weg zwischen den Felsblöcken und dem Geklüfte zu suchen, auf welche Weise der Lauf der Gebirgswässer am täuschendsten nachgeahmt wird.

Will man Becken formen, von denen die Wässer sich vertheilend tiefer unten auf ähnliche Gebilde stossen, um mit gleichem Spiele etwa noch ein drittes, viertes Sammelbecken zu finden und zu verlassen, so ist schon eine beträchtliche Höhe der Felspartie, wohl kaum unter 12 Meter, zu einer solchen Anlage erforderlich. Indessen ist es nicht nöthig, dass der Strahl überall senkrecht stürze, er kann vielmehr, der Abwechslung wegen, und um die optische Täuschung zu vervollständigen, theilweise auf einer schiefen Bahn ohne Hindernisse pfeilschnell fortgleitend, sich mit Macht an einigen Steinkolossen brechen und erst von hier ab in mehrere kleinere Abarmungen zersplitternd, den Weg über einige Becken in die Tiefe suchen, wo abermals Felsblöcke mannigfacher Form und Grösse die Ausmündung verengen und die Wassermassen zwingen, dorthin zu fliessen, wohin es die ordnende Hand des Felsgärtners verlangt.

Es ist unläugbar, dass die schnelle, fallende, sprudelnde und schäumende Bewegung grösserer, im jähen Lauf dahinstürzender Wassermassen einen seltenen Reiz gewährt.

Sei es, dass die kräftige Unruhe der Wellen, nicht minder das strahlende und schimmernde Gewirre, die Gedanken des Beschauers gefangen hält, sei es, dass das Ohr, den Tönen des Falles in stillem Selbstvergessen lauschend, sich ergötzt an dem Rauschen, Murmeln und Plätschern der hochaufwirbelnden Wässer, an dem Säuseln und Schwirren des staubigfeinen Sprühregens, welcher, Milliarden silberner Perlen gleich, sich weissaufschäumend zwischen dem Gestein bricht, um endlich in lautloser Stille sich zu vereinen mit dem ruhig dahinfliessenden Wasser des Sturzbaches, sei es ferner, dass die Abgeschiedenheit des Ortes, die ganze Umgebung des Falles selbst, mit ihrer eigenthümlichen, nicht selten behaglichen Stille, ihrer würdigen, klösterlichen Einsamkeit uns auffordert zum Grübeln und Denken, uns endlich einlullt in süsse Träume: immer werden Wasserfälle, sofern sie am geeigneten Orte ins Leben gerufen wurden, einen ganz besonders schmückenden, die Schönheit und Annehmlichkeit bis zum Gipfel hebenden Theil der Gartenanlage bilden.

Wo es daher thunlich, bringe man Ruhesitze in ihre Nähe und gönne so dem Gartenfreunde den Vollgenuss dieser Anlage, man überbrücke Schluchten, in deren Tiefe sich tosend der Fall stürzt, um das schöne Schauspiel in vollen Zügen einsaugen und sich auch diesseits des Sturzes an der Stromschnelle, an dem Fluge über dem Wasserspiegel hineilender Schwalben, an dem Spiel der Forelle im tiefen schattigen Gunde ergötzen zu können.

Schon der einfache Bogenstrahl, der sich von mässiger Höhe, jedoch im jähen Sturze, über die kahle Felswand brausend in die Tiefe wirft, wird seinen Zweck erfüllen, der cascadenförmige, mit Baum und Strauch umrahmte, mit Kriechpflanzen, Moosen, Flechten und Farnkräutern dekorirte Wasserfall an nackter Lehne eines ruhigen Seitenthales, dessen Hintergrund ein Fichtenwald abschliesst, während Felsgruppen, Steintrümmer, Laubgebüsche und einzelne Solitärbäume in malerischer Gruppirung die jenseitige Bergwand zieren, und der Abfluss des Gewässers durch die breite moosige Thalsohle, zwischen grotesken Felsblöcken in mannigfachen Windungen dahineilt, geben Bilder, deren romantische Schönheit unübertroffen dasteht.

§. 3.

Ufer der Gewässer.

Das Wasser, sagte ein Gartenfreund, ist das Auge der Landschaft. Wo es sich aber findet, da ist nicht immer der Rand so bepflanzt, wie es naturgemäss der Fall sein sollte. Wie oft habe ich gesehen, dass bei einem Teiche, statt der den natürlichen Verhältnissen entsprechenden, schönblätterigen Pflanzen, nur die scharfe Wasserlinie zu sehen war, und ein, einige Zoll breiter Streifen nackten Erdreiches zwischen ihr und dem Rasen. Wenn aber das Wasser das Auge der Landschaft ist, wie kann es dann der Augenbrauen und der Augenwimpern entbehren, der Wasserpflanzen. durch die des Auges Stern bald halb verschleiert bald klar und offen zu dir spricht?

Es liegt viel Wahrheit in diesen Worten und viel Beherzigenswerthes für Parkkünstler.

Ein zweiter, oft vorkommender Fehler bei künstlich eingeengten Gewässern ist ihre kreisrunde oder ovale Einfassungslinie. Sei das Gewässer noch so klein, dort wo es im Naturgarten vorkommt, müssen seine Ufer von der regelmässig gebogenen, oder wohl gar geraden Linie abweichen.

Wie schön sind Einbuchtungen, Halbinseln, Landzungen, sogar Wassergräben, die ins Festland hineindringen! Mancher Wasserpflanze Schutz vor Stürmen und Wellenschlag gewährend, bieten sie gleichzeitig erwünschte, ruhige Verstecke den Wasservögeln, dem Auge aber die nöthige Abwechslung, ohne welche sich keine landschaftliche Schönheit denken lässt.

Endlich ist auch die gewöhnliche horizontale Uferlinie zu verwerfen. Während sonach das Ufer in der Nähe der Hauptwege verflacht und kahl sein kann, muss es, je weiter dem Hintergrunde zu, um so abwechselnder, vielgestaltiger und pflanzenreicher werden, so zwar, dass im Hintergrunde — vorausgesetzt, dass ein solcher überhaupt existirt und das Gewässer nicht etwa inmitten einer ausgedehnten baumlosen Ebene vorkommt — Berg, Fels und Baum den Abschluss bilden.

Schön ist daher unter allen Umständen das steinige Ufer; ganz abgesehen von der durch das Gestein bewirkten Uferbefestigung, dienen malerisch geordnete Steine auch noch zur Sicherung der dahin gepflanzten Gewächse, zur leichteren Unterbringung derselben, sowie zur Erhöhung des durch Wasserpflanzen bewirkten Gesammteffektes. Wo von Natur das Gewässer nicht in ein felsiges Becken gedrängt worden, dort trachte man ortweise das Ufer durch Felsblöcke zu heben.

Eine ungewöhnliche Zierde jedes Gewässers sind felsige Uferplateaus und steile Wände, deren Fuss sich im Grunde des Gewässers verliert. Erstere können dazu dienen, Ruheplätze dort anzubringen, von wo aus ein freier Blick über den Wasserspiegel gestattet ist, oder es möglich wird, dem Laufe des Baches zu folgen.

Die Bette kleiner, stark fliessender, oder gar herabstürzender Gewässer, so auch deren Ufer, müssen unbedingt durch Gestein aller Grössen und Formen vor dem Unterwaschen, Aushöhlen, sowie vor dem Wegspülen gesichert werden.

Wo daher die Natur nicht schon in dieser Richtung vorgesorgt hat, oder wo künstliche Wasserläufe gebildet werden, säume man nicht, diese so wichtigen Gesteinlagerungen rechtzeitig anzubringen, weil eine Versäumniss von derlei Vorkehrungen oft die grössten Nachtheile mit sich bringt.

Wir ziehen in den Kreis unserer näheren Betrachtung vorerst die Quelle. Sie ist der Glanzpunkt jeder Felsanlage, daher muss auch ihre Umgebung — gleichviel ob sie bereits vorhanden gewesen, oder erst künstlich gebildet worden — in markigen Zügen den Quellencharakter an sich tragen. Springt sie als Strahl aus der Felswand, so fällt derselbe ins felsige Becken, dessen Ufer Steinblöcke umrahmen, zwischen welchen sich der Epheu hinzieht, der dann auch an der Wand emporklettert. Tannen uud Fichten, welche ihre Aeste tief bis an den Boden herab neigen und sich zum Dickicht um die Quelle schaaren, werfen ihre Schatten über das Becken, worin sich kleine Fische munter herumtummeln.

Den Glanzpunkt des Quellwassers aber bilden die Farne, namentlich der Adler- oder Saumfarn (Pteris Aquilina L.), der Königsfarn (Osmunda regalis L.), ferner Athyrium filix femina, Roth, der Wurmfarn (Aspidium filix Mas, Sw.) und andere mehr.

Quellen, die aus der Erde heraustreten, enthalten meist Silbersand im Becken; es ist dies Glimmer, welcher, wo er vorhanden, ein herrliches Wellenspiel im Sonnenschein zeigt. Er kann künstlich dem Quellenbecken beigemengt werden. Erdquellen erhalten eine k l e i n e r e Steineinfassung wie Felsenquellen und nur im H i n t e r - g r u n d e Baum und Strauch als Beigabe. K r e s s e , B a c h b u n g e n und M ü n z e begleiten den Ausfluss des Quellwassers, nur leise murmelt dasselbe zwischen dem Gestein, sich endlich im Wiesenplan verlierend, wo es zwischen dem Erlen- und Weidengestrüppe sich hindurchwindend, vom V e r g i s s m e i n n i c h t und der D o t t e r b l u m e umsäumt wird.

Den W e i h e r i m W a l d e und W i l d p a r k umgibt ein dichter Kranz von S c h i l f und K a l m u s . In ihm kühlen sich Hirsch und Eber; dort seltene oder zarte S u m p f - und W a s s e r p f l a n z e n ansiedeln zu wollen, wäre daher reine Thorheit.

Solche Ufer beschatte Baum und Strauch, zwischen welchen harte Schlinggewächse sich emporranken, E r l e n , W e i d e n , E s c h e n sind dort ganz am Platze; indem sie ihre Aeste tief herab gegen den Wasserspiegel neigen, geben sie der Szenerie etwas Wildes, Düsteres, was hier nur erwünscht sein kann. Von künstlichen Fels- anlagen wird man in diesem Falle ganz absehen müssen, n a t ü r - l i c h e Felsplateaus, von welchen aus ein Ueberblick des Gewässers gewährt ist, sind dagegen eine wünschenswerthe Beigabe.

A b - und Z u f l ü s s e des W e i h e r s sind in der Regel W a l d - b ä c h e ; solche lassen wegen ihrer Grösse und Wildheit wenig Künsteleien zu, am allerwenigsten S t e i n b a u t e n , die nur dort vorgenommen werden können und müssen, wo gefährliche Weg- stellen, Brücken und Unterwaschungen kostspielige Uferbauten und Durchführungen rechtfertigen.

Wo jedoch in Wildbächen mit nicht allzugrossen Unkosten W a s s e r f ä l l e gebildet werden können, dort unterlasse man nicht, solche derart herzustellen, dass selbe einen verschönernden, gleichsam von selbst entstandenen Theil des Baches bilden. Demgemäss müssen sie auch von Felsblöcken hergestellt und naturgemäss dekorirt wer- den. Auch die Ufereinfassung muss von grösserem Gestein zu- sammengefügt, und sogar das F a l l b e c k e n von Steinen pittoresk umgeben sein. Z a r t e r e Gewächse sind in diesem schäumenden, nach allen Seiten kräftig wirkenden und fortwährend in Bewegung sich befindlichen Wasser, nicht denkbar, wohl aber an den S e i t e n - t h e i l e n Feuchtigkeit liebende S t r a u c h a r t e n und am Ufer höhere F a r n e recht gut verwendbar, um so mehr, weil letztere Gewächse in dieser feuchten Atmosphäre, bethaut von den feinsten Wassertropfen, eine ungewöhnliche Grösse und Schönheit erlangen.

Wo Gärten derart situirt sind, dass kleinere Wasserfälle über künstlich aufgethürmtes Gestein herabrauschen können, mögen schon feinere Gewächse zwischen dem Ufergestein wurzeln.

Vor allem Anderen bekleide man sämmtliches Gestein mit lebendem Moose, welches von Steinen behutsam in ganzen Platten gelöst, hier unter diesem fortwährenden feinen Sprühregen eine nie geahnte Frische erhalten und der Anlage den Anstrich der Natürlichkeit dauernd bewahren wird.

Nach den Moosen sind es abermals die Farne, gross und klein, welche sich dort, wo das Wasser von den Felsen fortwährend herabtröpfelt, in den vielen kleinen Höhlen der Seitentheile, die absichtlich dazu geschaffen wurden, reizend ausnehmen werden. Solanum dulcamara, einige perennirende Spierstauden, z. B. Spiraea Aruncus und Ulmaria, mehrere Irisarten, Funkia und Hemerocallis, Ferula, Thalictrum, Tritoma u. a. Dekorationspflanzen zwischen dem Felsen, bald höher bald tiefer, doch nur an den Seiten angebracht, können bei einem geschickten Arrangement nur von vortrefflicher Wirkung sein.

Der Rand des Beckens umgebe in sorgsamer Auswahl und Abwechslung Caltha, Mimulus quinquevulnerus und rivularis, unser Sumpfvergissmeinnicht, Geranium pratense und phaeum, Epilobium, Mentha, Impatiens noli tangere, Parnassia palustris, Pinguicula, Pyrola, Vaccinium macrocarpum und dergleichen niedrige Uferpflanzen mehr.

Auch die kleinsten Gewässer, welche sich durch den Park schlängeln (Bäche) dürfen nie in gerader Richtung abfliessen, sondern müssen in mannigfachen Windungen, bald den Wald durcheilend, bald den Wiesgrund bewässernd, das Grundstück durchziehen.

So leiten wir den Bach an bevorzugte Stellen und dort werden wir auch das Bild vervollkommnen und das Ufer mit Gestein und Pflanzen seltener Art schmücken können, während alle anderen Ufertheile, welche theils verborgen im Gebüsche stecken, theils sich im Wiesgrund verlieren, weit seltener Beachtung finden.

Auch Brücken gestatten weitere Blicke auf das Bachufer und diese Punkte sind es, die wir durch Uferbauten verschönern müssen, ohne dem landschaftlichen Bilde durch allzu auffallende Künstelei Abbruch zu thun. Der von Erlen, Weiden und diversen Straucharten umsäumte Bach mit seinem bald gehobenen, bald gesenkten Ufer, hier die Wässer zusammendrängend, dort sich abarmend und

Inseln das Dasein gebend, die ungemein reich und schön dekorirt
werden können, immer aber mit steinigem Uferrande, der, nur
hier und da durchbrochen, kleinen Sandbuchten Ansiedelung gestattet:
Dieser ist es, welchen wir wünschen und dessen vollendete Formung
wir anbahnen

Kleinere Parkteiche von 20—30 Meter Durchmesser gestatten eine Anbringung wilder Scenerien nur in sehr beschränktem
Maasse, es sei denn, das Ufer solcher Gewässer lehne sich von selbst
an Fels und Wald, welche in diesem Falle den Hintergrund
bilden werden. Durch Grabenziehung und Anpflanzung hoher
Sumpf- und Wassergräser, Sträucher u. dergl. zwischen Graben und
Seitenufer, kann auch der kleinste Teich scheinbar grösser gemacht
werden, sowie ein wellenförmiges Ufer und eine mehrfach
gewundene und gebrochene Wasserbegrenzungslinie
viel dazu beitragen, die optische Täuschung zu vervollständigen.
Wahrhaft schön sind mehr oder minder steile, felsige Ufer, die, bald
nur wenig über das Niveau emporragend, bald 2—4 Meter hoch aus
dem Wasserspiegel steigend, mit Straucharten und Perennien bepflanzt
werden, welche, ihre Geäste über den Uferrand herabneigend, der
Flut Schatten und Kühlung spenden. Allein auch in dieser Richtung
ist vor jeder Ueberladung zu warnen. Während nun eine Bucht
im dichten Gebüsche nahezu ganz versteckt liegt, kann die andere
kahl und sandig, eine dritte bloss mit niedrigen Uferpflanzen geziert
sein. Landzungen und Halbinseln bepflanze man stets mit
Baum und Strauch und erhöhe allzuflache Ufer unter allen Umständen mindestens einen Meter hoch über den Wasserspiegel.

Was oben von kleineren Gewässern gesagt worden, gilt mit
geringer Ausnahme auch für grössere Parkteiche von 3 bis 10
Hektar Wasserfläche, nur stehen hier die Vortheile freierer Bewegung
im Arrangement und die Möglichkeit, das landschaftliche Bild in
seiner grössten Vollendung hervortreten zu lassen, dem Park-
gärtner zur Seite. Mit zarteren Gewächsen und niederen Perennien
wird man allerdings bei derlei Gewässern wohl kaum einen nennens-
werthen Erfolg erzielen, vielmehr zur Baum- und Strauchpflanzung
greifen müssen, um das Ufer zu verschönern.

Auch in Bezug auf Uferpflanzung bei grösseren Park-
teichen wird häufig darin gefehlt, dass man den grössten Theil
des Gestades mit Bäumen überladet. Ich empfehle nur die Hälfte
des Gesammtufers mit Strauch- und Baumpartien zu verschönern,

dagegen einen Theil des Ufers felsig- oder sandig-kahl darzustellen, und auch die Holzpflanzen nicht überall bis an den
Rand des Gewässers vorzuschieben, sondern da und dort etwas
zurücktreten zu lassen, gleichzeitig eine Rasenfläche von mehreren
Metern Breite zwischen sie und das Gewässer zu schieben. Man
sorge stets für die Einhaltung des richtigen Verhältnisses zwischen
Schatten und Licht und richte die Bepflanzung stets so ein,
dass Morgen- und Abendsonne ungehindert auf den Wasserspiegel
fallen können.

Ich lenke die Aufmerksamkeit des geehrten Lesers nun noch
auf jene freieren Uferstellen, von denen aus eine Fernsicht über den
Teich gewährt ist. Solche Uferorte sollten, sofern es nicht Landungs-
plätze sind, stets erhöht angebracht werden, gleichsam auf einer
Felsterrasse, mit Ruhesitzen versehen und von Bäumen umgeben.
Das felsige Ufer ihrer Umgebung kann mit mancherlei schönen
Perennien ausgeschmückt sein, unter denen die Wassergräser
eine hervorragende Rolle spielen, der grossen Blattpflanzen nicht
zu vergessen.

Mit gleichem Erfolge lassen sich niedere, schönblühende Straucharten zur Dekoration dieser und ähnlicher Plätze verwenden. Selbstverständlich müssen Gewächse ausgewählt werden, welche frosthart
sind, zugleich Nässe lieben, oder letztere doch wenigstens ohne
Nachtheil eine Zeit hindurch vertragen; eben so ist es begreiflich,
dass alle Pflanzungen (mit Ausnahme echter Sumpf- und Wasserpflanzen) mindestens einen Meter hoch über dem Wasserspiegel ausgeführt werden müssen.

Aus Teichen und Flüssen laufen nicht selten schmale Gräben
oder Kanäle tief ins Land, sich dort entweder abschliessend, oder
mit einem Sumpfe, wechselnder Ausdehnung, vereinigend. Derlei
Wassergräben, gesichert vom Wellenschlag und obendrein durch
Steine und Felsstücke in ihrer Einförmigkeit unterbrochen, können,
weil die Temperatur ihres Wassers bedeutend wärmer als die des
Teiches ist, höchst vortheilhaft zur Kultur von Wasserpflanzen zarter
und empfindlicher Art, Kinder eines wärmeren feuchten Klimas,
bestimmt werden. Die felsigen Böschungen, Windstösse und Schlag-
regen wirksam fern haltend, können nicht minder zur Kultur so
mancher Sumpf- und Uferpflanze dienen, welche man entweder
zwischen das Gestein anpflanzt, oder, in kleineren Gärten, mit ihren
Gefässen in den Boden versenkt. Hat man derlei Pflanzen, welche

schon längere Zeit vor ihrer Bestimmung in grössere Gefässe, in schwere Erde gepflanzt wurden, also schon durchgewurzelt sind, so kann man viele derselben, die nicht direkt im Wasser leben, mit ihren Gefässen hinein versenken. Dahin gehören vor Allem: das majestätische Gynerium argenteum, an das sich würdig der neuseeländische Flachs (Phormium tenax) und Andropogon formosum anreiht.

Ferner vertragen gleiche Kultur: Canna indica, Cyperus Papyrus, Caladium nymphaefolium, Arundo donax, Oriophorum triquetrum, Sarracenia flava und purpurea, Arum, Colocasia, das Farfugium grande, die Sagittaria chinensis und allenfalls auch Agapanthus umbellatus.

Sämmtliche hier angeführte Pflanzen werden auf ins Wasser gelegte Ziegel oder Steine bis an den Rand ihrer Gefässe in dasselbe gestellt und leiden durch diese Kulturmethode nicht im Geringsten, ja, sie entwickeln daselbst einen eben so üppigen Wuchs, wie auf irgend einem andern Standorte.

Derlei Anpflanzungen gewähren einen überraschenden, Sümpfe und Gräben belebenden Anblick, der noch dadurch gehoben wird, dass man echte Wasserpflanzen in den Boden des Grabens selbst setzt, oder selbe in Töpfen kultivirt, welche in den Schlamm eingelassen werden. Diese Töpfe haben am Boden keine Oeffnung, damit die Wurzeln nicht herausdringen können, und damit diejenigen Pflanzen, welche sich stark auszubreiten pflegen, die anderen nicht dadurch unterdrücken, dass sie den ganzen Raum einnehmen. Der Boden dieser Töpfe wird nun mit Thon und Schlamm, worin die Pflanzen während der kalten Jahreszeit ohne Blätter und Stengel aufbewahrt waren, ausgefüllt; die Töpfe werden mit einem Deckel bedeckt, der in der Mitte eine grössere und rings herum 4 kleinere Oeffnungen hat. Dieser Deckel, der, wie der Topf selbst, aus gebranntem Thon angefertigt ist, wird an diesen mit Stiften befestigt, welche jede Veränderung seiner Lage verhindern sollen.

Dieses einfache Verfahren gewährt den Vortheil, Wasserpflanzen an einem ganz bestimmten Platz erhalten und dieselben nach Belieben herausnehmen, versetzen und wieder zurückbringen zu können, anderseits können hiedurch in unseren Gewässern exotische Pflanzen gezogen werden, die zu Grunde gingen, wenn man sie nicht vor Winter in ein Glashaus nehmen würde, allwo sie in doppelten Töpfen, wovon der äussere, je nach Bedürfniss der Pflanze, mit Wasser gefüllt ist, das von Zeit zu Zeit erneuert wird, angemessene Kultur erhalten. Auf diese Art können die Nelumbium-Arten auch in unserem nördlichen Klima gezogen werden.

Die soeben beschriebene Topfkultur gestattet auch, Pflanzen, die auf dem Wasser schwimmen, in die Nähe des Ufers zu bringen. Dahin gehören die verschiedenen Arten der Seerosen, theils mit weissen, theils mit gelben Blumen, die Villarsia-Arten, die Wasserranunkeln mit weissen Blüten, das seltsame Hydrocharis u. A. m.

Wer hinreichende Vermehrung von Calla (Richardia) aethiopica besitzt, dem würde ich rathen, selbe recht häufig zu gruppenweisen Uferpflanzungen zu verwenden; sie ist, zwischen dem moosigen Gestein herausragend, ein Gegenstand höchster, natürlicher Eleganz.

§. 4.

Inseln und Felsklippen.

Jedes grössere Gewässer im Park ist einem Aquarium im grossangelegten Maassstabe vergleichbar. Hier und dort Thiere aller Art, die das Gewässer bevölkern, hier wie dort Pflanzen, die das Ufer schmücken, Felsen im Grossen und Kleinen, welche entweder das Ufer beherrschen, oder kahl und drohend aus der Tiefe emporsteigen.

Flache, unbepflanzte, sandige Ufer grösserer Ausdehnung sind nahezu hässlich in ihrer Monotonie, und man muss daher sorgen, das Gestade zu beleben und die Einförmigkeit des Wasserspiegels zu unterbrechen.

Schon vereinzelte, wenn auch kahle Felsklippen, die ihre Häupter stolz über dem Niveau des Gewässers tragen, schaffen dem Auge wohlthuende Ruheplätze, und wenn sie vollends begrünt dastehen, können sie überaus wirkungsvoll werden.

Felsklippen müssen zugleich mit der Anlage des Teiches aufgebaut werden. Ihre Bildung ist einfach. Grösseres Gestein auf solidem Untergrunde derart angehäuft, dass es mindestens zwei Meter aus dem höchsten Wasserstande emporragt, genügt für die meisten Fälle. Dort, wo Wellenschlag zu befürchten ist, können

Felsblöcke mittelst Cementes aneinander gekittet und unter dem
Wasser durch eingerammte Piloten gegen das Abrutschen und
Wegspülen gesichert werden.

Man hüte sich auch in dieser Richtung vor dem Zuviel! Das
Verhältniss der Felstheile zu der sie umgebenden Wassermenge darf
sich höchstens wie 1 zu 100 gestalten, vorausgesetzt, dass Klippen
partienweise arrangirt und in verschiedenen Formen aufgebaut werden sollen, wo kleines über dem Wasserspiegel kaum
merkbar auftauchendes Gestein mit vielgestaltigen, höheren Riffen
und Felsthoren abwechselt. Wo thunlich, und seien der Felsklippen noch so wenige, sollten sie irregulär-gruppenweise, zu dreien
oder zu mehreren, beisammen stehen, wenn sie effektvoll wirken
sollen. Dort, wo sie säulenförmig aus dem Wasser emporsteigen
und sich verflachen, muss die Oberfläche derselben (der Kopf) mit
Rasen belegt und, wenn schon ein kleines Plateau von 2 Metern
Durchmesser sich vorfindet, dasselbe mit Iris germanica bepflanzt
werden; auf diese begrünten Stellen setzen sich Wasservögel gerne
und brüten unter Umständen auch dort.

Wer Abbildungen nordischer Meeresküsten gesehen oder
Norwegen besucht hat, dem wird es nicht schwer fallen, Modelle
für ähnliche Felsgebilde aufzufinden, im kleineren Maassstabe auszuführen und den Verhältnissen nach zu modifiziren. Immer aber
sind derlei Gesteinpartien ein Schmuck des Parkgewässers, dessen
Reiz durch sie noch erhöht wird, und sollten, wo immer es möglich
gemacht werden kann, Beachtung finden.

Felsklippen in Mitte der Gewässer, jedoch nicht allzu hoch über
das Niveau derselben emporsteigend, mit unterschiedlich abgeplatteter
Oberfläche grösserer Ausdehnung, werden zu Inseln.

Allein nicht immer bilden Felsen die Grundlage einer Insel
und nicht in allen Parkgewässern kommen sie von selbst vor, sondern müssen meistentheils erst künstlich hergestellt werden.

Die Fundamente aller solcher Bauten werden von Felssteinen
und Cement ausgeführt. Auf diesem Fundamente, welches in seinem
Innern sogar nur mit Erde ausgefüllt sein kann, und welches genau
mit dem Wasserspiegel abschneidet, erheben sich nun die oberirdischen
Bauten: Entenhäuschen, Pavillons, Ruinen, oder auch nur
eine einfache Borkenhütte, deren Errichtung, Grösse und Ausstattung näher zu beschreiben, als nicht hieher gehörend, übergangen
werden muss.

In Gartenanlagen, die dem Geschmack der wilden Romantik entsprechen, passt wohl nichts so gut auf eine Insel, wie der Fels. umgeben mit Baum und Strauch.

Die Bildung desselben kann mannigfaltig geschehen. Ich empfehle einestheils die Nadelform, anderseits die Säulenform, hoch emporragend aus dichtem Gebüsche, wohl auch das Felsthor, am schönsten aber stellt sich dem Auge die dem Wasser entsteigende Felswand dar, auf deren Plateau zum Ueberflusse eine Ruine angebracht wurde, oder wo Nadelhölzer ihre düsteren Schatten in die Flut werfen.

Bei Neuanlagen in kleineren Gewässern (Teichen) kann der zur Insel nöthige Theil vom festen Lande sogleich aufgespart werden, und es ist dann nicht immer nöthig, zu der so kostspieligen Cementmauerung seine Zuflucht zu nehmen. Man lässt dann das Inselufer in sanfter Neigung zur Teichsohle abfallen und pflastert diese Böschung ganz einfach mit grösseren Feldsteinen aus.

Was die Form der Insel anbelangt, so warne ich ernstlich vor aller Regelmässigkeit; kreisförmige und ovale Inselflächen — leider in vielen alten Parkgärten so beliebt — geben der Anlage etwas widernatürliches Steifes, welches vermieden werden sollte. Langgestreckte Inseln mit unregelmässigen Einbuchtungen, Vorsprüngen, hier felsigem, dort flachsandigem, anderorts dichtbebuschtem Ufer, unter Umständen auch durch schmale Streifen oder vermittelst einer Kette von kleinen Inseln mit dem festen Lande verbunden, sind ganz geeignet Wildscenerien hervorzuzaubern und das Gewässer zum Glanzpunkte des Parkes zu erheben.

Halbinseln im eigentlichen Sinne können zuweilen, namentlich bei kleineren Anlagen, als Nothbehelf dienen. Es erfordert deren Anlage keine besonderen Schwierigkeiten, zumal sie eigentlich nur einen unregelmässigen Theil des Gesammtufers bilden und ebenso aufgebaut und bepflanzt werden müssen, wie die Ufer der Gewässer, auf welche ich daher verweise.

So schön theilweise kahle Felsen auf jeder Insel sind, ebenso trostlos und öde ist der letzteren Fläche, wenn ihr der Schmuck der Gewächse mangelt.

Das Innere der Insel sollte daher stets mit höheren Bäumen, die von Natur aus in der Nähe der Gewässer wachsen, Nässe lieben oder gut vertragen, bepflanzt werden. Dahin gehören Eschen, Erlen, Weiden, verschiedene Pappelarten, einige Nadelhölzer,

als die Weimuthskiefer, die gemeine Kiefer, die Zwergkiefer, die Schierlingstanne, die Teichkiefer u. A. m.

Im Allgemeinen gelten für die Bepflanzung des Inselufers zwar
dieselben Bestimmungen, wie für die Ufer der Gewässer überhaupt,
indessen sind es doch einige, und zwar hauptsächlich grössere
Pflanzen, welche am Inselufer weit effektvoller wirken, als am Rande
des Teiches, wo auch kleinere Gewächse, weil sie in der Nähe
besehen werden können, ganz am Platze sind.

So ist die Silberpappel (Populus alba) ein wahrer Juwel
unter den Inselbäumen, Populus pyramidalis, vereinzelt angepflanzt oder in kleinen Gruppen beisammen, ein herrlicher Baum,
Ahorn und Platane, letztere nur in milderen Gegenden, imposant,
und Juniperus virginiana ein vortrefflicher Uferbaum, der
im höheren Alter in Folge der hängenden Haltung seiner Aeste sehr
malerisch wird.

Reizend sind alle Tamarisken am Ufer der Insel, in milden
Gegenden baumartig, leicht und zierlich; eben so sehr vom Nadelholze, wie vom Laubholze ihrer Umgebung abstechend, sind sie eine
liebliche Zierde jeder Gestrauchgruppe, man sollte sie daher weit
mehr anpflanzen, als dies bis jetzt der Fall, zumal ihre Kultur
nichts Besonderes erfordert.

Unter den Perennien gibt es einige, die gruppenweise am
Rande grösserer oder aber vereinzelt auf kleinen Inseln gepflanzt, besonders an halbwilden Stellen, alles Lob verdienen. Ich
nenne nur die Ferula-Arten, von denen mehrere der besten:
F. communis, tingitana und neapolitana, die Masse ihres frischen
Grüns im zeitigen Frühjahr entwickeln, Spiraea Aruncus und
Ulmaria mit ihren schönen Blütenrispen, die Heracleum-Arten,
darunter obenan H. emineus und Leichtlini, Hemerocallis fulva
und Andere, die Tritoma Uvaria mit ihren effektvollen ziegel-
rothen Blüten, Polygonum sachalinense und Sieboldi, endlich
Bocconia cordata und japonica, zwei sehr hübsche Blattpflanzen,
die nicht verfehlen, ihre dekorativen Eigenschaften überall zur Schau
zu tragen.

Auch Rumex Hydrolapathum ist eine der ersten Pflanzen,
welche zur Dekoration eines Inselufers ausgewählt werden sollte.
Dieses nobel aussehende, grossblättrige Gewächs, welches eine Höhe
von 2 Meter, bei 60 Centimeter Blattlänge erreicht, würde am vortheilhaftesten in dichter Gruppirung zu verwenden sein und ist dann

eben so imponirend, wie die schönste südtropische Blattpflanze, besonders im Herbste, während welcher Jahreszeit die ganze Laubmasse eine **dunkelrothe Färbung** annimmt.

Phormium tenax, die Neuseeländische Flachslilie, hat das Ansehen einer riesigen Iris und bildet ungeheure Büsche von dem grössten ornamentalen Effekt; leider entwickelt sie sich nur im südlichen Europa und ihre mächtigen Blätter, wie ihr stattlicher Habitus, kommen im Norden nur bei im Kalthause durchwinterten Exemplaren zur vollen Geltung.

Vollends unter den **Gräsern** gibt es wahrhaft imposante Gestalten, ganz geeignet, den Inselcharakter in seinem vollen Glanze zu zeigen. Da ist die Rohr-Art: **Arundo** conspicua, reich und frühblühend, **Arundo** Donax mit graugrünen Blättern und von raschem Wuchse, **Andropogon** formosum, prächtiges Ziergras, wenn gruppenweise gepflanzt, **Bambusa** viridi-glancescens, herrliche Art für südliche Gegenden, eine der kräftigsten, **Bambusa** Fortunei fol. niveo vittatis und B. Metatte, beide auch nördlicher im Freilande gut ausdauernd.

Die fast 2 Meter hohe **Poa** aquatica, welche sich sehr ausbreitet, eignet sich gleichfalls sehr gut zur Verzierung des Inselufers, hierauf kommen die **Typha-Arten**, T. latifolia, besser noch aber T. augustifolia, welche sich nicht so stark ausbreitet wie jene und mit ihren reizenden Blättern ebenso dichte und im Luftzuge wogende Büsche bildet. Auch T. intermedia eignet sich vortrefflich für Gruppen am Inselrande, ja fast noch besser als T. augustifolia, da sie breitblättriger ist und höher wird.

Die Krone aller Gramineen aber bilden zwei fremde Grasarten, ich meine: **Gynerium** argenteum, das Silbergras der Pampas, und **Eulalia** japonica.

Das **Pampasgras** ist bereits bekannt genug, als dass ich es wagen dürfte, auf eine Beschreibung desselben einzugehen. Es bildet mächtige Büsche mit elegant zurückgeschlagenen Blättern und hat zur Blütezeit, wenn seine silberglänzenden Blütenähren auf mehr als 2 Meter hohen Stielen im Winde schaukeln, nicht sobald seines Gleichen.

Es imponirt, gleichviel ob auf flachem Inselufer oder auf dem Fels wachsend, und da es unter Bedeckung selbst nördlicher ausdauert, so kann seine Anpflanzung nicht genug befürwortet werden.

Man hat von dieser Pflanze mehrere Varietäten gezogen, welche mit der Urspecies gleichen Zierwerth haben.

Eulalia japonica und ihre Varietäten mit zierlichen weissgestreiften Blättern, ist eine ornamentale Graminee neuester Einführung; ihre Varietäten sind: E. jap. albo-variegata und E. jap. zebrina. Beides sind schöne, ausdauernde Grasarten im Genre von Gynerium und von gleicher Verwendbarkeit, äusserst robust und starkwachsend, mit schönen Blütenähren.

Unsere Kalthäuser beherbergen der Pflanzenschätze noch viele, welche jedoch nur während der wärmeren Jahreszeit die Ufer unserer Inseln schmücken könnten. Ich muss deren Aufzählung wegen Raummangel leider unterlassen.

Schliesslich bemerke ich nur noch, dass das steinige Ufer nennenswerthe Vortheile bietet, daher gesorgt werden sollte, durch Einlassung grösserer Felsstücke in den Uferrand, theils eine wünschenswerthe Befestigung, theils eine Belebung desselben zu erzielen. Eine Erdaufschüttung hinter diesem Steingürtel ermöglicht die Einpflanzung und Sicherung der Gewächse gegen Wellenschlag, wobei ich bemerke, dass jenen Pflanzen, welche Schlammboden lieben, derselbe leicht, und zwar durch Auffüllung der Vertiefungen zwischen den Felsstücken, geboten werden könne.

Der Landungsplatz und Aufstieg kann ebenso wohl mit Rasen belegt, als mit Kies bestreut werden. Grössere Inseln gewähren von hier aus einen Blick ins Innere, zu welchem schmale Wege in Schlangenwindungen zwischen Gebüsch hindurch führen.

§. 5.

Zimmer-Aquarium.

Nirgends tritt die Zusammengehörigkeit, die harmonische Vereinigung von Fels und Wasser so sehr zu Tage, wie bei Aquarien.

Was ist nun eigentlich ein Aquarium? — so kann mancher meiner geehrten Leser fragen, wesshalb ich mich veranlasst sehe, Nachstehendes zur Erklärung des Wortes vorauszuschicken.

Das Wort Aquarium (hergeleitet von dem lateinischen „aqua" das Wasser) bedeutet einen Wasserbehälter. Somit wäre auch ein künstlicher Teich, ein jedes Bassin, sogar der Fischkasten ein Aquarium, wenngleich in grösserem Maassstabe, woraus erhellt, dass sich bezüglich der Grösse und Form eines Aquariums durchaus keine Normen aufstellen lassen.

Früher verstand man unter Aquarium bloss ein Bassin im Gewächshause, worin seltene Wasserpflanzen, Victoria regia, Nelumbium, Nuphar, Ouvirandra u. a. Arten kultivirt wurden; das Aquarium der Jetztzeit dagegen ist ein wasserdichter, mehr oder weniger grosser Glaskasten, worin man Fische und andere Wasserthiere — allenfalls zwischen Pflanzen, wie z. B. Vallisneria spiralis — beherbergt und welcher, im Wohnzimmer aufgestellt, bestimmt ist, zur Zierde des letzteren zu dienen.

Es ist meine Aufgabe nicht, ·mich hier des Ausführlicheren über Herstellung, Einrichtung und Bevölkerung von Aquarien aller Art auszulassen, zumal alle solche Sachen von Laien nicht selbst angefertigt zu werden pflegen, sondern deren Anfertigung Fachleuten überlassen wird, ich bemerke bloss, dass die gewöhnlichen kleineren Zimmeraquarien aus starken Glasplatten zusammengesetzt werden, welche in ein eisernes Rahmwerk eingefügt und wasserdicht verkittet werden müssen. Diese Einrahmung pflegt man auch mit Korkholz zu verkleiden, sowie auch das Gestell, auf welchem das Aquarium ruht (der Fuss), theils aus Korkholz, theils aus Tuffstein hergestellt ist.

Der Boden des genannten Wassergefässes kann beliebig aus einer Eisen-, Schiefer- oder Marmorplatte bestehen, und auch die Form dieses Zimmerschmuckes wechselt von der viereckigen bis zum Polygon.

Innere Einrichtung und Dekoration wechselt gleichfalls nach Geschmack und Schönheitssinn des Besitzers, nach Räumlichkeit und anderen Verhältnissen, man kann daher ein Aquarium ebenso gut einfach, wie höchst komplizirt und daher auch kostspielig herstellen, und es ist begreiflich, dass die Ausstattung solcher Behälter mit zunehmender Grösse der letzteren auch um so reicher und mannigfaltiger werden könne, während kleine Aquarien ausser einigen Wasserpflänzchen, Goldfischen, Wasserinsekten und Muscheln kaum etwas Besseres einschliessen. Man bekommt Aquarien letzterer Grösse auch schon fix und fertig bei Gärtnern, Naturalien- und Thierhändlern zu kaufen, während grössere Kasten- und Zimmer-Aquarien, welche zur Ausführung selbstverständlich eine grössere Geschicklichkeit, ferner solideres Material und eine weit abwechselndere Einrichtung in allen Theilen beanspruchen, eben nicht billig, auch nicht von Jedermann angefertigt werden können. Es bedarf hiezu schon routinirter Handwerker, die wohl nur in grösseren Städten zu haben sind.

Auch hier bleibt das beste Material, um Bauten in und über dem Wasser einzurichten, der Tuffstein, von dem ich schon früher gesprochen.

Ganz abgesehen davon, dass die Porosität dieses Steines den im Aquarium gezüchteten Thieren angenehme Verstecke bietet, und dass sie ermöglicht die schönste Zierde jedes Wasserbehälters: Farne und andere Gewächse in den natürlichen Höhlungen geschickt unterzubringen, sind die von Natur aus schon groteskgeformten Tuffsteine ein wahrer Schmuck jedes Wasserbehälters.

Selbstredend nehmen derlei Steingebilde stets die Mitte des Aquariums ein und erheben sich, je nach Geschmack, bald höher, bald niedriger über dem Wasserspiegel. Es ist nicht unumgänglich nöthig, die kleine Felspartie im Wasserkasten aus einem grossen Tuffsteinblocke herzustellen, es genügt, eine besondere Gruppirung aus einzelnen Gesteinbrocken zusammenzusetzen, welche man mittelst Portlandcement aneinander kittet.

Ehe man diese Tuffsteine in den Wasserbehälter bringt, müssen sie vorher (während mehrerer Tage durch Liegenlassen im Flusswasser) ausgelaugt und darnach mit einer steifen Bürste tüchtig abgewaschen werden; eine Unterlassung dieser Vorsichtsmassregel kann den Tod mancher Bewohner des Aquariums zur Folge haben.

Das zu verwendende Wasser muss mit Rücksicht auf Thiere und Pflanzen, die darin leben sollen, vollkommen frei von allen schädlichen Stoffen sein, besonders ist ein sehr hartes, kalkhaltiges Wasser zu vermeiden. Man nehme Regen-, Fluss- oder Bachwasser; sofern auch dieses verunreinigt sein sollte, so kann man es durch Stehenlassen im Freien und vorsichtiges Abgiessen von dem Niederschlage befreien.

Das Auffüllen und Ablassen des Wassers aus Stubenaquarien geschehe mit grosser Vorsicht, um Pflanzen nicht abzuschwemmen, Thiere nicht zu tödten, den sandigen Untergrund nicht aufzuwühlen und eine schädliche Trübung zu vermeiden.

Sehr vortheilhaft und zugleich einen lieblichen Anblick gewährend, ist das Anbringen eines kleinen Springbrunnens (über dessen Anlage hier keine näheren Anleitungen gegeben werden können), weil die durch den Strahl hervorgerufene Bewegung des Wassers, welches demzufolge mit den Luftgasen in Verbindung gesetzt wird,

allen animalischen Bewohnern des Aquariums den zu ihrem
Leben so nöthigen Sauerstoff zuführt.

Was die Aufstellung des Aquariums in Wohnräumen
betrifft, so darf dasselbe weder fortwährend der vollen Sonne
ausgesetzt, noch stets im Schatten eines düsteren Winkels vergraben sein. Jedes Zimmeraquarium ist eine Zierde, ein Schaustück,
welches stets volles Licht haben, zuweilen aber auch von den
Strahlen der Morgen- oder Abendsonne beleuchtet werden sollte.

§. 6.
Garten-Aquarium.

Weit auffallender als beim Zimmeraquarium wird die harmonische
Verbindung zwischen Fels und Wasser beim Gartenaquarium
wahrnehmbar. Das Gartenaquarium, durch ein bevölkertes Bassin
von wechselnder Grösse gebildet, kann in allen Lagen und Auf-
stellungen und ebenso gut im Hausgarten wie im Park Verwendung
finden, wenn man es versteht, das Grössenverhältniss des ersteren
mit der Fläche des letzteren in Einklang zu bringen und die Einrichtung des Aquariums seiner Umgebung anzupassen.

Während daher das Hausgartenaquarium in der Mehrheit der
Fälle eine abgerundete, oder doch symmetrisch-polygonische Form
beibehalten wird, darf Jenes Aquarium, das sich zwischen den
Felsen einbetten oder an dem Fusse der letzteren anschmiegen
soll, niemals die vielgestaltete, bald ausgeschweifte, bald eingebuchtete,
auffallend unregelmässig hinziehende Uferlinie verlassen, sondern
muss, ein natürliches Wasserbecken vorstellend, gleichsam von selbst zwischen Gestein und Felsblöcken entstanden sein.

Hierauf Rücksicht nehmend, sei das Aquarium der Wald- und
Felsgärten mehr von länglicher, oft eingeschnürter Form und
der Rand des Gewässers, von Felsstücken gross und klein begrenzt,
die in regelloser Anhäufung und Schichtung bald mit dem Niveau
des Wassers abschneiden, bald sich wieder weit über dasselbe erheben, nichts anderes als eine naturgemässe Einschränkung des
flüssigen Elements durch Stein und Pflanze. Während sonach das
Parkaquarium im Felsen versenkt und vom Gestein umwandet sein
muss, kann das Aquarium kleinerer, besonders mehr gekünstelter
Gärten, mit seinen Seitentheilen auch aus der Erde hervorragen,

ja sogar ganz frei auf einem von Tuffsteinen gebildeten und mit solchen verzierten Sockel stehen.

Im letzteren Falle nähert sich der Aufbau und die Gesammteinrichtung dem Zimmeraquarium; man könnte es füglich als ein solches, im grösseren Maassstabe angelegtes, während der Sommermonate aber im Freien aufgestelltes, bezeichnen, und muss dasselbe daher, wenigstens bis zur Hälfte der Höhe seiner Umwandung, aus Glas bestehen.

Dass das Glas zu solchen Aquarien entsprechend dick sein müsse, um dem Drucke der Wassermenge entgegenwirken zu können, und dass man auf die Verkittung der Scheiben um so grösseres Augenmerk haben solle, je grösser die eingeschränkten Wassermassen sind, brauche ich wohl kaum zu sagen, ·wohl aber muss ich den geehrten Leser aufmerksam machen, alle Hebel in Bewegung zu setzen und auch eine Mehrauslage nicht zu scheuen, um das Wasser für derlei Gartenaquarien aus dem nächsten Bache, einer höher liegenden Quelle, Wasserleitung, Reservoir u. dergl. aufzufangen und, wenn auch nicht in Form eines Springbrunnens, so doch in Gestalt eines aus Felsen rieselnden Quells, in das Aquarium zu leiten, wo das fliessende und sprudelnde Wasser nicht verfehlen wird, die Natürlichkeit des Ganzen zu erhöhen und einen angenehmen Eindruck hervorzurufen.

Gartenaquarien regelmässiger Form werden in der Regel in einer durchschnittlichen Breite von zwei Meter, auch darüber, angelegt.

Starkbündiger Thonboden, in welchen derlei Becken eingesenkt zu werden pflegen, ist aber nicht überall zu finden, und so muss man daran denken, die Bodenschicht des Wasserbehälters undurchdringlich zu machen, was am einfachsten dadurch geschieht, dass man guten Thon hiezu verwendet, der weder zu hart, noch zu weich sein darf, sondern eine etwas steife, plastische Dichtigkeit haben sollte, da nur sein kittartiger Zusammenhang es ermöglicht, ihn gleichmässig zu verarbeiten. Man schüttet nämlich auf die Sohle des Bassins eine Lage dieses Thones, vertheilt und ebnet denselben und bildet durch Festschlagen und Rammen dieser bündigen Thonschichtbekleidung eine undurchdringliche Sohle für das aufzubringende Wasser. Auf diese Thonbekleidung bringt man eine Lage von scharfem Sand und auf selbe noch obendrein Pflaster von flachgelegten Mauerziegeln, die, wenn sie fest und stark gebrannt sind, mit einer einfachen Cement-fugung verbunden werden.

Ein schwacher, die Mauerung, respektive ihre Oberfläche, ganz bedeckender Verputz von Portland-Cement, gewährt nicht nur grössere Dauerhaftigkeit, sondern macht auch den Boden des Aqua-riums und dessen in die Erde gesenkte Wandungen vollkommen wasserdicht.

Anstatt Mauerziegeln kann man auch Granit-, Marmor-, Porphyr- und Phonolith-Platten verwenden, die gleichfalls mit Portland-Cement gut verfugt und mindestens 3 Millimeter dick verputzt sein müssen. Hiebei bemerke ich, dass der Cement unter beständigem Feuchthalten nach und nach erhärten muss.

Die aus der Erde hervorragenden Glaswände werden in verzierte Gusseisenstäbe, unter Umständen auch in Steinrahmen eingekittet und dort, wo die Glastafeln zusammenstossen, ver-mittelst schöner Tuffsteine, allenfalls auch mit Korkholz maskirt. Derlei Wasserbehälter werden kaum tiefer als einen Meter hergestellt, die Umwallungen erleiden sonach keinen sonderlichen Druck durch das eingeschlossene Wasser, und daher können die Umfassungsmauern ganz einfach aus in Cement gelegten Ziegeln oder Steinen bestehen, die zum Ueberflusse von Aussen noch mit einer undurchdringlichen Thonschicht umkleidet sein können.

Reizend sind kleinere Aquarien, die am Fusse einer mässig hohen Felswand angebracht, gleichsam ein natürliches Sammel-becken darstellen, in welches wasserfallähnlich der Strahl von der Höhe sich windet.

Diese Art Becken dürfen auch nicht die leiseste Spur einer Künstelei verrathen, wenn sie ganz entsprechen sollen, und desshalb muss auch die Umwallung dieses Wasserbehälters aus unregel-mässigen Felsstücken bestehen, welche, in Cement gelegt, nicht nur vollkommen wasserdicht hergestellt, sondern auch mit lebendem Moose bekleidet sein müssen. Hier und dort ein kleiner Farn zwischen den Höhlungen des Ufergesteins angebracht, mitunter eine wasserliebende Kriechpflanze, erhöht die Anmuth und Natür-lichkeit von derlei Anlagen.

Wir kommen nun zur Bevölkerung der Gartenaquarien.

Obenan stehen die Fische und zwar jene, welche mit stehenden Gewässern vorlieb nehmen: Karpfen, Schleihen, Karäuschen, Bart- und Wettergrundeln. Sehr beliebt sind die Goldfische

(Goldkarpfen), welche in mehreren Färbungen vorkommen und in der That jedem Aquarium zur höchsten Zierde gereichen. Auch Hechte, Barsche, Stichlinge werden zuweilen in solchen Wasserbehältern gehalten, ich kann aber die ersteren beiden als gefrässige Räuber und Vernichter der übrigen Aquariumbewohner nur bedingungsweise empfehlen.

Unsere heimischen Wassersalamander-Arten, einige Frösche, allenfalls auch Wasserkröten, dürfen in einem grösser angelegten Gartenaquarium durchaus nicht fehlen, besonders dann nicht, wenn Sumpf- und Wasserpflanzen das Ufer beschatten, zwischen welchen sich alle Wasserbewohner gern verbergen.

Interessant sind ferner die fremden Lurche, Schildkröten, Axolotl, auf welche ich später beschreibend zurückkommen werde, auch unser einheimischer Flusskrebs, einige Wasserschnecken und manche Insekten werden nicht verfehlen, das Leben im Wasser zu vervollständigen. Letztere, nämlich die Kerbthiere, finden sich meist von selbst ein, namentlich sind Libellen (Wasserjungfern) und ihre Larven die ersten Gäste eines jeden mit Pflanzen dekorirten Wasserbeckens und beleben auf angenehme Weise dasselbe.

Flüchtig berühre ich nur noch, dass die Bewohner des Aquariums mit Semmel, gehacktem fettfreien Fleisch, Ameisenpuppen, Regenwürmern, Mehlwürmern u. dergl. gefüttert werden müssen, was zu bestimmten Tageszeiten geschehen sollte, endlich, dass das Aquarium im Herbste trocken gelegt, eventuell mit Brettern eingedeckt, oder sonst wie vor dem Einfrieren geschützt werden muss, dass daher im ersteren Falle alle Thiere vorsichtig herausgefangen und in frostfreien Lokalen überwintert zu werden pflegen. Das Herausfangen darf nie mit der Hand, sondern sollte vermittelst kleiner, sackförmiger Netze geschehen.

Was die Ausschmückung der Gartenaquarien mittelst Gewächsen betrifft, so gebe ich nachstehend ein Verzeichniss von Sumpf- und Wasserpflanzen, die während des Winters zwar im halbwarmen Glashause aufbewahrt werden, im Sommer aber in Bassins ins Freie gesetzt werden können:

Aponogeton distachyon, Wasserpflanze.
Calla aethiopica, Sumpfpflanze.
Cyperus alternifolius ⎫
„   lucidus   ⎬ Sumpf-
„   spectabilis ⎬ gewächse.
„   venustus   ⎭

Dionaea muscipula, Venusfliegenfalle.
Hydrocotyle moschata, sehr zierliche, kriechende Pflanze zur Bekleidung feuchter Felspartien.
Leersia oryzoides.
Limnocharis Humboldti.

Sagittaria chinensis latifolia, Wasserpflanzen.
Sarracenia Drummondi, Sumpfpflanze.
   „   flava.   „
   „   purpurea.   „
   „   rubra.   „

Sarracenia variolaris. Sumpfpflanze.
Saururus cernuus.
Vallisneria spiralis feminina und
masculina, bekannte und beliebte
Wasserpflanzen aus dem südlichen
Frankreich.

Für Pflanzenfreunde, die über kein Glashaus, wohl aber über
ein grösseres Bassin im Freien verfügen, gebe ich nachstehend eine
Liste frosth arter, meist einheimischer Sumpf- und Wasserpflanzen:

Acorus Calamus, der bekannte Kalmus,
variirt mit bunten Blättern, be-
kannte Sumpf- und Uferpflanze.
Aldrovandia vesiculosa, fleischfres-
sende Uferpflanze.
Alisma Plantago, der Froschlöffel,
treibt seine Blätter und Blüten-
stengel über das Wasser empor.
Aehnlich verhalten sich:
Alisma lanzeolatum, natans, und ranun-
culoïdes.
Anacharis Alsinastrum.
Butomus umbellatus, schön.
Calla palustris. Sumpfpflanze.
Callitriche stagnalis, und vernalis,
der Wasserstern. In Wald und
Wiesengräben häufig vorkommend,
wo die bis zur Oberfläche des
Wassers aufsteigenden Triebe dort
hübsche grüne Blattrosetten bilden.
Caltha palustris, bekannte Uferpflanze,
variirt mit gefüllten Blumen.
Cardamine pratensis, Uferpflanze,
auch gefüllt vorkommend.
Ceratophyllum demersum, das Horn-
kraut, eine in Wassergräben häufig
vorkommende Pflanze, welche üppig
sprosst und in ihrer Anhäufung
viele Aehnlichkeit mit einem zarten
Tannengebüsch hat.
Comarum palustre. Sumpfpflanze.
Cyperus lucidus, unter Bedeckung
aushaltende, hübsche Uferpflanze.
Elodea canadensis, Wasserpest, zarte,
aber aussserordentlich rasch wachsende Wasserpflanze, die überall

in Schranken gehalten werden
muss. Zu üppig wachsende Exem-
plare werfe man sofort heraus,
da einige ins Wasser gelegte Zweig-
lein genügen, bald wieder neue
Pflanzen zu gründen.
Fuirena spec. Natal, reizende, zier-
liche Grasart für Ufer.
Glyceria aquatica.
Hippuris vulgaris, der Tannenwedel,
langgezogene, wenig verzweigte
Stengel, mit quirlföfmig gestellten
Blättchen besetzt.
Hottonia palustris. Hübsche Sumpfpflanze.
Hydrocharis morsus ranae, Frosch-
abbiss.
Hydrocotyle vulgaris, Wassernabel.
Illecebrum verticillatum.
Iris Pseud - Acorus. Sumpfpflanze.
Doch kann auch Iris germanica,
und andere Arten als Uferpflanze
geeignete Verwendung finden.
Juncus. Sumpfpflanzen. J. effusus
spiralis hat korkzieherartig ge-
drehte Blätter. Auch J. conglo-
meratus recht gut benutzbar zur
Uferdekoration.
Limnanthemum nymphaeoides, eine
der schönsten, aushaltenden Wasser-
pflanzen mit zierlichen gelben
Blumen.
Menyanthes trifoliata.
Myosotis palustris, unser liebliches
Sumpfvergissmeinnicht, für Rand-
einfassungen.'

Nuphar luteum, die einheimische Seerose für grosse Wasserbehälter, auf
dem Wasser schwimmend.

Nuphar pumilum, die hübsche, klein-
blumige Seerose.

Nymphaea alba, die Wasserrose. Nur
für ganz grosse Aquarien tauglich,
da sie ziemliche Dimensionen annimmt. Die hübschen, schildherz-
förmigen Blätter schwimmen auf
dem Wasser, die sehr schönen
schneeweissen, mit goldgelbem
Centrum geschmückten Blüten gewähren einen prachtvollen Schmuck,
wo der Raum für diese schöne
Pflanze hinreicht.

Nymphaea odorata. Nordamerikanische Species.

Osmunda regalis, der majestätische
Königsfarn, treibt seine Wurzeln
tief in den Sumpfboden und kann
nie zu viel Wasser bekommen.

Phellandrium aquaticum.

Polygonum amphibium.

    „   viviparum. Hübsche Alpine
für feuchten Standort.

Potamogeton natans.

    „   polygonifolium.

Ranunculus aquatilis, die Wasser-
ranunkel. In Teichen und Gräben
mit zerschlitzten, untergetauchten
und rundlichen, schwimmenden
Blättchen, sowie mit zahlreichen
weissen, aus dem Wasser heraus-
ragenden Blättchen.

Ranunculus divaricatus.

    „   heterophyllus.

Ranunculus Lingua.

    „   multifidus.

Sagittaria sagittaefolia, das Pfeil-
kraut. Die hübschen pfeilförmigen
Blättchen und weissen Blüten
machen ein üppiges Bild.

Salvinia natans, sehr niedlicher Wasser-
farn; da er aber nur einjährig ist,
so muss derselbe stets durch Aussaat neu gewonnen werden und
kommt erst vom Juni an in Verwendung.

Scirpus sylvaticus und andere. Sehr
niedliche Uferpflanze.

Sparganium natans.

    „   ramosum.

Stratiotes aloides. Wasser-Aloë. So
genannt wegen der Aehnlichkeit
mit einer Aloë, noch mehr aber
mit dem Schopf auf einer Ananas-
frucht. Erhebt sich nicht über das
Wasser, sondern bleibt immer
untergetaucht.

Symplocarpus foetidus.

Trapa natans, Wassernuss. Höchst
interessante, geniessbare Frucht.

Typha augustifolia, latifolia und
minima, Rohrkolben. Hochwach-
send und nur für grössere Bassins
verwendbar, dann aber als Sumpf-
oder Uferpflanze sehr zierend.

Utricularia vulgaris. Ein Fleisch
fresser; Schlauchpflanze.

Veronica Beccabunga, der Bach-
bungen-Ehrenpreis. Ueber das
Wasser emporragend.

Villarsia nymphaeoïdes.

Wenn es auch unzweifelhaft ist, dass es noch viele andere und
viele schöne Wasser-, Sumpf- und Uferpflanzen gibt, die kultivirt
zu werden verdienen, so glaube ich doch die härtesten und
schönsten hier verzeichnet zu haben.

Selbstverständlich kultivirt man die weichlichen Arten
in Töpfen, welche ins Wasser eingesenkt werden, um derlei
Pflanzen beim Beginn der kälteren Jahreszeit bequem ausheben und
überwintern zu können. Auch bei den frostharten Arten empfehle

ich die Topfkultur, weil sich dann leicht Aenderungen in der
Gruppirung vornehmen lassen.

Dass die echten Wasserpflanzen unter den Wasserspiegel
zu stehen kommen, Sumpfpflanzen aber über demselben eingepflanzt werden sollten, und Uferpflanzen, welche nur stete
Feuchtigkeit, nicht Nässe, beanspruchen, zwischem dem Gestein des
Ufers Platz finden müssen, ist einleuchtend. Für Wasserpflanzen,
die in Töpfen kultivirt werden, nehme man Haide- oder Lauberde
mit Sand und Kohlenstücken gemischt. Grössere Aquarien erhalten
auf dem Boden eine Kiesschicht, in welche man die Töpfe einsenkt.
Für See- und Teichrosen und noch andere mit tiefgehenden
Wurzeln wähle man sandigen Teichschlamm zur Pflanzung.

Ich komme nun zum Glanzpunkte eines jeden Aquariums, zu
der Ausschmückung desselben mit passendem Gestein. Schon oben
habe ich darauf hingewiesen, dass der Tuffstein das schönste und
beste Material für derlei Bauten sei, und ich rathe nochmals, Kalktuff, falls er nicht zu theuer und zu schwer beizuschaffen ist, zur Verzierung von Bassins und Aquarien zu verwenden. Nur dort, wo
Tuffstein nicht zu haben, greife man zu anderem Gestein und forme
aus demselben einen zackigen, pittoresken, aus der Mitte des Gewässers aufsteigenden Miniaturfelsen, welcher — je nach Grösse des
Aquariums — sich bald höher, bald nur wenig über dem Wasserspiegel erheben wird. Ueber das Aussehen und die Form dieses
Felsen lassen sich allerdings keine festen Regeln aufstellen,
doch seien hier einige Andeutungen gegeben.

Beliebt sind Höhlungen und Durchbrüche in diesem Felsen.
Man vermeide jede Abrundung der äusseren Form, das Ganze sei
ein zerrissenes, scharfkantiges, mehrzackiges Gebilde, in dessen, unter
dem Wasser angebrachten, Höhlungen sich gern die verschiedenen
Wasserthiere bergen.

Auch in Form eines Felsthores oder einer Felssäule
lassen sich derlei Steinpartien aufbauen, und werden sie entsprechend
mit Moos, Farnkräutern und anderen kleineren, Feuchtigkeit
liebenden Kriechpflanzen dekorirt, so gewähren sie oft einen überraschenden Anblick.

Zwei, allenfalls drei Seiten dieses künstlichen Felsens können
schroff aus dem Wasser emporsteigen, immer aber sorge man
dafür, dass wenigstens eine Seite gegen das Wasser zu eine
sanfte Neigung habe, damit jenen Thieren, welche von Zeit zu Zeit

gern aus dem Wasser heraussteigen, wie z. B. den F r ö s c h e n, S a l a m a n d e r n, S c h i l d k r ö t e n, das Heraufklettern er- leichtert, den V ö g e l n aber, die im Garten wohnen, das Baden und Trinken bequemer gemacht werde. U m w a l l u n g e n regel- mässiger, wie irregulärer Gestalt werden gleichfalls vom Gestein gebildet, welches wellenförmig auf- und absteigend das Gewässer umgibt.

Alle S t e i n v e r b i n d u n g e n werden vermittelst Portland- Cement bewirkt. M u s c h e l n und bunte S c h n e c k e n g e h ä u s e, sowie K o r a l l e n dürfen zur Verzierung eines Aquariums, welches ein n a t ü r l i c h e s Wasserbecken darstellen soll, durchaus n i c h t verwendet werden.

§. 7.

Die Wohnung der Najaden.

Ein nur spärlich erleuchteter Gang führt uns aus dem Tusculum in die unterirdischen Behausungen der W a s s e r n i x e n.

Wir trauen unseren Augen kaum. Im meergrünen Schimmer gedämpften Lichtes sehen wir uns urplötzlich versetzt zwischen sprudelnde Quellen und seltsame Wasserpflanzen auf den felsigen korallriffigen Boden des Meeresgrundes!

Die Gestalten der N y m p h e n, welche halbversteckt dort zwischen den Blättern uns staunend anzublicken scheinen, bekommen Leben und Bewegung, je länger wir hinblicken.

U e b e r u n s, n e b e n u n s nichts als Wasser, Fische und sonstige Wasserthiere tummeln sich im sandigen Grunde, steuern durch Felsthore, umschwärmen die Korallenriffe, steigen empor an die sonnenhelle Wasserfläche und senken sich sofort wieder in die schützende Tiefe, ihr Spiel, ihr Jagen und Treiben tausend und abertausendmal von Neuem beginnend.

Nachdem wir uns von dieser Ueberraschung, von der Gewalt des ersten Eindrucks erholt haben und dann den Raum, in welchem wir uns befinden, die Gegenstände ringsum betrachten, entdecken wir, dass wir uns in einer geräumigen, u n t e r i r d i s c h e n H a l l e befinden, deren D e c k e — aus starkem, meergrünem Gussglas zu- sammengefügt, welches auf einem Gerüste von Eisen ruht — zugleich den G r u n d eines W a s s e r r e s e r v o i r s bildet, das sich ungefähr 2 Meter über unseren Häuptern teichartig ausbreitet.

In Mitten dieses 16 Meter im Gevierte messenden Baumes steigt auf meterhohem F e l s s o c k e l ein zweites Reservoir aus dem Grunde der Halle empor bis zur Höhe von 4 Meter, sich o b e n mit dem erst beschriebenen flachen Wasserbehälter vereinend, respektive als S t ü t z e desselben dienend.

Solchergestalt gewinnen wir ein Aquarium im grossen Maassstabe, um welches r i n g s u m hinreichender Raum für den Besucher dieser Schöpfung übrig bleibt, selbst dann noch, wenn die Wände dieses unterirdischen Nixenpalastes mit den schönsten T u f f s t e i n - s t ü c k e n dekorirt und die seltensten K r i e c h -, K l e t t e r -, H ä n g e - und B l a t t p f l a n z e n theils vereinzelt, theils in Gruppen vereinigt, hier aus wassergefüllten N i s c h e n blickend, dort aus A m p e l n herabhängend, diese Grotten schmücken werden.

Das grosse, m i t t l e r e Reservoir besteht seiner Hauptsache nach aus einem e i s e r n e n, massiven G e r i p p e, dessen Säulen und Bogen, vermittelst Tuffsteinen maskirt, ein felsiges Wirrsal vorstellen, zwischen dessen Höhlungen d i c k e G l a s p l a t t e n dauernd eingekittet sind und einen Blick ins Innere gestatten, um das Treiben der grossen und kleinen Wasserungeheuer ungefährdet beobachten, eventuell die zwischen den Blättern der Sumpf- und Wassergewächse ruhenden — N y m p h e n belauschen zu können, wozu auch V e r g r ö s s e r u n g s g l ä s e r hie und da angebracht werden können, was viel Spass und so manche Ueberraschung bereitet, denn selbstverständlich sind die hier hausenden W a s s e r - n i x e n nichts anderes als kleine Marmor- oder Porzellanfiguren, und da selbst das kleinste Wasserinsekt Riesengrösse erlangt, so wird uns mancher seltene und belehrende Genuss, manche nicht gekannte Unterhaltung durch diese o p t i s c h e T ä u s c h u n g zu Theil, welche um so frappanter wirkt, weil Alles, was man durch die Gläser beobachtet, Leben und Bewegung entwickelt.

Unter Umständen kann das Wasser im m i t t l e r e n Glasreservoir ganz w e g b l e i b e n, ebenso die g r o s s e n fensterähnlichen Oeffnungen und Spalten, und man bringt dann bloss k l e i n e Oeffnungen zwischen dem Gestein an, die in diesem Falle n u r d u r c h o p t i s c h e G l ä s e r geschlossen sein dürfen.

Das I n n e r e dieses felsigen Hohlraumes wird nun entweder mit B l a t t p f l a n z e n, M u s c h e l n, K o r a l l e n und G e s t e i n dekorirt, gleichsam den Grund eines grossen Gewässers, den Boden des Meeres vorstellend und mit Nymphengestalten bevölkert, oder man geht noch einfacher zu Werke und schiebt hinter die Gläser gut ausgeführte Gemälde, allenfalls Photographien ähnlichen Genres.

Dass dies Alles bei Nacht unter dem Eindrucke der Abgeschiedenheit und unter der zauberhaften Wirkung einer entsprechenden Beleuchtung seinen Höhepunkt erreicht, ist klar, den tiefsten Eindruck macht jedoch das Rauschen, Murmeln, Sprudeln und Plätschern der strömenden, fallenden und spielenden Gewässer, und diesen Effekt aufs bestmöglichste auszubeuten, die Wirkung der Töne zur vollen Geltung zu bringen, ist Sache des Architekten, welcher mit der Hydrodynamik vollkommen vertraut sein muss.

Wasserkünste aller Art, zum mindesten eine Unzahl aus dem Felsen sprudelnder Quellen, kleine Cascaden u. dergl., sollten in diesen Räumen eine Hauptrolle spielen, wenn der beabsichtigte Effekt erreicht werden soll und man dem Gaste etwas ganz Apartes bieten will.

Zur Nachahmung felsiger Untiefen im Reservoir nehme man die festesten, bizarrsten Gesteine, welche weder dem auf ihnen ruhenden Drucke nachgeben, noch durch die auflösende und zersetzende Kraft des Wassers zersplittert werden können; dass eine bis ins kleinste Detail durchgeführte Genauigkeit dabei Platz greifen und neben einer hervorragenden Zierlichkeit des ganzen Baues, dessen Festigkeit in Anbetracht kommen müsse, ist wohl einleuchtend. Besonders muss auf Reinheit und Dauerhaftigkeit der Glasplatten, welche einerseits die Schönheit des Ganzen zu heben, anderseits einen bedeutenden Wasserdruck auszuhalten bestimmt sind, mit Aengstlichkeit gesehen und eine recht dichte Verkittung der Ränder vorgenommen werden, auch brauche ich nicht weiter zu beleuchten, dass die Verbindung der Steine untereinander zu kleinen Felsgruppen, sowie alle anderen Verfugungen in diesem, der Feuchtigkeit allzusehr ausgesetztem Raume, durch guten Portland-Cement bewerkstelligt werden müsse.

Mit Ausnahme der Sitzbrette, oder im Falle man Korkholz zur Imitation von Vasen, Becken und zur Wandbekleidung nehmen wollte, mögen alle hölzernen Gegenstände so viel nur immer möglich aus dieser Halle verbannt werden, sie würden sich keiner langen Dauer erfreuen und nur zu bald einen unscheinbaren, ja hässlichen Anblick gewähren.

Eisen und Stein sind die einzigen Materialien, welche auf die Länge der Zeit dem zerstörenden Einflusse der hier unvermeidlichen Feuchtigkeit trotzen, und desswegen sollten auch die Ruhesitze in ihrer Form und Ausstattung sich dem abenteuerlichen Raume anschmiegend, nur von Gusseisen gewählt werden.

Der Boden der Gänge und Wege sei selbstverständlich gepflastert, und ist eine nette Mosaikpflasterung Grau mit Schwarz und Grün, hier ganz am rechten Orte. Eine weitere Dekoration der Halle mit Muscheln, Korallen, Schildkrötenschalen, künstlerisch ausgeführten Figuren verschiedener Wasserthiere; Bildhauerarbeiten, vorsündflutlicher Eidechsenarten darstellend, ist nicht nur anzurathen, sondern auch unumgänglich nöthig, eben weil der Besucher dieses Wassernixentempels etwas Ungewöhnliches sehen soll. Faunenund Gnomenköpfe, nicht minder jene sonderbaren Gebilde des Kalksinters, Stalaktiten und andere Höhlensteine dürfen nicht fehlen; sie geben dieser Schöpfung den Reiz einer natürlichen Grotte.

Der Fall, dass ein Durchbruch des Wassers, sei es durch Zertrümmerung einer Scheibe, sei es durch Senkung eines Felsstückes, ungeachtet aller Solidität des Baues stattfinden könne, ist nicht ausgeschlossen. Man sorge daher für genügende Ableitung des überflüssigen Wassers und trage den oben geschilderten Vorkommnissen volle Rechnung, wobei ich aufmerksam mache, dass die Ableitung des Wassers in ein Bassin nebenan, welches zu Badezwecken dienen könnte, sehr angezeigt wäre. Eine genügende Zahl von Ventilen, versteckt und maskirt, ist Bedingniss für die Bewohner dieser Halle, in welcher wohl stets eine feuchtwarme gedrückte Luft vorherrschen wird, wenn nicht durch Beschattung des Reservoirs von Aussen den vollen Sonnenstrahlen abgewehrt wird. Dies kann, weil die Wasserfläche des Bassins von Aussen ganz frei und der Rand des letzteren mit der Erdoberfläche so ziemlich gleich liegt, am Vortheilhaftesten durch Baumpflanzungen geschehen, die man in nächster Umgebung dieses teichartigen Behälters bewerkstelligt.

Wasserbauten ähnlicher Art, deren grösste Schönheit auf fortwährender Bewegung des Wassers beruht, und wo der Schwerpunkt des beabsichtigten Effektes in der treibenden Kraft des Wassers liegt, müssen über ein ununterbrochenes, gleich starkes

Zuströmen des reinsten Wassers zu jeder Jahreszeit verfügen können, wenn überhaupt aus der ganzen Anlage etwas Annehmbares, Reelles werden soll. Kleine Gebirgsbäche und deren Ableitung, mächtige Bergquellen, zum mindesten die Fluten eines beliebigen, aber ja nicht verunreinigten trägen, sondern die eines rascheilenden Gewässers müssen daher aufgefangen und zum vorgedachten Zwecke in ungestörten Besitz genommen werden können. Dies sichere man sich in erster Linie, ehe an die Ausführung weiterer Baulichkeiten, welche ohnehin mit nicht unbedeutenden Geldopfern verknüpft sind, geschritten wird. Daher nochmals: unbeirrter, gleich mächtiger Zu- und Abfluss des nöthigen Wassers, dessen Reinheit und Güte einen wesentlichen Einfluss auf die Schönheit dieses Wassernixenpalastes, auf das Gedeihen der dorthin gebannten Thiere und Pflanzenwelt ausübt. Aus diesem Grunde ziehe man w e i c h e s Wasser dem h a r t e n vor, dessen mineralische Bestandtheile oft nicht paralysirt werden können und dann verderbliche Folgen oft so spät eintreten, dass an eine Verbesserung nicht mehr zu denken ist.

Was die Thier- und Pflanzenwelt der in Rede stehenden Räumlichkeiten betrifft, so lässt sich diese mit zwei Worten charakterisiren:

W a s s e r t h i e r e, W a s s e r p f l a n z e n oder zum mindesten solche, welche Feuchtigkeit lieben, Feuchtigkeit vertragen.

Der begüterte Naturfreund wird die seltensten F l u s s f i s c h e, sogar W e l s und A a l, ja vielleicht auch das kleine amerikanische K r o k o d i l, S c h l a n g e n, seltene amerikanische S c h i l d - k r ö t e n und andere Wasserthiere, ein zweiter Thierfreund sogar B i b e r und F i s c h o t t e r, oder gar einen S e e h u n d mit aufnehmen, während ein D r i t t e r sich mit unseren kleineren B a c h - f i s c h e n, mit K r ö t e n, F r ö s c h e n, W a s s e r s a l a m a n - d e r n und diversen I n s e k t e n begnügen wird, die er zwischen grossblättrigen T e i c h r o s e n und unterschiedlichen Gewächsen der Fluten züchtet.

Die feuchte, oft warme Atmosphäre des Nymphenpalastes im Vereine mit einem gemilderten Lichtstrome begünstigt die Kultur der F a r n e ungemein. Es werden daher neben so mancher seltenen Warmhauspflanze die exotischen, namentlich die B a u m f a r n e hier in grösster Ueppigkeit gedeihen und zur Dekoration der bezeichneten, im Winter a l l e n f a l l s h e i z b a r e n Räume, nicht wenig beitragen.

Der Winter mit seinem starrenden Eise nöthigt zum Ablassen und Trockenlegen des Wasserbehälters, zum Wegfangen und Uebersiedeln der Thierwelt, zum Winterschutz der hier aufgestellten Gewächse, und zum E i n d e c k e n des Gesammtraumes, es wäre denn über das Wasserbecken selbst noch ein G l a s h a u s gebaut, dessen Erwärmung ermöglichen würde, auch in der kältesten Jahreszeit alles im gleichen Zustande belassen zu können.

Dritter Theil.

Gartenbauten, Beiwerke und Ornamente von Holz und Metall.

1

Eremitage.

Keines der Park und Garten zierenden Gebäude passt so sehr zum Fels, wie die Einsiedelei.

Sei es, dass die Ruhe und Einsamkeit jenes Parktheiles, in welchen wir die Eremitage zu verlegen pflegen, auf unser Gemüth einwirkt, sei es, dass der Zauber reinster Waldnatur, dem wir rings um die Einsiedelei begegnen, unsere Sinne gefangen hält, oder dass die Nähe der Gruft, als deren treuer Hüter und Begleiter die Einsiedelei anzusehen ist, unsere Gedanken von dem Alltäglichen ablenkt und uns in eine gehobene Stimmung versetzt, in welcher der Anblick bunter Teppichbeete nur Hohn wäre: immer, wo sie auch stehen möge, am Fusse der Felswand nächst sprudelnder Quelle, im düsteren Getann, im Schatten der Waldriesen oder auf schroffer, weit hinaus ragender Klippe, überall wird sie, die Ernste, Mahnende, nicht verfehlen, den Park zu schmücken.

Die Form der Klausnerhütte ist mannigfaltig; immer sei sie dem Zwecke unterthan, dem sie dienen soll; wie und wo immer man sie auch herstelle, stets sei ihre Bauart prunklos, einfach, edel. Man vergesse dabei ja nicht, dass ein frommer Waldbruder, der sich von Früchten und Wurzeln nährt und sein Leben in stiller Beschaulichkeit verbringt, weit ab von menschlichem Gewühle, tief im Innern des Forstes, keinen Prachtbau aufführen wird, dass sonach nichts lächerlicher sein könne, als wenn man in den Parks auf Einsiedeleien stösst, die architektonisch-schön gehalten und aus Stein

hergestellt, Alles eher vorstellen, als die Behausung eines Lebens-
müden.

Ja, eine Waldhütte, oft roh in ihrer Einfachheit, mitunter geziert, doch nie überladen, nie strotzend von Geräthschaften im
Innern, nie prunkend mit dem Aeussern, angepasst der Lebensweise
des Klausners, so sei unsere Einsiedelei.

Ob wir sie frei hinstellen, oder in die Grotte hineinbauen,
ob wir sie an die Felswand anlehnen, oder durch die mächtigen
Stämme jener Eichen stützen, welche dort sich gruppiren, das bleibt
sich so ziemlich gleich; einstöckig, niedrig, kleinfensterig, mit
mässigem Comfort, so denken wir uns des Waldbruders Asyl.

Dass solche Bauten von Holz, nur von Holz gemacht sein
müssen, wer stünde darüber in Zweifel? Das Dach soll von Baumrinde, Rohschindeln, Schilf, die Wände gleichfalls mit Baumrinde
(eventuell mit Kork oder mit der Borke der einheimischen Eichen,
besonders von Quercus Cerris), bekleidet, die kleinen Fensteröffnungen mit Läden versehen sein.

Der Betschemel und das Symbol des Glaubens, das hölzerne
Kreuz, dürfen als unabweisbare Beigabe des Vorplatzes durchaus
nicht fehlen, so wie ein kleines Gärtchen, welches neben oder hinter
dem Gebäude, · selbstverständlich nur primitiv umzäunt, zuweilen
schön, aber nicht überall anbringbar ist.

Unter den Verzierungen der Einsiedelei hebe ich nur eine:
die durch Gewächse, als passend hervor.

Ein bemoostes Schilf- oder Strohdach wird dem Gebäude
einen Anstrich von Alter und Ehrwürdigkeit geben, die epheuumrankten Holzwände verleihen ihm zwar auch eine ernste, doch
keine traurige Seite, Farne, zwischen den felsigen Partien des
Sockels erinnern an den Waldcharakter, und die tief herabhängenden
Zweige der Waldbäume verdüstern den Eingang zur Klause. Das
heiterste Bild des Platzes gewährt das kleine Gärtchen nebenan, es
sei dem Leben des Waldbruders angemessen.

Ein Rosenstrauch am Zaune, eine Kürbispflanze, die
sich an einer Ecke bis auf das niedrige Dach der Hütte erstreckt,
hier eine Begonia, dort ein Hopfen an der Umfriedigung, auf
den Rabatten einige Malven, mancherlei Arznei- und Gewürz-
kräuter, wenn es hoch kommt, eine Antonienlilie und einige
Nelkenstöcke, das sei der ganze Reichthum dieses verborgenen Winkels, welcher, ungekünstelt bepflanzt, dem von Mosaik-

beeten und tropischen Blattpflanzen übersättigten Städter mitunter mehr zusagen wird, als all' die Herrlichkeiten unserer Gewächshäuser.

Die Einsiedelei darf nicht knapp am Wege liegen, sie will gefunden sein und gewährt nur dann die höchste Ueberraschung, wenn der Fuss des Parkbesuchers, einen Seitenpfad einschlagend, sich plötzlich gehemmt sieht von wirr verschlungenem Gerank, und das Auge befremdet blicken muss auf das bescheidene Werk moderner Gartenkunst.

§. 2.

Köhler- und Holzschlägerhütte.

Ebenso weit ab von dem Getreibe der Menschheit, wie die Eremitage, liegt die bescheidene Hütte des Waldarbeiters.

Ebenso, ja fast noch solider im Bau, ebenso einfach in ihrer inneren und äusseren Ausstattung, hat sie mit der stillen, oft beengenden Ruhe der Klausnerei nichts gemein und, obgleich auch im oder am Walde gelegen, gewährt ihr Anblick ein weit heitereres Bild, als das der Eremitage.

Wir sehen die Köhlerhütte meist von roh gezimmertem Gebälk zusammengefügt, oft 'lose von Feldsteinen aufgebaut, mit Rohr oder Stroh, allenfalls mit Langschindeln gedeckt, in ihrer schmucklosen Einfachheit aus dem Gebüsch hervorlugen, ihr zur Seite der Bienenstand, im kleinen Gehöfte die Stallung für Borstenvieh, für eine Ziege, oder für das Geflügel.

In dieser Art können wir auch unsere verschönerte Holzhauerhütte erbauen und, indem wir Borstenvieh- und Ziegenstall ganz weglassen, unser Augenmerk auf die Wohnung des Federviehes richten, zumal es ganz angezeigt ist, in der Hütte des Waldarbeiters irgend ein exotisches Huhn zu züchten.

Die Umrankung der Hütte mit wildem Wein, Epheu oder Hopfen ist sonst unerlässlich und ein kleines Stück Land in der Weise, wie bei der Eremitage umgestaltet, mag als wesentliche Verschönerung der Umgebung dienen.

Wir scheiden die Köhlerhütte in Vorhaus, Stube und Kammer. Ersteres ist zugleich Küche, und so beschränkt der Raum auch immerhin sein möge, er wird genügen, um bei Regenwetter eine

ganze Familie zu beherbergen. Von Einrichtungsstücken
nennen wir nur: Bank, Tisch, ein Wandschrank, einige
Stühle, und nur so viel Küchengeräthe, um im Nothfalle einen
Thee, oder duftenden Mokka hier selbst bereiten, eine Idylle in
Scene setzen zu können.

In der besprochenen Richtung vorgehend, können wir uns,
vorausgesetzt, dass Bau und Ausstattung, sowie die sparsame Verzierung des Gebäudes harmoniren und nicht zu weit von der ursprünglichen Idee abweichen, hier ein bescheidenes Tuskulum gründen,
wobei nie vergessen werden darf, dass Gestein und Waldes-
schatten auch bei der imitirten Waldarbeiterwohnung mithelfen
müssen, dem Ganzen einen gemüthlichen Anstrich zu verleihen.

Obwohl es ganz richtig ist, dass die Hütte des Forstarbeiters
mitten im Walde, am Bache, nahe der Quelle, auf einer grösseren
Lichtung, in einer Mulde, nahe den Felsen und an ähnlichen passenden
Orten aufgestellt zu werden pflegt, so ist es doch nicht unbedingt
nöthig, sie tief im Getann zu verstecken, es dürfte vielmehr in
vielen Fällen ganz angezeigt sein, sie am Rande grösserer Wald-
parzellen, nahe dem Wiesengrunde anzubringen, von wo aus eine
Fernsicht über die koupirten Theile des Parkes ermöglicht wird.

§. 3.

Der Vogelherd.

Nicht um die gefiederten Sänger heimtückisch zu berücken und
sie des Lebens zu berauben, errichten wir den Vogelherd, nein, nur
um die gefangenen Lieblinge und treuen Bewohner unseres Parkes
vor den Gefahren einer weiten Reise, vor den Unbilden des Winters,
vor Mangel zu schützen, und sie so zeitig als möglich, wenn sie im
behaglichen Gewahrsam die kalte Jahreszeit überdauert haben, ins
Freie, an ihre altgewohnten Brutorte auszusetzen.

Von diesem Gesichtspunkte aus betrachtet, ist der Vogelherd
keine Mördergrube für die Waldessänger, kein verwerfliches Bauwerk,
sondern beachtens- und lobenswerth.

Erwägend, dass die Vögel gerne über die höchsten Hügel
streichen, oder ruhige Gewässer besuchen, errichten wir den Vogelherd entweder auf dem verflachten Rücken eines Berges, oder
nahe der labenden Quelle über dem Tränkplatze, und da wir uns

beim Fange verbergen müssen, so ist die Vogelhütte und ihre Einrichtung, nicht aber die Art und Weise des Fanges selbst, Gegenstand unserer Besprechung.

Da die Hütte von den Vögeln nicht bemerkt werden darf, so versenken wir sie theilweise in die Erde, an dem Abhange eines Hügels, und umkleiden die zu Tage tretenden Aussentheile mit Epheu und wilden Reben.

Die Hütte selbst besteht aus zwei Abtheilungen: dem Hauptraum, welcher tiefer liegt, und dem Hinterraum, zu welchem ein paar Stufen führen, weil er höher angebracht wird und gleichsam ein „Lugaus" darstellt, von wo aus ein Ueberblick über den gesammten Vogelherd und alle vorbeistreichenden, sowie einfallenden Vögel gestattet ist.

Die innere Einrichtung beschränkt sich auf Bänke, die ringsum an der Bretterwand angebracht und, ebenso wie der kleine Tisch, zum Aufklappen vorgerichtet sind; ein kleiner Thon- oder Blechofen gibt zur kälteren Jahreszeit die nöthige Wärme, dient auch dazu, den Morgenkaffee zu bereiten, wenn der zeitige Flug der Vögel dies gestattet.

Käfige, gross und klein, für die Lockvögel und Gefangenen, Futterbehälter, Wasserkrug, einfaches Service im schmalen Wandschranke, allenfalls ein Buch, darin besteht das ganze Zubehör jenes auf die möglichste Einfachheit angewiesenen Hüttchens, dessen kleine Fenster so versteckt als möglich angebracht, nur spärlich einen Blick ins Innere gestatten.

Ist die Vogelhütte keine ambulante, soll sie vielmehr für immer den eingenommenen Platz behaupten, so würde ich anrathen, die Seitenwände nicht von Holz, welches, in die Erde eingelassen, nur zu bald dem Verderben unterliegt, zu bauen, sondern aufzumauern, eventuell auch die Decke zu wölben und das Ganze — durch von Aussen angelegtes Gestein — felsähnlich zu verkleiden, sodann durch unterpflanzten Epheu zu dekoriren. Auf diese Weise wird die Hütte den Vögeln vollständig verborgen und letzere gehen dann um so argloser in das für sie vorgerichtete Netz.

Ebenso räthlich ist es, den eigentlichen Vogelherd, das ist der Raum, wo das Netz aufgespannt wird, ringsum mit Felsgruppen zu umgeben und durch eingepflanztes Gebüsch, einzelne höhere Laubbäume und durch Nadelholzpartien zum Aufsetzen und Einfallen für die Vögel angenehm zu machen.

Die Art und Weise des Fanges selbst, das Netz und seine
Ausstattung und die weitere Herrichtung des „Herdes", gehört
nicht hierher und sind Gegenstand waidmännischer Werke, sowie
man auch das hiezu Gehörige in Büchern, welche vom Vogelfang
handeln, ausführlich beleuchtet finden wird.

§. 4.

Pavillon.

Der eigenthümliche Character des Wild- und Felsparkes gestattet
die Aufstellung von hochgekünstelten Gartenbauten nicht und schliesst
jede moderne Verzierung, sowie die Anwendung greller Farben, oder
gar Vergoldung von selbst aus.

Gartenhäus'chen und Lauben aller Art und Form können
zwar von Eisenguss hergestellt werden, letzterer muss aber,
wenn die Harmonie zwischen Gebäude, Fels und Wald erhalten
werden will, Naturholz aufs Täuschendste imitiren.

Minder begüterten Gartenbesitzern empfehle ich an Stelle der
kostspieligen Eisenbauten Gartenpavillons von Naturholz, besonders
von hartem Eichenholz u. dergl. mit daran haftender Rinde, ausführen zu lassen, welch letztere sie sich durch Leichtigkeit des Baues,
Zierlichkeit und, wenn gut abgewartet und eingedeckt, sogar auch
durch Dauerhaftigkeit auszeichnen.

Man stelle sie an erhöhten Punkten auf, wo dann ein fels-
ähnlicher Unterbau nothwendig ist, schon desshalb, um die Bodenfeuchtigkeit fernzuhalten.

Die rein gothische Form ist für derlei Bauten jeder Anderen
vorzuziehen.

Beliebt sind die sogenannten Borkenhäuser, bei deren Verkleidung Baumrinde und Korkholz die Hauptrollen spielen.
Man decke sie mit Stroh oder Schilf, wobei es sich von selbst
versteht, dass Alles ungemein sauber und nett ausgeführt werden
muss, wenn es zieren soll.

Das Innere kann mit Moos und Borke ausgefüttert, mit
Tannenzapfen und Holzschwämmen geziert, allenfalls lackirt
werden.

Sehr schön sind Holzpavillons, deren Decken mit Rohr-
geflecht oder Korbweidenmosaik geschmückt wurden.

Epheu oder wilder Wein können auch hier dazu dienen, den architektonischen Linien der Aussenseite zu folgen.

Den grössten Effekt machen derlei Bauten zwischen mächtigen Baumgruppen, immer aber auf und zwischen den Felsen.

§. 5.

Das Schweizerhaus.

Es ist in der Neuzeit Sitte geworden, fast alle Gartenbauten, besonders aber die Wohnungen des Gärtners und des Arbeiterpersonals im Schweizerstyl herzustellen, was meistens recht hübsch aussieht, an Orten aber, wo derlei Bauten zu viele beisammenstehen, auch monoton wirken kann.

Doch von derlei grösseren Gebäuden wollte ich nicht reden, sondern von einem Schweizerhäus'chen auf dem Plateau des breiten Bergrückens, am Ufer des Seees, im Gebüsch des Parkes, am Rande blumiger Wiesen, als Erholungsplatz für den Gartenfreund und seine Familie, und desshalb soll es kein Haus, vielmehr nur eine Alpenhütte, oder die Wohnung eines Sennhirten darstellen, auch soll es nicht mit den beliebten Holzschnitz- und Sägearbeiten unserer modernen Schweizerhäuser überladen, sondern so einfach ausgestattet sein, wie eine Sennhütte zu sein pflegt, die am Fusse der Felswand, neben sprudelndem Röhrbrunnen gelegen, dem einkehrenden Wanderer nichts anderes bietet, als Schutz vor Unwetter, Ruhe, Fernsicht und einen kühlen Trunk.

Wir sind schon so übersättigt mit Schweizerhäusern jeder Form und Farbe, dass ich es für nöthig halte, einige Winke bezüglich Anlage und Aufbau unseres Miniaturschweizerhauses zu geben.

Wie gesagt, es soll Fernsicht, Wasser in der Nähe und einigen Comfort haben. Stellen wir es auf Anhöhen, so mag Nadelholz, in den Niederungen aber, namentlich an den Ufern grösserer Gewässer, soll Laubholz den Hintergrund jenes Platzes ausfüllen, auf welchen wir unsere Alpenhütte gestellt haben.

Ebenso darf eine hochgelegene Sennhütte nicht mit Schlinggewächsen umrankt werden, die Schweizerhäus'chen der Ebene dagegen bekleidet man gerne mit dem Geranke des Weinstockes.

Auf dem aus Bruchsteinen zusammengefügten Unterbau, welcher
gleichsam Stallungen vorstellt, in Wirklichkeit aber zur Auf-
bewahrung von Gartengeräthen, eventuell von Esswaaren dienen
kann, wird ein Stockwerk aus Holz gesetzt und dasselbe mit
einem rings um das Gebäude führenden hölzernen Balkon nach
Schweizerart versehen.

Die hohen Pfeilerfenster, deren man oft mehrere knapp
neben einander anbringen kann, haben kleine, runde Scheiben, in
Holz oder Blei gefasst, und grosse, breite Fensterbretter.

Das auf den hölzernen Eckpfeilern (Säulen) des Balkons
ruhende, flache Dach ist aus Langschindeln zusammengefügt und
mit grossen, bemoosten Steinen beschwert, der Giebel mit Holz-
schnitzerei und Sägearbeiten verziert.

Treten wir in den Wohnraum, der aus Stube und Kammer
besteht, so finden wir die Wände und Decke mit Lärchenholz ge-
täfelt, den unvermeidlichen, schweren Eichentisch, Bänke an
den Wänden und einige Stühle, Alles in altmodischem Style gehalten, oft mit Schnitzwerk verschönert.

Soviel über die Ausstattung, wobei ich noch hinzufüge, dass
die Fenster der Mittagseite zugekehrt sein sollten, um das volle
Sonnenlicht einzulassen.

Ist das Schweizerhaus nicht schon auf Fels gebaut, dann wird
es nöthig, einige grössere Felsblöcke an den Grund der Hauptmauern
zu lehnen und so den Eindruck eines massig-felsigen Untergrundes
hervorzurufen.

Eine fernere Dekoration mit Blattpflanzen der Alpen,
mit Enzian und dergl., wird dem Gesteine nicht zur Unzierde
gereichen, wie auch ausgedehntere blumige Grasplätze vor der
Sennhütte die Natürlichkeit hervorheben und die Fernsicht ermöglichen.

Zu den Schweizerhäusern der Ebene führen gutgebahnte Fahr-
wege, zu jenen der Berge oft nur schmale, steinige Strassen, über
schwankende Brücken und Wasserfälle, über Abgründe und tosende
Bäche.

<h2 style="text-align:center">§. 6.</h2>

<h1 style="text-align:center">Brücken, Stege und Geländer.</h1>

Während die Brücke, welche mächtige, durch eine weite
Schlucht getrennte Felsenmassen verbindet, massiv steinern, dabei

möglichst einfach sein muss, die beiden Ufer des Wildbaches, der tosend zwischen den Felsen braust, oft nur in einem Bogen über- spannt, können die zahllosen Verbindungen und Stege zwischen dem Geklüfte von Holz angefertigt werden.

Der Plan, welcher diesem Werke zu Grunde liegt, überhebt uns der Aufgabe, eine vollständige Abhandlung über Brückenbau zu liefern.

Die einfachste Form des Ueberganges, auftretend bei schmalem Wassergerinne, bei engen Felsspalten, bei Abflüssen der Quellen, bei den Zugängen zu verschiedenen Parkgebäuden, Köhler- hütten, Einsiedeleien u. dergl., wo eine stattliche, über die Tiefe führende Brücke ganz zwecklos, ja unpassend, oft sogar lächerlich wäre, ist der Steg. Er wird hergestellt, indem man ein starkes Brett (Pfosten) auf zwei von einander gerückte Rundhölzer be- festigt, oder auch, indem man ein oder mehrere Rundhölzer nebeneinander legt, an ihren Anfangs- oder Endpunkten verbindet und durch grössere Steine an den Felsen befestigt, noch sicherer aber wenn man sie mit eisernen Klammern an das Gestein schmiedet.

Eine verbesserte Form des Steges stellt man her, wenn man je zwei und zwei Hölzer (an den Seiten übereinander liegend) an- bringt, die Fugen der Rundhölzer mit Moos verstopft, auf dieses Lehm aufschlägt und endlich das Ganze mit Kies oder Sand bestreut, welcher von den Stangen des Steges festgehalten und am Ausweichen verhindert wird.

Kleine, schmale Stege entbehren, sofern sie über geringe Tiefen führen, in der Regel des Geländers. Längere, oder über eine Kluft gebaute Stege erhalten auf einer Seite ein Geländer, das ganz einfach aus Pfählen besteht, die an den Rundhölzern, wohl auch am Ufer befestigt werden und über welche man eine berindete Fichten- oder Eichenstange nagelt.

Zwischen den Felsen am meisten vertreten ist die hölzerne Brücke, und da, ausser dem Anspruch der Tragfähigkeit, auch der Anspruch auf eine, der Umgebung, sonach der Wildniss ange- messene Form an sie gemacht wird, so ist es begreiflich, wenn ich sage, dass Brückenbauten innerhalb der Parkfelsen nie grossartiger Natur sein, sondern sich nur in den einfachsten Formen bewegen dürfen.

Wir werden es daher in der Mehrheit der Fälle nur mit einem erweiterten, verbesserten, hölzernen Steg zu thun haben und

von stolzen Bauten ganz absehen müssen, wenn den Felsen der Reiz
unangetasteter, reiner Natur nicht benommen werden soll, denn hier,
mitten in halber Wildniss, oder im Schatten tausendjähriger Waldbäume, würde ein mit Zieraten überladene, mit zierlichem
Holzgeländer versehene Brücke so zu sagen befremden!

Mit Ausnahme des in Holzimitation ausgeführten Eisen-
gusses verwenden wir daher zu den Felsbrücken nur Holz und
stellen das Geländer derselben von Aesten und Zweigen der
harten Laubholzarten zusammen, wobei wir den Haupteffekt für dergleichen Bauten in der Rinden- und Borkenbedeckung des
Materials suchen und finden müssen, obgleich nicht geläugnet werden
kann, dass im Lauf der Zeit durch das Abfallen und stellenweise
Loslösen der Rindentheile die eigenthümliche Schönheit solcher
Naturbauten nur zu früh zerstört wird.

Wir müssen daher trachten, die Rinde so lange als möglich
am Holze zu erhalten. Dies geschieht in erster Linie durch Verwendung ausserhalb der Saftzeit (Dezember) gefällter Hölzer,
anderseits dadurch, dass man die Rinde vermittelst Nägeln, Holz-
stiften, oder durch irgend ein dauerndes Klebemittel am Holze zu
befestigen sucht.

Will man sich der Borke zu derlei Verzierungen des Geländers
nicht bedienen, so ist ein Anstrich, der die Struktur des in Verwendung gekommenen Bauholzes mit seiner Faserlage nachahmt,
der angezeigteste.

Die Schönheit der Birkenrinde und der Kontrast von Naturbauten mit Zuhilfenahme dieser Holzart, in Mitten graugrüner
Felswände, verleitet nur zu oft zur Verwendung des Birkenholzes
für Brückengeländer. Allein die kurze Dauer dieses Holzes steht in
keinem Einklange mit den Auslagen des Brückenbaues, wesshalb es
rathsam ist, die Birke von derlei Bauten ganz ferne zu halten und,
wenn schon einmal die weisse Rinde der genannten Holzart eine
Rolle zwischen dem Gestein spielen soll, zur Imitation seine Zuflucht
zu nehmen.

Ich habe Gartensessel von Eisenguss mit Oelfarb-
anstrich gesehen, die täuschend ein mit Birkenrinde bekleidetes
Geäst darstellten, demnach mag es auch gelingen, Geländer und
Brustwehren aller Art in letztgenannter Weise anfertigen zu lassen.

Eine eigenthümliche Form des Ueberganges bilden die selten
gesehenen, hängwerkähnlichen, von Baum zu Baum geleiteten

Brücken, welche, im Geäste der Waldriesen angebracht, den Wanderer über Abgründe an's jenseitige Ufer führen. Auch ihrer sei hier nur Erwähnung gethan, die Ausführung selbst aber dem Architekten überlassen; ich füge bloss hinzu, dass solche Uebergänge, gut ausgeführt, den Reiz der Seltenheit für sich haben und, wenn sie von schwindelbehafteten Personen betreten werden, mit einem Geländer versehen sein müssen. Der leichte, luftige Aufbau, verbunden mit nothwendiger Sicherheit, nöthigt zu Eisenbauten.

Selbstverständlich darf auch hier ein das Geländer vertretendes Gitterwerk nur die höchste Einfachheit in Muster und Ausführung zeigen und der Oelanstrich keine grellen Farben bemerken lassen. Grau, Graugrün und Grauröthlich ist für Felsenbauten aller Art die geeignetste Farbe.

Dass eine Verdeckung des Brückengeländers durch Ranken- und Schlingpflanzen thunlich, stellenweise sogar sehr schön ist, wird der geehrte Leser von selbst einsehen.

§. 7.

Parkthore, Garten- und Grottenthüren.

Parkthore, die dem Wanderer den Eingang in eine halbe Wildniss verwehren, sollten nicht mit Künsteleien überladen, sondern der Umgebung passend angefertigt werden. Desshalb finde ich an solchen Orten das Anbringen von Wappen und sonstigen Emblemen ganz überflüssig, ebenso die Goldverzierungen, Arabesken und Malereien des Gitters, wohl aber würde ich rathen, zur Holzimitation von Eisenguss zu greifen, Waldlatten durch Riegel verbunden darstellend, und das Gitterwerk in einige mächtige Granitblöcke einzulassen.

Auf diese Weise wäre die nöthige Solidität hergestellt, ohne der Natürlichkeit und dem Schönheitssinne Abbruch zu thun, und will man dem Ganzen noch grössere Dauerhaftigkeit verleihen, so ist ein Oelanstrich des Eisengitters, Grau mit Graubraun oder Grauroth, nicht zu verwerfen.

Gartenthore und Thüren kleinerer Dimension in nächster Nähe der Felsen werden am zweckentsprechendsten von Waldlatten angefertigt.

Derlei Hölzer werden aus den **Fichten-** und **Tannenbe-**
ständen vom unterdrückten Holze genommen, zur Winterzeit gefällt, die Rinde daran belassen und vorsichtig im Schatten getrocknet,
damit sie nicht springen.

Die **Zusammenfügung** erfolgt mittelst **Eisennägeln** und
mache ich darauf aufmerksam, dass diese Kunstprodukte namentlich
im Erzgebirge des nördlichen **Böhmens** und in **Sachsen** (sächsische
Schweiz) gang und gäbe sind, was nicht Wunder nehmen kann,
wenn man bedenkt, dass die dortigen Fichtenwälder ein äusserst
billiges Baumaterial liefern und geschickte Zimmerleute, welche
allerdings zu solchen Bauten unumgänglich nöthig sind, in jenen
Gegenden leicht aufgetrieben werden können, wo nicht nur **Thor-**
wege, sondern auch **Zäune**, **Pavillons**, **Verandas** von **Hopfen-**
und **Bohnenstangen** in einer Eleganz und mit so viel Kunstsinn
ausgeführt werden, dass nichts zu wünschen übrig bleibt.

Was die **Dauerhaftigkeit** betrifft, so stehen derlei Holzbauten, welche in sehr exponirten Lagen demungeachtet 10 bis 15
Jahre überdauern, den Eisengittern selbstverständlich bedeutend nach,
haben dafür aber den Vortheil leichterer Anbringbarkeit, Herstellung
und **grösserer Billigkeit** für sich, indem selbst Thore grösseren
Maassstabes nicht über 40—50 fl. (80—100 M.) zu stehen kommen.

Ich habe es schon mehrmals berührt und komme nochmals
darauf zurück, dass in **nächster Umgebung der Felsen**, oder
zwischen den Gesteinpartien selbst, der Charakter der Wildniss gewahrt bleiben müsse und desshalb sind alle Holzbauten, welche mit
Rinde und Borke verkleidet erscheinen, hier so recht wünschenswerth.
Thore, Thüren und Zäune in diesem Style gehalten, können
daher an solchen Oertlichkeiten nur wohlthuend aufs Auge wirken.

Wo man nicht zu Gitterwerk greifen darf oder will, wie z. B.
bei allen in Wohnräume, Keller, Grotten, Schweizerhäuser, Grüfte
u. dergl. führenden Eingängen, dort wähle man **massive Thore**
und Thüren, deren Anfertigung geschickten Zimmerleuten, wo diese
aber fehlen, den Tischlern überlassen werden muss.

Modelle hiezu geben fast alle modernen illustrirten Gartenschriften, doch ist es wohl nicht überflüssig, zu erwähnen, dass man
sich bei Gartenbauten aller Art des **unpolirten Eichenholzes**
bedienen möge, welches höchstens mit Leinölfirniss zu tränken ist,
um die Dauerhaftigkeit der **Thüre** nicht abzuschwächen.

Eine grössere Aufmerksamkeit verwende man auf **Beschlag**

und Schloss und kann eine, im alterthümlichen Style gehaltene
Schlosserarbeit dem Thore nur zu höchster Zierde gereichen. Kupfer-
und Messingbeschläge können unter Umständen, nämlich bei
feineren Ausführungen dieser Art an Gebäuden u. dergl., Empfehlung
verdienen und den weit billigeren Eisenbeschlägen, obwohl in selteneren
Fällen, vorgezogen werden.

Aeussere Grottenthüren können von starken Pfosten angefertigt und mit Korkholz oder Eichenborke maskirt werden. Thüren
in Erdhöhlungen sind der Feuchtigkeit ausgesetzt und dürften des
Oelfarbenanstriches (Holzimitation) wohl kaum entbehren, wenn
sie nicht allzubald dem Verderben entgegengeführt werden sollen.

Dort, wo Wasserwerke thätig, oder in unterirdischen Räumen,
der Wassergehalt ein grosser (siehe Wohnung der Najaden),
bedient man sich zum Verschlusse mit Vortheil des Gusseisens,
welches der Umgebung entsprechend gefärbt werden muss. Hier
sind auch Glasthüren am rechten Orte, und Thürstöcke von
Eisenguss, einestheils der Haltbarkeit wegen, anderntheils um öfteres
Auswechseln der angemorschten Thürstöcke zu umgehen, welche,
wenn von Holz, allenfalls noch mit Felsstücken umgeben und verkleidet, einer raschen Zersetzung entgegen zu gehen pflegen.

Mit Ausnahme der Verbindungswege zwischen Grotten und
Höhlungen, welche durch schmale, nur eine Person durchlassende
Thüren versperrt werden, gebe man allen Thüren, namentlich aber
dem Parkthore, wo Wägen verkehren, die nöthige Breite und
bringe bei Hauptthoren auch noch ein bis zwei Seitenthüren
für die Fussgänger an.

Die Aufstellung von Statuen und Thierfiguren über dem
Parkthore kann ich nur bedingungsweise gutheissen.

§. 8.

Statuen.

Der verfeinerte, oft auch nur verschrobene Geschmack der Neuzeit liebt es, im Garten, und zwar auf Rasenplätzen, im
Schatten des Haines, oder zwischen den Blumen, Statuen
aufzustellen.

So sehr ich derlei dort, wo Kunst in Kunst greift und
auffällig zu Tage tritt, wie in sehr aufgeputzten Gärten voll exo-

tischer Gewächse und Teppichbeete empfehlen kann und ganz angezeigt finde, ebensowenig erkläre ich die Aufstellung von Statuen im Wildpark und zwischen den Felspartien, wo Alles die reinste Waldnatur athmet, passend.

Muss und soll es schon so etwas ähnliches sein, so wähle man, anstatt der so beliebten mythologischen Figuren, lieber Thierfiguren und setze dieselben theils auf die Säulen des Parkthores, oder in den Schatten des Waldes, hüte sich aber, diese Figuren auf den Felsen selbst zu stellen, wenn man den Besucher des Gartens nicht in seinen Illusionen stören will.

Recht gut macht sich folgende Anwendung: In Mitten einer gutgehaltenen Rasenfläche ein Sockel von unregelmässigen, grauen Felsstücken, mit Epheu oder Sinngrün durchwachsen, von circa 1 Meter Höhe. Darauf eine Hirschgruppe (Hirsch stehend, mit 2 liegenden Thieren in ungezwungener Haltung an der Seite) von Eisenguss oder Composition.

Zweites Tableau: Eine kleine, zackige Felspartie, gleichfalls mit Epheu und Farnen decorirt, darauf eine Gemsgruppe.

Drittes Tableau: Kleine Felspartie, auf höchster Felsspitze ein Adler mit ausgebreiteten Schwingen sich zum Wegfluge richtend, darunter ein zweiter, mit seinem Raub beschäftigt.

Viertes Tableau: Eine Partie Kragengeier, ein getödtetes Lamm oder Reh verzehrend.

Ich könnte der Gruppen noch mehr zeichnen, der geehrte Leser möge sich jedoch mit den obigen begnügen und zur gefälligen Notiz nehmen, dass diese Figuren auch in Thon angefertigt werden. — Ich sah ein Reh in liegender Stellung, täuschend einem lebenden ähnlich, mit Oelfarbe bemalt, von Töpferthon, das, was Ausführung und verhältnissmässige Billigkeit anbetrifft, nichts zu wünschen übrig liess.

Ganz anders gestaltet sich die Sachlage, wenn Grotten und sonstige, durch blosse Kunst hervorgerufene, unterirdische Räume (Troglodytenpalast, Wohnung der Najaden etc.) ausgeschmückt werden sollen.

In den gegebenen Fällen sind Standbilder von Meer- und Flussgöttern, Nymphen, Faunen u. dergl. nicht nur schwer zu umgehen, sondern sie bilden sogar einen charakteristischen Theil des Ganzen.

Da heisst es, umsichtige Auswahl in dem vorhandenen Material treffen und die Figuren so zu gruppiren, wie es der Zweck des Ausstattens erheischt. Man glaubt kaum, wie die in Rede stehenden Räume durch geschicktes Arrangement gewinnen, durch Ueberladung verlieren können. Nicht die Zahl und Grösse der Statuen, sondern die Schönheit der Letzteren und die Art und Weise ihrer Verwendung ist massgebend.

Dass Pflanzen fast bei allen Figuren. eine Hauptrolle spielen, ist einleuchtend, nur sei man auch da vorsichtig in der Wahl des Materials und bedenke auch hier, dass jedes Uebermass schadet. So wird man Standbilder der Wassernixen mit Sumpf- und Wasserpflanzen umgeben, Amor und Flora mit Blumen schmücken, Diana mit Nadelholz umschatten, Bachus mit Weinlaub beranken lassen u. a. m.

Statuen geharnischter Ritter, Jäger, Falkoniere, verweise man auf Terrassen und an das Parkthor, in die Nähe der Wohnung und lasse Fels und Wald frei, — frei von den tausend Künsteleien der modernen Welt.

Einmal nur sprach mich die Kunst in Mitten urwüchsigen Naturlebens an, als ich an hoher Felswand des Parkes eine Gemse in natürlicher Grösse, Stellung und Farbe angebracht sah. Man musste gut und länger hinblicken, um die Täuschung zu gewahren, und so mag es Entschuldigung finden, wenn Liebhaber derartiger Gebilde sich zuweilen zu derlei Extravaganzen verleiten lassen.

Auch der betende Einsiedler an der Eremitage, der Mönch an der Gruft, gehören in letztgenannte Kategorie, und die Aufstellung dieser Figuren sollte thunlichst vermieden werden, wenn man — und dies ist besonders bei schlechten Copien der Fall — nicht den Eindruck des Lächerlichen hervorrufen will.

Sogar die Umformung geeigneter Felsvorsprünge durch Bemalung und Ausmeisselung einzelner Theile in Büsten und Köpfe berühmter Persönlichkeiten, oder in Faune und sonstige Zerrbilder, kann ich innerhalb der Parkfelsen nicht, oder doch nur ausnahmsweise billigen!

Derartiges kommt mir stets wie eine Profanation der ernstesten Werke mächtigen Naturwaltens vor.

§. 9.

Knorrige Eichen, Baumstumpfe und Lagerbäume.

Wer die Beschreibung eines tropischen Urwaldes gelesen hat und sich vergegenwärtigen kann, wie reizend das Bild ist, wenn Lianen den Baumriesen umklammern, Orchideen aus den Löchern herauslugen und Kriechpflanzen aller Art von den Aesten herabhängen, in dem wird gewiss das Verlangen entstehen, Aehnliches, so weit es nämlich unser nordisches Klima zulässt, im Kleinen zu schaffen.

Wohlan, machen wir den Versuch! Verschaffen wir uns eine, wenn gleich noch gesunde, so doch mit einigen Astlöchern versehene Leiche eines Laubbaumes von circa 3 Meter Länge, kürzen wir die stärksten Aeste bis auf 30 cm. lange Stumpfe, welche wir aushöhlen, und nageln an den Hauptstamm einige Holzschwämme (in diesem Falle in natürlicher Lage, d. h. mit der Flachseite nach unten), so ist der Anfang gemacht.

Solche Klötze stelle man theils vereinzelt, theils zu mehreren entweder auf Rasen, oder zwischen den Felsen senkrecht auf, umgebe den Fuss, der Schönheit und besseren Haltbarkeit wegen, mit einigen grotesken Felsstücken, fülle die Astlöcher und Baumstumpfe mit Lauberde, und befestige schliesslich vermittelst Nägel an die Nordseite des Stammes einige dünne Platten schönen, grünen Waldmooses, das man von geeigneten Oertlichkeiten behutsam ablöst und durch tägliches Giessen lebend erhält.

In devastirten, vom Viehtrieb arg heimgesuchten Wäldern findet man oft derlei verkümmerte, knorrige, vielästige Bäume von kaum 4 Meter Höhe. Wo es thunlich, wähle man nur die Eiche, weil alle übrigen Laubholzarten ihr an Dauer nachstehen. Oft aber bleibt keine grosse Auswahl übrig, und dann muss man mit Bohrer, Stemmeisen und Beil nachhelfen, um dem Stumpfe ein möglichst abenteuerliches Ansehen zu geben.

Die Fällung solcher Stämme geschehe im Winter, die überflüssigen Aeste entferne man womöglich sogleich im Walde und transportire den Stamm, um Rindenabsplitterung zu vermeiden und das auf der Borke haftende Moos und die Flechten nach Thunlichkeit zu schonen, auf Schlitten mit einer Unterlage von Stroh. Abgerissene Rindenstücke nagele man sogleich wieder auf, oder

ersetze sie durch ähnliche Borkenstücke, ebenso ist es thunlich,
knorrige Auswüchse und Stumpfe nach Bedarf künstlich anzu-
heften, selbstverständlich auf eine, das natürliche Ansehen des
Baumes konservirende Art.

Was die Aufstellung betrifft, so geschehe sie auf eine Weise,
dass der Wurzelanlauf des Stammes (Wurzelhals) sich noch über
dem Boden befinde, und es das Ansehen habe, als ob der Stamm
an seinem natürlichen Standorte emporgewachsen wäre. Man rode
daher den Stamm mit einigen der dicksten Wurzelstücken, unter
allen Umständen mit den oberirdisch laufenden, aus, welche
dem aufgerichteten Stamme neben einigen Felsstücken hinreichenden
Widerstand gegen Anprall der Stürme gewähren, anderseits auch
nicht wenig zum natürlichen Ansehen des Ganzen beitragen.

Zwischen diese Baumknorren kann man, der Abwechslung
wegen, einige kurze Baumstumpfe (Stöcke) aufstellen. Die
Roth- und Weissbuchenstöcke sind oft so malerisch mit
Holzschwämmen aller Art überwuchert, dass sie dem Garten, eventuell
Felspark, nur zur Zierde gereichen würden, besonders dann, wenn
man solche Baumstumpfe noch mit Epheu umranken liesse. Ihre
Aushebung und Transportirung geschieht im Winter sehr leicht.
Man wähle sie von verschiedener Grösse und vertheile sie so, wie
sie im Walde standen, über die Fläche, welche dann einem
Holzschlage etwas ähneln wird.

Wir haben bisher von senkrecht stehenden Baumleichen gesprochen, können aber auch Lagerbäume nachbilden, indem wir
einzelne Stämme in halb- oder ganzliegender Stellung
zwischen die Baumstumpfe anbringen, oder über eine Schlucht,
gleichsam als Brücke legen.

Alle diese Stämme bedürfen, sollen sie natürlich aussehen,
des Mooses und der Holzschwämme, ferner des Berankens mit
Kletter- und Schlingpflanzen, auch kommt es viel darauf an, wo
und wie derlei Lagerbäume, welche nur inmitten ganz wilder
Partien schön sind und dort das Waldesdüster zum vollen Ausdruck
bringen helfen, angebracht werden. Eine ungeschickte, mit dem
Waldcharakter wenig vertraute Hand, kann da oft nur Hässliches
bilden, der geniale Gärtner dagegen in solchen abgestorbenen Hölzern
das beste Material zur Bildung romantischer Scenerien finden.

Man hat in der Neuzeit vielfach Versuche gemacht, knorrige

Eichenstumpfe der Natur nachzubilden, indem man solche Hölzer aus Thon nachformte und übermalte.

Derlei kann zwar im Blumengarten Aufstellung finden, zwischen den Felsen aber wird so etwas nur kleinlich, ja kindisch aussehen, ist daher möglichst und selbst dann zu vermeiden, wenn man Eisenguss zu Hilfe nimmt und die Hand des geschicktesten Künstlers walten lässt.

In Bezug auf die Begrünung der knorrigen Eichen sei hier nur so viel erwähnt, dass eine später folgende, ausgiebige Beschreibung und Aufzählung zahlreicher Kriech-, Kletter- und Schlingpflanzen mich der Aufgabe enthebt, schon jetzt ins Detail einzugeben.

In einfachster Form bilden Moos, Farnkraut, Epheu und Sinngrün die wichtigste und schönste Dekoration. Dies schliesst aber durchaus nicht aus, dass vermögendere Blumenfreunde die reichen Schätze ihrer Glashäuser solchen Dekorationszwecken opfern und gleichfalls die richtige Wirkung hervorbringen können, nur vermeide man, zwischen den Felsen eine Ueberfülle blühender Gewächse und die Aufstellung und Anbringung zu auffallender Formen.

Dass die Oertlichkeit, ob im Schatten, ob in der vollen Sonne, beachtet werden muss, ist klar! Sonnenpflanzen für heisse, Schattenpflanzen für feuchte Lagen, das sei unser Anhaltspunkt.

§. 10.

Holzschwämme.

Im Schatten der Wälder an alten Baumstämmen, oft erst an Baumleichen und modernden Stöcken wachsen seltsame, zuweilen recht nette und lebhaft gefärbte Gebilde, die man als Holzschwämme kennt, und unter denen der ächte Zunder- oder Feuerschwamm (Polyporus fomentarius, L.) der bekannteste und populärste ist. Zu den Hutpilzen gehörend, zeichnet sich die Gattung Polyporus, Fr. aus, welche Arten einschliesst, die auch Löcher- oder Röhrenpilze genannt, schon von Weitem durch die klumpige, halbkreisförmige, oft gedrückte Gestalt und die konzentrischen Furchen, welche dem Lebensalter des Pilzes entsprechen und oft im jüngeren Alter lebhafter gefärbt erscheinen, kenntlich werden.

Alle diese Pilze sind von trockenholzartiger Textur und variiren meist in den Farben: Hellgrau, fast Weiss, bis zum düsteren Schwarzgrau, Rothgrau, Rostroth, Braun und Schwarz. Sie erreichen nicht selten die Grösse einer Backschüssel, obwohl Holzpilze von der Grösse eines Pferdehufes die gewöhnlichsten sind, und werden von ärmeren Waldbewohnern zuweilen gesammelt, theils um den ächten Zunder daraus zu bereiten, theils um sie an die Städter zu verkaufen, welche die schönsten und grössten Formen gern als Console verwenden, um kleine Figuren und andere Nippsachen darauf zu stellen.

Mit Nachhilfe des Messers lassen sich recht artige Gebilde aus dem Holzschwamm schnitzen, und wer es versteht, Köpfe von Göttern, Faunen, Eremiten u. dergl. aus dem Schwamme zu formen, kann sie als phantastische Dekoration seines Wohnzimmers benützen.

Doch nicht hievon, sondern von der Verwendung der Holzschwämme als Gartenschmuck wollen wir sprechen und berühren nur flüchtig, dass der ausgehöhlte und verkehrt aufgehangene Buchenschwamm, mit leichter Erde gefüllt, recht gut eine anspruchslose Hängpflanze, besser noch ein Sedum, Sempervivum, einen Schlangenkaktus oder sonst eine kleinere Saftpflanze beherbergen kann und, auf diese Weise ausgerüstet, nicht verfehlen wird, bei Jung und Alt Beifall zu finden. Durch Zusammenfügen zweier gleich grosser Holzschwämme lassen sich auch recht nette Ampeln herstellen und mit Kriechpflanzen versehen, deren saftiges Grün von dem Graugrün des Holzschwammes recht angenehm kontrastirt.

Solchergestalt ausgehöhlte Schwämme pflegt man, der bessern Haltbarkeit und grösseren Schönheit wegen, mit einem Lack zu überstreichen, auch die Aushöhlungen mit Blech zu verkleiden, oder mit einem thönernen Gartengeschirr zu versehen, welches bequem ausgehoben werden kann.

Eine nicht ganz gewöhnliche Zierde des Gartens sind grössere Holzschwämme, wenn sie im Freien an alten Baumstämmen befestigt oder zur Ausschmückung eines knorrigen Stockes verwendet werden. Es kann dies bei nur einigermassen Umsicht und Schönheitssinn auf mannigfaltige, den Waldcharakter zum Ausdruck bringende Weise geschehen, und namentlich lassen sich ungefähr 2 Meter hohe, an geeigneten Plätzen aufgestellte Eichenstöcke recht artig mit Holzschwämmen dekoriren, wenn man jetztere mit Schlinggewächsen, Farnkräutern, Lycopodien und Moosen bepflanzt, welche, über die rissige, knorrige Rinde herabhängend, einen malerischen Anblick darbieten.

Hiebei hüte man sich jedoch, wenn man die beabsichtigte Wirkung nicht schmälern will, vor jeder Ueberladung, sei es durch Schwämme selbst, sei es durch die in Verwendung kommenden Gewächse, welche stets von mässigem Wuchse sein sollten. Auch dürfen in den Holzschwämmen, welche an Bäumen auf oder zunächst der Felspartie angebracht wurden, exotische Pflanzen nur mit vieler Vorsicht Aufnahme finden. Einheimische Kriechpflanzen sind hier ganz am rechten Orte und empfehlenswerth, wie Atragene alpina, Linaria Cymbalaria und Saxifraga sarmentosa.

Die Befestigung der Holzschwämme geschieht mit eisernen langen Nägeln, die man, nachdem man hinreichend vorgebohrt hat, durch die ganze Dicke des Schwammes und entsprechend tief in den Stock treibt. Hervorstehende Nägelköpfe müssen mit passender Oelfarbe überstrichen und auch die rings um die Befestigungstelle sich etwa ergebenden Abschürfungen des Stammes mit Rinde oder lebendem Moos naturgemäss verkleidet werden.

Zur Verdeckung dieser und ähnlicher Wunden am Stamme dient vortrefflich die Rennthierflechte und andere Flechtenarten, welche man vermittelst Holzsplittern am Stamm befestigt; sie wachsen, wenn man sie vorsichtig von ihrem Fundorte abgelöst hatte und der neue Standort hinreichend feucht erhalten wird, nicht selten wieder an und vegetiren freudig weiter.

Für Pflanzen, welche in diesen Holzschwämmen im Freien kultivirt werden, sei die Erde, im Gegensatze zu den im Glashause kultivirten Schwammpflanzen, mehr schwer als leicht, um eine allzuschnelle Austrocknung zu verhindern. Man sorge auch dadurch, dass man im Rücken des Holzschwammes ein Loch bohrt, welches in Communication mit dem Abzugsloche des eingesenkten Gefässes steht, für hinreichenden Abfluss angesammelter Feuchtigkeit.

§. 11.

Korkholz.

In der Neuzeit spielt das Korkholz zu Verzierungen aller Art eine grosse Rolle und dürfte mit der Zeit noch weit mehr in

Gebrauch kommen. Kork, als solcher betrachtet, ist ein eigenthümliches Zellgewebe, welches sich bei allen Holzgewächsen in der Oberhaut und den darunterliegenden Zellgewebeschichten der Rinde entwickelt, eine mehr oder weniger dicke Hülle um die Stämme bildet und hier die Bestimmung hat, die Verdunstung des in dem Stamme und in den Aesten zirkulirenden Saftes zu verhindern.

Wir sehen sonach, dass der Kork ein allgemein verbreitetes Pflanzenprodukt ist, als Wucherung der äussersten Rindenschicht verschiedener Bäume bemerkbar, wie wir dies bei einigen Ahorn- und Ulmenarten recht deutlich sehen können.

Der im Handel vorkommende Kork, auch Pantoffelholz, Sohlenholz genannt, wird, so viel wir jetzt wissen, von zwei verschiedenen Korkeichen gewonnen, nämlich von der eigentlichen oder südlichen Korkeiche, (Quercus Suber, L.) einer immergrünen Eichenart, die im südwestlichen Europa, namentlich in Südspanien und Portugal, ferner in Nordafrika vorkommt, dem Q. Ilex, sempervirens und ähnlichen verwandt, auch in Dalmatien angebaut, aber in Deutschland kaum im Freien zu durchwintern; ferner von der im südwestlichen Frankreich, dann in Spanien und Portugal wachsenden Quercus occidentalis, Gay, die sich von der vorgenannten durch zweijährige Samenreife und nur ein Jahr ausdauernden Blättern, wesentlich unterscheidet.

Doch nicht von dem, seit langer Zeit im Handel befindlichen, elastischen Kork, welcher zu Schuhsohlen für Orchideengärtner recht schätzenswerth, für unsere Bedürfnisse aber, für Felsgärtner und in der Verwendung zu Garten-Ornamenten gar keinen Werth hat, wollten wir sprechen, sondern von jenem Korkholz, welches die Borke der Korkeichen bildet, eine sich selbst überlassene Korkbildung, die, eben ihrer Zerrissenheit und Rauhheit wegen, bis vor Kurzem nicht zu technischer Anwendung gelangte.

Eine solche Korkborke, wie wir sie nennen wollen, und welche das Produkt der ersten Schälung einer Korkeiche ist, während der elastische, meist zu Stöpseln verbrauchte Kork, Pantoffelholz, erst nach dreimaliger, vorläufiger Schälung gewonnen wird, bezieht man von Spanien, mehr noch von Frankreich über Triest, Bremen und Hamburg in mehr oder minder grossen Stücken und Streifen, die grosse Aehnlichkeit mit der Rinde alter Zerreichen haben, ziemlich leicht sind und eine eigenthümlich graue Wetterfarbe besitzen, unter dem Handelsnamen: Virgin cork

(Jungfernkorkholz). Die Zerrissenheit, die Wetterfarbe und das Sonderbare der in Rede stehenden Korkrinde macht sie geeignet zu allerlei Gartenverzierungen.

So soll unter Anderem in einer der vielen Gartenbauausstellungen zu London ein Wasserfall, dessen Grundlage und Umgebung aus Korkholz hergestellt (Felsimitation) war, sehr natürlich ausgesehen und vielen Beifall gefunden haben, so zwar, dass man später versuchte, derlei Kunstwerke auf dem Continente nachzubilden, was auch in der That, hier besser, dort schlechter, gelang.

Eine weitere Verwendung findet der robe Kork zur Bekleidung vieler Holzbauten. Gartenhäus'chen, Schweizerhäuser, Pavillons, Eremitagen mit Korkholz verkleidet, sind in der That reizend, und da das Korkholz die gute Eigenschaft besitzt, nicht so leicht zu verwittern (im Wasser soll es, gemachten Versuchen nach, viele Jahre in vollkommen frischem Zustande ausgehalten haben), so darf ich dasselbe wohl mit Fug und Recht allen Gartenfreunden als dauerhaftes und zierendes Verkleidungsmaterial empfehlen.

Dass man Korkrinde recht gut zur Imitation von Felsen verwenden könne, habe ich weiter oben berührt; ich gehe nochmals auf dieses Thema ein, bemerkend, dass in kleineren Gärten, namentlich in der Ebene, wo Felsen nicht so leicht zu haben sind, Eisenbahnen aber den Verkehr vermitteln, das in Rede stehende Pflanzenprodukt ein durchaus nicht zu verachtendes und, gut angebracht, selbst geübte Augen täuschendes Material liefert.

Dort, wo es sich darum handelt, wunde Stellen alter Solitärbäume, besonders der Eichen, zu verdecken, nimmt das Zierkorkholz den ersten Rang ein, es verdient auch Beachtung bei Anfertigung von Farnsäulen und Farnwänden, künstlichen Baumknorren und Stöcken, bei Verzierung von Parkeingängen und Gartenthüren.

Nicht minder werthvoll erweist es sich bie Verzierung von im Freien ausgestellten Volièren, Taubenhäusern, Eulenkäfigen u. dergl. Nistkästen für Höhlenbrüter, damit bekleidet, sind so natürlich, dass sie von den Vögeln sehr gern bezogen werden, und selbst künstliche Ruinen, im kleineren Maassstabe ausgeführt, habe ich gesehen, die Alles, was in diesem Genre bisher geliefert wurde, übertrafen.

Aquarien und Terrarien sah ich verziert mit Korkholz;

kleine Grotten zwischen Doppelfenstern lassen sich meisterhaft von diesem Material nachbilden, Vasen, Blumenständer, Springbrunnengestelle, Blumentisch'chen, Consolen und noch tausend andere Spielereien und Verzierungen lassen sich ebenfalls von Korkholz formen, und zwar so, dass es nicht möglich wird, an diesem Orte alles das zu besprechen, was mit diesem und durch dieses Material geschaffen werden kann.

Die Industrie hat sich bereits dieses sonderbaren Pflanzen-Produktes bemächtigt und es zu einer Handelswaare gestempelt, welche man in allen Grossstädten zu nicht sehr hohem Preise (Gebrüder Uhde in Harburg a. d. Elbe notiren Zierkorkholz 50 Kilogramm für 18 Mark) ankaufen kann. Dem Gartenarchitekten, ebenso dem bescheidenen Blumenfreunde, dürfte in nicht gar zu langer Zeit der Zierkork bei seinen eigenthümlichen und überraschenden Formationen sehr beliebt, ja zur Verwendung bei Grottenanlagen, Lauben, Pyramiden, Blumentischen, Ampeln, Körben u. dergl. wegen seiner, man könnte fast sagen unvergänglichen Dauer, nahezu unentbehrlich werden.

Vierter Theil.

Ausschmückung natürlicher und künstlicher Felsen mit Gewächsen.

---

§. 1.

Allgemeine Bemerkungen.

Man kann Felsen entweder durch Aussaat oder durch Pflanzung begrünen.

Diese wie jene Methode kann zum erwünschten Ziele führen, wenn sie sich den obwaltenden Verhältnissen innig anschmiegt und mit Sorgfalt ausgeführt wird. Wenn daher Gartenfreunde klagen: „nie will mir die Saat durchaus recht gedeihen", und ein Anderer spricht: „diese und jene Pflanze will bei mir nicht anwurzeln", so trägt in vielen Fällen weder das Klima noch der Boden, sondern eine unrichtige Behandlung die Schuld. Gar oft wird daher auf die Kultur so mancher unserer Lieblinge von vornherein verzichtet, insbesondere bei Felsanlagen der verschiedensten Form, Grösse und Ausdehnung, wo wir in demselben Garten die schroffsten Boden- und Temperaturverhältnisse, oft knapp nebeneinander, zu berücksichtigen haben.

Wer daher seine Steinpartien mit Erfolg durch Pflanzen ausschmücken will, der muss nicht nur Licht- und Schattenseiten, trockene und feuchte Stellen seiner Anlage, sondern auch die Pflanze, welche er zu kultiviren gedenkt, ihr Leben, ihre Ansprüche an Erde und Luft genau kennen.

Es kann wohl kaum mit voller Bestimmtheit gesagt werden, welche Pflanzen nur für Felsen passen, denn die Lösung dieser Frage ist eine der schwierigsten im Gartenfache, demungeachtet will ich den Versuch machen, diejenigen Gewächse zu sichten, welche ich seit Jahren auf Felsen kultivire, oder die mir von zuverlässigen Personen als zur Felsdekoration tauglich empfohlen wurden.

Der Zweck vorliegenden Werkes kann ferner nicht sein, umfassende Kulturanweisungen über Felspflanzen wiederzugeben, es kann nur von der Verwendbarkeit und Aufstellung dieses und jenes Gewächses flüchtig Notiz genommen, dem Gartenfreunde aber keinesfalls langathmige Vorträge über die Details der Bepflanzung gehalten, sondern nur hie und da einige Winke gegeben werden, was er zu thun und was er zu unterlassen habe.

Die erste Frage, die an uns herantritt, wird wohl sein: In welchen Fällen wird auf unseren Steinpartien die Saat, wann muss die Pflanzung angewendet werden? Kleine Steinhügel in günstiger Lage und gemässigtem Klima, unter fortwährender Behandlung und Ueberwachung stehend, dem Wassermangel nicht ausgesetzt, können wohl anstandslos durch Saat begrünt werden, namentlich dann, wenn man über einen grösseren Vorrath von leicht keimenden Samen verfügt.

Hiebei können zwei Wege eingeschlagen werden. Entweder man säe Species und Varietät getrennt von einander in die besonders hiezu vorbereiteten Felslöcher, Ritzen und Beete, oder man vertheile den beliebig gemischten Samen mit Erde oder Sand vermengt, regellos über die ganze Gruppe.

Wenn es auch klar ist, dass durch erstere Methode, die sich besonders dann empfiehlt, wenn man Arten und Varietäten in kleine Gruppen vereint aufstellen, oder unbekannte Gewächse erst kennen lernen will, mehr Ordnung und System in die Anlage gebracht, auch Farbenvertheilung erleichtert wird, so kann anderseits wieder nicht geläugnet werden, dass die bequemere Saatweise vermittelst Aussprengung gemischten Samens über die ganze Anlage, zwar ein weit grösseres Quantum vorzüglichen Samens beansprucht, dagegen dem Korne Gelegenheit geboten wird, sich die ihm zuträglichste Erde, oder den gewünschten Standort selbst aufzusuchen. Durch dieses bunte Durcheinander von Gewächsen wird nun aber das natürliche, wilde Aussehen der Steinpartie nur erhöht, weil eine Pflanze im Moose, die andere auf der Steinplatte, eine dritte im Wurzelgeflecht eines Baumes sich ansiedelte, während die vierte in der Felsritze, nächst dem Wasserfalle, ihr Lieblingsplätzchen findet. Dass die Aussaat, namentlich jene der Gehölze, ziemlich langweilig

ist, da die Resultate oft jahrelang auf sich warten lassen (bei schwer-
keimenden Samen und schwachwüchsigen Arten) kann nicht geläugnet
werden.

Allein eben so gewiss ist es, dass man durch Aussaat bei vielen
Perennien weiter kommt als durch Aussetzen derselben auf die Felslage, weil manche derselben, z. B. Hypericum calycinum repens,
ungeachtet aller Aufmerksamkeit, beim Verpflanzen wiederholt zu
Grunde gehen.

Zudem kommt noch der nicht ausser Acht zu lassende Vortheil,
dass eine Prise keimfähigen Samens mehrere Hunderte Pflanzen
liefert, mit welchen man schon das nächste Jahr bei einigermassen
guter Pflege eine Felsanlage nahezu überschwemmen kann, während
die von Handelsgärtnereien aus weiter Entfernung bezogenen Pflanzen,
ganz abgesehen von den oft unverantwortlich hohen Preisen so
mancher doch ganz leicht zu vermehrenden Perennie, häufig nach
dem Aussetzen eingehen, oder zuweilen jahrelang kümmern.

Sommergewächse können selbstverständlich mit geringer
Ausnahme nur aus Samen gewonnen werden, man säet sie in der
Regel sogleich ins Freiland, wie Aethionema Buxbaumi, Alyssum
Benthami, Aster, Campanula, Cynoglossum, Gypsophila, Iberis,
Nemophila, Reseda, Sycios angulata und viele Schlinggewächse,
oder vorerst in Mistbeete, um sie dann später durch zeitiges Verpflanzen in kleine Töpfe zum Austopfen für das Freiland vorzube-
reiten. Auch unmittelbar aus Mistbeeten und Saatnäpfen werden
zärtliche, vorher abgehärtete Sommergewächse in die Felspartie
versetzt, z. B. Anagallis, Cucurbitaceen, Lobelia, Mesembrianthemum,
Mimulus, Phlox, Thunbergia, Maurandia u. dergl. mehr.

Aus dem Vorausgesagten ist daher ersichtlich, dass derjenige,
welcher auf leichte und minder kostspielige Weise zum Bezuge guten,
keimfähigen Samens gelangt, Sommergewächse und Perennien
jedenfalls selbst ziehen wird, wenn auch gleich die Aussaat an Ort und
Stelle nicht immer befürwortet werden kann, immer aber ist es
anzurathen, Freilandstauden in zartester Jugend zwischen die
Felsen zu bringen, damit die Wurzel Zeit gewinne, sich den Weg
rechtzeitig unter das Gestein zu bahnen.

An feuchten schattigen Felspartien ist eine Bedeckung der Saat
nicht nothwendig, wohl aber Schutz vor Vogelfrass mittelst Nadelholzreisig oder klein gehacktem Moose. Letztere Bedeckung ist besonders an den Südhängen der Felsen empfehlenswerth, ebenso daselbst

auch ein tägliches durchdringendes Begiessen. Uebrigens versäume man nicht, zu dicht gekeimte Saat rechtzeitig, d. h. bald nach dem Aufgehen zu durchlichten, weil es unser Wille nicht sein kann, Schwächlinge zwischen dem Gestein gross zu ziehen.

Die Samen von Holzgewächsen, wie immer sie heissen mögen, sogleich zwischen das Gestein zu säen, ist oft eine missliche Sache und es nimmt das langsame Heranwachsen der Pflanzen die Geduld des Gartenfreundes in hohem Grade in Anspruch. Freilich ist der Vortheil stets auf Seite der Pflanze, die schon in frühester Jugend ihre Pfahlwurzel tief zwischen die Felsspalten hineintreibt und so jedenfalls widerstandsfähiger gegen äussere Einflüsse wird, aber man bedenke doch, dass der Same edlerer Hölzer nicht immer keimfähig in unsere Hände gelangt, was besonders bei öligen Samen von Wall- und Haselnüssen, Buchen, ferner bei Eichen und exotischen Nadelhölzern stattfindet. Aber auch keimfähiger Samen liegt nicht selten monate-, ja jahrelang in der Erde, ehe er seine Cotyledonen zum Lichte breitet. Solche, sehr langsam keimende Arten, deren Korn oft 2—3 Jahre hindurch schlafend in der Erde ruht, finden sich bei den Gattungen: Cornus, Crataegus, Ilex, Mespilus, Prunus, Pinus, Rosa, Sorbus, Taxus, Fraxinus, Carpinus, Paeonia, Laurus, Daphne u. s. w. und diese, sowie alle langsam wachsenden Arten, z. B. Taxus, werden wir besser in ziemlich entwickeltem Zustande, allenfalls hochstämmig auf, oder zunächst an die Felspartie bringen.

Sogar die Aussaat leichtkeimender Gehölze, Birken, Eichen, Rosskastanien, Buchen u. A. an die für sie bestimmten Plätze kann ich nicht immer befürworten; es sei denn, man beabsichtige Gehölze an solchen Stellen zu ziehen, wo das Aussetzen grösserer Exemplare ganz unthunlich ist, wie in Felsspalten, an steileren Wänden, zwischen grossen Felsblöcken und ähnlichen Orten, in welch letzterem Falle die Aussaat allerdings das einzige Mittel bleibt, Gehölze auf den Felsen zu bringen.

Die Bewaldung natürlicher Fels- und Geröllmassen erfordert indess eine weit grössere Umsicht.

Findet sich auf dem Gestein noch hie und da ein Plätzchen mit Erde, da und dort ein Plateau, worauf Holzarten ihr kümmerliches Dasein fristen, so ist schon viel gewonnen, und man ist in der Lage, durch Verbindung dieser einzelnen Stellen untereinander mittelst Stangenhölzern oder Steinrücken, auf welche man Rasen und Erde

schüttet, wenigstens eine gitterartig durchbrochene Erdkrume herzustellen. Oft hilft man sich, wenn das Gestein bereits spaltig und
rissig ist, dadurch, dass man Pfähle in die Spaltöffnungen treibt
und niedrige Flechtzäune zwischen den Vertiefungen, Mulden und
Einrissen der Hänge anbringt, wodurch das Abrutschen und Weg-
schwemmen aufgeschütteter Erde (die bei solchen Ausführungen
unbedingt von bindender, lehmiger Beschaffenheit sein muss) verhindert wird.

Beinahe jeder zerklüftete Fels hat Stellen, von welchen aus die
Kultur nach anderen, naheliegenden Plätzen, allerdings nicht auf
einmal, sondern oft erst nach Verlauf vieler Jahre, geleitet werden kann,
und wenn man es nur versteht, zuerst ein Dritttheil des Gesteines
zu begrünen, so hat man bereits gewonnenes Spiel, vorausgesetzt,
dass die Anlage für Menschen und Thiere verschlossen bleibt.

Ueberall, wo Erde fehlt, muss diese nach Thunlichkeit auf den
Felsen geschafft werden, wo man sie entweder streifenweise querüber
an dem Flechtwerk anschüttet, oder flachrückige Hügel formt, die
auch noch mit Steinen belegt werden müssen. Wo Rasenplatten
leicht und in Menge zu haben sind, wird es gerathen sein, alle
Erd-An- und Aufschüttungen zuerst mit Rasen und dann erst mit
Steinen zu belegen; auf diese Weise wird die Feuchtigkeit zurück-
gehalten und das Anwachsen des Rasens (was selbstverständlich als
grosser Vortheil bezeichnet werden kann) begünstigt.

Alle Arbeiten am Felsen werden mit Vortheil nur im Herbste
vorgenommen.

Das Aufforsten von Geröllschichten ist ungleich leichter. Nicht
selten findet man unter der losen Steinschicht noch hinreichend gute
Erde, um Ansaat, sogar Pflanzung mit Erfolg durchzuführen; ist
dies nicht der Fall, so können wenigstens zwischen dem Gestein
leicht Vertiefungen gebildet und mit Erde ausgefüllt werden.

Grössere, ganz kahle Plateaus isolirter Felskegel können der
Kultur dadurch erschlossen werden, dass man Löcher in den Fels
sprengt, dieselben mit Dammerde ausfüllt, wenn nöthig auch noch
0,30 bis 1,0 Meter hoch Erde aufhäuft und mit Rasenstücken,
respektive mit Steinen belegt, wodurch das ganze Hochplateau gleichsam wie mit kleinen Steinhügeln besäet erscheint. Es genügt für
den Anfang, derlei Steinhügel nur in einer durchschnittlichen Entfernung von 12 Meter, nach Umständen auch noch weiter von
einander, anzubringen.

Ich habe es stets für vortheihaft gefunden, die Erde bis zu einem Sechstheil mit grossen Steinen zu durchlagern. Der Haufen gewinnt an Festigkeit und hält die Feuchtigkeit weit länger an, als wenn reine Erde aufgeschüttet worden wäre, auch ist nicht zu übersehen, dass die am oberen Rande des Erdhaufens aufgelegten Steine etwas über das Niveau des Erdrückens emporstehen müssen, letzterer aber in der Mitte vertieft sein sollte.

Nun fragt es sich: „Soll derlei vorbereitetes Terrain bepflanzt, oder durch Saat bestockt werden?"

Eine gründliche Beantwortung dieser Frage ist schwierig, wenn man den Felsen nicht vor sich sieht, welcher bewaldet werden soll.

Klima und Lage spielen hiebei eine grosse Rolle, und die vorgeschlagene Kulturmethode wird Abänderungen erfahren, je nachdem man sich im Norden oder Süden eines Landes befindet.

Eben so fällt die Erhebung des Kulturortes über den Meeresspiegel schwerwiegend in die Wagschale und die Richtung der herrschenden Winde ist eine keineswegs zu verachtende Gegnerin des erhofften Gelingens.

Das Gedeihen der Kultur kann als gesichert betrachtet werden, wenn höher entspringende oder vorbeiführende Gewässer wenigstens eine zeitweise Berieselung gestatten, und mache ich auf das Vorkommen von Quellen zu diesem Zwecke umsomehr aufmerksam, als das einfache Hilfsmittel einer Bewässerung von so Vielen nicht aufgefasst, theils nicht gerne in Anwendung gebracht wird.

Ein wahrer Probestein für die Geduld des Kultivateurs sind isolirte Felsen oder kahle Vorsprünge südwärts gelegener Berge. Sonnenbrand, kalte Winde mit ihrer austrocknenden Wirkung, Spätfröste und Erdabschwemmungen bringen uns nicht selten um unsere schönsten Hoffnungen, da heisst es dann mit unermüdlicher Aufmerksamkeit vorgehen und jede Kulturmethode erproben.

Von einem Aufbringen so mancher gewünschten Holzart wird selbstverständlich nicht immer die Rede sein können, man wird sich vielmehr begnügen müssen, bloss unter jenen Bäumen und Sträuchern zu wählen, die eben für diese Lokalität passen, am genügsamsten und härtesten sind.

Blickt man prüfend um sich, so wird man bald bemerken, dass Birke und Wachholder mit dem ärmsten trockensten Boden vorlieb nehmen, eben so gut die Akazie, minder gut die Eichen. Alle diese werden wir daher zuerst zur Kultur felsiger Südlehnen benützen und dort aussäen, weil das wenige, aufgetragene Erdreich eine Pflanzung, namentlich jener grösseren Exemplare, durchaus nicht zulassen würde.

Zur Aussaat empfehle ich nur den Herbst und zwar die Zeit sogleich nach der Samenreife. Das Bedecken des Samenbeetes mit Moos und Steinen (letztere bei Eichen und Nadelhölzern nicht hoch genug anzuschlagen) ist immer vortheilhaft.

Eilt man mit der Bewaldung des Felsens nicht all zu sehr, so ist es angezeigt, Vorkulturen zu machen, welche später das Unterholz des Bestandes bilden. Zu Vorkulturen eignen sich gleichfalls nur harte Baum- und Straucharten: Besenginster, Syringa vulgaris, Wildrosen, Cytisus, Genista, Feldahorn, Schlehen, der gemeine Wachholder, Lonicera, Cotoneaster, auch die Weissföhre.

Diese Holzarten befestigen mittlerweile den Boden, vermehren ihn durch Laub- und Nadelabfall, und nach einigen Jahren ist man schon im Stande, edlere Holzgewächse im Schatten der gemeineren anzupflanzen.

Im Laufe der Zeiten gehen viele der obengenannten unter dem Drucke des Oberholzes von selbst ein; dies ist am auffallendsten beim Besenginster (Spartium Scoparium L.) und einigen Ginsterarten der Fall; andere, nicht gewünschte, können später vorsichtig herausgehauen werden, um den edleren Gehölzen Luft und Licht zu verschaffen.

Für sonnige Seiten unserer Parkfelsen und Gerölle eignen sich nachstehende Gehölze: Acer campestre, monspessulanum, creticum, Opalus, Negundo, tartaricum, — Ailanthus glandulosa, die Arten der Gattungen Amelanchier, Amorpha, Amygdalus, Berberis, Betula, der gemeine Buchsbaum, auch als Unterholz, Caragana, unsere Weissbuche, Catalpa, die gemeine Kastanie, alle Wildkirschen, Cercis, Chionanthus, Cistus, Colutea, Coronilla Emerus, Cornus mascula und sanguinea, die Haseln, Cotoneaster, die Weissdornarten, Cytisus, Daphne Cneorum, Deutzia, Diervilla, Diospyrus, Elaeagnus, Ephedra, Erica herbacea und vulgaris als Bodendecke, Evonymus, Fraxinus pubescens und Ornus, Gaultheria als Unterholz, Genista, Halesia, Halimodendron, Helianthemum, als Bodendecke, Hibiscus syriacus, Hippophaë, Juglans regia, alle strauchartigen Wachholderarten, Koelreuteria, Keria Japonica, Laurus Benzoin und Sassafras, Ligustrum alle

Arten, Liquidambar, die meisten Lonicera und Caprifolium species, Lycium. Menispermum, Mespilus, Morus, Ostrya, Paeonia arborea, Phillyrea, Philadelphus, fast alle Kiefernarten, Pirus, Populus canadensis, alba, graeca, monilifera, nigra, tremula und Andere, einige Prunusarten, z. B. spinosa, Mahaleb, Quercus, Robur und andere, Rhamnus, Rhus, Ribes, Robinia, einige Wildrosen, als: canina, alba, tomentosa, spinosissima, rubiginosa, rubifolia u. a. m., Rubus, Salix caprea, Sambucus, Smilax, Sophora japonica, Sorbus, Spartium, einige Spiersträucher, Staphylea, Symphoricarpus, Syringa, Vaccinium als Bodendecke, Viburnum Lantana und Lentago, mehrere Weinarten, Wistaria, Zanthoxylum fraxineum, Zauschneria californica.

Es soll mit dieser Liste jedoch durchaus nicht gesagt sein, dass alle obenverzeichneten Gehölze in sonniger, besonders aber in heisser Lage, vorzüglich gedeihen; sie kommen daselbst fort, dieses Gehölz besser, jenes schlechter, was besonders in nördlichen oder südlichen Ländern wohl zu beachten ist, weil das Verhalten einer und derselben Pflanze innerhalb dieser klimatischen Extreme nicht gleich bleiben kann.

Ungleich günstiger für die Aufforstung zeigen sich die nördlichen Hänge unserer Parkfelsen. Es ist selten, dass sich dort nicht wenigstens Moos angesiedelt hat und einige niedrige Sträucher, Rosen, Weissdorne, Wachholder, unter vereinzelten Eichen oder Birken vegetiren. Indem wir daher, wie früher gezeigt, Erde auffüllen, können wir es schon wagen, Sämlinge mancher Holzgewächse auszupflanzen.

Auch dies sollte im Herbst geschehen, und es ist ebenfalls von Bedeutung für das Pflanzenleben, wenn man den Wurzelraum der Setzlinge mit Moos und Steinen belegt, um Wegschwemmung zu verhüten und Frost abzuhalten. Sehr schnell wird man zum Ziele gelangen, wenn man frostharte Laub- und Nadelholzsämlinge mindestens ein, besser zwei Jahre zuvor, in kleine Gartengeschirre (nicht über 8 Centimeter im Durchmesser) gepflanzt hat und derlei Sämlinge mit unverletztem Topfballen an den Ort ihrer Bestimmung bringt; diese Methode ist zwar etwas umständlicher, aber in Anbetracht dessen, dass man weniger Pflanzen benöthigt, deren Anwurzeln ausser Frage steht und wohl auch keiner Nachbesserung bedarf, jedenfalls billiger.

Schwerkeimende Gehölze, z. B. Pinus Cembra, werden, auf obenbezeichnete Weise herangezogen, jedenfalls gedeihen. Baum- wie Straucharten, welche auf den Felsen gepflanzt werden, müssen niedrig und buschig sein, ein reiches Wurzelvermögen und jugend- liches Alter ist Grundbedingung ihres Gedeihens. Vom weiten Transport entkräftete, an den Wurzeln beschädigte, überhaupt alle kränklichen Pflanzen schliesse man von der Anpflanzung aus, sie gehen am Felsen ihrem sicheren Untergange entgegen.

Ich komme nun zu einem anderen Punkte der Felsendekoration — zu dem der Vertheilung und Aufstellung diverser Pflanzen. Hier wird meistens ein grober Fehler begangen, indem man kein System in die ganze Anlage bringt. Ich kann nicht genug darauf hin- weisen, dass man, besonders bei künstlich geschaffenen Felspartien, trachten müsse, eine Ungezwungenheit in das Arrangement zu bringen und der Waldnatur nachbilden solle, wo immer es thunlich — doch schliesst das durchaus nicht aus, dass man dennoch gewissen Schön- heitsregeln huldige und nach festen Prinzipien vorgehe.

Jede Felspartie im Garten soll eine geschmückte Wildniss, nie aber ein verwildertes Blumenbeet vor- stellen, das wolle man sich stets vor Augen halten und in diesem Sinne die Ausschmückung der Felsgruppe, sei letztere von Menschenhänden aufgebaut worden oder nicht, durchzuführen trachten. Dass man dabei auf so manches Hinderniss stossen werde, wer wollte es läugnen? Ist es doch weit leichter, ein Gartenbeet mit Blumen zu füllen, als ein lauschiges Waldplätzchen mit seinem Zauber in einen Winkel des Gartens zu übertragen.

Die meisten Anfänger fehlen dadurch, dass sie das richtige Verhältniss zwischen Fels, Baum und Blume nicht treffen. Man sieht oft Felsgruppen, die von den seltensten Gewächsen strotzen und mit einem Blütenmeere, so zu sagen, umfluthet sind. Der Fels ist reich dekorirt, schön ist er aber nicht, er ist zu ge- künstelt und überladen!

Man hüte sich desshalb vor Ueberladung und bringe nicht zu viel schön und auffallend blühende Gewächse zwischen den Steinen an! Auch mit dem Laubwerke der Gehölze nehme man sich in Acht. Es gibt Laubarten und Formen, die durchaus zum Gestein nicht passen, z. B. viele Gräser, Pflanzen mit schwertförmigen, steifen Blättern, Blattpflanzen mit allzu abgerundeten Umrissen des unge- theilten Laubes und andere mehr. Dagegen wirken alle Pflanzen

mit feinen, viel zertheilten, gefiederten, farnkrautähnlichem Blattwerk auf dem Felsen höchst effektvoll. Mit den meisten Zwiebel-
gewächsen, sofern sie zu häufig auftreten, kann man eine Felspartie
nahezu hässlich machen. Ein grober Fehler kann es auch genannt
werden, wenn man vom Felsen wenig oder gar nichts sieht; man
hüte sich vor dem gänzlichen Verbergen des Felsens durch Bäume
und Sträucher; wo immer der Beschauer stehe, das graue Gestein
entschwinde nie ganz seinem Blicke.

Bezüglich der Farbenvertheilung nur so viel, dass G r a u und
G r ü n zu gleichen Theilen vorherrschen können, dass aber dort, wo
d a s   G r a u   d e s   F e l s e n s vorherrscht und die Farbe des Laubes
und Mooses etwa nur ein Viertel des Gesichtskreises einnimmt, nicht
selten mehr Effekt hervorgezaubert wird.

S c h ö n b l ü h e n d e Gewächse dürfen nur in höchst untergeord-
netem Verhältnisse dem Auge entgegentreten, nie über ein Sechstheil der Gesammtmasse betragen, auch nur ausnahmsweise in
Gruppen b e i s a m m e n stehen. Weit natürlicher zeigen sich prunkende˙
Blüten, wenn sie vereinzelt˙aus dem Gebüsche, oder hier und da,
gleich Fixsternen, zwischen Moos und Felsblöcken hervorschauen.
Dies beherzige man besonders bei reichblühenden Gewächsen. Zu
viel Syringa, Cytisus, Pirus u. A. aufeinander gehäuft, verletzen den
Schönheitssinn ungemein und sehen nach der Blüte eben nicht
wirkungsvoll aus.

Sind schon auffällig blühende Holzgewächse und Perennien im
Stande, den Totaleindruck, welchen eine gut dekorirte Felspartie
machen soll, ganz zu verwischen, so ist dies bei allen K a l t h a u s -
g e w ä c h s e n, die man während des Sommers zur Ausschmückung
des Gesteines zu verwenden pflegt, um so mehr der Fall.

Man sieht diesen Gewächsen die Fremdlinge sogleich an, und
alle Künsteleien — wenn auch noch so geschickt angebracht — die
man doch zu verdecken bestrebt sein muss,·treten dann um so auffallender zu Tage, wenn man exotische Pflanzen häufiger, als geboten ist, zur Ausschmückung verwendet. Eine Ausnahme hievon
machen einzelne B a u m f a r n e; auch ist d a n n das Vorkommen
exotischer Gewächse am wenigsten auffällig, wenn man t r o p i s c h e
G r u p p e n auf sonnigen, künstlich hergestellten Felspartien zusammen stellt.

Selbstverständlich ist es angezeigt, im Hausgarten entweder
bloss die eine (südliche Gruppe) oder die andere (nordische Wald-

partie) Anlage auszuführen, und nur in Gärten von grosser Ausdehnung, nicht unter einem Hektar, so wie im Park, können beide
Ausführungen auf einem Boden, aber doch weit von einander entfernt, ins Leben treten, ohne dass eine die andere wesentlich beein-
trächtigt.

Immer aber vermeide man es, sofern nicht eine lächer-
liche Zwittergeburt das Ergebniss unserer Mühen sein soll, Pflanzen
des hohen Nordens und des tiefsten Südens auf einer
Felsgruppe zu vereinen.

Birken und Palmen, Fichten und Cactusarten, Eichen und
Dracaenen, wie reimt sich das zusammen?

Auch das Grössenverhältniss einzelner Species ist, namentlich
bei Holzgewächsen wohl zu beachten, und muss bei Anpflanzungen jeder
Art in Berücksichtigung kommen. Im Allgemeinen sei hier nur
berührt, dass, je grösser die Pflanze, um so weiter sollte sie vom
Auge des Beschauers entfernt sein.

Zarte und schönblühende Gewächse nehmen den Vordergrund der Felspartie ein, während mächtige Waldbäume in
den Hintergrund der Anlage oder seitwärts' von den Felswänden
zu stehen kommen.

Ohne gerade ängstlich und pedantisch dabei vorzugehen, wird man
die Gewächse nach ihrem Höhenwuchse und seinerzeitigen Umfange
arrangiren, hier Gruppen, dort Lücken bilden, welche die Fernsicht
ermöglichen, dann kleine Gewächse an die Fusssteige, in die Nähe der
Sitzplätze und Terrassen bringen, Felswände durch weit vorgerückte
Baumpartien verbergen, um sie hinter einer Wegbiegung in ihrer
vollen Schönheit zu produziren. Auch Haine und Tannenwäldchen
werden um natürliche Felszüge angelegt, mit einem Wort, alle
Vortheile mit Raffinement ausgenützt, um den Fels in seiner vollen,
imposanten Schönheit darzustellen.

Ich werde später bei Angabe der zur Ausschmückung besonders
tauglichen Gewächse etwas näher ins Detail eingehen, hier darf ich
die Aufmerksamkeit des geehrten Lesers nur noch auf Nachstehendes
lenken.

Der Gartenfreund muss, bevor er zur Bepflanzung seiner Felsanlage und ihrer Umgebung schreitet, vor Allem wissen, was er
will; das Bild jener landschaftlichen Scenerien, die er zu verwirk-
lichen gedenkt, muss klar vor seinem geistigen Auge liegen; nicht
genug an dem, er darf auch nie im Zweifel über jene, oft ausser-

gewöhnlichen Geldmittel sein, die er zur Vollendung des Ganzen bedarf, nebstdem muss er jene Pflanzenschätze, die ihm in der Nähe zu Gebote stehen, genau kennen.

Um besser verstanden zu werden, führe ich nur an, der Gartenkünstler gedenke eine Nadelholzpartie mit meterhohen exotischen Coniferen herzustellen. Wer die Preise solcher Exemplare kennt, die oft 6—20 Mark per Stück kosten, und weiss, wie viel Pflanzen man zu einer nicht sehr umfangreichen Gruppe benöthigt, wird in vielen Fällen vor einem solchen Unternehmen zurückschrecken und anstatt Nadelhölzer vielleicht minder werthvolle Laubhölzer anpflanzen wollen. Der beabsichtigte Effekt geht aber durch diesen Wechsel der Holzarten total verloren und so wird man begreifen, wenn ich sage, dass man nach einem bestimmten Plan arbeiten müsse und selben nicht nur auf dem Papiere durch scharf begrenzte Linien verfolgen, sondern dass man auch in pekuniärer Hinsicht mit sich auf das Genaueste zu Rathe gehen müsse, um später nicht in die unangenehme Lage versetzt zu werden, etwa kurz vor gänzlicher Durchführung seiner Projekte, mit den einschlägigen Arbeiten in Stillstand zu gerathen.

Der Anfänger wird kaum glauben, welche Capitalien in manchen nicht sehr umfangreichen Anlagen stecken!

Man berechne nur die Pflanzenzahl, die auf kleinem Raum stehen kann, multiplizire sie mit den Preisen der Handelsgärtnereien, schlage die Transportkosten, sowie jene der Bepflanzung dazu, und man wird sich verwundern, welche Summen da herauskommen.

Dies soll indess keinen Menschen von Felsanlagen zurückschrecken. Manche Pflanze lässt sich sehr billig aus dem nahen Wald herbeischaffen, Vieles kann durch Aussaat selbst gezogen werden. Der kleinere Rest nur wird von weither bezogen werden müssen und dann muss ja nicht die ganze Anlage auf ein Mal bepflanzt werden. Zuerst die nächste Umgebung nicht allzufern von Sitzplätzen und Wegen, an auffälligen Stellen, sodann weiter hinauf auf Felsvorsprünge, Absätze, Terrassen, endlich tiefer ins Geklüfte, höher zum Gipfel. Was schadet es, wenn das Auge jahrelang mehr Fels als Gewächse erblickt?

Wer daher grössere Anlagen zu bepflanzen hat, wolle sich Zeit gönnen und eine kleine Saatschule anlegen, aus welcher er

seine Vorräthe entnimmt, Abgänge ersetzt und, so manches Neue,
Seltene und Schöne, durch Tausch gewinnen kann.

Man betrüge das Auge einige Jahre hindurch, indem man die
Bepflanzung so leitet, dass, mit Hinweglassung der Mittelstücke, die
niedersten und höchsten, die nächsten und entfernte-
sten Punkte zuerst leidlich vervollkommnet, da und dort ein
Vorsprung, auf welchem das Auge gern ruht, ein Plateau, einige
Felshörner ausgeschmückt werden, etwa mit Hunderten einheimischer
Pflanzen, die man alle später entfernt, um besseren Platz zu
machen.

Wer Felsen schön und geschmackvoll bepflanzen will, muss
ähnliche Gebilde im Freien studiren. Selbst dem Geschicktesten in
seinem Fach wird nicht Alles sofort gelingen, er wird so manche
Pflanze, auf deren Effekt er rechnete, mit der Zeit entfernen müssen,
vielleicht nur desshalb, weil die Wirkung des Laubes durch die
Umgebung Einbusse erlitten.

Viele Gärtner huldigen der Ansicht, es müsse Alles mit einem
Schlag bepflanzt werden. Gott bewahre! Eben durch dieses jahre-
lange Pflanzen und Roden wird der Umgebung des Felsens jene
reizende Waldesnatur aufgedrückt, die wir so sehr lieben: Alt und
Jungholz, Gebüsch im Schatten hoher Bäume, Nadel- und Laubwald,
wechselnd mit Hain und Grasfläche, das macht jede Anlage schön
und wer es versteht die unregelmässige Stellung der Bäume geschmackvoll nachzuahmen, bald dicht, bald weit zu pflanzen, hier
und dort reich beästete und schön belaubte Einzelpflanzen geschickt
in den Vordergrund zu schieben, Schlinggewächse in ungezwungenen,
malerischen Windungen über Fels und Gesträuch klettern zu lassen,
hat zweifelsohne das Richtige getroffen.

Kahle Felsen, die scharfkantig aus den Laubmassen heraustreten,
oft sich säulen- oder nadelförmig über düsteres Gebüsch oder Tannen-
dickichte hoch erheben, sind von aussergewöhnlicher Wirkung, sogar
in kleineren Gärten.

Wer die Vortheile eines südlichen, milden Klimas für sich hat,
der kann selbst auf kleinstem Raume, im Hausgarten von einem
halben Hektar an, eine ähnliche Anlage in Scene setzen.

Nichts ist leichter als zackige Felsen, deren Gipfel gleich
Nadeln ins Blaue ragen, bis zur Höhe von 12 Meter aufzubauen
(siehe die früher gegebene Anleitung). Man umrankt eine Seite
derselben mit Epheu, die anderen lasse man kahl, hie und da sprosse

ein Farnkraut aus den Ritzen. Der Fuss des ·Felsen soll nicht gesehen werden. Man umpflanze ihn dicht mit Nadelhölzern, immergrünen Baum- und Straucharten, Rhododendron, Ilex, Buchsbaum, wo diese im Freien nicht aushalten mit Schlinggewächsen aller Art, so zwar, dass ein nahezu undurchdringliches Dickicht aus dem ganzen Garten gebildet wird, aus welchem die Spitzen der Felsen frei ins Blaue herausragen und zwischen welches schmale Fusssteige führen. Am obersten Theile des Gartens gestatte ein Ruheplatz die Aussicht über dieses Dickicht, in welchem Vögel so gerne nisten.

Ich könnte der Anlagen gar viele bezeichnen, wo Felsen mit Gehölz, Wasser und Blumen im innigsten Vereine den höchsten Reiz einer landschaftlichen Scenerie bilden, ich könnte von der Bepflanzung sonniger, isolirter Felspartien mit tropischen Gewächsen sprechen und die wahrhaft zauberische Wirkung hervorheben, welche hervorgerufen werden kann, wenn man gleichsam aus dem sonnenhellen Süden sich urplötzlich zwischen die feuchten Klüfte und düsteren Felswände des Nordens versetzt sieht, in deren Rinnsale ein Wildbach durch das Gestein toset, dessen Ufer hohe Farne umrahmen, während dunkle Tannen ihre Aeste breiten über Moos und Felsblöcke, wo sich die Birke windschief über jene Waldschlucht neigt, in der Erle und Weide sich angesiedelt auf moorigem Grunde: aber ich muss abbrechen und überlasse es der Phantasie des geehrten Lesers, seinen Garten zu formen nach eigenem Geschmacke.

Bevor ich indess zur Detailbesprechung der für Felsen geeigneten Gewächse schreite, darf ich nicht unterlassen, noch einige oberflächliche Andeutungen bezüglich der Verwendung immergrüner, sowie bunt- und rothblätteriger Gehölze einzuschalten.

Gewöhnlich wählt der Dilettant zur Bepflanzung solcher Stellen, welche von Bäumen und Felsen beschattet sind, ganz unrichtige Arten und vergisst ganz, dass sich an die Nordseite der Felsen einzig und allein die immergrünen Laubhölzer, für halbschattige Lagen (Ost- und Westseite) viele Nadelhölzer eignen.

Wenn auch nicht zu leugnen ist, dass immergrüne Laubhölzer auch in sonniger Lage fortkommen, so muss ich doch darauf aufmerksam machen, dass sie an lezterem Orte bei nicht genügender Winterdecke, gern dem Froste unterliegen, überhaupt dort bei nicht vorsichtiger Behandlung, in jeder Hinsicht dem Verderben leichter

ausgesetzt sind. Da immergrüne Gehölze selbst der kleinsten Felspartie zur höchsten Zierde gereichen, weil das auch im Winter
unveränderliche Blattwerk dem Auge sehr wohl thut, so kann ich
mir nicht versagen, über derlei Gehölze einiges hinzuzufügen.

Bei unseren Excursionen in den einheimischen Alpen und Wäldern haben wir zweifelsohne schon Vertreter der Gattungen Hedera,
Ilex, Rhododendron, Vinca, Vaccinium und Andere gefunden und
gesehen, dass sich alle diese auf kühlen, schattigen, feuchten Standorten am üppigsten entwickeln.

Ebenso theilen uns botanische Reisende mit, dass die Arten der
Gattungen Andromeda, Berberis, Kalmia, Sedum, Mahonia, Laurus,
Rhododendron, Azalea, auf schattige oder halbschattige Standorte
angewiesen sind.

Diesen Fingerzeig der Natur müssen wir benützen, indem wir
unsere Lieblinge an alle solche Felsplätze bringen, wo zum Mindesten
wechselnder Schatten vorherrscht; wir bespritzen täglich und
durchdringend, wir sorgen endlich, durch Bedecken des Bodens mit
lebendem Moose und des Wurzelraumes mit Steinen, dafür, dass
sich gleichmässige Boden- und Luftfeuchtigkeit, selbst im Hochsommer an solchen Gruppen erhalte, wo seltenere immergrüne Gehölze ausgepflanzt stehen.

In schattiger Lage bedürfen derlei Gehölze bis 20° R. durchaus
keine Winterdecke, namentlich dann nicht, wenn hoher Schnee liegt.
Sollte dieser fehlen, so kann man beim Eintritte stärkeren Frostes
den Boden mit einem Materiale bedecken, das nicht mehr oder doch
nicht leicht in Fermentation übergeht, z. B. Moos, Nadeln u. dergl.

Wurde man genöthigt, immergrüne Gehölze in halbschattige
Lage zu pflanzen, so schütze man sie vor allzu schroffem Temperaturwechsel durch vorgesteckte Nadelholzzweige. Nicht der hohe Kälte-
grad, sondern das plötzliche Aufthauen in Folge direkter Einwirkung
der Sonnenstrahlen, ist es, der die in Rede stehenden Gehölze tödtet.

Die geeignetste Zeit zum Auspflanzen immergrüner Laub- und
Nadelhölzer ist die Zeit des Frühjahrtriebes (April, Mai), dann nach
Erhärtung des Sommertiebes Ende August und im September. Man
sorge für Moor- und Heideerde und untermenge sie mit Gartenerde
und Sand. Auf den Boden des Felsloches kommen kleine Steine
und Moos. Eine Mischung von $2/_3$ Holz oder Lauberde mit $1/_3$
Rasenerde und Sand sagt allen immergrünen Hölzern sehr zu.

Von weiterer Entfernung bezogene, derartige Hölzer pflanze

man sammt den Topfballen; auch ist es sehr gut, derlei Gehölze nur dann auf ihre festen Standplätze am Felsen zu bringen, wenn sie mehrjährig und bei den hochwachsenden Arten mindestens die Höhe von 0,6 bis 1,0 Meter erreicht haben.

Von Felsgruppen, welche die wilde, die Wald-Natur, wiederspiegeln sollen, müssen alle Gewächse mit weiss- und gelbbunten Blättern sorgfältig fern gehalten werden, aus dem einfachen Grunde, weil derlei Gebilde Produkte der Kultur, Kränklichkeit oder Verweichlichung, mithin zumeist nur Schwächlinge sind, eine natürliche Felsgruppe aber den Charakter urwüchsiger Kraft an sich tragen muss. Dagegen können Gehölze mit rothem Herbstkolorit recht gut auf dem Gestein Verwendung finden, und zwar nicht nur jene, deren Laub im Herbste in mehrere zum Theil prächtig schimmernde, rothe Färbungen übergeht, sondern auch solche, welche durch auffallende Färbung ihrer Zweige und Früchte unter den übrigen hervorragen und die monotone gelbe und braune Färbung der anderen Laubhölzer angenehm unterbrechen.

Man sollte derlei Holzarten, welche das dunkle Grün immergrüner Gehölze auf eine dem Auge sehr wohlthuende Weise auffallend hervorheben und von den altersgrauen Felsen reizend abstechen, an die bevorzugteren Plätze setzen, in die Nähe der Wege auf Vorsprünge, Plateaus u. dergl. Ich empfehle nachstehende Arten, die auch theilweise durch ihre Blüte zieren.

Amelanchier Botryapium.
Andromeda Maryana, racemosa und ligustrina.
Ampelopsis hederacea.
Azalea pontica und calendulacea.
Berberis canadensis, caroliniana und sinensis.
Cornus florida, sibirica.
Crataegus Crus galli, prunifolia.
Diervilla splendens.
Evonymus europaeus und verrucosus.
Forsythia viridissima.
Fraxinus pennsylvanica und pubescens.

Itea virginiana.
Liquidambar styraciflua.
Mahonia Aquifolium.
Nyssa aquatica und sylvatica.
Prinos padifolius.
Quercus ambigua, coccinea var.: atrococcinea, obtusiloba, palustris, Phellos, rubra, tinctoria.
Rhus Cotinus, copalina, elegans, glabra.
Ribes aureum und Beatoni.
Spirea prunifolia fl. pl.
Vaccinium amoenum und venustum.
Zanthorrhiza apiifolia.

2

Laub-Bäume und Sträucher.

Eine Felspartie ohne Baum und Strauch ist gar nicht denkbar!

Man mag das Ganze noch so genial durchführen, der Mangel an Gehölzen wird bei jeder Anlage, besonders wenn sie im grösseren Maassstabe ausgeführt wurde, grell an den Tag treten. Ahmen wir auch hier der Natur nach. Fels und Wald gehören zusammen und wer den Baum am Felsen fällt, beraubt letzteren seines schönsten Schmuckes.

Wie majestätisch breitet nicht die Rothbuche ihre Aeste über das geborstene moosige Gestein dort an jener Felswand? Wie anmuthig schaukeln die schlanken Aeste der Birke über jener Tiefe, wo im Geröll der Epheu klettert und der Weissdorn seine duftigen Blüten in schneeiger Weisse erglänzen lässt zwischen dem Blättermeer?

Und vollends der Ahorn dort zwischen den Steinblöcken! Dichten Schatten wirft er auf all die Farne, die ihre Wedel schützend ausbreiten über Kräuter und Moose und majestätisch leuchtet sein Gipfel im Strahle der untergehenden Sonne über der steinigen Masse! —

Sie alle sind schön und unersetzlich, von dem Brombeerstrauche angefangen, der über die Felstrümmer seine bogenförmigen Aeste wirft, bis zu der Eberesche, die im Geklüfte ihr armseliges Dasein fristet und mit ihren leuchtendrothen Beeren Amsel und Krametsvogel anlockt, bis zur Wildrose, die sich aus dem Schlehengestrüppe emporarbeitet zum Blau des Himmels.

Bei keiner Anpflanzung wird man indess mit mehr Vorsicht und Ueberlegung zu Werke gehen müssen, wie bei dem Anbringen von Gehölzen aller Art auf und um die Steinpartie, und nirgends rächt sich ein Versehen in dieser Richtung bitterer, als bei derlei Anlagen, denn Bäume und Sträucher sind nicht Eintagsgebilde, die über Nacht entstehen und am Tage entfernt werden können.

Einmal fehlerhaft gepflanzt, müssen sie, in der Mehrzahl der Fälle, stehen bleiben, wohl für immer als Monumente gärtnerischen Ungeschickes.

Der grösste Fehler, den man bei Neuanlagen dieser Art nur

immer begehen kann, ist der, wenn man vergisst, dass Bäume und Sträucher w a c h s e n und im Laufe der Zeit nicht selten den ihnen zugewiesenen Raum um das Mehrfache überschreiten. Der Gärtner muss daher mit der Natur, mit dem Habitus jenes Baumes, den er hier und dort pflanzen will, völlig vertraut sein und er überlege recht genau, ob dieses oder jenes Gehölz, das den Felsen zieren soll, auch an seinem rechten Platze stehe, ob es dazu dienen könne, als Parade- stück schon von Ferne in die Augen zu fallen, oder gruppenweise, entweder mit der eigenen Art, oder noch besser mit anderen zu- sammengesetzt, bald dichten, bald vorübergehenden Schatten auf die niedrigeren Gewächse der Partie werfen werde. Nach diesem Bedürf- nisse nun, nämlich ob das Gehölz z i e r e n d oder s c h ü t z e n d auf- zutreten bestimmt ist, wird sich das Arrangement richten müssen.

Ich lenke die Aufmerksamkeit des Felsengärtners vor Allem auf das Grössenverhältniss zwischen Baum und Gestein. J e k l e i n e r die Anlage, um so w e n i g e r G e h ö l z e werden daher auf und um die Steinpartie Platz finden dürfen, (ausser man bezwecke kleine Partien mit Farnkräutern bepflanzt, gänzlich in tiefes Dunkel zu hüllen, in welchem Falle also die Ueberschirmung vermittelst einer grösseren Gruppe dichtkroniger Bäume nothwendig wird), wogegen man sich, wenn die Anlage schon ein Gebirge im Kleinen vorstellt oder wenn halbwegs annehmbare Felswände imitirt werden, schon unserer grösseren Waldbäume bedienen kann, die aber ja nicht a u f d e r S t e i n p a r t i e selbst, sondern am Fusse, mehr auch im Hinter- grunde des felsigen Gefüges angebracht werden dürfen. Kleinere Sträucher, wie: B u c h s b a u m , W e i g e l i a , Dijonrosen, K a l m i a, D a p h n e , A z a l e a , R u b u s arcticus und Andere können ver- e i n z e l t auch z w i s c h e n der kleineren Steinpartie aufgestellt wer- den, ja, in einigen Fällen lassen sich selbst kleinere Bäume, nament- lich solche mit künstlich erzielten S c h i r m k r o n e n , worüber wir später sprechen wollen, recht gut in unmittelbarer Nähe der Anlage gruppiren.

Ein ängstliches Haschen nach s c h ö n b l ü h e n d e n Gehölzen darf durchaus nicht bemerkbar werden, wohl aber sind der Habitus der Holzpflanze, sowie die Blattform und die Farbe Eigenschaften, die uns bei der Auswahl bestimmen werden; ebenso wird auch der tropische oder nordische Charakter unserer Anlage ein gewichtiges Wort mitzusprechen haben.

Steinpartien, die das Gepräge unseres heimischen Waldes wieder-

geben sollen, dürfen nur äusserst sparsam mit exotischen Gehölzen
dekorirt werden, und müssen auffällige Blütensträucher, wie gefüllte
Rosen, Magnolia, Pirus spectabilis, Hibiscus, Amygdalus,
Deutzia, Rhododendron hybridum von dort gänzlich ausgeschlossen bleiben. Es empfiehlt sich dagegen die Arten der Gattung
Myricaria, sowie die überaus zierlichen Tamarisken, welche
wegen ihres gefälligen, luftigen Habitus und ihrer schönen, wenn
gleich nicht auffälligen Blüte jeder Felspartie zum wahren Schmuck
gereichen, theils vereinzelt, theils anmuthig gruppirt, öfter in Verwendung zu bringen, als dies bisher der Fall war; der leichte
Schatten, den sie werfen, belästiget andere niedere Gewächse in keiner
Weise, sondern gibt ihnen wohlthuenden Schutz.

Ueber Schling- und Klettersträucher werde ich mich später
eines Breiteren auslassen, für jetzt aber begnügen müssen, unsere
wichtigsten Baum- und Straucharten mit den unumgänglich
nöthigsten Andeutungen dem geehrten Leser vorzuführen.

Acer, alle Arten für kleinere Anlagen,
besonders A. campestre empfehlenswerth, der sich durch Schneiden
zu sehr schönen Schirmbäumen
formen lässt, Schatten eben so gut
wie Sonne verträgt und einzeln
stehend sich eben so schön, wie
gruppenweise gepflanzt, ausnimmt.
Acer campestre bildet gute und
dichte Schutzhecken.

Acer platanoides und Pseudo-Plata-
nus sind nur für grosse Felspartien brauchbar, wo sie am Fusse
von Felswänden, einzeln gepflanzt,
nicht verfehlen werden, den gewünschten Eindruck hervor zu
bringen. Ich empfehle, den Schaft
nicht ganz gerade und nicht sehr
hoch (nie über 2 Meter) werden
zu lassen und durch Beschneiden
recht bald eine mehrfach verzweigte
Krone zu bilden; dies gilt fast für
alle Laubbäume, da ein kerzen-
gerader Stamm nicht dem Felsen-
leben entspricht und zu gekünstelt,
baumgartenmässig aussieht.

Acer tataricum, rubrum, opulifolium,
macrophyllum und monspessula-
num eignen sich gleichfalls für
kleinere Anlagen, selbstverständlich
nicht unmittelbar auf den Felsen,
sondern hinter dem Gestein, oder
seitwärts angepflanzt.

Ailanthus glandulosa; für tropische
Gruppen und in voller Sonne
schön.

Alnus; sparsam dort anzubringen, wo
die Felspartie aus einem Gewässer
emporragt.

Amelanchier für trockene, steinige,
sonnige Orte, Geröll und dgl.,
zieren oft durch rothe Blattfärbung
im Herbste.

Ammyrsine; verlangen Halbschatten,
Moorerde und Winterdecke, schönblühend.

Ampelopsis, wilder Wein, Kletterpflanzen.

Amygdalus nana; für sonnige Felsen.

Andromeda, Moorbeetpflanzen, lieben
sandigen Boden, Schatten und

Feuchtigkeit. Mit Ausnahme von A. polifolia, calyculata und rosmarinifolia, werden alle im Winter bedeckt, können sowohl vereinzelt, wie auch gruppenweise zwischen dem Gestein Platz finden.

Aralia spinosa, chinensis, mandschurica; imposante Blattpflanzen für Halbschatten und feuchten Boden. In rauhen Lagen Winterdecke nothwendig.

Arctostaphylos, Moorbeetpflanzen, unbedeckt zwischen feuchten Felsen in nicht zu warmer Lage.

Aristolochia Sipho und tomentosa, Schlingpflanzen.

Aronia alle Arten; für grössere, sonnige Anlagen.

Atragene alpina, Kletterstrauch.

Azalea, Prachtpflanzen, theils einzeln, theils in Gruppen auf Moorbeeten vereinigt; Boden feucht, Lage halbschattig; verlangen bloss eine Wurzeldecke. Selbstverständlich sind hier nur die sogenannten Land-Azaleen (A. pontica und deren Hybriden) gemeint.

Berberis; diese Gattung enthält sehr viele schöne Arten für sonnige Lagen und trockene Böden geeignet. Vollkommen hart sind: B. canadensis, Neubertii, sibirica, sinensis, sanguinolenta, und vulgaris mit ihren Spielarten. Die übrigen Arten verlangen mindestens eine Wurzeldecke, in rauhen Lagen trockene Umkleidung. Eignen sich zu Schutzhecken hinter kleineren Felspartien, die wenigsten auf die Anlage selbst.

Betula. Von allen bekannten Birkenarten empfehle ich nur B. alba, besonders die Varietät pendula mit auch in der Jugend hängenden Zweigen.

Unter der Traufe unserer Weissbirke gedeihen fast alle Sträucher und sonstigen Gewächse, weil sie wenig Schatten wirft; sie ist daher, und wegen ihrer Farbe, welche so malerisch vom Grau des Gesteines und dem Grün anderer Pflanzen absticht, bei grösseren Felsanlagen nicht zu entbehren, um so weniger, als sie mit jedem Boden vorlieb nimmt und selbst in Felsenritzen fortkommt.

Bignonia, Schlingsträucher für sonnige Felswände.

Buxus. Ebenso schön als Bäumchen wie als Strauch; für kleinere Anlagen unersetzlich; kann auf und zwischen dem Gestein angebracht werden und lässt sich durch den Schnitt in jede Form bringen. Gedeihen überall, besonders gut im Schatten und nicht trockenem Boden.

Callicarpa americana; hübscher kleiner Strauch, liebt Schatten, Torferde und Winterdecke.

Calluna siehe Erica.

Calycanthus floridus; wegen der köstlich duftenden Blüte in die Nähe der Sitzplätze, in sonnige Lage zu pflanzen.

Caragana; gedeihen in trockenen heissen Lagen, die meisten ohne jede Bedeckung. C. arborescens eignet sich zwischen Schutzpflanzen in Hecken; C. pygmaea und jubata an trockenen Felsen und Abhängen zu gebrauchen.

Carpinus Betulus, unsere gemeine Weissbuche; verträgt dichten Schatten und jeden Schnitt, daher gut zu Schutzpflanzungen, auch sehr schön als Einzelnpflanze, besonders wenn man es versteht die Krone malerisch zu formen, was durch öfteren Aus- und Abhieb einzelner Aeste bald erreicht wird. Auch bei diesem Baume empfiehlt es sich, einen starken Hauptast bei 2 Meter Höhe vom Stamm seitwärts wachsen zu lassen. Unser bester schattengebender Baum für arme Böden, dessen gefurchter Stamm gleichfalls eine Zierde jeder Anlage bildet.

Catalpa; nur an freien sonnigen Standorten winterhart, und dann als Einzelnpflanzen schön.

Ceanothus; schöne Blütensträucher, die Halbschatten, Moor- oder Lauberde beanspruchen und in nördlicheren Gegenden bedeckt werden müssen. Recht empfehlenswerth für kleinere Felspartien.

Chionanthus virginica; schöner Blütenstrauch für sonnige, aber geschützte Lagen.

Clematis. Sämmtliche Waldreben sind herrliche Schling- und Klettersträucher, von denen die exotischen Winterdecke erfordern. Alle Arten kommen im Halbschatten fort.

Clethra; schönblühende Moorbeetpflanzen, die Schatten vertragen, in der Sonne aber besser blühen. Die zarteren Arten müssen in Stroh eingebunden werden. Recht hübsch auf Felsenbeeten grösserer Anlagen.

Colutea; hübsche Sträucher für grössere Partien, gedeihen selbst auf trockenem Boden in sonniger Lage.

Comptonia asplenifolia; mit auffallender und schöner Belaubung, nahe an die Wege zu pflanzen in feuchten Böden und Schatten höherer Bäume.

Cornus mas, schöner Fruchtstrauch, der auch durch seine zeitige Blüte grössere Anlagen ziert. C. sibirica durch seine rothen Aeste und bläulichweissen Beeren empfehlenswerth.

Corylus Avellana; besonders die purpurrothe Spielart für grössere Felsanlagen recht verwendbar, muss jedoch mehr in den Hintergrund verlegt werden, da er sich stark ausbreitet; gedeiht selbst im Schatten.

Cotoneaster; sämmtlich niedrige Sträucher, durch ihre Früchte zierend, kommen auf sonnigen Felsen recht gut fort. C. buxifolia, microphylla, und andere immergrüne Arten müssen bedeckt werden und können selbst auf kleineren Anlagen Platz finden.

Crataegus; alle Arten für grössere Felspartien geeignet, durch Blüten und Früchte zierend, besonders die gefüllten Spielarten von C. Oxyacantha reizend als Einzelpflanze in sonniger Lage, obwohl alle Weissdornarten auch im Halbschatten gut fortkommen.

Von den meisten lassen sich durch sorgfältigen Schnitt kleine, dichtkronige Schirmbäume bilden, die sich auf Felsen wunderschön ausnehmen.

Auch C. Pyracantha ist auf Felsen schön und gleich C. coccinea und C. Crus-galli durch die leuchtend-rothen Früchte schon von Weitem bemerkbar. Alle Crataegus müssen jung ausgepflanzt werden, weil sie sonst nicht gut anwurzeln.

Cydonia japonica, kann mit allen seinen Abarten, unter denen es auch gefüllt-blühende gibt, für sonnige Steinpartien nicht genug empfohlen werden, weil die grossen Blüten den Strauch förmlich einhüllen und ein Bedecken des letzteren im Winter nur in den rauhesten Gegenden nöthig ist.

Passt auch für kleine Anlagen.

Cytisus, schöne, meist gelbblühende Ziersträucher für grössere Felspartien recht geeignet, doch dürfen sie nur vereinzelt angepflanzt werden. Besonders schön an Abhängen und frei in sonniger Lage; die niedrigen Arten: nigricans, capitatus, purpureus, falcatus können auch im Hintergrund kleiner Anlagen Platz finden.

Daphne alpina, altaica, Blagoiana, Fortunei, Laureola, oleoides und striata verlangen Winterdecke; — D. Mezereum ist vollkommen hart. Alle (mit Ausnahme von D. Cneorum, welcher trockene, sonnige Felsen liebt) bedürfen feuchter Laub- oder Moorerde, und gedeihen recht gut auf schattigen Felsen. — Alle zieren sowohl durch wohlriechende, zeitige Blüte, als auch durch schöne Früchte.

Deutzia, alle Arten sind schön und frosthart und verlangen, um reichlich zu blühen, sonnige Standorte. D. gracilis blüht schon bei 15 cm. Höhe überaus reichlich und kann mit Recht für kleine Steinpartien empfohlen werden, obwohl diese vortreffliche Art eine Winterdecke beansprucht.

Diervilla (Lonicera, Weigelia) canadensis, splendens u. A. sind selbst für die kleinste Steinpartie geeignete Blütensträucher, die sonnigen Stand verlangen.

Empetrum nigrum und rubrum, immergrüne, liegende Sträucher für feuchte, moosige Felsen.

Epigaea repens, Halbstrauch, oft nur als Staude betrachtet; sehr hübsche Pflanze für nördlich gelegene Felsen, muss jedoch mit Moos gedeckt werden.

Erica. Von dieser Gattung gedeihen einige Arten auf trockenen Sand- und Felsböden, die meisten in Heideerde. Alle lieben sonnige Plätze und nur E. cinerea, herbacea und vulgaris können in milderen Gegenden ohne Winterdecke kultivirt werden. E. Tetralix verlangt feuchten Standort und ist gleichfalls ganz hart. E. ciliaris, mediterranea, multiflora, arborea, australis, stricta, vagans, codanodes und Mackayana sind zart und müssen hohl gedeckt werden, wenn sie in nördlichen Gegenden im Freien bleiben sollen.

Alle Heiden sind, wo sie gut gedeihen, reizende, kleine Sträucher und unter Nadelhölzern besonders passend, wo sie sich nicht selten rasenartig ausbreiten und zur Darstellung reinen Waldcharakters sehr viel beitragen.

Evonymus, alle Arten schön im Hintergrunde umfangreicheren Felsgefüges als Sträucher und für kleinere Steinpartien als Bäumchen gezogen. E. verrucosa ist eine echte Felsenpflanze und ziert im Herbst durch Blätter und die hängenden Samen. Man pflanze ihn unter hohe Bäume oder an schattige Wände. Vollkommen hart ist nur E. augustifolia europaea, latifolia, nana, pendula, Thunbergianus und verrucosa. E. nana ist, als niederliegend und wurzelnd, schön auf moosigen Felsen, auch als kleines Bäumchen (auf E. europaeus veredelt) recht nett.

Fagus sylvatica, ein bekannter, edler Waldbaum und nur an schattigen Felswänden ausgedehnterer Anlagen, in östlicher, besser noch in nördlicher und westlicher Lage am geeigneten Orte.

Bei Neupflanzungen trachte man rechtzeitig auf ausgebreiteten Habitus hinzuwirken.

Ficus Carica, nur im Süden und dort bloss auf sonnigen Felsen in voller Schönheit. In nördlichen Ländern

muss er gut bedeckt oder mit
Stroh eingebunden werden und
ziert durch Blatt und Frucht, darf
jedoch nur auf solchen Steinpartien Platz finden, wo das südliche
Element vorwiegend zum Ausdruck
kommen soll.

Fraxinus excelsior, am schönsten
dort, wo Felsen aus Gewässern
emporsteigen, an Teichufern u. s. w.

Grössere Felspartien können mit
F. Ornus geschmückt werden, deren Blütenrispen recht effektvoll
wirken.

Gaultheria, Moorbeetsträucher, so
recht für schattige, moosige Felsen
geeignet und auch in kleineren
Anlagen verwendbar. Bei schneeloser Kälte ist eine leichte Reisigdecke angezeigt.

Genista. Von diesem reichen Ge-
schlechte empfehle ich folgende
harte Arten für sonnige Felslagen:
G. anglica, germanica, ovata, pi-
losa, procumbens, prostrata, radiata,
Scoparia, sibirica tinctoria und
virgata.

Schön für trockene Abhänge und
Geröllschichten.

Gleditschia, schöne Bäume für sub-tro-
pische Felsanlagen. auf welche sie
einen wohlthuenden Halbschatten
werfen.

Halesia. Schöne Sträucher, die mit
dem trockensten Boden vorlieb
nehmen und selbst unter Bäumen
gut gedeihen.

Hedera. Bekannte, für Felsenpartien
aller Art unersetzbare, immergrüne
Klettersträucher.

Helianthemum, mehr Stauden als
Sträucher, alle recht verwendbar
auf kleineren, sonnigen Steinpartien (namentlich die mehrfarbigen,
oft gefüllten Varietäten von H.

mutabile und vulgare) wo sie durch
reiches Blühen erfreuen.

Hibiscus syriacus, in allen seinen
Varietäten ein herrlicher Strauch
für sonnige Felsen südlicher Gegenden, der im Norden mit Stroh
eingebunden werden muss Die
Blüten sind prachtvoll, doch eben
desswegen muss man es vermeiden,
ihn auf Felsen zu setzen, wo Nadelholzgruppen und Farne Platz gefunden haben.

Hydrangea arborescens ist hart, ebenso
H. nivea. Die übrigen Arten müssen
bedeckt werden.

Alle verlangen warme geschützte
Lage und nicht zu trockenen
Boden.

Hypericum calycinum, Staudenstrauch
mit schönen, gelben Blüten; recht
empfehlenswerthe Pflanze für schattige Felsen und Gerölle, wo sie
sich durch Wurzeltriebe ungemein ausbreitet.

Jasminum, schöne Klettersträucher
für sonnige Lagen und südliche
Gegenden.

Ilex, herrliche, immergrüne Sträucher,
doch nur für südliche Gegenden;
müssen im Norden gut bedeckt
werden.

Ausnahme macht nur J Aquifolium, welcher selbst in kältesten
Lagen im Schatten fortkommt,
aber auch dort feuchte Luft verlangt.

Kalmia. Moorbeetsträucher, immergrün, die Schatten vertragen, aber
nicht unbedingt fordern, auch im
Winter leicht bedeckt sein wollen.
Schön auf kleinen Felsbeeten zusammengepflanzt.

Ledum latifolium und palustre verlangen eine Beschattung durch
höhere Nadelholzbäume, feuchten
Standort und Wurzelbedeckung
mit Moos.

Für nördlich gelegene Felslagen recht geeignet.

Lespedeza bicolor, ein Strauch für sonnige Felspartien.

Ligustrum vulgare, mehr noch die Abart L. v. sempervirens, ein schöner Strauch für alle Lagen; auch im Schatten hoher Bäume fortkommend, doch selbstverständlich nur auf umfangreicheren Felspartien verwendbar.

Linnaea borealis, immergrüner, reizender Strauch, fast krautartig; nur für kältere, feuchte, hochliegende Gegenden geeignet und dort nur zwischen Moos- und Alpenpflanzen unter Tannen fortkommend.

Lonicera, alle Arten gehören an sonnige Abhänge, Felsen und Wände, obwohl sie auch im Schatten hoher Bäume gedeihen.

Zu Gebüschen und Schutzpflanzungen um kleinere Felspartien sind sie fast unentbehrlich, um so mehr, weil die meisten köstlich riechen.

Die hochwachsenden (Caprifolium-) Arten sind nur zwischen dem Geäste hoher Bäume oder Felstrümmer übersteigend und die langen Ranken wild und wirr durcheinanderlaufend, am rechten Orte.

Lycium, alle ausdauernden Arten nur dann schön, wenn sie über Felswände herabhängen.

Magnolia. Für unser Klima M. acuminata, glauca, obovata und tripetala am passendsten.

Man pflanze sie halbschattig, in vor Winden geschützten Lagen, denn sie sind eine grosse Zierde jeder halbwegs umfangreicheren Felslage.

M. obovata eignet sich auch für kleinere Steinpartien, wo sie im Hintergrund untergebracht werden sollte.

Mahonia, lieben sämmtlich Schatten, daher unter Bäumen zu pflanzen. Alle sind schön, doch empfehle ich M. Aquifolium, hart, glumacea sehr niedrig, fast rosenartig, M. repens mit kriechenden Wurzeln u. A.

Menispermum, Schlingsträucher.

Menziesia, immergrüne Sträucher für Moorbeete zu Erica, Andromeda, Ledum u. dergl. Pflanzen passend, lieben schattige Lage, feuchte Atmosphäre und Erde, und leichte Winterdecke.

Mitchella repens, Staudenstrauch, zwischen Moos und alten Baumstämmen kriechend und wurzelnd, daher für feuchte, selbst kleinere Steinpartien passend.

Myrica, kleine Sträucher, oft immergrün, den Schatten hoher Bäume liebend. Verlangen leichte Bedeckung.

Myricaria. Tamariskenähnliche, sehr schöne Sträucher mit feinem, lockerem Habitus, fast coniferenähnlich. — Empfehlenswerth zu Gruppen an felsigen Flussufern, auch sonst zwischen dem Gestein schön.

Oxycoccos. Heidelbeerartige, immergrüne, niedrige Sträucher, die zwischen Steinen an Ufern und Wasserfällen und auf feuchten Felsen überhaupt schön sind. O. macrocarpa, die so sehr angerühmte nordamerikanische Preiselbeere, dürfte auch auf kleineren schattigfeuchten Felsenbeeten recht gut gedeihen. Die Moosbeersträucher sind hart.

Periploca graeca. Schlingstrauch.

Philadelphus. Die meisten Arten wohlriechend und frosthart, daher bei grösseren Anlagen nicht zu

umgehen und in die Nähe der
Sitzplätze zu pflanzen, wo sie durch
das malerische Ueberhängen der
Zweige recht zieren.

Pirus, einige Zwergformen und
schönblühende japanesische Arten
können vereinzelt auf grösseren
Felsen Platz finden, wo sie oft
recht zierend sind. Auch P. Poll-
veria (Bollvilleriana) passt für
Geklüfte und Felswände.

Prunus, enthält mehrere für kleinere
und grössere Felsanlagen recht
brauchbare Bäume und Sträucher,
z. B. P. Mahaleb, Padus, serotina,
triloba, virginiana u. A., die theils
durch Blüte, theils durch Früchte
zieren. Man pflanze sie stets nur
vereinzelt an.

Quercus, sowohl unter den Eichen
mit abfallenden Blättern, wie
nicht minder unter den immergrünen, gibt es Arten, welche nicht
nur in der Nähe des Felsens, sondern auch auf dem Felsen selbst
Platz finden können. Selbstverständlich kann bei Neuanlagen nur
von Zwergbäumen die Rede
sein, die man durch fleissiges Einstutzen der Krone gewinnt. Man
arbeite gleich vorweg auf die Er-
zeugung einiger gut gestellter
Hauptäste hin, und trachte die
Krone schirmartig zu formen.
Daher ist es auch rathsam, nicht
zu alte, wohl aber oft verschulte
Pflanzen aus den Baumschulen zu
entnehmen, kümmerliche Exemplare aus dem Walde aber nach
Möglichkeit zu vermeiden.

Sehr schön sind die Varietäten
von Q. Cerris, pedunculata und
sessiliflora (Q. Robur), ferner: Q.
aurea, castaneaefolia, coccinea,
imbricaria, Look, macrocarpa,
montana, nigra, obtusiloba, pyrenaica, vallonea u. A., welche durch

Pfropfen auf einheimische Arten
gewonnen werden können. Dagegen kann ich die Varietäten
unserer Eichen mit bunten
Blättern, als auf Felsanlagen
nur Disharmonie hervorrufend
und Widersinniges zeigend, nicht
zur Anpflanzung auf und um
Steinpartien empfehlen.

Alle Eichen verlangen freien
Standort in voller Sonne. Die
immergrünen Arten bedürfen in
nördlichen Gegenden warme geschützte Lagen, wohl gar Einbinden
mit Stroh.

Rhamnus pumila, ein kriechender
Strauch auf sonnige Felsen passend, ebenso: R. saxatilis, welcher
die heisseste Lage verträgt.

Rhododendron, prachtvolle Blütensträucher für nördliche, schattige
Lagen und Moorbeete, die zwar
eine aussergewöhnliche Zierde gewähren, indess (ausser dem einheimischen Rh. ferrugineum und
hirsutum) dort, wo man dem heimischen Felscharakter treu bleiben
will, nicht prädominiren dürfen.

Rhodora canadensis, Moorbeetstrauch.

Rhus cotinus, auf grösseren Felsanlagen recht hübsch.

Ribes, ein reiches Geschlecht, dessen
einzelne Glieder recht passend für
Felsgebüsche sind. Besonders
würde ich anrathen: R. alpinum,
der im Schatten besser gedeiht
und dessen Aeste bogenförmig
überhängen; R. nigrum, procumbens, prostratum, sanguineum,
saxatile, und aureum zwischen das
Gestein ausgedehnterer Anlagen
und in's Geklüfte zu pflanzen.

Robinia hispida und viscosa für sonnige, steinige Hänge.

Rosa. Die Verwendung der Rose
auf dem Felsen ist so mannigfaltig, wie der Charakter der ein-

zelnen Arten selbst. Während
R. dijonensis, burgundica (pom-
ponia) und einige niedrig bleibende Varietäten und Hybriden
von R. gallica frosthart sind und
auf jeder, selbst der kleinsten
Steinpartie angebracht werden
können, bedürfen andere Arten
weit grösseren Räumes zu ihrer
Ausbreitung und es wäre geradezu
lächerlich sie auf Steinpartien
kleinerer Gärten auszupflanzen. Dies gilt namentlich von allen
hochwachsenden, ferner von den
sogenannten Kletterrosen (R.
sempervirens, capreolata, alpina,
rubifolia u. A.) die dazu bestimmt
werden müssen, grosse Felswände,
alte Mauern, Steinblöcke zu umstricken und nur dann von vor-
züglichem Effect sind, wenn sie die
Wipfel der Bäume, zum mindesten
Felsgebüsche, unbeschränkt
durchklettern können.

Wo die Oertlichkeit dies nicht
gestattet, gehe man mit den Rosen
sparsam um, besonders mit den reich-
und gefülltblühenden, denn so
schön sie im Flachbeete des Hausgartens sind, wo man deren nie
zu viel haben kann, eben so
leicht können sie auf dem Gesteine
des Guten zu viel bieten und dazu beitragen, dass die Steinpartie
den Eindruck eines Machwerkes,
einer Ueberbürdung, hervorruft.

Hier und dort eine Monats-
rose, eine R. bengalensis (chinensis)
besser auch eine Lawrenceana
zwischen dem Gesteine angebracht
(die allerdings Winterschutz bedürfen); wenn es hoch geht eine
niedrige Bourbon- und Thee-
rose, ist alles, was man der Felspartie kleinerer Gärten bieten
darf, während auf umfangreicheren
Anlagen sich selbst viele einfach-

blühenden Species, die R. alpina,
majalis, ferox, rugosa rubrifolia
u. A, recht gut ausnehmen.

Wer mit wenig Kosten zugleich
etwas recht Schönes, recht Har-
monisches auf seiner Felsgruppe
haben will, der greife nur zur
Dijonrose, zum Burgunder-
röschen, vor Allem aber zu den
Varietäten der R. pimpinelli-
folia, besonders zu der recht
hübschen Picturata.

Letztere Rosen blühen reich, ohne
durch ihre Blüte den Gesammt-
Eindruck der Wildheit, den man
ja doch hervorrufen will, abzuschwächen; sie sind frosthart und
zieren nebenbei durch das überaus
nette Blattwerk ungemein, während ihre Ausläufer überall zwischen dem Gestein neckisch hervorlugen.

Auch die Varietäten von R. lutea
passen auf Felsen und R. lutea
Harrisonii macht zur Blütezeit
einen besonderen Effect.

Ich bedauere, hier kein Verzeichniss niedrig und zwergartig
wachsender Rosen geben zu können; nähere Anleitung und Beschreibung findet der geehrte
Leser in meinem Werke: „Die
Hybridation und Kultur der Rosen",
ich bemerke schliesslich nur noch,
dass alle Rosen volle Sonne verlangen, R. alpina aber auch ganz
schattig gedeiht.

Rubus. Gleichfalls eine artenreiche
Gattung, die in allen ihren Gliedern Material für Felsverzierung
bietet. R. arcticus und Chamae-
morus können selbst in kleineren
Gärten Verwendung finden, während alle übrigen Arten mehr auf
vielgestaltete Felsanlagen passen.
Die Arten caesius, corylifolius, fla-
gellaris, fruticosus, glandulosus,

heterophyllus, hirsutus, hispidus, inermis, leucodermis, nutans, trivialis haben kriechende, niederliegende Stengel und sind schön, wenn über das Gestein gebreitet. R. nobilis, nutans, odoratus und spectabilis haben aufrechte Triebe und zieren durch schöne Blüten, gedeihen überall, auch im Schatten; doch ist eine östliche, halbschattige Lage vorzuziehen.

Sambucus nigra, als Bäumchen gezogen recht verwendbar und besonders die Varietät fol. laciniatis schön. Auch S. racemosa wird auf grösseren Felspartien verwendet werden können. Vertragen Schatten.

Sorbus, alle Arten in Strauchform in zerklüfteten Felsen zu pflanzen. Vereinzelt sind auch: S. domestica, torminalis, aucuparia und Aria schön. Alle zieren auch durch die Früchte und kommen auf trockenem Boden fort.

Spartium junceum, für trockene sonnige Felslagen, auf Plateau's.

Spiraea, alle Arten, besonders die schönblühenden und niedrigen, für Felsen geeignet, wo man sie nur vereinzelt anbringen sollte. Alle lieben feuchten Boden und Halbschatten, obwohl sie auch in voller Sonne fortkommen. Ich nenne: S. ariaefolia, bella, betulaefolia, Billardii, Bursieri, callosa, canescens, cantonensis, decumbens, Douglasii, expansa, flexuosa, hypericifolia, laevigata, oblongifolia, opulifolia, prunifolia, tomentosa, welche alle der Kultur werth sind und, passend untergebracht, nicht verfehlen werden jeder Anlage zum wahren Schmuck zu gereichen.

Staphylea pinnata, darf hier und da

nicht fehlen, zumal ihre Fruchtbildung sonderbar ist.

Symphoricarpus racemosus, im Herbst durch die weissen Früchte zierend, gedeiht gut im Schatten.

Syringa, alle Arten schönblühende Sträucher, die jedoch in den Hintergrund verbannt werden müssen und nur hie und da, als kleine Bäumchen gezogen, angepflanzt werden sollten.

Tamarix, in allen ihren Arten reizend und wegen der feinen Belaubung ein Ersatz für Nadelhölzer, mit denen sie auch zusammengepflanzt werden kann.

Sie lieben Halbschatten und feuchten Boden und gedeihen besser in südlichen Gegenden, während sie in rauhen Lagen eine Winterdecke beanspruchen.

Tilia, auf den oberen Partien als Strauch, am Fuss der Felsgruppen als Baum, immer aber nur vereinzelt schön, empfehlen sich für neue Anlagen wegen des schnellen Wuchses. Man vermeide möglichst gerade Stämme und regelmässige runde Kronen zu ziehen und trachte vielmehr einen pittoresken Ausbau der Krone, vermittelst öfteren Beschneidens von Jugend auf, zu fördern. Die neu eingeführten, obwohl in unseren Wäldern schon lange vorher beobachteten Varietäten der Sommerlinde, mit lebhaft gelb und roth gefärbten Zweigen, sind vorzuziehen.

Ulmus. Wie alle unsere heimischen Waldbäume, gehört auch die Ulme mit ihren Arten in Parkanlagen, wo bereits Felsen bestehen, nicht aber auf künstlich geformte Steingruppen, die nie so grossartig angelegt werden, um die so nöthige Harmonie zwischen Baum und

Fels aufrecht zu erhalten. Sie gehören an die Schattenseite' der Berge.

Vaccinium. Alle Heidel- und Preiselbeerarten sind kleine Sträucher, die nicht durch Blüte, sondern durch netten Habitus und kleine glänzende Blätter hervorleuchten und in ihren Früchten einigen Werth besitzen. Man pflanze sie als Unterholz oder Bodenbedeckung in felsigen Nadelholzbeständen an, wo sie in geeigneter, daher nördlicher, immer halbschattiger Lage, sich bald ausbreiten werden.

Fast alle verlangen Humusboden, zum mindesten sandige Laub- und Nadelerde bei der Anpflanzung, und ziehen, mit geringer Ausnahme, feuchten Boden vor.

Neben unseren vaterländischen Arten empfehle ich nur noch V. corymbosum, dumosum, frondosum, fuscatum, grandiflorum, ligustrinum, nitidum (bedeckt) Pensylvanicum, stamineum (bedeckt); auch bemerke ich, dass die sogenannte und sehr anempfohlene amerikanische Heidelbeere Vaccinium macrocarpum, Ait. identisch mit Oxycoccos macrocarpus, Wats. ist, und bei den Moosbeeren berührt wurde

Viburnum. Sträucher mit schöner weisser nicht sehr wohlriechender Blüte, daher in die Nähe der Sitzplätze und Wege zu pflanzen; lieben niedere Standorte, wo sie, besonders an Ufern der Gewässer, sich recht vortheilhaft und entsprechend verwenden lassen. Nehmen mit jedem Boden und jeder Lage vorlieb, doch sagt ihnen Bodenfeuchtigkeit und etwas Schatten besonders zu. V. Lantana

verträgt viel Trockenheit, kann daher in heisse Geröllschichten zu stehen kommen. Von den fremden Arten sind: V. edule, Lentago, macrocephalum (bedeckt) dentatum, Oxycoccos, prunifolium die empfehlenswerthesten.

Vitis. Bekannte Klettersträucher für geschützte, warme Lagen; an sonnigen Stellen unsere Weinsorten, an schattigen die fremden Species zu pflanzen. — Zieren durch Blatt und Frucht und dürfen in keiner Baumgruppe fehlen, die Anspruch auf malerische Schönheit macht.

V. elegans kann man über Felsstücke ranken, viele andere Arten auch an Felswänden emporklettern lassen.

Weigelia. Prachtsträucher für sonnige, selbst kleinere Felsanlagen und guten Boden; beanspruchen jedoch in rauhen Lagen eine Winterdecke, respective Einbinden mit Stroh.

Wistaria. Schlingsträucher, nur in geschützten sonnigen und leichtem, humosen Boden schön. Sie können an Felswänden eben so gut, wie an Bäumen emporklettern und werden nicht leicht von einer anderen Schlingpflanze übertroffen Indessen ist diese Gattung, mit allen ihren schönen Arten nur in milden Gegenden frosthart und muss im Norden, oder an hochgelegenen ungeschützten Orten, eine Winterdecke bekommen.

Zausehneria californica, hübscher niedriger Halbstrauch für kleine sonnige Steinpartien, der mit jedem Boden vorlieb nimmt, im Winter aber eine gute Decke beansprucht.

Um Missverständnissen vorzubeugen, gebe ich schliesslich die Erklärung ab, dass überall, wo der Anpflanzung grösserer Waldbäume, z. B. der Eichen, Linden, Buchen, Ulmen, Eschen, gedacht wurde, eine solche in der Regel nur auf bereits bestehenden **natürlichen Felsen**, wenn sie zufällig schon im Garten und Park vorfindig sein sollten, stattfinden könne, denn **selten** werden künstliche Felsanlagen so umfangreich und solid aufgeführt, dass Waldbäume, die wohl erst nach einem Jahrzehnte wirkungsvoll zu werden beginnen, dort ihren Platz vollkommen ausfüllen und eine harmonische Vereinigung mit dem Ganzen bemerkbar machen.

Wünscht man demungeachtet **Waldbäume** in Hausgärten, etwa zur Ueberschirmung kleiner Partien, worauf Alpenpflanzen oder Farne untergebracht werden sollen, auszusetzen, so möchte ich anrathen, sie in Gruppen hainartig zu vereinen und durch energisches Rückstutzen des Gipfeltriebes eine Verflachung der Krone und Ausbreitung der unteren Astpartien zu erzwingen.

Hat man den Wald in unmittelbarer Nähe und kann man darin frei verfügen, so mag es immerhin gut sein, den Bedarf **dort** zu holen und mit dem Tode abgehende Exemplare sofort durch lebensfähigere zu ersetzen. Der Städter aber lasse sich **edlere Gehölze** aus renommirten Baumschulen schicken, er wird die Ueberzeugung gewinnen, dass trotz der höheren Transportkosten die Vortheile dieses Bezuges: **sichereres Anwachsen** und **raschere Entwicklung** schwerwiegend in Betracht fallen.

Unsere Waldsträucher aber, als: **Crataegus, Clematis vitalba, Hedera Helix, Lonicera nigra** L., Caprifolium, **Cornus** mas und sanguinea, **Rhamnus-Arten, Viburnum, Heidel- und Preisselbeeren, Wildrosen, Schlehen, Acer** campestre, **Ligustrum** vulgare. **Spiraea, Genista, Rubus-** und **Ribes-Arten, Staphylea** pinnata, **Sambucus** nigra und racemosa, **Lycium, Daphne** Mezerum, **Cotoneaster, Amelanchier, Corylus** u. Andere, die man immer und in beliebiger Quantität und Qualität im Walde haben kann, wolle sich der Gartenfreund mit geringen Unkosten aus dem Forste holen, zumal das Anwachsen von Sträuchern, selbst der etwas misshandelten, weit sicherer, als das der Bäume von Statten geht.

§. 3.

Coniferen.

Den schönsten, ja unentbehrlichsten Felsenschmuck bilden die Nadelhölzer, besonders dort, wo beabsichtigt wird, Scenerien hervorzuzaubern, welche sich unserem nordischen Gebirgscharakter auch nur einigermassen nähern sollen. Die Conifere und die Farne sind es in erster Linie, welche dem Gartenkünstler das wirksamste Material zur Verschönerung jener pittoresken Gebilde, wo Steilwände mit Thälern, zackige Felsen mit tiefen Schluchten abwechseln, abgeben; wo überhaupt auf Abwechslung im landschaftlichen Bilde Anspruch erhoben und den Anforderungen eines guten Geschmackes volle Rechnung getragen wird. Schon ihre in den mannigfachsten Farbenabstufungen sich schmückende, immergrüne Tracht, die selbst in den härtesten Wintermonaten des Reizes nicht entbehrt, gebietet deren häufigere Anpflanzung auf dem Felsen und in dessen nächster Umgebung, theils im Einzelstande, hier in kleinen Gruppen, dort in Wäldchen; mehr aber noch sind es ihre so höchst verschiedenen, man könnte fast sagen zuweilen kühnen, immer aber anmuthigen Formen, welche sich von den beweglicheren Conturen der Laubhölzer scharf trennen und dadurch einen lebhaften Kontrast hervorbringen. Nadelhölzer sind eben so schön in reiner Anpflanzung, wie sie untermischt mit dem Laubholze (namentlich mit Birken, die im Nadelwalde nie fehlen dürfen) nicht versagen werden, der Felsanlage zur höchsten Zierde zu gereichen. Eingesprengte, alte Eichen, Buchen, und Ahorne am Fusse der Steilwände machen alle Nadelholzgruppen freundlicher und sollte bei derlei Neuanlagen stets auf Untermischung geeigneter Laubhölzer Bedacht genommen werden.

Allein nicht nur in ausgedehnten Anlagen und Parks sollte man Nadelhölzer in grosser, das Laubholz jedoch nie beeinträchtigender Menge anpflanzen, auch in kleinen Gärten, und auf künstlichen Felspartien, wo einige schwachwachsende, schöne Arten auf bevorzugten Plätzen sich herrlich ausnehmen, sollten sie von den Besitzern mit Freude betrachtet und mit Vorliebe gepflegt werden, nachdem es sich herausgestellt hat, dass so manche seltene, schöne Species, die man früher für sehr zart hielt, unsern nordischen Winter ganz gut im Freien überdauert.

Zu alldem ist der Preis exotischer Coniferen gegen früher

bedeutend herabgesunken, theils durch Massenimport aus ihrem
Vaterlande, theils durch Heranwachsen aus Samen gezogener Exem-
plare, und so kann man schon manche fremde Coniferе in bedeutender
Grösse auf unseren Parkfelsen erblicken.

Auch ihre Kultur im Freien ist weit einfacher geworden: man
hat sich bemüht, die Ansprüche an Boden und Klima dieser und
jener Coniferе aufmerksam zu studiren, ihre Widerstandsfähigkeit
gegen äussere Einflüsse genau zu erproben und ist so zu recht
schätzenswerthen Resultaten gelangt. Dazu kommt noch der Umstand, dass renommirte Handelsgärtnereien einen grossen Theil der
zur Anpflanzung in Gärten und Parkanlagen, respektive zum Verkauf
bestimmten Coniferen im Laufe des vorhergehenden Jahres aus den
Saatschulen ausheben und in Gefässe (Körbe, Töpfe) bringen.

Durch diese Kulturmethode, welche dem Käufer ohne Zweifel
den Vortheil gewährt, dass auf diese Weise behandelte Nadelhölzer
beim Transport nicht nur nicht leiden, sondern auch bei ihrem
Auspflanzen in das freie Land sicher anwachsen, was bei den unmittelbar vor ihrer Versendung dem Lande entnommenen, bekanntlich
nicht immer der Fall ist, können in Gefässen kultivirte und mit
dem Erdballen versendete Coniferen zu jeder Jahreszeit transportirt
und vom März bis Oktober ohne Nachtheil zwischen die Felsen verpflanzt werden, wobei ich aufmerksam mache, dass, wenn sich die
um den Wurzelballen geschlungenen Strohbänder oder Bastmatten
während der Reise etwa gelockert hätten oder gar zerrissen wären
und zu befürchten steht, dass beim Auswickeln der Ballen aus-
einandergehen könnte, man anstandslos den so gelockerten Wurzel-
Ballen sammt seiner Umhüllung in die Erde bringen kann,
weil die Emballage im Laufe der Zeit zu Gunsten der Wurzel
vermodert.

Auch die in Körben kultivirten Coniferen sollten, damit die
Wurzeln nicht gestört werden, sogleich nach ihrer Ankunft mit
den Körben, welche ungefähr im Verlaufe eines Jahres verrottet
sein dürften, auf die für sie bestimmten Plätze des Gartens ausgepflanzt werden. Man giesst sie darauf tüchtig an, und schützt sie
während der ersten Zeit nach ihrer Auspflanzung durch vorgehängtes
Nadelreissig, Bastmatten oder Leinwand gegen die direkten Sonnenstrahlen. Höchst empfehlenswerth ist es, diese Exemplare bei sehr
trockener und warmer Witterung Abends mit einer feinlöcherigen
Gartenspritze zu bespritzen, eventuell leicht zu überbrausen.

In dem nachstehenden Verzeichniss biete ich dem geehrten Leser eine grosse Auswahl sehr schöner, zum Theil noch seltener, für Felspartieen aller Art ganz passender Species, ohne in eine nähere Beschreibung oder Angabe der spezielen Kulturmethode eingehen zu können.

Abies amabilis, Dougl. Liebliche Tanne. Hoher Baum für grössere Anlagen, ist ganz hart.

Abies Apollinis, Lnk. Apollotanne. Unserer Weisstanne ähnlich, für grössere Parks. Verlangt geschützten Standort.

Abies balsamea, Mill. Balsamtanne. Aehnlich der Weisstanne, aber bläulicher; ein schöner Baum für kleinere Felspartien.

Abies Brunoniana, Wall. Indische Schirlingstanne; schön aber zart und nur im Süden winterhart.

Abies canadensis, Mx. Hemlockstanne. Einer der schönsten Nadelholzbäume mit überhängenden Aesten. Dieser prächtige Baum passt so recht für kleine Anlagen, muss jedoch stets vereinzelt angepflanzt werden, verkümmert an heissen trockenen Plätzen, verlangt feuchten Boden, u. die Nord- und Ostseite der Felshänge. Ist ganz hart.

Abies cephalonica, Lindl. Cephalonische Tanne, die „wilde Ceder" der Griechen. Ein sehr schöner und sehr regelmässig gebauter, unserer Weisstanne ähnlicher Baum, doch mehr für den Süden und daselbst nur für hochgelegene Parks passend. Die zeitig erscheinenden jungen Triebe leiden in nördlicheren Gegenden sehr von den Spätfrösten.

Abies cilicica, Carr. Taurische Tanne, der Weisstanne ähnlich, hart.

Abies Douglasii, Lindl. Douglas-Tanne. Ein zählebiger, vollkommen harter, dabei prächtiger Baum für höhere Lagen und grosse Gärten.

Abies firma, Sieb. et Zucc. Feste Weisstanne. Ungemein hübsch, hält 18° R. ohne allen Schutz aus; wächst langsam, wird nicht gross.

Abies Fraserii, Lindl. Fraserstanne. Von gedrungenem Wuchse; eine niedrige Art, die sich gut für kleine Gärten eignet. Ist hart.

Abies grandis, Lindl. Grosse kalifornische Weisstanne. Eine prächtige Tanne, mehr für grössere Waldanlagen geeignet, nachdem sie sich auch nördlicher als hart bewährt hat.

Abies lasiocarpa, Lindl. Die Krone der amerikanischen Edeltannen mit fast tafelförmig sich ausbreitenden Aesten, gleich denen der Araucaria excelsa, mit langen Nadeln. Ist hart, wenn im späteren Alter (nach 5—10 Jahren) ins Freie gepflanzt, verlangt aber halbschattige, geschützte Lage. Im Einzelnstande dürfen Exemplare dieses schönen und auffallenden Baumes nicht unter 1,50 bis 2,0 Meter Höhe verwendet und der Wurzelraum muss, bis zum völligen Anwachsen, mit Moos belegt werden. Auch ist Bodendecke im Winter anzurathen.

Abies magnifica, Hook. Seltene Species mit Nadeln von meergrüner Farbe. Ist in südlicheren Gegenden hart.

Abies nobilis, Lindl. Edle Weisstanne. Prächtige Tanne von majestätischem Wuchse; Ausdauer noch zweifelhaft, denn wenn auch ältere

Exemplare hie und da den Winter ohne Decke überdauerten, so haben doch junge Pflanzen sehr gelitten. Würde sich nur für grössere Parks eignen.

Die Varietät P. n. glauca hat eine wunderschöne bläuliche Färbung und silberfarbenen Schein.

Abies Nordmanniana, Lk. Taurische Weisstanne. Diese ist fast die schönste Tanne und ein herrlicher stattlicher Baum mit breiten und langen tafelförmigen Aesten, eine prächtige Pyramide bildend. Liebt feuchten Boden und nördliche Lage, ist aber vollkommen frosthart und da sie spät austreibt, dabei die Ebene verträgt, so ist sie für Gärten und Länder des Flachlandes unbezahlbar. Ein derartig bevorzugter Baum kann zwar in kleinen Gärten auch Verwendung finden und ist im Solitärstande herrlich, passt aber wegen seines Höhenwuchses entschieden besser für ausgedehntere Felspartien.

Abies numidica, Carr. Eine der P. Pinsapo ähnliche Varietät mit breiteren, nicht ganz so spitzen und mehr flach stehenden Nadeln. Hart und für kleinere Gärten passend.

Abies pectinata, D. C. Weiss- oder Edeltanne. Eine der schönsten Tannen, die zur Einzelpflanzung ebenso wie zu hainartigen Gruppirungen empfohlen werden kann. Sie liebt das Gebirgsklima, nördliche und östliche Lage, feuchten Boden und kommt in der Ebene, sowie in heissen, trockenen Lagen nicht gut fort.

Das Beschneiden verträgt diese Tanne sehr gut, eignet sich daher an ihr zusagenden Lokalitäten auch zu hohen Hecken. Wegen ihrer tiefgehenden Pfahlwurzel verträgt sie das Verpflanzen nur in den ersten Lebensjahren. Sie passt nur für grössere Anlagen und ist vollkommen frosthart.

Abies Fichta, Fisch. Sibirische Silbertanne. Hat Aehnlichkeit mit unserer Weisstanne, von welcher sie sich durch grössere Dichtigkeit der Krone und feinere Zweige unterscheidet. Passt für kleine Gärten und ist gegen unsere Winter nicht empfindlich.

Abies Pindrow, Spàch. Indische Silbertanne. Eine schöne, ziemlich harte Art mit bläulichem Grün der Nadeln.

Abies Pinsapo, Boiss. Spanische Tanne. Diese mässig grosse, langsam wachsende und vom Winter durchaus nicht leidende Tanne kann für hochgelegene kleine Gärten und Felspartien nicht genug empfohlen werden. Die dichte Krone und das gleichsam wie mit Eis überzogene Grün ihrer Nadeln geben ihr ein eigenthümliches, schönes Ansehen.

Ihr regelmässiger, pyramidaler Wuchs macht sie zur Einzelstellung ganz geeignet, und kann eine Felszierde ersten Ranges genannt werden.

Abies Reginae Amaliae, Held. Arkadische Tanne. Durch ihre Reproduktionskraft bemerkenswerth; lässt sich gut zu Hecken verwenden, sonst den übrigen vier griechischen Tannen ähnlich und gleich unserer Weisstanne für grössere waldartige Anpflanzungen geeignet.

Abies Webbiana, Lindl. Purpurtanne. Eine der herrlichsten Tannen, leider nur für milde Gegenden zu empfehlen.

Araucaria imbricata. Schmucktanne von Chili. Dieser prächtige Baum, mit eigenthümlichem, originellem Habitus, hat zwar hie und da in sehr geschützter Lage im Freien ausgehalten. Mit Sicherheit lässt sich diese wunderbar schöne Conifere bei uns nur im Kübel kultiviren und in frostfreien Räumen durchwintern.

Im Süden Europas, unter dem 46° n. B. ist seine Rustizität erwiesen; dürfte sich wegen seinem entschieden exotischen Habitus nie ganz recht für Felspartien eignen.

Biota orientalis, Endl. (Thuja orientalis, L.) Morgenländischer Lebensbaum.

Verlangt, um in unserem Klima vom Froste nicht zu leiden, Schatten und dichte Anpflanzung; der freie Standort sagt diesem Baume durchaus nicht zu. Liebt feuchten, sandigen Boden, verträgt das Beschneiden sehr gut und ist in seinen zahlreichen Varietäten eine Zierde jedes Gartens, wobei ich indess bemerke, dass alle Lebensbäume, so schön sie sonst sind, um den heimischen Waldcharakter nicht zu verwischen, nur hie und da zwischen anderem Nadelholze hervorblicken sollten.

Von den vielen Spielarten dieser Conifere nenne ich nur nachstehende, nämlich:

Biota orientalis aurea, Hort.

„   „   gracilis, Carr.

„   pyramidalis, Endl.

„   „   compacta, Hort., als auf Felspartien geeignet.

Biota Meldensis, Hort. Bastard-Lebensbaum. Ein buschiger Strauch mit fein zertheilten Aesten und hellem Blaugrün. Verlangt geschützten Standort. Für kleinere Felsen passend.

Biota pendula, Endl. Hängender Lebensbaum. Verlangt Schutz und Schatten und in zartester Jugend Bedeckung, wenn er nicht erfrieren

soll. Die langen dünnen, kurzbeblätterten Zweige hängen wie Fäden herab. Sonst für nordische Anlagen nicht passend.

Biota tartarica, Loud. Tartarischer Lebensbaum. Empfindlich gegen Kälte und nur im Süden gut gedeihend.

Cedrus atlantica, Mavett. Silberceder. Vermöge ihrer schönen schirmförmigen Krone, die sie im vorgerückten Alter besitzt, wäre diese Conifere ein herrlicher Felsbaum, der sich aber leider etwas empfindlich gegen Frost gezeigt hat und daher nur im Süden Verwendung finden kann.

Cedrus Deodora, Loud. Die Himalaya-Ceder. Zärtlich, wenngleich Bäume dieser Art am Rhein 15 Meter Höhe erreicht und 15° Kälte ausgehalten haben.

Im Kübel zu kultiviren; allenfalls in südlichen Gegenden verwendbar.

Cedrus libani, Barrel. Libanon-Ceder. Verlangt Bergklima und südlichere Länder, wenn sie gedeihen soll.

Hie und da erfroren, an einigen Orten zu 20 Meter hohen Bäumen erwachsen, scheint sie noch nicht hinreichend erprobt zu sein.

Dort, wo die Rustizität der Libanonzeder erwiesen, gibt es nicht sobald einen schöneren Baum zur Dekoration grösserer Felspartien, als diese prächtige Conifere, deren Krone sich im Alter wunderschön schirmartig ausbreitet. Junge Bäume müssen bedeckt werden. Liebt Schatten und gedeiht am besten im Schutze anderer Bäume.

Cephalotaxus drupacea, Sieb. und Zucc.

„   Fortunei, Hook.

Cephalotaxus pedunculata, Sieb. und Zucc.

"   tardiva, Sieb. und Zucc.

"   umbraculifera, Sieb.

Diese Kopfeibenarten sind bei uns fast nur Sträucher von langsamem Wachsthum, und bilden dichte, schöne, dunkelgrüne Gebüsche. Sie haben 15—20° Kälte ausgehalten, können daher als hart bezeichnet werden und eignen sich vortrefflich zur Ausschmückung kleiner Felspartien.

Chamaecyparis Nutkaensis, Spach., auch als **Thujopsis borealis,** Fisch. sehr bekannt, ist einer der schönsten und empfehlenswerthesten Zapfenbäume, dabei vollkommen hart, obwohl Sämlinge dieser Art dennoch Schutz bedürftig sich erwiesen haben. Sie ist eben so schön im Einzelstande, wie effektvoll auf Felsterrassen, in Hainen und Wäldchen, zwischen anderen Coniferen, von denen sie durch die helle, bläulichgrüne Färbung reizend absticht.

Die Varietät Ch. glauca ist unstreitig noch wirkungsvoller, indem das Grün der Blätter einen blaugrünen Anstrich bemerken lässt.

Chamaecyparis sphaeroidea, Spach.

"   thurifera, Endl.

"   obtusa, Sieb. und Zucc., und

"   piriformis,

sind zwar auch ziemlich hart, lieben jedoch feuchten Sandboden, geschützten Stand und Schatten.

Alle diese von keiner erheblichen Schönheit; nur Chamaecyparis obtusa zeichnet sich durch gedrungenen Wuchs und blaugrüne Färbung aus und ist für kleinere Anlagen empfehlenswerth, eignet sich jedoch mehr für den Süden. Ihre Varietät: Ch. obtusa filicoides, Hort. ist un-

gemein zierlich und verdient einen bevorzugten Platz am Felsen.

Cham. squarrosa, Sieb. Ist winterhart und eine der vorzüglichsten niederen Nadelholzformen für kleine Felspartien.

Cryptomeria japonica, Don. Japanische Ceder, ist zwar ein prächtiger Nadelholzbaum mit hellgrüner Belaubung, jedoch nur für südliche Gegenden oder Kübelkultur geeignet, weil er 15—20 Gr. Kälte nicht erträgt.

Besonders müssen junge Pflanzen geschützt und dürfen erst, wenn sie 60 Centimeter Höhe erreicht haben, ausgetopft werden. Die Varietät **Cryp. Lobii,** Hort. hat dunklere Färbung und zeigt sich bis zum 52—53. nördlichen Breitegrade fast genügend winterhart.

Cunninghamia sinensis, R. Br. Chinesische Cunnighamie. Bei uns meist nur strauchartig, verlangt geschützten Stand und Winterdecke, daher besser für südliche Länder oder für Topfkultur.

Erfordert Schatten und sandige Lauberde.

Cupressus funebris, Endl, Trauer-Cypresse. Härter als Cryptomeria Japonica, doch immer noch dem Unbill strenger Winter im jugendlichen Alter unterliegend. Man pflanzt sie geschützt und halbschattig zwischen andere Coniferen.

Cupressus Goveniana, Gord. Ein immergrünes, fast strauchartiges Bäumchen, das sich auf Felspartien, im Einzelstande recht nett ansieht. Ausdauer noch nicht erwiesen, daher in nördlichen Ländern im Topf zu kultiviren.

Cupressus Lawsoniana, Murray. Ist die populärste aller neu eingeführten Nadelhölzer und zur Freilandkultur, nachdem sie eine Winterkälte von 20 Grad unbeschadet aushält, vollkommen geeignet. Man hat von ihr mehrere Varietäten, z. B. compacta, glauca, pyramidalis, stricta u. A., die theilweise schöner, aber auch zarter sind. Man sorge für aus Samen gewonnene Exemplare, indem Stecklingspflanzen bald Samen tragen und schlecht aussehen, schütze sie in den ersten Jahren, pflanze auch kein Exemplar unter 60 Centimeter Höhe ins Freie.

Cupressus macrocarpa, Hartweg und „ sempervirens, L. Gemeine oder Pyramiden-Cypresse, sind nur für südliche Gegenden geeignet, wo sie bis 15 Gr. Kälte aushalten. Wo sie im Freien fortkommen, können sie, untermischt mit anderem Gehölz, nicht verfehlen den günstigsten Eindruck hervorzubringen.

Als ziemlich hart, daher für Felsanlagen gemässigter Länder zu empfehlen, sind noch Cup. Mac Nabina, Murr. (Cup. glandulosa, Hook.) aus Kalifornien und Cup. torulosa, Don. die Himalaya-Cypresse; ein grosser Nadelholzbaum für Waldanlagen südlicher Länder.

Juniperus bermudiana, L. Bermudischer Wachholder; nur für den Süden.

Juniperus canadensis, Lodd. Canadischer Wachholder; Zwergart, 1 bis 1,3 Meter hoch.

Juniperus caucasica, Fisch. Kaukasischer Wachholder; dem gemeinen Wachholder ähnlich.

Juniperus sinensis, L. Chinesischer Wachholder; verlangt etwas Schutz, sonst hart.

Juniperus communis, L. Gemeiner Wachholder. Bekannt, oft von schöner pyramidaler Form; besonders ist die Varietät J. com.

Hybernica, Irländischer Wachholder, eine kleine, dichte Pyramide bildend, reizend auf kleinen Felspartien.

Juniperus Davurica, Pall. Davurischer Wachholder.

Juniperus dealbata, Loud. Weisslicher Wachholder; beide zart, daher für wärmere Klimate.

Juniperus drupacea, Labill. Steinfrüchtiger Wachholder (Arceuthos drupacea, Ant. et Kotschy), schön, aber etwas schwierig in der Behandlung.

Juniperus excelsa, Bieberst. Hoher Wachholder. Eine schöne jedoch nicht genügend erprobte Art, mit im Alter hängenden Zweigen, die alle Empfehlung verdient.

Juniperus hemisphaerica, Presl. Halbkugelförmiger Wachholder; mit rothen Beeren, würde, wenn man sich weibliche Pflanzen verschaffen könnte, durch seine glänzendrothen Früchte kleine Felspartien ungemein zieren.

Juniperus japonica, Carr. Japanischer Wachholder. Sehr schöne Zwergform für kleine Felsanlagen.

Juniperus macrocarpa, Sibth. Grossfrüchtiger Wachholder. Nur für wärmere Länder geeignet.

Juniperus nana, Willd. Zwergwachholder; sehr verwendbar in kleineren Gärten; hat kriechenden Habitus, daher auf sonnige Felslagen anzubringen.

Juniperus occidentalis, Hook. Abendländischer Wachholder. Hohe Art mit schlanken und gebogenen Aesten. Hart.

Juniperus Oxycedrus, L. Cedern-Wachholder. Schönes, dichtwachsendes, pyramidales Bäumchen, verlangt geschützten Standort und in rauhen Gegenden Bedeckung.

Juniperus phoenicea, L. Phönizischer

Wachholder. In milden Gegenden ein schönes Bäumchen, effectvoll und sehr empfehlenswerth zur Bepflanzung von Grabstätten, felsigen Inseln, Ufern stehender Gewässer, da seine hängenden Zweige ihm den Anblick eines Trauerbaumes geben, auch sehr schön an den Absätzen steiler Felswände u. a. O., verlangt Schutz, im Norden sogar gute Bedeckung.

Juniperus piriformis, Murr. Birnenförmiger Wachhólder. Eine sehr schöne Art, die vollkommen hart ist und zur Anpflanzung zwischen dem ' Gestein empfohlen werden kann.

Juniperus prostrata, Persoon. Niedergestreckter Wachholder. Gehört zu den Arten mit ganz niederliegenden Aesten, welche so schön für Felsen und Abhänge sind. Ganz hart, besonders im Schatten.

Juniperus Pseudo-Sabina, Fisch. Falscher Sadebaum. Verwendung wie die vorige Art, aber sehr empfindlich gegen Kälte, daher nur für südliche Länder geeignet.

Juniperus recurva, Don. Zurückgekrümmter Wachholder. Steigende, niedrige, blaugrün belaubte Art, mit aufgerichteten, dann zurückgebogenen Aesten, aber leider so empfindlich, dass er nur im Süden Verwendung finden kann.

Juniper__ rigida, Sieb. et Zucc. Steifer Wachholder. Hübsche Art mit schlanken überhängenden Aesten; zart und nur für warme Lagen.

Juniperus religiosa, Royle. Heiliger Sevenstrauch. Eine der lieblichsten Arten dieser Gattung, fein gegliedert und bläulichgrün, jedoch zart.

Juniperus rufesceus, Lk. Rothfrüch-

tiger Wachholder. Interessante harte Art, deren weibliche Pflanze durch die rothen Früchte ziert.

Juniperus Sabina, L. Sadebaum. Schöner niederliegender Strauch, kann an Abhängen und Felsen nicht entbehrt werden, vollkommen hart. Als Bäumchen gezogen unvergleichlich.

Hat mehrere Varietäten, welche gleichfalls die beste Verwendung auf kleinen Felsen finden können.

Juniperus sabinoides, Gris. Sadebaumartiger Wachholder. Aufrecht, in milden Gegenden baumartig, von gedrungenem Wuchs und blaugrünen Blättern. Verlangt geschützte Plätze, in der Jugend sogar Bedeckung.

Juniperus sphaerica, Lindl. Kugeliger Wachholder. Baumartig, mit schöner hellgrüner Tracht, jung zu bedecken.

Juniperus squamata, Don. Schuppiger Wachbolder. Immergrüner, grosser, niederliegender, vielverzweigter Strauch mit weisslichgrüner Belaubung. Er ist vollkommen hart und kann nicht genug empfohlen werden, weil er überall, auch durch seine rothen Früchte ziert.

Juniperus virginiana, L. Rothe Ceder. Baumartig und ganz hart, besonders schön im Schatten und auf feuchtem Boden, vorzüglich dann, wenn letzterer leicht oder sandig ist. Verdient alle Empfehlung und ziert kleine, wie grosse Felsanlagen ungemein; gibt auch vortreffliche dichte Schutzhecken für zartere Nadelhölzer.

J. V. dumosa (J. Schottii) ist eine gedrungene, buschige Varietät mit schuppigen Blättern. J. V. pendula, hat herabhängende Aeste; J. V. glauca ist graugrün u. a. V. mehr, die eben dieselbe gute Verwendung finden können.

Es gibt noch mehrere Wachholder-Arten, die bald hart, bald zart, im Norden und Süden zur Benützung kommen können; ich übergehe sie, weil mit vorbeschriebenen jeder Freund schöner Nadelhölzer vollkommen befriedigt sein kann.

Alle Wachholderarten eignen sich so recht für Felsen gross und klein, zumal sie meist niedrig bleiben und grösstentheils frosthart sind. Jene mit niederliegenden Aesten, so wie alle mit rothen Früchten seien der Beachtung des Gartenfreundes besonders empfohlen.

Larix altaica, Fisch. Altai Lärche. Von kräftigerem Wuchs wie die gemeine Lärche.

Larix dahurica, Turcz. Dahurische Lärche. Ein niedriger Busch, nur für Felsen und Abhänge geeignet.

Larix europaea, D. C. Gemeine Lärche. Bekanntes und beliebtes Nadelholz, sehr schön für Einzelpflanzung auf grossen Felsen, an den Rändern der Wälder, untermischt mit anderen Nadelbäumen; besonders effectvoll mit dunkellaubigen. Liebt freie Lage und Berghöhe und verkümmert in eingeschlossenen Thälern.

Die gemeine Lärche hat mehrere Varietäten, als: glauca, hellfarbig, blaugrün; europ. pendula mit einseitig hängenden Zweigen, wenn schief gepflanzt über Schluchten und Abgründen als Einzelbaum von besonderem Effect; compacta, Wuchs dichter und langsamer u. a. m.

Larix Griffithii, Hook. Die Himalaya-Lärche. Gehört zu den zierlichen Baumformen; hart wenn aus Samen gezogen, kümmerlich wenn veredelt.

Larix Kaempferi, Carr. Chinesische Goldlärche. Nicht genügend erprobt; sonst ein sehr schöner Baum.

Larix leptolepis, Zucc. Japanische Lärche. Ganz hart und eine der schönsten Lärchen, mit wahrhaft schmuckvollem Aeusseren.

Larix Lyallii, Parlatore.

Larix microcarpa, Lamb. Kleinzapfige Lärche.

Larix occidentalis, Nutt. Abendländische Lärche.

Larix pendula, Salisb. Amerikanische Hänglärche. Diese 4 amerikanischen Lärchenarten, theilweise mit mehr hängenden Aesten wie die gemeine Lärche, finden gleiche Verwendung auf hohen Felsanlagen und im Einzelstande; besonders müssen alle Arten mit hängendem Habitus frei auf Anhöhen stehen, wenn sie wirkungsvoll werden sollen.

Ansprüche an Boden theilen fremde Lärchen gleich mit unserer gemeinen Lärche.

Libocedrus chilensis, Endl. Chilenischer Lebensbaum. Eine der, durch gedrungenen buschigen Wuchs, eigenthümliche Form der Blätter und Zweige, sowie prächtiges, unterhalb silberweisses Colorit derselben, schönsten Coniferen, welche aber unsere nordischen Winter nur unter guter Bedeckung verträgt.

Libocedrus Doniana, End. Neuseeländischer Lebensbaum. Eben so schön und zart wie vorgehende und zur Kübelcultur passend.

Libocedrus tetragona, Endl. Chilenische Cypresse. Etwas härter als die vorhergehenden.

Picea alba, Mx. Amerikanische
Weissfichte. Schöner Baum für
Felsen, in nicht grossen Gärten
der gemeinen Fichte vorzuziehen,
fällt schon von fern durch die
bläulich-helle Färbung auf.

Picea Alcoquiana, J. G. Veitch.
Der gemeinen Fichte ähnlicher
Baum.

Picea Engelmanni, Parry. Eine neu
entdeckte, schöne harte Fichte
vom Felsengebirge.

Picea excelsa, Link. Fichte, Roth-
tanne. Allbekannt und bereits
häufig in unseren Parks und Gärten angepflanzt, wo sie — wenn
nicht an heissen trockenen Felsen
stehend, wo sie verkümmert —
besonders im freien Stande wirkungsvoll ist. In kleineren Gärten lässt man sie nicht zu alt
werden und verwendet lieber die
njedrigbleibenden Spielarten, während für grosse natürliche Felszüge die Urform allen bekannten
Varietäten weit vorzuziehen ist.
Die Fichte hat flachstreichende
Wurzeln und leidet vom Winde,
was bei ihrer Anpflanzung zu berücksichtigen ist.

Picea Jezoensis, Hort. Jezo-Fichte.
Seltener Schmuckbaum aus Japan,
für milde Gegenden.

Picea Khutrow, Carr. Indische
Khutrow Fichte. Schöner hoher
Nadelholzbaum mit bogenförmig-
abwärts hängenden Aesten An
vielen Orten ganz hart sich zeigend, verdient dieser langsam
wachsende Zierbaum alle Beachtung, weil er sehr eigenthümlich
und hübsch ist und durch sein
lichtes Grün von anderen Coniferen angenehm absticht.

Picea Menziesii, Carr. Sitchafichte.
Dieser prächtige, harte Baum hat
Aehnlichkeit mit der Rothfichte,
von der er sich durch grössere
Biegsamkeit und Zierlichkeit,
feinere Nadeln und das bläuliche
Grün sofort unterscheidet. Eine
besondere Zierde grosser Parkfelsen.

Picea Morinda, Hort. Indische
Fichte.
Aehnlich P. Khutrow und eben
so zu verwenden.

Picea nigra, Lk. Nordamerikanische
Schwarzfichte. Wird bei uns kaum
15—20 Meter hoch, daher einer
der schönsten Nadelholzbäume für
kleinere Felspartien. Sehr zierlich und dauerhaft und als Solitärbaum einzig in seiner Art.

Picea obovata, Ledeb. Sibirische
Eierfichte. Wächst langsam und
empfiehlt sich für kleinere Felsanlagen. Ist hart.

Picea orientalis, Link. Die Sapin-
dusfichte. Eine grosse Gartenzier,
wenn vereinzelt auf dem Fels
stehend; wird bei uns nicht gross,
ähnelt in der Jugend der gemeinen Fichte, mit welcher sie
die Behandlung gemein hat, baut
sich aber dichter und die sehr
feinnadeligen schwachen Zweige
hängen nicht, sondern stehen fast
wagrecht ab.

Picea rubra, Link. Rothe amerikanische Fichte. Harte Conifere mit
röthlichbrauner Rinde und feinen
Nadeln.
Verwendung wie P. nigra.

Pinus abchasica, Fisch. Abassa-
Kiefer. Nur für den Süden geeignet.

Pinus austriaca, Höss. Schwarzkiefer.
Eine unserer schönsten und har-
testen Kiefern für Kalkboden, an
freien Stellen ein herrlicher Baum;
liebt Sonne und ist besonders
schön auf Felsen grösseren Umfanges.

Pinus Banksiana, Lamb. Labrador-Kiefer. Bildet nur einen baumartigen Strauch, der auf kleineren Felsanlagen Verwendung finden kann.

Pinus Benthamiana, Hartweg. Starkwüchsiger Nadelbaum aus Kalifornien, der hie und da mit Wurzeldecke ausgehalten hat. Wird vorläufig nur für das südliche Mitteleuropa passen.

Pinus Bruttia, Ten. Calabrische Kiefer. Zart, daher nur für milde Gegenden.

Pinus Cembra, L. Zürbelnusskiefer. Eine der schönsten Coniferen für rauhe Gegenden. Liebt nur den Einzelstand an der Nordseite der Felsen und zieht windige freie hohe Lage der Ebene vor.

Pinus cembroides, Zucc. Amerikanische Zürbelkiefer. Dauert in England aus und dürfte nur für den Süden zu verwenden sein.

Pinus Cembra, sibir. Loud. Sibirische Arve. Eine Verbesserung der gemeinen Zierbe, kräftiger, pyramidaler, auch grüner als letztere, sonst gleiche Kulturansprüche.

Pinus Coulteri, Don. Raschwachsende kalifornische Kiefer für den Süden geeignet, verlangt bei uns Bedeckung.

Pinus densiflora, Sieb. et Zucc. Dichtblütige Kiefer. Bei uns bedeckt, daher nur für milde Gegenden geeignet. Pinienähnlich.

Pinus Devoniana, Lindl. Für diese schöne Kiefer gilt vorstehende Bemerkung.

Pinus excelsa, Wall. Hohe Kiefer. Die Trauerkiefer von Himalaya ist ein grosser ausserordentlich umfangreicher Baum, baut sich pyramidal und bildet so Riesenpyramiden von bedeutender Höhe. Sie ist die schönste aller bei uns im Freien ausdauernden Kiefern mit schönen langen silberartig schimmernden, quastenförmig herabhängenden Nadeln und verdient es im vollen Masse, dass man sie, sei es in der Ebene, sei es auf Bergen und grösseren Felsgruppen, recht häufig anpflanze.

Scheint oft durch zarte mexikanische Arten, die man untergeschoben, in Verruf gekommen zu sein.

Pinus flexilis Jam. Biegsame Kiefer. Mittelding zwischen Cembra und Strobus aus Mexiko, für südlichere Gegenden.

Pinus Fremontiana, Endl. Fremontskiefer. Eine kleine, harte Kiefer für kleinere Gärten.

Pinus Imerethia Hart. Kaukasuskiefer. Ganz hart; ebenso:

Pinus inops, Soland. Jerseikiefer.

Pinus Lambertiana, Dougl. Lambertskiefer. Uebertrifft an Wichtigkeit und riesigem Wuchs Alles, was man von Kiefern bisher kennt. Hat sich in Mitteleuropa als hart gezeigt und verdient für grössere Parkanlagen und Felsen alle Beachtung.

Pinus leptosperma, Lindl.

   " L'laveana, Schied. et Deppe. Drei südamerikanische Kiefern, deren Ausdauer in Mitteleuropa noch nicht festgestellt ist.

Pinus maritima, Lamb. Meerstrandskiefer. Mit schöner, hochpyramidaler Form und frischem saftigen Grün. Mehr für südlichere Länder, das südliche Mitteleuropa, geeignet, liebt den Sandboden, scheint auf Höhen widerstandsfähiger zu sein.

Pinus Massonianna, Lamb. Ist eine schöne grosse, dichtbegrünte japanische Kiefer, welche hart ist und als Schmuckbaum für grössere

Parkfelsen warme Empfehlung verdient.

Pinus mitis, Mx. Glatte Kiefer. Wird als schöner Baum geschildert, ist bei uns hart und dürfte gleiche Verwendung wie alle hohen Föhren haben.

Pinus monticola, Dougl. Bergkiefer. Hoher Baum, der Weymuthskiefer ähnlich und wird denselben Werth haben.

Pinus Mughus, Loud. Bergkiefer. Auf unseren Torfmooren wachsende, mässig hohe Kiefer, die sich recht gut für kleinere Anlagen eignet, ist ganz hart.

Pinus Pallasiana, Lamb. Taurische Kiefer. Hart und schnellwüchsig, mit hübscher Krone. Sehr schön auf Naturfelsen.

Pinus Peuce, Griesb. Arvenart, deren Kultur keine besonderen Schwierigkeiten bietet.

Pinus Parryana, Gord. Schöne, harte, amerikanische Kiefer.

Pinus Pinaster, Ait. Sternkiefer. Pinienähnliche, interessante Art, welche gar nicht zart ist und grösseren Parkfelsen zur besonderen Zierde gereicht.

Pinus ponderosa, Dougl. Schwerholzige Kiefer. Stattliche, harte Kiefer von sehr langsamem Wuchse mit wenigen Aesten. Verträgt keinen feuchten Standort.

Pinus Pseudo-Strobus, Lindl. Unächte Weymuthskiefer. Ausdauer zweifelhaft.

Pinus Pumilio, Haenke. Krummholzkiefer. Strauchartig, welche sich sehr in Berggärten, auf Feisen und steilen Abhängen empfiehlt.

Pinus pungens, Mx. Stechende Kiefer. Harte dichtkronige Art.

Pinus pyrenaica, La Peyr. Pyrenäische Kiefer. Sehr empfehlenswerth, von pyramidalem Wuchse mit mächtigen Aesten.

Pinus radiata, Don. Strahlenschuppige Kiefer. Ausdauer zweifelhaft.

Pinus resinosa, Soland. Harzige Kiefer. Schöne lebhaft grüne Kiefer.

Pinus rigida, Mill. Starre Kiefer, dichtkronig und überall gedeihend, treibt abgehauen am Stamm und Wurzelstock neue Stämme.

P. Sabiniana, Dougl. Nusskiefer. Prächtige Kiefer, doch nur für wärmere Länder; jedenfalls nur in geschützten Lagen fortkommend.

P. serotina, Mx. Teichkiefer. Schöne, überall, auch auf nassen Standorten gedeihende Kiefer, mit dichter Pyramidenkrone; ganz hart.

P. Strobus, L. Weymuthskiefer. Beliebter und bekannter Parkbaum.

P. sylvestris, L. Gemeine Kiefer, ist nur sehr alt schön und kann nur für Naturfelsen empfohlen werden, oder dort, wo man künstliche Schirmkronen an ihr bildet.

P. Taeda L. Weihrauchskiefer. Ein freundlicher, ganz harter Nadelholzbaum.

Mit geringer, genau bezeichneter Ausnahme sind die Föhren h o c h g e h e n d e Bäume; man pflanze daher alle Kiefern nur auf Anhöhen grösserer, natürlicher Felszüge im Einzelstande, weil nur so zu einem malerischen Ausbau der Krone Gelegenheit geboten wird. Auch auf Blössen, zwischen waldigen Anlagen, eingesprengt, erfüllen sie ihren Zweck, doch hüte man sich vor allzuhäufiger Anpflanzung dieser Nadelbäume.

Retinospora ericoides, Zucc. Heidekrautartige Retionspora. Immergrüner, zierlicher Strauch von cypressenartigem Wuchse; für kleine Felsgruppen nicht genug zu empfehlen, verlangt aber Schatten und Sandboden.

Salisburia adiantifolia, Sm. Gingkobaum. Sonderbare Conifere, die mehr einem Laubbaume ähnelt. Ist vollkommen hart, muss aber jung gepflanzt werden. Auch auf kleineren Felspartien schön.

Taxodium adscendens, Brong. Aufsteigende Eibencypresse;

Taxodium distichum, Rich. Zweizeilige Sumpfcypresse;

Taxodium microphyllum, Brong. Kleinblättrige Eibencypresse; und

Taxodium sinense, Nois. Chinesische hängende Eibencypresse; sind reizende kleinere Bäume, die jedoch nur auf feuchtem, fast nassem Boden, felsigen Ufern, Inseln, in der Nähe der Wasserfälle u. dgl. verwendet werden können. Junge Pflanzen sind bei uns etwas empfindlich und dürfen erst ins Freie gebracht werden, wenn die Stämmchen 1 Centimeter dick sind und auch dann ist es gut, sie noch einige Jahre hindurch zu bedecken.

Taxodium sempervirens, Lamb. Immergrüne Eibencypresse, liebt dagegen mehr trockenen Boden und Sand.

Taxus baccata, L. Gemeine Eibe. Ein in jeder Form, auf grossen, wie auch auf kleinen Felsanlagen willkommener Baum oder Strauch; gibt die schönsten Schutzhecken, wahre Brutplätze für allerlei Vögel, liebt Schatten und ist in der Sonne weniger schön, grün und schnellwüchsig. Man sollte schon grössere Exemplare auf Felsen pflanzen, weil der Taxbaum sehr langsam wächst. Unter den vielen Varietäten, die meistentheils sehr schön und brauchbar sind, hebe ich nur den irländischen Taxus (T. fastigiata oder hybernica) hervor, weicher

eine schlanke, dichte **Pyramide** bildet, aber etwas zart ist und im Schatten und Schutz höherer Bäume besser gedeiht.

Alle Eiben sollten stets allein gepflanzt werden, ausser man beabsichtiget ein immergrünes Gebüsch zu bilden.

Ich nenne noch

T. brevifolia, Nutt. Californischer Eibenbaum.

T. canadensis, Willd. Canadische Eibe.

T. Boursierii, Carr. aus Kalifornien.

T. cuspidata, Sieb. und Zucc. aus Japan.

T. Lindleyana, Laws. aus dem nordwestlichen Nordamerika und

T. Wallichiana, Zucc., welch' alle frosthart sind und auf Felsanlagen recht gut Verwendung finden können.

Thuja asplenifolia, Hort. Strichfarnblättriger Lebensbaum, mit fast farnkrautartiger Belaubung.

Thuja gigantea, Nutt. Riesiger Lebensbaum. Prächtiger, harter Baum, liebt etwas Schatten. Hat im Alter eine schirmförmige Krone, daher reizend auf Felsen.

Thuja Lobbii, Veitch. Schön pyramidal wachsender, gar nicht empfindlicher Solitärbaum.

Thuja occidentalis, L. Gemeiner Lebensbaum. Allbekannter schöner Baum, besonders gut zu Schutzpflanzungen, der freistehend eine schöne Pyramide bildet; wächst unter anderen Nadelhölzern recht malerisch und hat dann lichteres Grün.

Hat eine Menge Spielarten.

Thuja plicata, Donn. Faltiger Lebensbaum. Dieser in den Gärten allgemein als Th. Warreana bekannte Lebensbaum ist für rauhe Gegenden die schätzbarste Thuja unter allen und für kleinere Felsanlagen besonders zu empfehlen. Liebt Schatten. Man sorge für Samenpflanzen, weil Stecklingsexemplare zu viel fruktifiziren und dadurch bald unscheinbar werden.

Thujopsis dolabrata, Sieb. et Zucc. Eine der schönsten lebensbaumartigen Nadelhölzer, erträgt ziemlich hohe Kältegrade und darf daher als eine unserer besten Felsenpflanzen bezeichnet werden. Man sorge indess beim Auspflanzen für starke Topfexemplare und decke die flachstreichenden Wurzeln stets mit Moos. Passt entschieden, nur für den Einzelstand.

Thujopsis laetevirens, Lindl. Zierlicher, freudig grüner Lebensbaum, der ganz winterhart ist.

Torreya grandis, Fort. Grosse Torreya. Ein schönes immergrünes Bäumchen oder Strauch, welches an geschützten Stellen und schattig gestellt, an vielen Orten unbedeckt ausgehalten hat und für kleinere Anlagen passen dürfte.

Torreya Myristica, Hook. fil. Kalifornischer Muskatnussbaum. Eine der schönsten Coniferen, die sich zwar hart gezeigt hat, in der Jugend aber doch Bedeckung erfordert.

Torreya nucifera, Sieb. et Zucc. Nusstragende Torreya. Immergrüner Nadelbaum aus Japan, mit wallnussgrossen Steinfrüchten; hält über 15 ° Kälte aus, verlangt aber in Mitteleuropa geschützte Stellen.

Torreya taxifolia, Arn. Eibenbaumblättrige Torreya. Taxusähnlicher Pyramidenbaum, mit grossen Steinfrüchten. Ausdauer noch nicht vollständig erprobt.

Tsuga Albertiana, Murr. Ein zierlicher Baum mit überhängenden Aesten, für kleinere Felspartien passend und ganz hart.

Tsuga Brunoniana, Carr. Indische Schirlingstanne. Sehr schön, aber zart und nur für wärmere Länder zu empfehlen.

Tsuga canadensis, Mx. Hemlockstanne. Eine der schönsten Nadelholzbäume, dessen Aeste zierlich in Bogen überhängen und Trauerbäume vorstellen. Darf nur ganz frei in nördlicher und östlicher Lage gepflanzt werden, verkümmert an heissen, trockenen Plätzen.

Tsuga Douglasii, Carr. Ein prächtiger Baum, vollkommen hart.

Tsuga Hookeriana, Murr. Wird ein schlanker Baum von 40 Meter Höhe und da er hart ist, auch für grössere Naturfelsen passend.

Es gibt ferner fast unter allen Gattungen und Arten der Zapfenbäume **z w e r g a r t i g e , n i e d e r e F o r m e n**, welche sehr hübsch und namentlich auf kleineren Felspartien reizend sind. Rücksichten für minder bemittelte Gartenfreunde, oder solche, welche nur über kleine Anlagen verfügen, haben mich bewogen, diese reizenden Zwergformen, welche gewissermassen eine besondere Abtheilung der Nadelhölzer bilden, zusammenzustellen und in nachfolgender Liste dem geehrten Leser vorzuführen.

Alle hierher gehörenden Arten oder Varietäten erlangen nur eine sehr geringe Höhe; viele erscheinen nur in Strauchform und zeichnen sich durch äusserst gedrungenen, eigentümlichen Habitus,

zierliche Nadeln, verschiedenartige Färbung und durch theils kugel-
förmige, theils kurze pyramidale Form vor allen anderen Gehölzen
aus. Wegen ihren Miniaturformen eignen sie sich besondere für
kleinere Gesteingruppen, aber auch ‚als Vorpflanzen grösserer Anlagen, wo sie, namentlich mit pyramidalen Coniferen von nicht zu
hohem Wuchse, z. B. mit Juniperus hibernica und Taxus hibernica,
sowie den niedrigeren Lebensbäumen wie Biota aurea und compacta
vermischt, einen reizenden Effekt hervorbringen. Ebenso eignen sie
sich als Unterholz für kleinere, hainartige Wäldchen vor und um
Felspartien, sowie sie zwischen Felsritzen, auf Absätzen, Plateaus,
zwischen Ruinen, am Rande felsiger Inseln, an steinigen Ufern zerstreut, nicht verfehlen werden, den brillantesten Effekt hervor zu
bringen.

Ihr dichter Wuchs macht sie so recht zur Herberge mancher
Vögel, die in dem zarten, dichten Gezweige sehr gern ihr Nestchen
bauen. Die zarteren Varietäten kann man leicht durch Einbinden
schützen, wie es auch möglich ist, schon starke Topfexemplare ohne
Störung des Wurzelsystems zu transportiren, auszupflanzen und zum
Weiterwuchs zu bringen.

Selbstverständlich wachsen derlei Zwerge sehr langsam, wesshalb
von manchen Arten Pflanzen von einem drittel Meter Höhe schon
als sehr starke Exemplare zu betrachten sind und die meisten
dieser Zwergformen mit einer Höhe und einem Durchmesser von
1 bis 1,5 Meter ihr höchstes Lebensziel erreicht haben, was ich
beim Ankauf und Verpflanzen wohl zu beachten bitte.

Biota Meldensis, Hort. Ein buschiger
Strauch mit feinzertheilten Aesten.

Biota aurea, Hort. Eine wunderschöne Abart von nur 1—1,3 Meter
Höhe und schon bei 0,3 Meter
Samen tragend; jung zusammen-
gepresst rund, scheibenartig, älter
fast kugelig von Wuchs; zart,
im Schatten und Schutz höherer
Bäume aber ganz hart. Ein reizender Busch zur Einzelpflanzung.

Biota compacta nana Eine der
schönsten Abarten, von Wuchs
der Biota aurea, aber von Jugend
auf vollkommen rund, nicht breit,
und mit äusserst feinen Zweigen

und lebhaft grüner Belaubung,
mehr einer Cypresse und Juniperus als Biota gleichend; ein
unvergleichlich schöner Buschbaum
für schattige Lage.

Biota pygmaea, R. Seith. Ohne
Zweifel der kleinste Lebensbaum;
niedliche kompakte Zwergart von
China.

Biota recurva nana. Varietät von
sehr gedrungenem Bau, die äusseren Zweigenden hängend; sehr
hübsch.

**Cupressus Lawsoniana, var. com-
pacta.** Sehr gedrungen, niedrig

bleibende Spielart dieser schönen, bei uns ausdauernden Cypresse.

Cupressus Lawsoniana, var. gracilis. Recht zierliche Varietät.

Juniperus canadensis, Lodd. Ein kaum mehr als meterhoher, ausgebreiteter Strauch.

Juniperus communis var. nana. Auf den Alpen vorkommende, ganz niedrige Varietät.

Juniperus hybernica var. compressa. Zwergige Pyramiden-Wachholder.

Juniperus japonica, Carr. Japanischer Wachholder, kleiner 0,3 bis 0,6 Meter hoher Strauch, mit ausgebreiteten Aesten und dichtstehenden kurzen Zweigen. Varietät mit noch niedrigerem Habitus (J. japonica nana).

Juniperus nana, Wild. Ein kriechender, dichtwachsender Strauch mit rothbraunen Aesten.

Juniperus Sabina, var. prostrata. Niedergestreckt, von nur 0,15 bis 0,20 Meter Höhe.

Juniperus squammata Don. Schuppiger Wachholder mit niederhängenden Aesten, bildet einen Busch von 1,3 bis 1,6 Meter Höhe.

Juniperus virginiana, var. nana, humilis, Bedfordiana, sind Abarten des Virginischen Wachholders, die alle strauchartig buschig wachsen.

Picea excelsa mit nachstehenden sehr niedrigen Varietäten: Clanbrasiliana, Endl. wird nicht über 1,3 Meter hoch; compacta niedrig bleibend, von sehr schönem Habitus; Gregoryana, Zwergart mit zahlreichen dünnen, dicht mit spitzen, kurzen Nadeln besetzten Zweigen; nana, diese Form hat hellgrüne und ein wenig längere Nadeln als Gregoryana, baut sich kugel-, fast plattrund

und erreicht einen Durchmesser von 1,3 bis 1,6 Meter; pygmaea (globosa), runde Zwergform, die nur eine ganz geringe Höhe erreicht, mit kurzen Nadeln, sehr hübsch; pygmaea glauca, Tracht blaugrün; nigra nana, schwarze oder virginische Fichte mit kurzen, dicken, dunkelgrünen Nadeln und rother Rinde, ganz niedrig; pumila, elegante niedliche Zwergart mit kurzen Nadeln und Aestchen, sehr gedrungen und von bläulichgrüner Färbung; var. elegans (R. Smith) buschig und kompakt sich bauende feine Zwergvarietät, mit hellgrüner Belaubung, die nur eine Höhe von 1,3 bis 1,6 Meter erreicht, recht hübsch; u. A m.

Picea rubra, var. coerulea; mit bläulich grüner Belaubung, wird nur 1,6–2 Meter hoch.

Pinus Cembra var. pygmaea (Pinus Cembra pumila Pall.) wächst in Ostsibirien auf kahlen Felsen, wird selten über 2 Meter hoch.

Pinus pygmaea, Hort. Korsische Zwergkiefer, niedrige Abart von P. Laricio.

Pinus Mughus, Loud. Zwergkiefer; schon an und für sich niedrig und gedrungen wachsend, variirt sie noch als humilis, Endl., die selten über 2 Meter hoch wird.

Pinus Pinaster var. minor, Loud; kleine oder korteanische Kiefer, niedriger Baum.

Pinus Strobus nana; (Synon: tabulaeformis) nur 0,6–0,8 Meter hoch, kugelig oder flach, mit aufrechtstehenden Nadeln.

Pinus umbraculifera (rotunda nana) ebenfalls niedrig, aber mit hängenden, schirmartigen Nadelbüscheln.

Pinus sylvestris, var: Bugatti; nette Zwergform; globosa, ein kleiner

Baum von kompakter Form, aller-liebste kleine Kugeln bildend.

Retinospora ericoides, Zucc. Diese hübsche Conifere, welche seit der kurzen Zeit ihrer Einführung be-reits 8 Namen erhalten hat, baut sich sehr dicht und konisch, strauch-artig und erreicht eine Höhe von 1,3 bis 1,6 Meter. Sehr empfehlens-werth!

Taxus baccata (L.) var. ericoides. Zwergiger Eibenbaum mit kurzen, breiten Blättern; **procumbens** mit niederliegenden Aesten.

Thuja occidentalis var. Slaveana und nana (compacta); niedriger, von gedrängtem Wuchs.

Thuja plicata var. minima, Zwerg-form der sehr schönen Art.

Alle diese Arten und Abarten sind nahezu ganz hart. Die Varietäten mit **gold**- und **weissbunten Nadeln** habe ich über-gangen, weil sie auf Felsen nicht passen und dort aufgestellt, der ganzen Anlage das Gepräge der Künstelei verleihen.

Ich kann mir nicht versagen, für Anfänger im Gartenfache einige Regeln der Coniferenkultur hier anzuführen:

1. Alle Coniferen müssen in möglichst erstarkten, gesunden, vom Transport nicht geschwächten Pflanzen auf die Felsen kommen.

2. Wo man es nur immer möglich machen kann, wähle man aus Samen gewachsene Exemplare.

3. Zarte, schutzbedürftige Nadelhölzer sollten nie unter 1 Meter Höhe dem Freilande anvertraut werden.

4. Die Herbstpflanzung zarter Nadelhölzer ist zu vermeiden, weil **nicht gehörig festgewurzelte Exemplare** selbst unter Bedeckung gern erfrieren.

5. Auch die im Frühjahr gepflanzten, selteneren und weicheren Coniferen müssen, bis sie erstarken, noch einige Jahre hindurch bedeckt werden.

6. Dichte Umhüllung muss vermieden werden. Meistens schützt ein Umhängen mit Fichtenreisig vollkommen.

7. Die Wurzeln aller fremden, selbst der harten Coniferen sollten eine Winterdecke, am besten Moos oder Laub, erhalten.

8. Hinreichende Bodenfeuchtigkeit schützt alle Coniferen oft vor dem Erfrieren; in trockenen Herbsten ist daher Begiessen un-umgänglich nothwendig.

9. Das Tiefpflanzen, bei allen Gewächsen verderblich, ist bei Coniferen nahezu tödlich. Man pflanze nur so tief, dass die obersten, flachstreichenden Wurzeln kaum mehr als 5 Centimeter Erde über sich haben.

10. Das Belegen des Wurzelraumes mit lebendem Moose und Steinen ist bei allen Coniferen anzurathen.

11. Eine sorgsame Lösung des äusseren Wurzelfilzes bei Topfballen ist vor dem Auspflanzen vorzunehmen.

12. Nadelhölzer dürfen beim Verpflanzen weder an den Wurzeln, noch an den Zweigen beschnitten werden.

13. Beim Auspflanzen wende man stets leichte, sandige Laub-, Nadel-, Heide- und Torferde an.

14. Ein öfteres durchdringendes Begiessen während der trockenen Jahreszeit ist unbedingt nöthig, ein tägliches Bespritzen oder Bebrausen frisch gepflanzter Exemplare sehr wohlthätig.

15. Fast alle Coniferen (mit geringer Ausnahme, so z. B. fremde Kiefern) lieben Schatten und befinden sich in nördlicher und östlicher Lage am besten.

16. Alle Nadelhölzer mit starker und tiefgehender Pfahlwurzel, so die Tannen, Kiefern, Wellingtonia u. a., müssen bis zur völligen Erstarkung in Töpfen kultivirt oder ganz jung auf die Felsen gebracht werden, weil jede Beschädigung der Herzwurzel langes Siechthum, zuweilen baldigen Tod, zur Folge hat.

17. Die meisten Nadelhölzer sind Gebirgspflanzen, lieben daher das Gebirgsklima, viele eine luftige, hohe Lage z. B. Lärchen, Pinus Cembra, u. A.

18. Die Nadelhölzer kommen von Natur aus gesellig vor, das Misslingen der Einbürgerung vieler fremder Coniferen beruht darauf, dass man sie im Einzelstande erzog.

19. Eben so lieben alle Coniferen die Nachbarschaft anderer Bäume, welche ihnen die Natur im Walde zuwies, namentlich der Birken, Buchen, Ahorne und Eichen.

20. Unterwuchs zwischen den Nadelhölzern wirkt wohlthätig auf Bodenbeschattung und Feuchtigkeitserhaltung. Wo es nur immer angeht, unterpflanze man alle Nadelholzpartien mit Wachholder und anderen strauchartigen Coniferen, ferner mit Vaccinium-Arten, Heide, Ginsterarten, Brom- und Himbeeren, Epheu, Lonicera, vielen Wildrosen und anderen niederen Gewächsen.

21. Gras im dichten Zusammenhange schädigt die Gesundheit der Nadelhölzer. Man ersetze dasselbe lieber durch lebendes Moos, welches auch in vieler anderer Beziehung wohlthätig auf das Wachsthum der Coniferen einwirkt.

22. Jungen Nadelhölzern kann eine Düngung durch Aufstreuen

von Laub-, Nadel- und Holzerde, im Nothfalle durch alte Komposterde, die, wohlverstanden, vollkommen verrottet sein muss, auf
den Wurzelraum sehr erspriesslich sein.

23. Das Stützen der Nadelhölzer durch Pfähle ist verwerflich
und nur ausnahmsweise, d. i. bei frisch gepflanzten, über 2 Meter
hohen, Topfexemplaren, welche auf dem Windstriche allzusehr aus-
gesetzte Stellen zu stehen kommen, in Anwendung zu bringen.

24. Wo Wäldchen oder Haine von Coniferen ringsum oder zunächst den Felsen angelegt werden, wähle man Pflanzen verschiedener Arten und Altersabstufungen, vermeide ängstlich die reguläre Form der Fläche und trachte, selbst in waldigen
Anlagen der Parks, ein koupirtes, wellenförmiges Terrain zu bilden.

25. Abgestorbene Felsbäume dürfen nicht gerodet, sondern
müssen, mit Beibehaltung bis 0,60 Meter hoher Wurzelstöcke, ab-
gesägt werden.

§. 4.

Sommergewächse (Plantae annuae).

Die Ausschmückung der Felsanlagen, besonders kleinerer, durch
einjährige Pflanzen, kann minder bemittelten Gartenfreunden
nicht dringend genug ans Herz gelegt werden! Ganz abgesehen
davon, dass man für Weniges die schönsten Arten erwerben kann
(man bekommt 100 Spezies für 6—7 fl.) und diese bei einiger Aufmerksamkeit, nämlich durch jährliches Samensammeln, wohl nicht
so leicht verlieren wird, hat man den ganzen Sommer über fortwährend blühende Pflanzen auf der Gruppe. Andererseits — falls
man mit einem kleinen Sortiment zufrieden ist und die wieder-
kehrende Auslage nicht scheut — kommt man in die angenehme
Lage, alljährlich neue Gewächse auf dem Felsen zu sehen. Bei
alldem ist die Kultur der meisten Sommergewächse eine einfache
und leichte.

Wie rasch begrünt man nicht eine sonnige Felspartie mit
Portulac? Eine Prise genügt für eine Fläche von 6—8 □Meter
vollkommen, und man hat dabei keine weitere Arbeit, als das vor-
sichtige Ausstreuen auf die wundgemachte Erdoberfläche der
Felsenvertiefungen und Vorsprünge, etwas Giessen und, wenn es
hochkommt, einiges Jäten. Dieselbe geringe Mühe machen uns die
meisten unserer Sommergewächse und einige Perennien, die im

Jahre der Aussaat blühen z. B. Antirrhinum, Linaria alpina, Tunica Saxifraga u. A., dagegen gibt es andere, gemeinhin warme Annuellen genannt, deren sofortige Aussaat ins Freiland nicht zweckentsprechend wäre, bei denen vielmehr eine zeitige (Februar-) Aussaat in Mistbeete und Töpfe unter allen Umständen Platz greifen muss.

Wir finden derlei wärmebedürftige und zartere Sommergewächse in den Katalogen der Handelsgärtnereien gewöhnlich durch ein dem Speziesnamen vorgedrucktes W, oder sonstwie bezeichnet, und es wird selbst der angehende Pflanzenfreund über die Unterscheidung derselben nicht leicht in Zweifel sein.

Wer Raum genug hat, thut wohl daran, die warmen Annuellen bald nach dem Aufgehen büschelweise in kleine Töpfe zu pflanzen und später nach vorhergegangener Abhärtung durch fleissiges Luftgeben an die geeigneten Plätze auszutopfen. Einige Sommergewächse können, wenn sie etwas herangewachsen sind, das Verpflanzen ohne Wurzelballen nicht wohl vertragen, z. B. Cynoglossum linifolium, Reseda, Aethionema Buxbaumii, Campanula Speculum, Carduus Marianus, Cheiranthus maritimus, Gypsophila elegans, muralis, Iberis, Lathyrus, Phaseolus, Sycios angulata u. A.; daher dieselben sogleich an Ort und Stelle ins Freie zu säen sind, während andere sich recht gut, und oft selbst im vorgerückten Vegetationsstadium, übersetzen lassen, z. B. die Astern. Auf diese Eigenschaften wolle der Blumenfreund seine Arbeiten stützen und aus dem nachfolgenden Verzeichnisse die für seine Verhältnisse passendsten auswählen.

Abronia arenaria und umbellata; kriechend.

Aethionema Buxbaumi und saxatile; 8 cm. hoch.

Anarrhinum crassifolium; sonnig, zweijährig.

Anthriscus vulgaris; sonnig.

Aphanostephus ramosissimus; sonnig.

Arctotis breviscapa; niedrig, schön.

Arabis arenosa und blepharophylla; niedrig.

Aster. Alle Zwergastern, besonders die sogenannten Liliput-Astern, schön auf sonnigen Felsen; auch schön: Aster tanacetifolius und tenellus.

Campanula attica; nieder, rasenartig sonnig; C. speculum 16 cm. hoch, sonnig; C. Loreyi 16 cm. hoch und C. Loreyi fl. albo, sonnig.

Chlora grandiflora; Enzianart, halbschattig.

Chrysanthemum acaule; niedrig, sonnig.

Cistus guttatus; trockene, sonnige Partien.

Clypeola cyclodontea; sonnig.

Convolvulus Cupanianus; sonnig, 16 cm. hoch.

Corydalis aurea und sempervirens; halbschattig.

Dianthus; viele Abarten von D. sinensis, namentlich D. sinensis nanus, sehr schön auf sonnigen Felsen.

Emmenanthe penduliflora; niedrig, sonnig.

Gentiana ciliata; halbschattig.

Geranium bohemicum und moschatum an trockenen sonnigen Orten; G. Robertianum, unentbehrliche Felsenpflanze mit unscheinbaren rosa Blüten, aber im Herbst schönen rothen Blättern, verlangt Schatten.

Gypsophila muralis und Saxifraga, beide schön in sonnigen Lagen, kleinere Felspartien niedrig.

Hippocrepis multisiliquosa.

Iberis affinis; 10 cm. hoch, sonnig.

Janopsidium acaule; 8 cm. hoch, sonnig.

Linaria alpina und caespitosa, niedrige schöne Alpenpflanzen.

Lobelia; alle niedrigen Abarten von Lobelia Erinus u. A., reizend auf sonnigen Felstellern; in Masse zusammengepflanzt, eine der schönsten, unaufhörlich blühenden Felspflanzen.

Mesembrianthemum alle Arten und zwar: capitatum, cordifolium, crystallinum, Decandolleanum, glabrum, pinnatifidum, pomeridianum, tricolor, sehr schön in sonnigen Felspartien.

Mimulus; alle Arten, besonders cuprens, quinquevulnerus, moschatus, schattig und feucht.

Nemophila; alle Arten schön auf sonnigen Orten.

Oenothera acaulis taraxacifolia und tetraptera; sonnig, nieder.

Ononis Natrix; kriechend, für trockene, steinige Orte.

Oxalis corniculata, floribunda, rosea, tropaeoloides und valdiviana, nied-

rig und schön, für Sonne und Halbschatten.

Portulaca grandiflora, besonders die gefüllten Varietäten, unentbehrlicher Felsenschmuck für sonnige Partien; kann nicht genug empfohlen werden.

Reseda odorata; unscheinbar, aber wegen des köstlichen Wohlgeruchs eingesprengt zwischen den Felsen, in sonniger Lage, besonders in der Nähe der Sitzplätze.

Sanvitalia procumbens; niedrig.

Saponaria calabrica pumila; niedrig, für Mauern und trockene Felsen.

Saxifraga Cymbalaria; Miniaturpflanze für Halbschatten.

Sedum coeruleum; niedrig, für sonnige Lagen.

Senecio rupestris; niedrig, sonnig.

Silene pendula u. A. sonnig.

Spergularia azaroides; rasenbildend.

Statice spicata, Thouini u. A. sonnig.

Tournefortia heliotropioides; kriechend.

Trixago maxima; niedlich, sonnig.

Tropaeolum; alle Varietäten von T. majus und minus; besonders die niedrigen Varietäten von T. majus (sogenannte TomThumbvarietäten) sehr werthvoll und verwendbar in Sonne und auch in Halbschatten.

Tunica Saxifraga; niedrig und sonnig, verträgt die grösste Trockenheit.

Verbena; warme Annuelle für sonnige Partien; in allen niederen kriechenden Varietäten besonders reizend. Zeitige Aussaat in Töpfe oder Mistbeet. V. pulchella rasenbildende blaue, empfehlenswerth.

Veronica glauca, syriaca u. A. niedrige Arten; sonnig.

Viola cornuta und tricolor in voller Sonne schön. Zeitige Topfsaat.

Auch unter den Schling- und Kletterpflanzen gibt es viele Arten, die entweder echte Sommergewächse sind oder doch bei zeitiger Aussaat im ersten Jahre zur Blüte gelangen. Ich nenne nur: Ipomaea, mehrere Arten, besonders purpurea mit allen Varietäten, Convolvulus aureus, superbus, Lathyrus odoratus, Maurandiaarten, Loasa, Passiflora foetida, pectinifera, gracilis u. A., Clitoriaarten, Phaseolus coccineus, ensiformis, gigas, bicolor u. A., Thunbergia, Tropaeolum Lobbianum u. A., sowie eine Menge Kürbisgewächse, deren Aufzählung unter den Schlingpflanzen stattfinden wird. Sie alle gehören eigentlich nicht auf die Felsen selbst, wohl aber in das die Felsanlage umgebende Gebüsch und zur Berankung der Bäume, können also nicht unbeachtet bei Seite geschoben werden, weil eine Felspartie ohne Baum und Strauch, ohne kriechende und Schmarotzergewächse, ein Unding ist.

§. 5.

Perennirende Pflanzen oder Stauden.
(Plantae perennes.)

Staudengewächse jeder Art und Form gehören auf ausgedehntere Felsgruppen, welche gartenmässig und kleinlich zu behandeln, nicht wohl thunlich wäre, an Orte, die abseits vom Wege liegend, nicht tagtäglich revidirt werden können, weitweg auf die Felshänge und ins Geklüft, wo der Fuss des Gärtners, ohne Schaden anzurichten, nicht leicht hinzutreten vermag, ferner auch dorthin, wo Einflüsse der Witterung verderblich auf die zarteren Sommergewächse einwirken und es daher robusterer Pflanzen bedarf, um die vom Froste oder den Regengüssen, nicht minder von der Dürre des Sommers vernichteten Gewächse zu ersetzen.

Dahin bringen wir alle härteren, kaum einer Pflege bedürfenden Stauden und wahrlich sie sind so anspruchslos, dass wir sie, selbst wenn es unter ihnen minder prunkende Gestalten gäbe, in jeder Steinpartie schwer vermissen würden.

Näher in den Gesichtskreis des Beschauers bringen wir die zarteren Stauden, sogenannte feine Perennien, die entweder einer öfteren Aufmerksamkeit, wohl gar eines Winterschutzes, jedenfalls öfteren Begiessens bedürfen und setzen sie dahin, wo sie von allen Seiten leicht besehen und erreicht werden können, unweit der Wege und Sitzplätze, an die vorderen, niederen Felspartien und schmücken mit ihnen den Fuss der Anlage. Wir werden in der Lage sein, diese, meist niederen Pflanzen, zu mehreren vereinigt auf kleinen Felsabsätzen zu kultiviren und so die Natur nachahmend, zu allen Jahreszeiten den gewünschten Effekt hervorbringen zu können.

Indem ich dem geehrten Leser eine genügende Anzahl der für alle Plätze tauglichen Stauden vorführe, werde ich, wie überall, von einer näheren Beschreibung der einzelnen Pflanzen gänzlich absehen und nur dort weiter ausholen, wo ich die Aufmerksamkeit des Pflanzenfreundes hinzulenken, mich genöthigt fühle.

Aconitum alle Arten; auf höhere Partien, sonnig.

Actinella grandiflora; feinlaubig.

Adonis vernalis; trockene, sonnige Hügel.

Allium; alle Arten für sonnige Hänge.

Alsine Michauxi; polsterartige kleine Büsche.

Alyssum saxatile; liebt Sonne und scheut Nässe.

Anarrhinum crassifolium; niedrig.

Anemone; alle Arten, theils sonnig, theils halbschattig. Schätzenswerther Felsenschmuck; besonders A. fulgens prachtvoll; auch die Varietäten von A. japonica, recht schön, jedoch nicht in den Vordergrund.

Antirrhinum alle Arten; sehr schön auf trockene sonnige Felsen; säen sich meist von selbst aus und erscheinen dann oft in den Ritzen der Felsenwände und auf dem Gemäuer der Ruinen, Frost und Dürre trotzend. Gehören für grössere Anlagen, oder in die mittleren Partien.

Aquilegia; alle Arten, gedeihen sonnig und schattig gleich gut; sehr harte Stauden, (mit Ausnahme von A. Skinnerii), die ohne alle Pflege fortkommen und sich häufig von selbst fortpflanzen. Für höhere Felsen und in die Gebüsche.

Arabis alpina (albida); niedrige, weissblühende Frühjahrsstaude, die nur dann recht zur Geltung gelangt, wenn man viele Exemplare zusammenpflanzt. Verlangt, gleich A. blepharophylla, sonnige Felsplätze.

Artemisia; mehrere Arten, recht schön an sonnigen trockenen Felswänden.

Artemisia procura, 2 Meter hoch, pyramidal, Blatt nadelartig, und trifida, zieren gut angebracht zuweilen recht sehr.

Arum crinitum, Dracunculus, corsicum; für grössere Anlagen, zieren durch eigenthümlichen Habitus, Blattform und meist rother Frucht; verlangen eine Winterdecke.

Aralia sachalinensis; 2—2½ Meter hohe Blattpflanze für grössere Felsen.

Arenaria balearica, gracilis, pinifolia; niedrig, in den sonnigen Vordergrund.

Aster alpinus, unentbehrlich für sonnige, auch kleinere Felspartien. A. ericoides und floribundus mehr in den höheren Theilen verwendbar.

Asperula odorata; Blüte zwar unscheinbar aber sehr wohlriechend.

Niedrige Pflanze, die man zu mehreren in die Nähe der Sitzplätze, schattig und feucht anbringt; wuchert stark.

Arisaema tryphyllum, verlangt Decke.

Arctotis grandiflora, sonnig.

Armeria Laucheana, schöne Staude an sonnigen Orten.

Aubretia Campbelli, gedrängter kleiner Busch; A. p u r p u r e a fol. var.; schön im Schatten; auch A. C o l u m n a e und g r a e c a empfehlenswerth; bilden niedrige Teppiche.

Bellis alle Arten, ebenso schön in voller Sonne, wie im Halbschatten; lieben Feuchtigkeit. Sind niedrige harte Staude für den Vordergrund.

Bellis rotundifolia coerulescens, will bedeckt sein und verlangt volle Sonne.

Blumenbachia coronata, trockener Boden und warme Lage, oder bedeckt.

Bongardia Rauwolfi, frühblühende Staude, die nur unter Decke aushält.

Callisace dahurica, grosse Blattpflanze für grössere Anlagen, will Schatten und Feuchtigkeit.

Calamintha alpina, frostharte Alpine.

Campanula, alle Arten, schön auf sonnigen Felsen; C. c e t i d i f o l i a bildet Teppiche, C. W a n n e r i gedeiht, sowie C. p y r a m i d a l i s sehr gut auf trockenen Mauern und in den Ritzen der Felswände.

Caulophyllum thalictroides, feine knollige Staude für schattige Felsen, zeitig im Frühjahr blühend.

Clematis, alle nicht rankenden Arten, eben so gut in Sonne wie im Halbschatten schön, gehören jedoch für grössere Anlagen oder in den Hintergrund.

Claytonia caroliniana, feine Staude für schattige Felsen und Moorbeete, hat knollige Wurzel.

Clintonia borealis, liebt Schatten, Lauberde und Winterdecke. ·

Clypeola cyclodontea, reizende kleine Crucifere für sonnige Theile.

Chimophila umbellata, schöne nordamerikanische Staude für schattige Laubbeete.

Convallaria, alle Arten, besonders C. majus mit seinen Varietäten. Alle verlangen Schatten und Feuchtigkeit und gehören in den Vordergrund der Baumgruppen. Sie widerstehen der Winterkälte, nur C. j a p o n i c a und o p p o s i t i f o l i a wollen bedeckt sein.

Corydalis, alle Arten, schön auf halbschattigen Felsen; besondere Beachtung verdienen die Arten: bracteata, nobilis und lutea.

Crocus, bekanntes Zwiebelgewächs, verdient einen Platz auf sonnigen Felsen. Die Zwiebeln muss man truppweise pflanzen.

Cyclamen europaeum, frosthart, die anderen Arten unter guter Laubdecke ausdauernd. Standort halbschattig, Boden feucht und humos. Neuerdings wird angerathen die Knollen tief zu pflanzen (?) Eine der schönsten, fast unentbehrlichsten Stauden für jede Felsanlage. Gehört schon wegen der schönen Blüte und des angenehmen feinen Wohlgeruches zu Vorpflanzungen in der Nähe der Wege und Ruheplätze.

Daphne alpina, Blagayana, Cneorum und striata; schöne Alpinen, lieben den Schatten und Lauberde.

Dentaria trifolia, für schattigen feuchten Standort.

Dianthus Saxifraga und plumarius, für sonnige Plätze. D. cruentus und Hybriden, sehr schön. D. superbus, im Halbschatten gedeihend. Alle Arten gehören in den Vordergrund und zieren selbst die kleinste Anlage; alle sind frosthart.

Dielytra canadensis, reizend; D. cucullaria, reizende Miniatur, liebt Lauberde und Schatten; D. spectabilis, bekannte Prachtpflanze und wenn erstarkt, nicht so leicht von einer anderen Felspflanze übertroffen; halbschattig, frosthart.

Dicentra chrysantha, Prachtpflanze, will bedeckt sein; halbschattig.

Digitalis, alle Arten, gedeihen sonnig und halbschattig und empfehlen sich durch ihre Ausdauer und schöne Blüte.

Diphylleia cymosa, bedeckt, schattig.

Dodecatheon, alle Arten schön, nur an hohem trockenen Standort, im Halbschatten und sonnig gedeihend.

Dryas octopetala, für trockene, sonnige Orte.

Epimedium, alle Arten, in den Vordergrund.

Eriogonum umbellatum, niedrige Freilandstaude, robust und winterhart.

Erodium, alle Arten schön, verlangen Sonne; besonders E. Manescavi eine liebliche Felspflanze aus den Pyrenäen.

Fragaria, alle Arten, doch nur vereinzelt, weil sie durch die weithin streichenden Ausläufer sich sehr vermehren und bald lästig werden. Man lichte Ueberflüssiges zeitig aus.

Fritillaria graeca, sonnig, winterhart.

Fumaria, alle Arten, für halbschattige Plätze.

Galega officinalis, gedeiht im Schatten.

Galanthus nivalis, das Schneeglöckchen als Frühjahrsverkünder schön an Wegen. Man pflanze nur die gefüllte Varietät.

Galatella, alle Arten, für trockene sonnige Orte.

Gentiana, alle Arten, Prachtpflanzen für halbschattige Felsen, wenn sonnig, so verlangen sie viel Wasser. G. acaulis und vernalis niedrig; G. lutea ist hoch, mehr in den Hintergrund zu setzen.

Geranium, alle Arten, halbschattig, unter Umständen auch in der Sonne zu kultiviren. G. sanguineum gedeiht gut auf trockenen Hügeln im vollen Sonnenlicht.

Globularia trichosantha, niedrig für sonnige Felsen.

Gnaphalium, für sonnige Orte: G. Leontopodium, Edelweis der Alpen, an östliche Felswände zu pflanzen.

Gypsophila elegans gigantea, für den Hintergrund sonniger Felslagen.

Helenium Hoopesi, sonnig.

Helianthemum, alle Arten, besonders die gefüllten Varietäten von H. mutabile, sehr schön für kleinere sonnige Felspartien.

Helleborus niger und andere Arten, für grössere Felspartien sehr brauchbar, verlangen Halbschatten, H. olympicus und orientalis auch eine Winterdecke.

Hepatica, alle Arten und Varietäten unentbehrlich für kleinere Felsgruppen und gewiss reizende Frühjahrsblumen. Harte Stauden, die schattig stehen wollen.

Heracleum eminens, platytaenium und Leichtlini, schöne und harte Blattpflanzen für grössere Felsanlagen, feuchte, schattige Lage.

Heterotropa asaroides, schattig.

Hotela japonica, prachtvolle Staude für sonnige Lage und feuchten Boden.

Hypericum, die meisten Arten für grössere Gruppen und sonnige Plätze.

H. calycinum, Staudenstrauch niedrig und Ausläufer treibend, verlangt Schatten.

Jasione perennis, für sonnige Felsen.

Iberis, alle Arten für sonnige Partien.

J. sempervirens, eine schöne auf Felsen wachsende, halbholzige Pflanze und J. Tenoreana (nur 10 bis 15 Ctr. hoch) verlangen gegen strengen Frost etwas Laubdecke.

Iris, fast alle Arten auf sonnigen Felsen schön, vertragen die meisten z. B. germanica, auch grosse Trockenheit und finden demgemäss Verwendung auf Felsplateaus, Mauern u. dgl. Ebenso effektvoll am Ufer der Gewässer. Mit Ausnahme von J. acutiloba, alata, californica, caucasica, iberica, japonica, Kaempferi, kamvonensis, laevigata, subbiflora, susiana, tectorum und Witmaniana, welche gute Winterdecke verlangen, sind alle Arten harte Stauden, die einmal angewurzelt, keiner Pflege bedürfen und durch ihre grossen prunkenden Blüten eine Frühjahrszierde der grösseren Anlagen sind.

Isopyrum thalictroides, zierliche Staude für Schattenplätze.

Leontice Leontopetalum, 60 cm. hoch, knollig, unter Bedeckung aushaltend, für grössere Gruppen.

Lilium, mehrere Arten, z. B. L. Martagon, dalmaticum, carniolicum, tenuifolium, auf Felspartien zerstreut, recht hübsch aussehend. Gedeihen in Sonne und Halbschatten.

Linaria, mehrere Arten gut für sonnige Felsen und sandige Lauberde.

Lithospermum fruticosum, immergrüne, niedrige Staude.

Lychnis, mehrere Arten für sonnige Plätze, besonders die niedrigen Varietäten von L. Haageana und lapponica, ferner die gefüllte Pechnelke (L. Viscaria splendens fl. pl.) empfehlenswerth.

Mandragora officinalis, sonnig.

Marschallia caespitosa, Rasenpolster bildend.

Mazus Pumilio, Miniaturpflanze.

Mentha Pulegium, bildet wohlriechende Miniaturkissen, sonnig.

Myosotis alpestris, rupicola und palustris, für Halbschatten und feuchten Boden.

Nierembergia Veitchii, niedlich, kriechend.

Oenothera pusilla und P. minima 6—10 cm. hoch, für sonnige Lagen.

Omphalodes verna, schöne niedrige Staude, für Halbschatten.

Oxalis corniculata microntha, niedrig; O. Deppei, lilacina, lasiandra, tetraphylla knollig, die Knollen im April zu setzen und im Herbst herauszunehmen; für sonnige, auch für halbschattige Orte brauchbar.

Orobus, alle Arten, für schattige und halbschattige Orte, zwischen Gebüsch u. dgl.

Paeonia tenuifolia und ten. fl. pleno, für grössere, sonnige Felstheile sehr schön.

Papaver einige Arten, z. B. alpinum, bracteatum, fugax, nudicaule, orientale, schön auf sonnigen Plätzen.

Pachysandra procumbens, wohlriechend.

Parnassia palustris, niedrig, für feuchten Boden.

Paullinia thalictrifolia, farnähnliche Kalthauspflanze, im Sommer ins Freie.

Physalis Alkekengi und viscosa, für Sonne und Halbschatten.

Plumbago Larpentae, eine der schönsten und härtesten Felspflanzen, sonnig.

Polygonum repens, sonniger Standort.

Potentilla, alle Arten schön, besonders die gefüllten Varietäten, (P. hybrida), für grössere Anlagen recht empfehlenswerth.

Primula, alle Arten echte Felspflanzen, und bei Anlagen im Halbschatten nicht zu umgehen. Man

beachte besonders die Arten:
acaulis, Auricula, cortusoides,
farinosa und veris; bei hinreichender Feuchtigkeit auch in voller
Sonne schön.

Pulsatilla pratensis und andere, für
sonnige Felsplateaus.

Pyrethrum parthenifolium und Tschihatschewi, für sonnige Lagen und
trockene Böden, recht geeignet
zum Ueberziehen steiler Abhänge.

Pyrola minor und rotundifolia, für
Moorboden. Schattig und feucht.

Ramondia pyrenaica, Alpenpflanze aus
den Pyrenäen.

Ranunculus, alle Arten für Sonne
und Halbschatten, in die Gebüsche
und Felsritzen verwendbar. Die
knollwurzeligen Varietäten von
R. asiaticus, nicht überhäuft, von
besonderem Effekt.

Rheum nobile u. a. A., für grössere
Anlagen zwischen grösseren Felsstücken zerstreut und im Hintergrunde als Blattpflanzen recht gut
verwendbar.

Rhexia virginica, für schattige Moorbeete passend.

Romanzoffia sitchensis, Miniatur-Saxi-
fraga, winterhart, mit glänzender
Belaubung.

Rosmarinus officinalis, bekannter
Staudenstrauch, für sonnige Felsen
recht verwendbar, verlangt aber
trockene, hohle Bedeckung oder
Durchwinterung im Kalthause.

Santolina Chamaecyparissus und
incana, Eriken- und cypressenähn-
liche Belaubung, nimmt durch die
Scheere jede Form an.

Salvia, mehrere Arten, nur für sonnige, trockene Felsen. S. patens
unter guter Decke aushaltend, wunderschön!

Satureja, alle Arten für sonnige Felsen
und trocken-steinigen Boden.

Saxifraga, alle Arten echte Berg-

und Felspflanzen, theils schattig,
theils halbschattig gedeihend; ver-
langen regelmässige Feuchtigkeit
des Bodens und dürfen in keiner
Anlage fehlen, die Anspruch auf
Vollkommenheit erhalten will.
S. peltata und thysanodes verlangen
Winterdecke. S. longifolia vera
eine der schönsten Pflanzen für
Felsen.

Sedum, alle Arten echte Felsenpflanzen, jedoch nur für sonnige Lage
und trockene Böden (vide Succulenten).

Sempervivum, vide Succulenten.

Soldanella, echte Berg- und Felspflanzen, verlangen halbschattige
Lage, Bodenfeuchtigkeit und etwas
Decke. Ungemein zierlich, daher
ganz vorne zu plaziren. Man
pflanze sie zu 3—6 zusammen,
sonst verschwindend unter grösseren Pflanzen.

Scilla amoena und bifolia, einheimische bekannte, niedrige Früh-
jahrs-Zwiebelgewächse, die sich
zwischen Gebüsch und halbschattig
gelegenen Felsblöcken recht gut
ausnehmen.

Silene, mehrere Arten recht brauchbare Felspflanzen z. B. acaulis,
alpestris, quadridentata, saxatilis,
Saxifraga, Schafta u. A.; lieben
sonnige Standorte.

Spigelia marylandica, liebt Lauberde, Schatten, Feuchtigkeit und
Winterdecke.

Spirea, alle perennirenden Arten sehr
schön für feuchten Boden und
Halbschatten oder am Rand der
Gewässer. S. Aruncus für schattige Felsen nicht genug zu empfehlen, auch Sp. japonica (Hoteia)
und palmata reizend schön, wenn
gut angebracht. S. venusta
prachtvoll!

Statice, alle Arten schön in lockerer Erde und auf sonnigen Orten.

Streptopus roseus, für schattige, feuchte Lagen.

Thalictrum, für feuchten Boden und schattige Anlagen recht annehmbare Pflanzen, die an geeigneten Plätzen sogar effectvoll wirken können.

Thymus, alle Arten für sonnige Felsen unentbehrlich. Besonders schön Th. citriodorus fol. aur. marg. und gehört zu den wenigen buntblättrigen Gewächsen, deren Laub mit der Umgebung harmonirt.

Schön sind auch Th. patavinus und serphyllifolius fol. var. Lassen sich durch den Schnitt in jede beliebige Form bringen und dem Gesteine anpassen.

Tricyrtis hirta, für grössere Anlagen in den Hintergrund, verlangt Schatten.

Tiarella cordifolia, reizendes Pflänzchen.

Trientalis americana, niedliche Staude für schattige Moorbeete.

Trifolium repens, nigrescens, schöne Kleevarietät und geeignet um einen Kontrast zu erzwecken.

Trillium, alle Arten gehören zu den schönsten feineren Stauden für schattige feuchte Plätze.

Tunica Saxifraga fl. pl., gefülltblühende Steinnelke für sonnige Lagen.

Tussilago Farfara fol. var. und fragrans, für schattige Plätze, wuchernd.

Trollius, für feuchte, doch sonnige Orte.

Valeriana, alle Arten für Halbschatten und lockeren Boden.

Verbascum, alle Arten nur für sonnige steile Orte. Auf grösseren Felsenplateaus oft sehr zierend und widerstehend der grössten Trockenheit.

Veronica, alle Arten schön, doch nur die heimischen niederen in den Vordergrund, wogegen V. sibirica, elatior, virginica u. a. hohe Arten, mehr in die hinteren Felspartien zu verlegen sind. Lieben Sonne und gedeihen auf trockenen Orten, nur V. elegans, eine Sumpfpflanze, wünscht Feuchtigkeit.

Vinca, alle Arten unentbehrlich für Felsen (siehe Kriechpflanzen).

Viola, alle Arten schön für kleinere Anlagen, doch auch in grösseren in die Nähe der Sitzplätze, Viola tricolor vereinzelt, anzubringen; von V. odorata kann man nicht genug haben; V. Munbeyana und corunta und pedata empfehlenswerth, wenn dicht beisammen. Alle verlangen Halbschatten und feuchten Boden, gedeihen auch im Gebüsch, nur V. tricolor verlangt volle Sonne.

Vittadenia triloba, ganz niedrige, rasenähnlich sich ausbreitende Pflanze, mit bellisähnlichen Blüten.

Waldsteinia trifoliata und geoides, hübsche und zierliche Gewächse.

Yucca filamentosa; hält bei einiger Bedeckung, mit Laub oder Nadeln, unsere Winter vollständig aus und ziert den Hintergrund der Felspartien ungemein.

Zygadenus glaberrimus, Jochblümchen, wünscht Schatten und Feuchtigkeit.

Obgleich viele Gräser als echte Perennien hier untergebracht werden sollten, entschliesse ich mich doch nur mit Widerstreben zur Aufzählung einiger der besten Arten. Warum? Weil es so

schwer hält, den Ziergräsern, die auf Rasen und in der Ebene so
schön sind, zwischen den Felsen den geeigneten Platz anzuweisen,
ohne des Guten zu viel zu thun, und der Dilettant in dieser Hinsicht oft sehr schwer sündigt. Dazu kommt der Umstand, dass
manche Gräser sich nicht selten, besonders in fettem feuchten
Boden, weit ausbreiten und dann vielleicht kaum, oder doch ohne
Gefährdung anderer Pflanzen schwer auszurotten, resp. in Schranken
zu halten sind, weil das Gestein den Ausläufern allzuviele Schlupf-
und Schutzwinkel bietet. Man wird auch die Behauptung gerecht
finden, dass, besonders auf sonnigen Felsen, wenige und sehr
schöne Gräser gar nicht zu finden sind, und wenn auch nicht
geläugnet werden kann, dass diese oder jene Species, gut postirt,
nicht verfehlt, der Gruppe einen eigenen, obwohl fremdartigen Charakter zu verleihen, so muss dagegen vor zu vielem Anbau der
Gräser sehr gewarnt werden, weil solche oft das Ganze verpfuschen,
die Eigenartigkeit der Wildniss beeinträchtigen und den echten
Felscharakter insbesondere gründlich verwischen. Am passendsten
erscheinen Gräser dort angebracht, wo Felsen mit Wasser in Verbindung stehen, am Fusse steiler Wände, die das Ufer eines Weihers
oder Sumpfes bilden oder an Klippen, die mitten aus dem Gewässer
emporragen, auf felsigen Inseln u. s. w. Dort werden alle hochwachsenden Grasarten, Schilf- und Riedgräser in Verbindung mit
Rohr und Binsen, mit Kalmus und Weidengestrüpp ganz am rechten
Platze sein und der dekorative Werth der Gramineen wird um so
grösser sein, je mehr sie, sei es durch Farbe oder Eleganz der
Blätter und Blüten, sei es durch ihre imposante Grösse, von dem
Hintergrunde der sie umgebenden Gewächse und dem Gesteine
abstechen.

Von eigentlichen Solitärpflanzen wird allerdings bei Gräsern,
die Fels und Wasser zugleich zieren sollen, nicht immer die Rede
sein können, weil Pflanzen dieser Art vollständige Isolirung, daher
einen kahlen Felsen bedingen, was wir in der Mehrzahl der Fälle
schwer zu bieten vermögen, ohne dem Ganzen das Gepräge trister
Sterilität aufzudrücken; eher noch kann dies bei Felsanlagen in
heisser, trockener Lage stattfinden, wo Solitärpflanzen aus dem
Hintergrunde kleinerer aber zusammenhängender Gruppen aufsteigend, mehr den tropischen Charakter repräsentiren. Gräser an
fliessenden Wässern, Bächen, Quellen, wollen gesellschaftlich gepflanzt sein, und wir vereinigen dann gern mehrere einer Art zu

kleineren Gruppen, was jedenfalls weit natürlicher aussieht, als ein
buntscheckiges Gewirr oft nicht zusammenpassender Arten, und
dann sind es nicht selten unsere einheimischen Gräser, die
allen Anforderungen genügen.

Unter den kultivirten exotischen Gräsern interessiren uns
obenan die Perennien und unter ihnen solche, die nur einer geringen oder gar keiner Winterdecke bedürfen.

Obenan steht das Pampasgras: Gynerium argenteum, in allen
seinen Varietäten, dessen unvergleichliche Schönheit bekannt ist
und das, unter guter Bedeckung mit Laub, unsere Winter im Freien
aushält. Es blüht nur dann sicher, wenn das Grundwasser im
Boden die Wurzeln erreicht, wesshalb fleissiges Giessen zu empfehlen
ist. Es nimmt sich besonders gut aus in Gesellschaft von Panicum plicatum und Saccharum violaceum an dem steinigen Abhange in unmittelbarer Nähe eines Teiches.

Andropogon argenteus, aristatus und bombycinus, mehrjährig mit schönen Rispen.

Erianthus Ravennae, mehrjährig, ebenso E. strictus und violaescens imposante Ziergräser, unter Bedeckung im Freien aushaltend; erreichen aber, wie fast alle Gräser, ihre vollkommene Schönheit erst im zweiten Jahre.

Gymnothrix japonica und latifolia, 1,6 bis 2,6 Meter hoch, grosse Büsche bildend.

Hordeum bulbosum, die Knollengerste, und H. jubatum, die Bartgerste, originelle Gräser, gegen 0,64 Meter hoch.

Lagurus ovatus, Sammtgras, 0,32 Meter hoch, mit sammtartigen, eiförmigen Blütenähren.

Laslagrostis argentea, silberweisses Rauchgras, mehrjährig, sehr effectvoll, 0,64 Meter hoch.

Stipa, alle Arten schön. St. elegantissima, sehr elegant, mit wie aus Silberflittern gebildeten grossen Rispen, ein- auch zweijährig, verlangt frostfreie Durchwinterung.

St. pennata, bekannt, liebt trockene, sonnige Stellen und Sand-, Lehm-, auch Basaltboden. Ausdauernd.

Uniola latifolia, 1 Meter hohes, im Freiland ausdauerndes, schönes Ziergras.

Es gibt noch eine Menge schöner, theils einjähriger, theils
perennirender Gräser, die den Felsen zieren könnten, wie gesagt
aber nie vorherrschen sollten, und die ich wegen Mangel an Raum
übergehen muss.

Ueberhaupt zieren breitblätterige Gräser mehr alle tropischen Gruppen, die fein- und schmalblätterigen dagegen
eignen sich weit besser für Gewässer und Steinpartien.

Endlich gehören zu den Perennien im weitesten Sinne auch
alle Zwiebelgewächse. Das einfache, oft starre, wenig anmuthige

Blattwerk der meisten Arten, sowie der Umstand, dass sie nach der Blüte bald wieder einziehen und ihre fahlen gelben Blätter von dem Felsen zu einer Zeit gar zu grell abstechen, während welcher die anderen Gewächse im vollsten Blätterschmuck prangen; sind Eigenschaften, die den Zwiebelpflanzen, so schön sie sonst sind, als Felspflanzen nicht den ersten Rang sichern. Wer indessen auf eigene Nachzucht nicht sehr erpicht ist und die Blätter, sobald sie abzusterben beginnen, ungesäumt dicht an der Erde wegschneidet, mag immerhin einige der schönsten Zwiebelgewächse auf dem Felsen kultiviren und sich an ihren, oft frühzeitigen und prunkenden Blüten erfreuen. Betrachten wir daher einige dieses Genres näher.

Allium, alle Arten schön auf sonnigen Felsanlagen. Empfehlenswerth sind: A. acuminatum, azureum, ciliatum, cygni, fragrans, mit Nelkengeruch, in die Nähe der Ruheplätze zu pflanzen; glaucum, auffallend; Moly (aureum) schön; paradoxum u. A. Man muss die Zwiebeln im Oktober legen und sie sind fast mit jedem Boden zufrieden. A. fragrans verlangt eine sehr gute trockene Bedeckung, eben so A. coerulescens und A. roseum, welche zu den schönsten dieses Genres gehören.

Anomatheca cruenta, reizende kleine Zwiebelpflanze, im April zu legen. Im Winter trocken und frostfrei, für sonnige Orte.

Asphodelus, alle Arten verlangen sonnigen Standort und eine Winterdecke.

Colchicum, alle Arten dauern ohne Winterdecke aus, an sonnige Stellen zu pflanzen.

Crocus, alle Arten die schönsten Zwiebelgewächse für sonnige Felsen, man pflanze die Zwiebelknollen truppenweise in gleichen Farben, in den Vordergrund. Halten den strengsten Frost unbedeckt aus.

Erythronium, alle Arten ohne Winterdecke; gehören an warme, sonnige Orte; niedrige Pflanzen, deren mehrere beisammen stehen sollten.

Galanthus nivalis und plicatus, frostharte niedrige, recht hübsche Frühjahrsblätter.

Gladiolus Bizantinus, Colvilli, communis, pratensis, segetum, müssen im Herbst gepflanzt werden, sind frosthart; andere Arten und Hybriden müssen gleichfalls im Herbst gepflanzt, aber mit einer warmen, trockenen Decke versehen werden, wenn sie den Winter unbeschadet überdauern sollen. Alle verlangen warme sonnige Orte. Die Hybriden von G. gandevensis können auch im Frühjahre gelegt werden; es sind prachtvolle Gewächse, die auf Felsen nur vereinzelt aufgestellt werden, um Ueberladung mit Blüten zu vermeiden.

Iris, die zwiebelartigen Species, anglica, hispanica und persica, im Herbst zu pflanzen; halten zwar ohne Decke im Freien, können aber auch herausgenommen und jedes Frühjahr frisch eingesetzt werden. Werden die Zwiebeln im Herbst gelegt, so verlangen sie leichte Laubdecke. Lieben Sonne. Fürs freie Land während des Sommers, frostfrei zu überwintern oder sehr gut zu decken, sind nachstehende Arten: I. acutiloba, japonica, iberica, Kaempferi, longi-petala, subiflora, Snsiana, tectorum und Wittmanniana.

Alle Irisarten haben prunkende Blüten und zieren sonnige Fels-gruppen sehr, gehören jedoch nur in grössere Anlagen.

Lilium, alle Arten prunkend und schön und zur Mehrzahl ohne Winterdecke aushaltend. Letztere verlangen nur folgende Spezies: Bloomerianum, californicum, Co-ridion, eximium verum, gigan-teum, Humboldti, longiflorum, par-dalinum, parvum, purpureum, Thompsonianum, Wallichianum und Washingtonianum. Letztere drei besser Kalthauskultur.

Die Lilien verlangen sonnige Lage und können, mit weniger Ausnahme, nur auf grösseren Felspartien passend untergebracht werden.

Muscari, sind niedrige Zwiebelpflan-zen, die sonnigen Standort be-dingen. Alle sind frosthart und nur vereinzelt zu verwenden. M. moschatum, köstlich wohl-riechend, pflanze man in die Nähe der Wege und Ruhesitze.

Narcissus, alle Arten niedrig, daher für sonnige Abhänge recht ge-eignet, sind auch, mit Ausnahme von N. incomparabilis, Jonquilla, italicus und Tazetta, welche leichte Laubdecke erfordern, gegen Frost ziemlich unempfindlich. Die ge-füllten Varietäten von N. poeticus und Pseudo - Narcissus machen sich, wenn mehrjährig und buschig geworden, zwischen dem Gestein recht gut.

Ornithogalum pyramidale, nutans,

pyrenaicum u. A., im Freiland unter leichter Laubdecke aus-dauernde Arten, können auf grösseren sonnigen Felslagen ver-einzelt Anwendung finden.

Oxalis, im Frühjahr zu pflanzen, im Winter trocken aufzubewahren, in Sonne und Halbschatten schön, auch für kleinere Steinpartien passend.

Pardanthus sinensis, hält bei ge-ringer Bedeckung ganz gut im freien Lande aus und ziert den Felsen sehr.

Sarana camtschatica, interessant und vollkommen frosthart.

Scilla amethystina, amoena, cam-panulata, cernua, nivalis, nutans, parviflora, patula, praecox und sibirica sind frosthart, S. autum-nalis und fallax bedürfen der Winterdecke. Alle lieben sonnige Standplätze und gehören zu den besseren Pflanzen der Gestein-gruppen und Abhänge. S. bifolia u. A. auch im Halbschatten, am Gebüschrande schön.

Triteleia laxa und uniflora ohne Decke aushaltend.

Tritoma, Prachtpflanzen für felsige Ufer, zu mehreren beisammen. Durchwinterung im Keller, trocken.

Tulipa, nur die niedrigen besonders gefüllten Sorten gut im Felsen, z. B. Duc van Tholl, Tournesol, u. a. frühe Varietäten, die ihre Blumen hoch tragen. Besser stehen die reinen Arten: Oculus solis, pubescens, praecox, biflora an sonnigen Standorten, wo sie auch mehrere Jahre ungestört bleiben können. T. sylvestris und ihre gefüllte Varietät: gelbe Rose, liebt etwas Schatten und verwildert leicht im Grase, so wie zwischen dem Gebüsche.

Man büte sich übrigens, des Guten zu viel zu thun! Wenn nun schon überhaupt eine Ueberladung jeder Felspartie durch Blumen vermieden werden soll, so ist dies umsomehr bei den Zwiebelpflanzen (weniger bei den Knollengewächsen) der Fall, welche dem Gesteine, sofern sie in grösserer Menge daselbst auftauchen, leicht das Gepräge des Unnatürlichen und Gekünstelten aufdrücken.. Allerdings kann durch ein geschicktes Arrangement sehr viel gethan werden und ausgedehntere Anlagen geben der Phantasie reichen Spielraum, in kleineren Felspartien aber Zwiebelgewächse recht passend unterzubringen, erfordert immer grössere Routine in derlei Arbeiten. Der Anfänger wird wohl daran thun, zu den niedrigen aber reichblühenden Spezies zu greifen und diese so anzubringen, dass sie, gleich vereinzelten Sternen, zwischen den Steinen und aus dem Geklüfte hervorlugen. Ich kann es nicht oft genug hervorheben, dass man trachten müsse, eine durch Blumen geschmückte Wildniss, nicht aber ein verwildertes Blumenbeet zu schaffen.

§. 6.

Alpenpflanzen.

Es gibt Blumenfreunde und selbst Gärtner von Profession, welche bei dem Worte „Alpenflanzen" ein leiser Schauer überkommt. Warum? Weil die Kultur so mancher Alpine ihre Eigenthümlichkeiten, ich will nicht sagen ihre Schwierigkeiten hat, und besonders jene Pflanzenfreunde, die sich nicht gewöhnen konnten, auf das natürliche Vorkommen einer oder der anderen Species das Augenmerk zu lenken, machten oft so gewaltige Fehlgriffe in der Behandlung unserer Alpinen, dass es nicht Wunder nehmen konnte, wenn wir diese lieblichen Bewohner der Hochgebirge nach und nach aus unseren Gärten verschwinden sahen.

Die Liebe zu den Alpenblumen ist eben so alt, als die Versuche, sie aus ihren luftigen Regionen in die Tiefe des Thales zu versetzen, sie dauernd am Leben zu erhalten; ich gedenke, mit Umgehung mancher verdienstvollen Botaniker, nur des edlen Erzherzogs Johann von Oesterreich, der auf seinen Besitzungen in der schönen Steiermark schon dazumal die seltensten Alpengewächse tief unten mit Vorliebe und Glück kultivirte.

Das Jagen auf Neuheiten, eine heillose Wirthschaft, die verderblich auf Geist und Gemüth rückwirkte, hat uns zwar des Fremden so manches gebracht, dafür aber das naheliegende Gute übersehen lassen, und so musste es kommen dass wir, übersättigt von Palmen und Blumenteppichen endlich unsere Blicke auf die schneeigen Häupter unserer Gebirge richteten und in der Heimath fanden, was die Fremde uns vergebens bot: eine Legion der herrlichsten Alpengewächse!

Es ist schwer zu begreifen, warum unsere Alpenpflanzen so lange in Verbannung bleiben mussten, denn schon ein Vergleich derselben mit den Pflanzen der Ebene zeigt uns, dass die Blumen der ersteren viel reiner und unvermischter in der Färbung sind, als die der letzteren, und dass mehrfarbige, tuschirte und gestreifte Alpenblumen äusserst selten gefunden werden.

Halten wir Umschau auf dem Gebiete Floras, so werden wir gar bald die Entdeckung machen, dass unter allen Gewächsen jene der Alpen am kärglichsten bedacht sind, und doch: welche Anmuth in ihrem ganzen Gebilde, welche Pracht in den meistens grossen Blüten, die, das zarte Geäste verdeckend, unmittelbar aus der Erde emporzuschiessen scheinen!

Und wie genügsam sind sie! Kaum vermag das Würzelchen einzudringen in die engen Felsenritze, wohin der Wind modernde Pflanzenreste geweht und die Kälte, am Gesteine nagend, Sandkrümchen losgelöst hat vom verwitterten Felsen.

Dort leben sie, dort an der Grenze des ewigen Schnee's und Eises, in den Steinwüsten, auf den nackten Felsen fristen sie ihr armseliges Dasein und bedürfen äusserst wenig zu ihrer Entwickelung und Erhaltung.

Kurz ist der Sommer auf jenen Hochbergen, aber wenn der Föhn über das Joch weht und die mächtige Schneedecke schmilzt, die dem zarten Pflänzchen Winterschutz gewährte, dann erwacht auch ungesäumt die Alpine nach langem Winterschlafe, um sich zu entfalten zu neuem Leben, unmerklich fast, aber doch so rasch, dass wenige Wochen genügen, den reichsten Blütenschmuck hervorzuzaubern.

Dies ein Bild des vegetabilischen Lebens auf jenen Hochbergen, es mag uns ein ernster Fingerzeig sein bei der Kultur der Alpenpflanzen. Wir sehen, dass es eben nicht ganz leicht ist, ihnen alle Bedingungen und Vortheile ihres Hochstandes in der Ebene zu bieten, allein dort, wo die Natur uns verlässt, haschen wir nach Hilfsmitteln, minder durchgreifend zwar, aber vollkommen genügend, die Alpine in Vollkraft und wenigstens so lange am Leben zu erhalten, bis für hinreichende Nachzucht gesorgt ist.

Die erste und hauptsächlichste Bedingung des alpinen Pflanzenlebens ist ein gleichmässiger Feuchtigkeitsgrad der Erde, mehr noch der Luft; dies erklärt, dass Alpinen um so freudiger gedeihen, je höher die Ortslage ist, je mehr die Nähe von Sümpfen, Teichen, Wiesen und Wäldern Wassertheile an die Luft abgibt.

Allein auch an tief gelegenen Punkten, in südlichen Gegenden, können wir Alpenpflanzen kultiviren, indem wir die Lufttemperatur regeln.

Wir schützen unsere Alpinen vor den sengenden Sonnenstrahlen durch den Schatten der Bäume und Sträucher oder hochgehender Perennien (Blattpflanzen), wir bespritzen Erde und Blattwerk der Umgebung oft und durchdringend während der Sommermonate, wir pflanzen unsere Alpengewächse endlich an die weit feuchtere Nordseite der Berge und Hügel und in deren Ermangelung an die Schattenseite der Gebäude und Mauern, wir belegen endlich — ein Punkt von höchster Wichtigkeit bei den Alpenpflanzen — Erde und Gestein mit lebendem Moose, welches fortwährend Feuchtigkeit aufsaugt und an Luft und Erde abgibt.

Der richtigste, naturgemässe Aufenthalt für unsere Alpinen ist unstreitig der Felsen. Und in der That kann man sich kaum etwas Anziehenderes denken, als eine geschmackvoll und nicht zu klein angelegte Felspartie, welche mit Alpenpflanzen aller Art überzogen ist.

Wie ehrwürdig blickt der graue, mit Moos und Flechten überzogene Felsblock auf uns herab? Wie freundlich strahlen die farbigen Kelche der Blüten aus dem satten Grün des Untergrundes? Alle sind schön, und jedes Pflänzchen ist reizend in seiner Art. Sagt doch v. Haller von einer der Alpenpflanzen:

> Hier kriecht ein niedrig Kraut, gleich einem grauen Nebel,
> Dem die Natur sein Blatt im Kreuze hingelegt;
> Die holde Blume zeigt dir zwei vergoldete Schnäbel,
> Die ein von Amethyst gebildeter Vogel trägt!

Aehnliches liesse sich von gar vielen Alpenblumen sagen, ich übergehe es und bemerke nur noch, dass, wenn man schöne Alpenpflanzen kultiviren will, der Boden gut beobachtet werden muss, in welchem sie gestanden.

Wollte man den Alpengewächsen unseren gewöhnlichen Gartenboden bieten, sie würden unfehlbar darin verkümmern. Eine schwere Erde weiht unsere Lieblinge dem sicheren Untergange, sie wachsen darin oft an, haben aber ein kümmerliches Dasein und gehen endlich langsam dadurch zu Grunde.

Ich habe ja weiter oben berührt, dass selbst die seltensten und zartesten Alpengewächse sich mit der wenigen, vom Winde zusammengetragenen, aus Pflanzenresten und feinem Sande bestehenden Erde begnügen und komme nochmals darauf zurück, bemerkend, dass es in der Mehrzahl der Fälle genügen dürfte, den Alpenpflanzen faserige Laub- oder Holzerde, mit Sand gemengt, zu bieten. .

Den Bewohnern der Kalkgebirge darf wohl eine Beigabe von Kalkstein im zerkleinerten Zustande nicht fehlen, so wie jenen, die in den Mulden und auf Gebirgswiesen oder gar auf Hochmooren wachsen, Torferde zuträglich, fast nothwendig ist.

Dünger darf den Alpenpflanzen nie gereicht werden, und es mag das Misslingen solcher Kulturen lediglich dem Umstande zuzuschreiben sein, dass man Mistbeet oder Composterde beim Pflanzen in Anwendung brachte.

Nicht eine Nebensache ist das Giessen; es geschehe mit Bach-, Fluss-, besser mit Regenwasser, denn je reiner das gebotene Wasser von allen fremdartigen Stoffen, um so gedeihlicher ist es für die Alpinen.

Wir wünschen das saftigste tiefste Grün an unseren Felspflanzen, wir dürfen sie daher nie Noth leiden, wohl gar eintrocknen lassen; sie erholen sich zwar oft und treiben auf's Neue, allein wir wollen doch wohl nur Schaupflanzen mit vollkommen ausgebildetem Blattwerk ziehen, die zu allen Zeiten den Beschauer erfreuen, es muss daher täglich und auch durchdringend gegossen werden, ausser es sei Regenwetter eingetreten.

. Endlich wollen wir des Winterschutzes gedenken; der beste wäre wohl, eine, einhalb bis ein Meter hohe Schneedecke auf die Felsgruppe auszubreiten. Dies ist indess nicht immer thunlich, wohl gar auf grösseren Flächen unausführbar, es muss daher, falls bei Barfrösten das beste aller Deckmittel: ein leichtes Belegen mit Tannenreisig, nicht möglich ist, ein Ueberwerfen mit Laub auf wenige Centimeter Höhe angewendet werden.

Durch solche Behandlung wird man auch die zarteste der Alpenpflanzen durch unsere Winter bringen und nicht befürchten müssen, die schönsten Species aus der Sammlung verschwinden zu sehen.

Der angehende Pflanzenfreund versuche es zuerst mit den leichter zu kultivirenden Alpenpflanzen; erst dann, wenn diese in seinem Garten freudig vegetiren, wird es ihm leichter sein, nach und nach selbst die zu pflegen, welche umständlichere Behandlung erfordern.

Möge das nachfolgende Verzeichniss genügen, Freunden dieser schönen Gewächse die richtige Auswahl zu erleichtern.

Achillea alpina und alpina flore pleno.
„ moschata.
nana.
„ tomentosa.
„ umbellata.
„ atrata, niedlich.
„ Clavennae.
Actinella alpina.
„ fissa
„ grandiflora, feinlaubig, originell, niedrig.
Adenostyles alpina (glabra).
Aethionema coridifolium.
„ grandiflorum; neue und noch selten perennirende Pflanze; verlangt warmen und trockenen Standort; sehr passend für Felsgruppen.
Adonis distorta.
„ pyrenaica.
„ vernalis.
Ajuga pyramidalis.
Alchemilla alpina.
Allyssum saxatile.
„ variegatum.
Allium fallax.
„ pedemontanum.
„ grandiflorum.
„ Victoriale.
Alsine linifolia.
„ Rosani
Androsace Chamaejasme.
„ ciliata.
„ helvetica.
„ lactea.
„ Laggeri.
„ lanuginosa.
„ obtusifolia.

Androsace pyrenaica.
„ villosa.
Die Androsacearten sind sämmtlich niedrige gedrungene Pflänzchen, welche sich im Frühlinge mit weissen, lilafarbenen und rosenrothen Blümchen überdecken. Zur Bekleidung von Felsen und Steinpartien sind solche sehr zu empfehlen, denn sie gehören zu dem schönsten, was die Alpenflora bietet.
Andryala lanata.
Anemone acanthifolia.
„ appennina.
„ baldensis.
„ hybrida.
„ narcissiflora. .
„ Pulsatilla.
„ sulphurea.
„ trifolia.
„ vernalis.
Antirrhinum Asarina.
„ sempervirens.
Apargia alpina.
Aquilegia aurea.
„ Bertoloni aus den Bergamaskerbergen eingeführt; sehr seltene und schöne Spezies mit kleinen graugrünen Blättern und zierlichen, dunkelpurpurvioletten Blumen.
Aquilegia Bürgeriana, interessante und seltene Spezies aus Japan.
„ californica.
„ chrysantha, sehr schön mit sehr langen Sporen und goldgelben Blumen aus Nordamerika.

Aquilegia formosa.

" glandulosa.

" grata, sehr seltene Spezies, dicht behaart.

" lactiflora wird nur 15 bis 20 cm. hoch, mit niedlichen milchweissen Blumen.

" pyrenaica.

" Skinnerii Prachtpflanze, gut bedeckt.

" thalictrifolia u. a. Arten.

Die Aquilegien gehören zu den effektvollsten Stauden der Felspartien um so mehr, als sie den Schatten gut vertragen, daher an Oertlichkeiten gepflanzt werden können, wo andere Gewächse nur kümmerlich vegetiren.

Arabis albida, reizende Frühjahrsblume.

" alpina u. fol. var. für trockene Felsen und Mauern gut verwendbar.

" Androsace.

" aubrietoides.

" bellidifolia.

" coerulea.

" lucida u. fol. var

" mollis u. fol. ang. var.

" Obierensis.

" pedemontana.

" rosea.

Arbutus alpina.

" Uva ursi.

Arenaria ciliata.

" purpurascens.

" rotundifolia biflora.

Aretia Vitaliana (Gregoria).

Armeria plantaginea.

Arnica montana.

Aronicum glaciale.

Artemisia alpina.

" pedemontana.

" Mutellina.

Asperula hirta.

Aster alpinus, schön für sonnige Felsen.

Astrantia alpina.

Astrantia minor.

Aubrietia Campbelliae.

" columnae.

Aubrieta croatica bildet dichte Rasenpolster, behält in der stärksten Hitze die schöne saftgrüne Farbe bei und blüht äusserst reichlich, schön dunkelblau

Aubrieta deltoides und grandiflora.

" erubescens, dankbare, lange fortblühende Frühlingsblume, rosa.

Aubrieta graeca und gr. superba intensiv purpurviolett und wegen dieser schönen Farbe als Felsenpflanze sehr zu empfehlen.

Azalea procumbens.

Bellidiastrum Michelii.

Bellis rotundifolia.

Bupleurum caricifolium

Bulbocodium vernum. Zeitliche Frühlingsblume.

Campanula barbata und barb. alba.

" caespitosa.

" linifolia.

" pusilla u. p. alba.

Campanula Raineri; gehört zu den schönsten und seltensten Alpinen, die ganz niedrige (3 bis 6 cm.) Pflanze überdeckt sich im Mai und Juni mit grossen schönen hellblauen Blumen. Verlangt einen heissen Standort.

Campanula thyrsoidea.

Campanula Wanneri mit 30—50 cm. hohem Blütenstengel mit grossen lillarosafarbenen Blumen. Am besten gedeiht diese Pflanze in Spalten senkrechter Felswände.

Cardamine resedaefolia

Centaurea montana.

Cerastium tomentosum, weissfilzig.

" Biebersteini.

" glaciale.

" latifolium.

Cherleria seloides; niedlich.

Circaea alpina, bildet dichten Teppich, liebt Schatten und Feuchtigkeit.

Colchicum alpinum.
„ laetum u. A. Herbstblütler.
Cortusa Matthiola.
Corydalis eximia.
Crepis aurea.
„ pygmaea.
Crocus multifidus.
„ sativus, autumnalis.
„ speciosus.
Cyclamen europaeum. Herrliche Alpenpflanze.
Cyclamen ibericum (coum vernum) gleichfalls sehr schön mit karminvioletten Blumen und niedlichen runden Blättern.
Cyclamen repandum,
„ (ficariaefolium) empfehlenswerth.
Die Alpenveilchen zieren durch Blatt und Blüte ungemein und da letztere zugleich wohlriechend ist und diese herrlichen Alpengewächse niedrig bleiben, dabei nur geringe Pflege bedürfen, so kann ich sie nicht dringend genug allen Freunden schöner Feispflanzen empfehlen.
Daphne Cneorum maximum und variegatum.
Daphne alpina.
„ Blagayana.
„ collina.
„ reizend schöne Alpinen.
Dentaria digitata ⎫ gehören zu den
„ pinnata ⎬ schönsten Stauden an schattigen
„ polyphylla ⎭ feuchten Standorten,
blühen im Frühjahr sehr reich und bedürfen keiner Pflege.
Dianthus alpinus.
„ arenarius.
„ benearnensis.
„ caesius.
„ deltoides und flore albo.
„ marsicus.
„ . Requieni.
„ suavis.
„ superbus

Dianthus sylvestris.
„ Thymphresteus.
Draba aizoides.
„ ciliata.
„ contorta.
„ fladnicensis.
„ gigas
„ Kotschyi.
Dodecatheon Meadia.
Dracocephalum austriacum.
„ Ruyschianum.
Dryas Drummondi.
„ octopetala.
Edrianthus dalmaticus (Wahlenbergia dalmatica) gehört zu den schönsten und seltensten Alpinen. Die Pflanze hat einen ganz niedrigen kriechenden Wuchs, die dunkelgrünen Blätter sind lang fadenförmig, die blauen Blumen erscheinen in grösster Menge. Die Edrianthus gedeihen vorzüglich auf Felsen, welche der vollen Sonne exponirt sind.
Edrianthus caricinus.
Empetrum nigrum.
Epimedium alpinum.
„ atropurpureum.
„ pinnatum.
Epilobium Fleischeri.
„ obcordatum.
Erica carnea.
Erigeron alpinum.
„ angulosum.
„ Beyrichi.
„ glabellus.
„ grandiflorum.
„ speciosum.
Erinus alpinus, alp. albus und grandiflorus.
Erinus hirsutus.
„ hispanicus.
Eritrichium nanum; niedrig.
Eriophorum alpinum; reizend weisse Federbüsche.
Erodium cheilanthifolium.
„ chrysanthum; neue, schwefelgelbblühende Sorte aus Griechen-

land. Blätter sehr hübsch geformt, von weisslicher Farbe.

Erodium glandulosum.

Erodium macrodenum; äusserst zierliche und reichblühende Pflanze aus den Pyrenäen. Blumen zart lila, fein violett geadert, obere Blumenblätter mit grossen dunkelvioletten Flecken geziert. Blätter zierlich fein gefiedert.

Erodium Manescavi; sehr schön.

Erodium pelargoniflorum; prächtige seltene Spezies, mit ziemlich grossen Blättern. Blumen gross, weiss, obere Petalen mit grossen purpurrothen Flecken geziert. Aeusserst reichblühend.

Erodium Richardi; sehr zierliches, nur 3—6 cm. hohes Pflänzchen mit ganz kleinen Blättchen und einer Menge weisser Blümchen.

Eryngium alpinum u. alp. laciniatum.
     „   Bourgati.

Erysimum rupestre u. rup. pulchellum. Letztere Varietät niedrig und gedrungen, Blättchen dunkelgrün glänzend, Blumen die Pflanzen überdeckend, schwefelgelb; sehr schön.

Erythronium giganteum.

Falcaria latifolia; sehr seltene Umbellifere aus Krain, sehr distinkt.

Fumaria lutea.

Galium boreale; niedlich.

Gentiana acaulis.
     „   asclepiadea u. asc. alba.
     „   brachyphylla.
     „   Burseri.
     „   cruciata.
     „   Fröhlichii.
     „   glacialis.
     „   imbricata.
     „   obtusifolia.
     „   phlogifolia.
     „   Pneumonanthe.
     „   punctata.
     „   purpurea.

Gentiana lutea.
     „   verna.

Die Enzianarten gehören zu den prunkendsten Alpenpflanzen und dürfen in keiner Felsanlage fehlen. Alle lieben schattige Lage, einen sandigen stets feuchten Torfboden, zum mindesten schwarze Lauberde oder zum Theil Lehmboden. Die Vermehrung aus Samen ist vorzuziehen, doch muss der Same ganz frisch sein.

Geranium aconitifolium.

Geranium argenteum; seltene Spezies aus Südtyrol mit silberweissen Blättern. Blumen rosa, dunkelrosa geadert, sehr schön.

Geranium cinereum; seltene Pflanze aus den Pyrenäen mit kleinen zierlichen graugrünen Blättchen und grossen, weissen, purpurgeaderten Blumen.

Geranium Endresii.
     „   phaeum.
     „   sanguineum.
     „   subcaulescens.

Geum montanum.
     „   pyrenaicum.

Globularia cordifolia.
     „   cuneifolia; niedlich.

Globularia nana; ganz niedriges, kriechendes, immergrünes Pflänzchen mit lilafarbenen Blumen; sehr zu empfehlen.

Globularia nudicaulis.
     „   vulgaris.

Gnaphalium dioicum.

Gnaphalium Leontopodium; das seltene Edelweiss der Alpen.

Gypsophila nudicaulis; niedlich.
     „   petraea.
     „   repens.
     „   Saxifraga.

Hacquetia Epipactis.

Hedysarum obscurum.

Helichrysum anatolicum.
     „   lanatum.

Helianthemum alpestre und alp. fl. roseo für sonnige Felsen.

Helleborus cupreus.

Heuchera americana.

    „   caulescens.

    „ ,   micrantha.

    „   villosa.

Hepatica triloba; in allen seinen Varietäten reizend schön und unentbehrlich für schattige Felsen.

Hippochaeris helvetica.

Homogyne alpina.

Hutschinsia alpina.

Hieracium albidum.

    „   aurantiacum.

    „   mixtum.

Horminum pyrenaicum.

Hyacinthus amethystinus.

Hypericum Burseri.

    „   olympicum augustifolium.

Jasione humilis; niedlich.

    „   perennis.

Iberis jucunda; diese liebliche Iberis vom Taurus bildet dichte niedrige Büsche, welche während Mai und Juni von rundlichen Dolden lebhaft rosenrother Blumen völlig bedeckt sind.

Iberis saxatilis.

    „   sempervirens.

Kernera saxatilis.

Linnaea borealis; schön, aber schwer zu kultiviren, verlangt Nadelholzschutz, Feuchtigkeit und Schatten.

Liatris alpina.

Linaria alpina; reizend für Felsen, 6 cm. hoch.

· **Linum** alpinum.

Lithospermum purpureo-coeruleum.

Lychnis alpina.

    „   dioica flore albo.

    „   Lagascae (Petrocoptis).

    „   „   flore albo.

    „   lapponica.

Mazus Pumilio.

Meconopsis cambrica.

Meum Mutellina.

Myosotis alpestris vera und nana.

Narcissus juncifolius.

Nertera depressa; nur für südliche Gegenden.

Omphalodes Luciliae. Diese noch seltene Pflanze aus Griechenland ist eine Einführung ersten Ranges und verdient die volle Beachtung des Blumenfreundes. Die eirunden Blätter sind silbergrau, die Blumen von der Grösse der von O. verna, stehen in langen losen Rispen auf langen Blumenstielen, vom zartesten Himmelblau. Die Pflanze blüht lange und ist sehr hart.

Onosma echioides.

Opuntia brachyanthra.

Opuntia comanchica, von Roezl 1874 aus Neu-Mexico importirte Neuheit, welche durch ihr rasches Wachsthum und charakteristisches Ansehen eine werthvolle Pflanze für sonnige Felsen zu werden verspricht. Sie soll unseren Winter eben so gut aushalten wie die nachstehenden Spezies.

Opuntia humilis (horrida).

    „   missouriensis.

    „   Rafinesquiana.

    „   vulgaris.

Orobus canescens.

Oxytropis pyrenaica.

Papaver alpinum.

    „   nudicaule.

    „   pyrenaicum und p. puniceum.

    „   suaveolens.

Paradisia Liliastrum (Anthericum, Czackia).

Parnassia palustris.

Pedicularis acaulis.

Petrocallis pyrenaica.

Penstemon procerus.

Petrocoptis, Lagascae (vide Lychnis).

Peucedanum alpestre.

Phyteuma comosum, sehr seltene Alpenpflanze aus Südtirol mit schöngeformten, eingeschnittenen

graugrünen Blättern und sehr grossen cyanblauen Blumenköpfen. Die
prächtigen Blumen erheben diese
Pflanze zu einer der werthvollsten
Alpinen.

Phyteuma haemisphaericum.

Pinguicula alpina } für Moorboden
    „   vulgaris } und   feuchte
              Lagen.

Poa alpina.

  „   vivipuria.

Phaca alpina.

Polemonium album.

      „   coeruleum.

Polyonum alpinum.

Polygala Chamaebuxus.

Potentilla aurea.

    „   alchemilloides.

    „   cinerea.

    „   grandiflora.

    „   nitida flore albo und
           fl roseo.

    „   crocea.

    „   nivea.

    „   pyrenaica.

    „   Salisburgensis.

Primula acaulis.

    „   Auricula.

Primula auriculata, eine der schönsten
wilden Primelarten mit lilavioletten
Blumen; von den hohen Gebirgen
Sibiriens.

Primula carniolica.

    „   cortusoides.

    „   Candolleana.

    „   integrifolia.

    „   farinosa.

    „   latifolia

Primula longiflora. Blumen doppelt
so gross wie die ihr ähnliche
P. farinosa.

Primula multiceps, aus Krain, eine
der schönsten Alpenprimeln, Blü-
tenstiele mit 20—24 Blumen,
Blumenkrone stark gepudert.

Primula oenensis.

    „   spectabilis.

Primula veris.

  „   villosa.

  „   viscosa.

Die Primeln gehören zu den
schönsten Erscheinungen eines gut
arrangirten Felsbeetes, zieren
durch lebhafte Blüten und erfreuen
durch Wohlgeruch. Sie dürfen
auf keiner Felsgruppe fehlen, verlangen aber stete, doch mässige
Bodenfeuchtigkeit und eine nur
der Morgensonne exponirte Lage.
In sehr milden und warmen Gegenden sogar nur an die schattige Nordseite zu pflanzen.

Prunella alba.

    „   pyrenaica.

Pterocephalus Parnassi (perennis).

Pulsatilla alpina.

Ramondia pyrenaica (Verbascum
Myconi), eine der schönsten Alpenpflanzen der Pyrenäen. Bildet
grosse, auf den Felsen aufliegende Rosetten grosser Blätter, aus
welchen sich lange Blumenstengel
mit grossen hellblauen Blumen
erheben. Verlangt schattige Lage.

Ranunculus alpestris.

    „   amplexicaulis.

    „   glacialis.

Ranunculus Bertoloni, prächtige,
seltene, reichblühende Species aus
den Alpen von Südtirol.

Ranunculus brevifolius.

    „   Gouani.

    „   gramineus.

    „   magellensis.

    „   rutaefolius.

    „   Seguieri.

    „   Thora (scutatus).

    „   uniflorus.

Reseda glauca.

Rhododendron Chamaecistus.

    „   ferrugineum.

    „   hirsutum.

Prächtige Alpsträucher (Alpenrosen) für nördliche Lagen und Moorboden.

Rosa alpina, wahre Alpenrose.

Romanzoffia sitchensis, für schattige feuchte Felsen.

Saponaria caespitosa.

„ ocymoides.

Satureja montana, niedlich.

„ repanda.

Saussurea alpina.

„ macrophylla.

Saxifraga aizoides.

„ Aizoon.

„ Andrewsii.

„ androsacea.

„ aspera.

„ autumnalis.

Saxifraga aretioides, seltene und sehr zierliche Alpenpflanze aus den Pyrenäen, mit goldgelben Blumen.

Saxifraga biflora.

„ bryoides.

Saxifraga Burseriana, eine der frühesten Alpenflanzen und eine der schönsten Saxifragas; bildet kompakte silbergraue Büsche. Die Blumenknospen sind scharlach, Blumen gross, rund, reinweiss auf korallrothen Stielen.

Saxifraga caesia.

Saxifraga calyciflora, äusserst distinkte Spezies aus den Pyrenäen, bildet silberweisse Rosetten kleiner, runder, steifer Blätter. Die Blumen, Hüllblättchen und Stengel sind purpurroth. Eine der seltensten und schönsten Arten.

Saxifraga carinthiaca.

„ Cotyledon und C. pyramidalis.

Saxifraga crassifolia, fast die schönste Art! Blätter immergrün, sehr gross, oval, lederartig, oben glänzendgrün. Blütenschäfte bis 60 Centimeter hoch, glänzend braunroth mit hell- oder dunkelrosen-

rothen Blumen in reichen Rispen. Stammt von den sibirischen Alpen.

Saxifraga crustata.

„ Curchilli.

„ decipiens.

„ elatior.

„ florulenta.

„ Friderici Augusti.

„ Gaudini (Aizoo-Cotyledon).

„ Hausmanni.

„ Hostii.

„ intermedia.

„ intricata.

„ lingulata.

Saxifraga longifolia vera, nicht mit Unrecht: Königin der Saxifraga genannt. Bildet silberweisse oft 0,18—0,24 M. breite Rosetten aus langen schmalen Blättern gebildet, aus welchen 0,60 M. hohe, dichte, weisse Blumenähren sich erheben. Eine der ausgesucht schönsten Pflanzen für Felspartien.

Saxifraga mutata.

„ muscoides.

„ nervosa.

„ oppositifolia.

„ orientalis.

„ palmata (pedata)

„ pyramidalis.

„ rhaetica (Hostei).

„ rotundifolia

„ Sibthorpi.

Saxifraga squarrosa. Kleinere Form von S. caesia. Bildet niedliche Polster und überdeckt sich im Sommer mit weissen Blumen.

Saxifraga Stabiana

„ tenella.

Saxifraga Tombeona. Sehr seltene Species aus Südtirol, im Genre von S. Burseriana und Vandelli, mit grossen weissen Blumen. Ist sehr dauerhaft und genügsam.

Saxifraga umbrosa.

Saxifraga Vandelli. Prächtige seltene Species im Genre von S.

Burseriana. Die stacheligen igel-
artigen Polster sind glänzend
dunkelgrün und 'im Frühlinge mit
grossen, reinweissen Blumen überdeckt. Sollte in keiner Sammlung fehlen. Zu beachten ist, dass
die Pflanze nur der Morgensonne
exponirt sein soll, daher Nordost-
Lage.

Alle Steinbrecharten sind e c h t e
Alpenpflanzen, verlangen bloss
Morgensonne und im Winter leichte
Reisig- oder Laubdecke.

Scabiosa graminifolia.

   „   lucida.

   „   silenifolia.

   „   vestina.

Scutellaria alpina.

Sedum und

Sempervivum vide Succulenten, nur
für sonnige Felsen verwendbar.

Senecio abrotanifolius.

   „   carniolicus.

Sibbaldia procumbens.

Silene acaulis u. a. flore albo.

   „   alpestris, rasenbildend.

   „   argoa.

   „   ciliata.

Silene Elisabethae, eine der schönsten
und seltensten Alpinen. Aus einer
gedrungenen Blattrosette erheben
sich 15—20 cm. hohe Blumen-
stiele mit grossen dunkelrosa-
farbenen Blumen.

Silene parnassica.

Silene Pumilio. Eine der schönsten
Felsenpflanzen, die es gibt. Bildet
ganz niedrige moosartige Büsche
von kleinen saftiggrünen Blättchen
und blüht im Juni mit grossen,
4 cm. Durchmesser haltenden,
rosafarbenen Blumen auf ganz
niedrigen Blumenstielen.

Silene Saxifraga.

   „   Zawadskii (caucasica).

Soldanella alpina und alp. flore albo.

   „   minima.

Soldanella montana und mont flore
albo.

Niedliche Alpenpflanzen, die in
keinen Anlagen fehlen sollten.

Spiraea procumbens.

Stachys alpina.

Swertia perennis. Schöne Enzianart
mit grossen aufrechten Aehren,
dunkellilafarbenen Blumen. Verlangt Schatten und Feuchtigkeit.

Teucrium aureum.

   „   capitatum..

   „   Chamaedrys..

   „   pyrenaicum.

Thalictrum adiantifolium.

   „   alpinum.

   „   flexuosum.

   „   minus.

Thymus corsicus

   „   lanuginosus.

Trifolium alpinum.

Tunica Saxifraga und S. flore pleno.

Trollius calthäoides.

Tussilago alpina (Homogyne).

Umbilicus chrysanthus.

   „   spinosus.

Für sonnige Felsen.

Vesicaria graeca.

Valeriana celtica, Nardenbaldrian
5—15 cm. hoch.

Valeriana globulariaefolia.

   „   montana.

   „   supina.

   „   tuberosa.

Veronica alpina, niedrig, rasenbildend

Veronica satureifolia; grosse leuchtend blaue Blumenähren auf niedrigen Stengeln.

Veronica saxatilis u. s. Grievei.

   „   spicata minor.

Veronica telephifolia, sehr hübsche
rasenbildende Sorte mit ganz
kleinen, rundlichen, blaugrünen
Blättern und kleinen lilafarbenen
Blumen.

Viola biflora.

Viola calcarata.	**Viola** pyrenaica.
„ delphinifolia.	„ pinnata.
epipsila.	„ heterophylla.
„ Jovi.	**Wulfenia** carinthiaca.

Mit den so eben genannten Pflanzen ist die Zahl der Alpengewächse noch keineswegs gänzlich erschöpft, im Gegentheile, es
gibt deren noch überaus viele, und wenn ich mich auch bemühte,
die mir bekannten, besten und schönblühendsten e i n h e i m i s c h e n
(aus den europäischen Alpen), so wie jene f r e m d e r H o c h g e b i r g e
in obiges Verzeichniss aufzunehmen, so soll damit durchaus nicht
gesagt sein, dass es nicht noch sehr viele weit schönere Alpenpflanzen gäbe, die werth wären, unsere Felspartien zu zieren.

Der Anfänger wolle sich mit dem Gebotenen begnügen, d a s
f ü r a l l e F ä l l e a u s r e i c h e n d ü r f t e , da ich Pflanzen für jede
Lage, für schattige, wie für sonnige Felsen, in mein Verzeichniss
aufgenommen habe. Wer m e h r haben will, der möge sich die
fehlenden Species aus den botanischen Gärten, namentlich zu Inns-
bruck, oder aus den Handelsgärtnereien verschaffen. Ein kleineres,
aber gewähltores Sortiment ist jedoch besser zu behandeln, auch
effektreicher, als eine Unmasse von Pflanzen, deren Kultur man oft
kaum zu bewältigen vermag. ·

Alpenpflanzen im weitesten Sinne sind auch viele Bäume und
Sträucher. Ich habe indessen schon früher die besten derselben,
die sich für Felsanlagen eignen, dem geehrten Leser vorgeführt,
so dass ich nur nöthig habe, einige Alpgehölze flüchtig zu berühren.
Oben an stehet die K r u m m h o l z k i e f e r , P i n u s Pumilio, die
A r v e , P. Cembra und die L ä r c h e , P. Larix, Gehölze, die am
höchsten gegen die Schneegrenze aufsteigen. Ihnen folgt die Tanne,
Fichte, die Rothbuche, der Bergahorn und die Esche, die Alpen-
mehlbeere und die gemeine Eberesche, die Birke, Alnus incana und
viridis, jene beiden Erlen der Hochberge.

Die Gattungen Aronia, · Amelanchier, Andromeda, Arbutus,
Arctostaphylos, Atragene, Azalea, Azarolus, Caprifolium, Cerasus,
Cistus, Cotoneaster, Crataegus, Cytisus, Daphne, Erica, Evonymus,
Genista, Hedera, Juniperus, Laburnum, Lonicera, Mespilus, Ornus,
Pirus, Rhamnus, Rhododendron, Rhus, Ribes, Rosa, Salix, Spirea,
Taxus, Tilia, Vaccinium, Viburnum, Xylosteum u. A. haben
mindestens einen Vertreter in den Alpen aufzuweisen. Sie alle
sind harter Natur, gewöhnt an Sturm und Frost und ihre Auf-

nahme und Behandlung in unserer Felsgruppe wird durchaus keine
Schwierigkeiten mit sich bringen, obwohl wir nicht unterlassen
dürfen, streng darauf zu sehen, welche Holzart sich für den **freien,**
welche für den **geschützten Standort** eignet, ob wir diesem
Gehölz die **sonnigsten** Partien und jenem den **tiefsten**
Schatten anweisen dürfen.

Der denkende Pflanzenfreund wird hier kaum einen Missgriff
begehen; seinem besten Ermessen überlasse ich daher die Anpflanzung
der Alpengehölze, ohne darüber weiter Raum und Zeit zu verlieren.

§. 7.

Moor- und Heidegewächse.

Schon früher, bei Beschreibung des Moorbeetes, wurde darauf
hingewiesen, dass manche Pflanzen zu ihrem Gedeihen eine besondere Erdmischung und feuchte Lage, viele zugleich Schatten bedingen. Man hat solche Gewächse unter dem Namen „**Moorbeet-**
pflanzen" zusammengefasst, zumal die Erdmischung, worin sie
besonders freudig vegetiren, vorwiegend **Torferde** mit Heideerde,
Sand-, Laub-, Nadel- oder Holzerde vermengt oder vorwiegend
Heideerde mit den erstgenannten Erdarten im richtigen Verhältnisse enthalten muss. Eine gruppenweise Anpflanzung und Zusammenstellung aller hieher zu zählenden Species ist indessen durchaus
nicht nöthig, im Gegentheile präsentiren sie sich zwischen Felsen
und Gestein **zerstreut** in ihrer wahren Schönheit. Will man
aber dennoch Gruppen bilden, was bei jenen Moorbeetpflanzen, welche
nicht ganz frosthart sind oder etwas sonniger gestellt, besser blühen,
wünschenswerth erscheinen dürfte, so ist es sehr angezeigt, zwei
Moorbeete anzulegen, respektive zwei **Gruppen** zu bilden; nämlich das eine **frei** (ohne Ueberschirmung durch Bäume) der Morgensonne exponirt, dafür aber im Winter zu schützen, das andere im
vollen Schatten (in nördlicher oder wenigstens in nordöstlicher
Lage), welches die härtesten und erprobtesten Pflanzen dieses Genres
ganz ungeschützt beherbergen soll.

Ich werde dies Erforderniss bei den Gattungen oder Arten ausdrücklich bemerken.

a. Moorbeetsträucher.

Andromeda; empfehlenswerth: A. Catesbaei, axillaris, floribunda, paniculata, pulverulenta, racemosa, speciosa. Alle A. schattig und feucht, etwas geschützt; trocken nur: A. ferruginea, floribunda, rigida, nass: A. polifolia, rosmarinifolia, calyculata, paniculata; diese 4 Arten zugleich ganz hart.

Ammyrsine; halbschattig bedeckt; schönste ist A. buxifolia.

Arbutus; siehe Arctostaphylos.

Arctostaphylos; schattig, unbedeckt.

Azalea; vollkommen hart, feucht, im Halbschatten, mit Ausnahme v. A. bicolor, welche trockenen Boden verlangt; besonders schön sind die Varietäten v. A. calendulacea, mollis und Pontica, welche in den Verzeichnissen der Handelsgärtner als Freiland-Azaleen angeführt erscheinen; ferner sind noch empfehlenswerth: A. glauca, nitida, bicolor, alle drei köstlich duftend u. A. speciosa.

Calluna (Erica) vulgaris mit einigen schönen Varietäten; trockene Felsböden, sonnig oder halbschattig.

Ceanothus; feucht, halbschattig, geschützt; ganz hart nur C. Americanus, microphyllus, ovatus, sanguineus und tardiflorus, sowie einige der prachtvollen Gartenvarietäten.

Camellia; nur unter Korb bringen und ganz trockener Bedeckung an halbschattigen Standorten aushaltend.

Comptonia asplenifolia; feucht, schattig, bedeckt.

Clethra; feucht, halbschattig, geschützt.

Daphne; feucht, schattige Felsen; nur D. Cneorum auf sonnigen Felsen.

Empetrum; hart, feucht nur E. rubrum bedeckt.

Epigea repens; frei, Moosdecke.

Erica; etwas bedeckt; ganz hart sind nur herbacea, cinerea, Tetralix. Einzelne oder zu mehreren in Felsenritzen und Löchern, schattig, feucht nur E. herbacea und Caliuna (Erica) vulgaris auf sonnige Felsen und Heideboden. Unter Bedeckung hier und da auch ganz frei, dauern noch aus in unserem Klima: E. Mackoyana, ciliaris, vagans, minima, multiflora, scoparia, stricta, mediterranea, Australis, arborea, codanodes u. a. m.

Fothergilla alnifolia; feucht, unbedeckt.

Gaultheria; auf schattigen Felsen, etwas bedeckt.

Hydrangea; Halbschatten, bedeckt, nur H. aborescens ist hart.

Ilex Aquifolium ganz hart, die anderen Arten bedeckt; feucht, schattig.

Itea virginica, feucht, schattig.

Kalmia; Halbschatten, ziemlich hart; empfehlenswerth: K. latifolia.

Ledum; feucht, unter Nadelholzschatten, sonst hart.

Linnaea borealis; im Moose unter Nadelholzschatten, feucht, hart.

Magnolia; Halbschatten, geschützt; kühle, feuchte Abhänge. Empfehlenswerth: acuminata, Camprellii, Yulan; macrophylla und mehrere Bastarde.

Menziesia; geschützt, oft bedeckt, nur M. polifolia unbedeckt, schattig.

Myrica; unter Baumschutz, etwas feucht.

Oxycoccos; zwischen Steinen, an Ufern und Wasserfällen. Besonders O. macrocarpus (Vaccinium macrocarpum) wegen ihren Früchten zum Anbau empfohlen.

Passiflora; sehr gut und trocken bedeckt, fast nur P. coerulea und incarnata so ausdauernd.

Prinos; feucht und schattig, hart.

Rhododendron; feuchter Standort, in sonniger Lage Winterdecke; sonst und im Schatten oder an der Nordseite kultivirt, frosthart; nur die Wurzeln mit lebendem. Moos und Steinen geschüzt. Sehr üppig auf nordöstlichen oder nordwestlichen Felsenhängen, zwischen den Felsblöcken, in Vertiefungen, die mit kleinen Steinen, Moos, faulen Holzstöcken, Laub und Sand — darauf das Moorbeetgemenge mit kleinen Steinen ·untermischt — ausgefüllt werden. Bedeckung, wo nöthig, leicht, hohl, am besten mit Nadelholzzweigen, Fichten, Tannen; wo diese fehlen mit Wachholder.

Ausser unseren Alpenrhododendrons: Chamaecistus, ferrugineum, hirsutum und intermedium kultivire man die sogenannten Freiland-Rhododendrons, Hybriden zwischen mehreren Arten, worunter die schönsten. Empfehlenswerth auch Rhod. caucasicum mit blassgelben Blüten, dabei vollständig hart.

Rhodora canadensis; hart, in feuchter nördlicher Lage.

Ribes speciosum und subvestitum; unter der besten, trockenen Decke; fast so zärtlich wie Camellia japonica, auch so zu schützen, sonst sonnig und mässig feucht.

Rosa berberifolia; trocken oder mässig feucht, gut gedeckt, in sonniger Lage, blüht nur so behandelt gut und wird sich dann in ihrem wahren Charakter zeigen; ebenso ihre Hybride: R. Hardii; ferner R. bracteata, Lawrenceana, involucrata, Lyellii, clinophylla; allenfalls auch im Norden: R. microphylla so zu behandeln.

Rubus arcticus und rosaefolius; erstere . Art schattig, feucht; letztere sonnig kultivirt, erstere frostfrei oder schwach bedeckt, leztere gut gedeckt.

Spirea; besonders ariaefolia für diese Kulturmethode passend, ist in der Jugend zärtlich, im Alter frosthart, mässig feucht. Gleiche Kultur verlangen: Sp. Bursieri, tmentosa u. A.

Stewartia; geschützt, sonnig, besonders in der Jugend bedeckt.

Viburnum; im Moorbeet nur: V. acerifolium, cassinoides cylindricum, laevigatum, Tinus mit seinen Varietäten besonders schön. Alle sonnig oder halbschattig, mässig feucht, doch sehr gut bedeckt.

Vaccinium; alle lieben feuchten Standort und Schatten, mindestens Halbschatten in östlicher Lage. Bedeckt müssen folgende Arten werden: V. buxifolium, diffusum, nitidum, ovatum, stamineum u. A.

Alle Heidelbeerarten schön unter dem Schatten der Nadelhölzer und als Bodenbedeckung zarter Felsenbäume.

b. Perennen.

Unter diesen eignen sich viele Pflanzen der Alpen für's Moorbeet, namentlich solche mit hervorstechender Blüte.

Ich nenne nur die schönsten, als:

Aquilega; fast alle Arten frosthart, nur Skinnerii und chrysantha bedeckt.

Cyclamen; alle Arten bedeckt, nur europaeum verträgt freien Standort; als Einfassung.

Convallaria; besonders majalis schön am Rand der Gebüsche.

Diclytra formosa und spectabilis; letztere alt eine herrliche Pflanze.

Daphne Blagayana und Cneorum; sehr schön zwischen Steinen.

Gentiana fast alle Arten; zu Einfassungen besonders acaulis und vernalis schön.

Helleborus alle Arten; besonders schön die Rodigas-Hybriden.

Hepatica; namentlich das gefüllte blaue und rothe Leberblümchen reizend als Einfassung.

Mimulus alle Arten; auf feuchtem Boden. M. quinquevulnerus und Varietäten sehr schön als Einfassung.

Myosotis palustris auf feuchtem Moorboden als Einfassung.

Mitchella repens; kriechend, im Schatten.

Omphalodes verna; als Einfassung.

Orchideen; alle Erdorchideen von hervorragender Schönheit die Cypripediumarten: C. acaule, Calceolus, spectabilis u. A. in Felsenritzen effektvoll.

Osmunda regalis; im nassen Moorboden besonders üppiger Farn.

Pinguicula; für feuchten Moorboden, als Einfassung.

Paeonia; die gefüllten Varietäten von chinensis; sehr schön P. tenuifolia fl. pl.

Primula; alle Freilandprimeln, besonders P. acaulis, Auricula, farinosa, zur Einfassung.

Plumbago Larpentae; herrliche Pflanze zur Bordür des Moorbeetes.

Pyrola rotundifolia u. A., in feuchten, schattigen Moorboden schön, auch unter Nadelhölzern im Moose.

Soldanella alpina und montana als Einfassungspflanzen.

Spirea Aruncus, filipendula, lobata, Ulmaria und venusta zwischen anderen Perennen auf feuchtem Moore und im Halbschatten effektvoll.

Struthiopteris germanica, der schöne deutsche Straussfarn zwischen moorigen Felsen vereinzelt von Effekt.

Veronica alpina u. A. als Einfassung.

Neben den vorgenannten Perennen eignen sich alle Farne für das Moorbeet, sind aber zwischen Felsen von weitaus grösserer Wirkung. Die niedrigen Farne können selbstverständlich auch zu Einfassungen der Moorbeete in schattigen, feuchten Lagen Verwendung finden. Endlich sei noch bemerkt, dass Buchsbaumeinfassung, wenn sie nicht steif gehalten werden, sich zur Begrenzung der Moorbeete recht gut eignen.

§. 8.

Felsenschmuck durch Hauspflanzen.

Vorübergehende Verwendung im Moorbeete oder zwischen den Felsen, theils in sonniger, mehr noch in schattiger oder halbschattiger Lage dürfte so manche schöne Gewächshausbewohnerin finden.

Bei hinreichender Vermehrung kann man zu gross gewordene,

tiefeingewurzelte Pflanzen dem Froste als Beute überlassen; wo nicht, so müssen alle derlei Gewächse vor Eintritt der Fröste, oft schon anfangs, sicher aber Ende September, in's Winterquartier gebracht werden. Noch gerathener dürfte es sein, alle zur Felsdekoration bestimmten zarten und seltenen Kalthauspflanzen nicht auszutopfen, sondern sammt den Geschirren in Moos oder Sand einzusenken und nur vom halben Mai bis halben September im Freien zu belassen.

Von solchen Gewächsen, oft eine hervorragende Zierde felsiger Partien, nenne ich folgende:

Achimenes; schattige und warme Lage, dabei feucht.

Begonia; fast alle Arten, besonders die Rex-Varietäten, die bei mir einen Septemberfrost von — 2° R., freilich unter Baumschatten, im Freilande aushielten.

Bouvardia; alle Arten mit Sommerblüte schön; doch nur sonnig gedeihend.

Calceoalaria; schön im Halbschatten als Einfassung der Moorbeete.

Epacris, Erica; die weichlichen Caparten bloss in Töpfen in Sand eingesenkt und mit Moos bedeckt; schattig.

Fuchsia; alle Arten ausgepflanzt; sehr schön, besonders F. fulgens, corymbiflora, syringaeflora u. A. einzeln zwischen Felsblöcken. Von den gefüllten Hybriden die weisskoralligen schön im Schatten, alle anderen theils sonnig, theils halbschattig.

Pelargonium; alle Arten ausgepflanzt, dann dem Proste überlassen; sonnig, im Vordergrund der Beete und Felsen.

Plumbago capensis; sammt dem Topf eingesenkt, in sonniger Lage.

Polygala; sonnig oder halbschattig, im Topf.

Veronica hytrida; besonders schön sonnig und ausgetopft.

Alle diese Hauspflanzen sind bei weitem nicht so zart als man anzunehmen geneigt ist und können die den Schatten liebenden oder ihn vertragenden Gattungen und Arten unter dem Schutze hoher Laubbäume zuweilen selbst 1—2° unter Null ohne Nachtheil im Herbste aushalten, wogegen sie vor Ende Mai nicht an ihre Standplätze gebracht werden sollten.

Ausser diesen Florblumen gibt es noch andere Gewächse wärmerer Zonen, welche sich zur Dekoration der Felsen während des Sommers verwenden lassen.

Oben an stehen alle Coniferen des Kalthauses, ja selbst des Tepidariums, vor allen solche, die als nicht hinreichend erprobt, noch für zart angesprochen zu werden pflegen. Dahin gehören namentlich Arten der Gattungen: Araucaria, Belis, Cedrus, Cephalotaxus, Cryptomeria, Cupressus, Dacrydium, einige Juniperus, ferner Libocedrus, einige Abies und Pinus als: insignis, longifolia, Pinea,

— Retinospora, Thujopsis u. a. m., deren Aufstellung während des Sommers sammt dem Kübel in's Freie auf und zwischen den Felsen ganz am Platze, wenn nicht sogar zum Gedeihen dieser Nadelhölzer eine gebieterische Nothwendigkeit ist.

In zweiter Linie sind, es so manche Farne; besonders gibt es unter den Baumfarnen einige, welche den feuchten Standort zwischen schattigen Felsen oder unter hohen Bäumen sehr gut vertragen, wenn man es nicht verabsäumte für gehörige Abhärtung, vor dem Herausbringen, Sorge zu tragen. Selbst Palmen und Cycadeen gibt es, die sich eine solche Veränderung ihres Standortes ohne Nachtheil gefallen lassen, besonders dann, wenn man es vermag, ihnen einen warmen Fuss zu bereiten und sie in jeder Lage vor Winden und Regengüssen zu bewahren.

Auch Arten der Gattungen: Abutilon, Aralia, Asclepias, Cissus, Coleus, Datura, Ficus, Heliotropium, Hibiscus, Hoya, Jasminum, Passiflora, Plumbago, Torenia, Tradescantia, welche als Warmhauspflanzen kultivirt werden, sowie von Acacia, Aucuba, Bignonia, Citrus, Diosma, Eccremocarpus, Eucalyptus, Evonymus, Fluggea, Fragaria, Hypericum, Lantana, Mahernia, Myrtus, Pittosporum, Rubus, Salvia, Solanum, Tecoma, Thymus, Zauschneria; — von Succulenten: Agave, Cacteen, Yucca, Aloe, Crassula, Mesembrianthemum, Echeveria und noch viele andere, welche Kalthauspflanzen sind, lassen sich eine Aufstellung im Freien während des Sommers gefallen, wenn man ihnen eine geschützte Lage anweist und sonst keinen Kulturfehler begeht. Ueber das Wie und Wo? lassen sich freilich keine festen Regeln aufstellen, das ist Sache der Erfahrung und eines geläuterten Geschmackes.

§. 9.
Succulenten.

Während die Coniferen, Ericaceen und Farne unseren wahren nordischen Waldcharakter repräsentiren und daher die Hauptmasse schattig-felsiger Partien bilden, vertreten die Saftpflanzen den sonnenhellen Süden und sollten daher, gleichviel welcher Zone angehörend, stets nur auf kahlen Felsen und Hängen, mitunter dort angepflanzt werden, wo beabsichtigt wird, der Umgebung einen tropischen Anstrich, allenfalls auch nur das Gepräge der Sterilität aufzudrücken.

Wald- und Schattenpflanzen bedingen, soll die Anlage als gelungen bezeichnet werden, immerhin eine grössere Fläche, ein koupirtes Terrain, wogegen Saftpflanzengruppen, selbst im kleinsten Maassstabe angelegt. immer noch der Natur treu bleiben und unter den bescheidensten Verhältnissen dem Zwecke genügen. Die meisten Succulenten sind Hauspflanzen und verlangen gebieterisch eine vollkommene trockene Durchwinterung, daher selbst von solchen Arten, welche frosthart sind, immer einige Exemplare in Töpfen im Zimmer oder Kalthause durchwintert werden sollten, denn bei nassen Wintern gehen sogar frostharte Saftpflanzen nicht selten zu Grunde.

Wo fremde Saftpflanzen unter Bedeckung aushalten, muss letztere stets hohl sein, d. h. das Deckmaterial darf nicht unmittelbar auf der Pflanze aufliegen, sondern zwischen Pflanze und Decke soll sich noch ein Luftraum von mindestens 15 Centimeter bei Perennen, von 30 Centimeter bei Holzpflanzen, wie z. B. Agave americana, u. A. befinden.

Ich will die gangbarsten Saftpflanzen berühren, und nur bei den hervorragendsten derselben verweilen:

Agave; Hauspflanzen, bloss über den Sommer sammt Topf in Kies; zwischen zackigen Felsen, etwas hoch oder am Rande einer steilen Felswand sehr effektvoll. Topfrand mit Sand bedeckt und mit Sedumarten überkleidet. A. americana, utabensis, virginica u. A. halten nur unter ganz trockener, hohler Bedeckung im Freien, aus. Sehr schön sind: A. coerulescens, Deserti, filifera, heteracautha, Kerchovei, utabensis, Verschaffelti.

Aloë; auf die Ostseite sonniger Felsgruppen, im Topf. Glashausdurchwinterung. — Sehr schön: A. arborescens, serrulata, picta (eine der schönsten mit gebräunten, dicht mit weissen Flecken besetzten Blätter) umbellata, variegata u. A.

Cacteen. Den sonderbarsten Charakter einer Felsanlage verleihend, daher nicht genug zu empfehlen; können ausgetopft und wieder eingepflanzt werden, weil sie frostfrei durchwintert werden

müssen; wer die Stachel scheut, kann sie im Topf belassen. Die Töpfe stets maskirt oder in grobem Sand eingesenkt. Alle an die sonnigsten Stellen des Felsens zu setzen, dagegen können die Phyllocacteen, Epiphyllen, Ripsaliden und Pereskien weit mehr Nässe als die anderen Cacteen vertragen, und bedürfen weit weniger der Sonne. Man kann sie, da sie in ihrem Vaterlande in feuchten, tiefschattigen Urwäldern grösstentheils als Schmarotzer leben, auch im Schatten der Bäume, an nördlichen und östlichen Hängen sonniger, geschützter Felslagen und ähnlichen Plätzen anpflanzen. Wunderschön machen sich die Sommerblüher z. B. Phyllocactus Ackermannii, Cereus speciosissimus und seine Hybriden zwischen anderen Saftpflanzen; sehr merkwürdig, fast einem Felsenriffe gleichend, daher für unsern Zweck passend, ist: Cereus peruvianus monstrosus. Sehr dekorativ sind die hängenden und kriechenden Arten z. B. Cereus flagelliformis, am Plateau schmaler Felssäulen oder in die Achseln alter Baumstämme. Wir sehen, dass die Cacteen unter allen Saftpflanzen die meiste Verwendbarkeit besitzen; Blumenfreunden von beschränkteren Mitteln empfehle ich indess nachstehende Arten, deren Kultur und Durchwinterung keine Schwierigkeiten mit sich bringt, nämlich: den Feigen-Cactus (Opuntia vulgaris), welcher den strengsten Winter ohne alle Bedeckung aushält und sogar reife Früchte bringt. Man lasse diese schöne Felspflanze beliebig zwischen den Gesteinbrocken hinkriechen und am Boden anwurzeln. Als frosthart hat sich auch eine andere Opuntie nämlich: O. Rafinesquiana bewährt, welche sogar in unserem Klima reife Früchte bringt und sich zur Kultur an trockenen, heissen, gegen Süden gelegenen Felsgeröllen und Abhängen, die sie in kurzer Zeit mit ihren dunkelgrünen Gliedern überzieht und durch ihre gelben Blüten schmückt — vorzüglich eignet, umsomehr, als sie sich durch Samenausfall vermehrt.

Auch Echinocactus Simpsoni, neue, sehr harte Sorte aus dem Felsengebirge, soll ebenso gut im freien Lande ausdauern, wie Opuntia Rafinesquiana und dürfte gleich Echinocereus Engelmanni eine bedeutende Winterkälte (jedenfalls unter trockener hohler Bedeckung) unbeschadet ertragen.

Coleus spicatus mit dicken, fleischigen Blättern von starkem Geruch. Topfkultur.

Cotyledon; Topfkultur, ausgezeichnet schön: C. macranthum rubro marginatum (Blätter enorm, wie von Echeveria metallica); pulverulentum (Blätter silberweiss mit rothem Saum) teretifolium u. A.

Crassula; nur in Töpfen an recht sonniger Felslage. Empfehlenswerth: Cr. capitata, bibracteata, Bolusii, Cooperi, Dachyana, odoratissima, nemorosa, perfoliata, versicolor, u. A. theils durch Wohlgeruch, theils durch schöne Blüte sich auszeichnenden Species. C. Cooperi ein niedliches, sedumähnliches Pflänzchen mit weisser Miniaturblüte wird sich auf kleinen Felspartien zwischen Doppelfenstern recht nett ausnehmen.

Echeveria; Modeblumen, grösstentheils durch schöne Blattform, andere durch ihre Blüte bemerkenswerth und für sonnige Felsen, wo alle Arten ausgepflanzt werden können, obgleich es nothwendig ist, sie im September wieder ins Kalthaus oder Zimmer zurückzustellen, ganz am rechten Platze. Alle lieben sandigen Boden und sind eine wahre Zierde der Felspartien, selbst in kleineren Gärten, wo sie die Vordertheile theils vereinzelt (die grösseren Arten) theils in kleinen Klumps (alle sempervivumähnlichen kleinen Arten) einnehmen sollten.

Die Gattung Echeveria der Gärtner umfasst auch Arten der Gattung Cotyledon und Pachyphytum, welche gleiche Kultur und Verwendbarkeit haben. Von den vielen Arten und Hybriden nenne ich nur folgende: E. agavoides, carinata, cochlearis, colossea, Desmetiana, ferrea, gibbiflora, glauca, globosa, imbricata, lanceolata, mirabilis pachyphytoides, pruinosa, pumila, scaphiphylla, Scheideckeri, spiralis, ferner amoena, bracteosa, eximea, Funki, macrophylla, metallica glauca coerulea, spathulatifolia u. A.

Kleinia; im Mai ausgepflanzt, im Herbst ins Glashaus zurückversetzt, sonnig. Ich empfehle wegen ihrer abweichenden Form: K. canescens mit langen cylinderischen Blättern, bedeckt mit silberweissglänzendem Filze; pinifolia, reizend; repens, eine vermöge ihrer Wurzeltriebe kriechende, auffallende Pflanze, eine Zierde aller Felspartien, von allen bekannten Pflanzen mit blaugrauer Belaubung die auffallendste, denn die nicht sehr langen, dicken Fettblättchen sind fast von himmelblauer Färbung, richtiger gesagt blaugrau bereift. Auch K. suspensa mit kriechenden Stengeln und K. tropaeoloides sind der Kultur werth.

Mesembrianthemum; ein reiches, edles und für sonnige Felsen nicht genug zu empfehlendes Pflanzengeschlecht, dessen herrlich blühende Arten zwar den Winterschutz des Kalthauses bedürfen, indessen sich sehr leicht durch Stecklinge vermehren lassen, wesshalb man die zwischen den Steinen festgewurzelten Exemplare immerhin dem Froste überlassen kann. Es gibt darunter auch einjährige Species als: crystallinum, pomeridianum, tricolor, die gleich an Ort und Stelle ins Freie gesäet oder klein dahin verpflanzt werden können. Alle Mittagsblumen sind gegen Nässe empfindlich, daher Beigabe von grobem Sand unerlässlich. Die strauchartigen können sammt den Töpfen in den Felsboden eingesenkt werden. Ich darf es nicht wagen, auf

eine nähere Beschreibung der hieher gehörenden Arten einzugehen, da es deren über 300 gibt und viele einander sehr ähneln.

M. cordifolium variegatum ist bekannt und beliebt, ebenso supinum, tigrinum, violaceum. M. edule hat essbare Früchte und dergl. mehr. Durch Aussaat erhält man oft neue Arten oder Varietäten, manche Sorten vermehren sich fast wie Unkraut.

Pachyphytum; unter Echeveria, mit welcher Gattung sie gleiche Kultur und Benützung haben.

Petrophyes agriostaphys und muralis reizend an Sonnenseiten. Im Winter Stuben- oder Glashauskultur.

Plectranthus purpureis argentea marginata. Eine neue Pflanze, die zur weitesten Verbreitung bestimmt zu sein scheint. Aehnlich Mesembrianthemum cordifolium variegatum in Charakter und Wuchs und wie diese eine schöne, effektvolle Felsenpflanze. Die Blätter sitzen rosettenförmig eng beisammen, sind beinahe rund, am Rande dick gezahnt, rein porzellanweiss, in der Mitte weissgrün gefleckt. Unterseite und Spitzen purpur angehaucht. Leicht im Kalthause zu durchwintern.

Portulaca grandiflora. Bekannte und beliebte Saftpflanze, welche zwar mehrjährig ist, indessen gewöhnlich als Annuelle kultivirt wird. Die gefüllten Varietäten, welche sich aus Samen fortpflanzen lassen, sind eine grosse Zierde sonniger Gruppen und für die Steinhügel gewöhnlicher Hausgärten ganz passend. Strotzend gefüllte seltene Varietäten können durch Stecklinge vermehrt und im Hause durchwintert werden. Der Portulak scheut Nässe und baut sich, mässig begossen, auf recht sonnigen Plätzen dicht am Boden aufliegend, am schönsten aus.

Rochea falcata u. A. gleich Crassula.

Sedum. Gleichfalls eine reichgeartete Gattung, die sich weniger durch Schönheit der Blüten als durch leichte Kultur und Verwendbarkeit, nicht minder durch Ausdauer, Härte und überaus schnelle Vermehrung auszeichnet und, vermöge ihrer Widerstandsfähigkeit gegen äussere Einflüsse, namentlich an den dürrsten Stellen und den heissesten Felshängen ganz am Platze ist.

Alle Sedumarten lieben Sonnenschein und scheuen die Nässe. An schattigen Stellen wird der Wuchs zwar stärker, der Habitus aber selbst der niedrigsten Arten locker, kriechend und minder schön die Blüte. Eine Winterdecke ist bei den harten Arten unnöthig, bei den halbharten mehr schädlich als nützlich, höchstens genügt eine leichte Decke von Tannenreisig oder Haidekraut bei schneeloser Kälte; besser ist eine Durchwinterung halbharter Arten im Zimmer oder Kalthause. Man halte sie dann fast ganz trocken, oder begiesse sie doch nur mässig.

Sämmtliche Sedumarten sind, mit geringer Ausnahme, niedrige, niedliche Pflanzen, denen man eine gewisse Eleganz nicht absprechen kann. Die Blüten derselben sind zart, dafür in reicher Fülle erscheinend und zeigen sich in Sommermonaten, oft tief in den Herbst hinein dauernd. Die Farben weissroth, rosa sind vorherrschend, ebenso gelb am seltensten ist die blaue Farbe vertreten.

Von den mir bekannten Arten ist nur S. coeruleum einjährig, d. h. es stirbt nach der Blüte vollständig ab, während einige andere Arten z. B. Sieboldii zwar jährlich nach der Blüte einziehen, aber im nächsten Jahre aus dem bleibenden Wurzelstocke auf's Neue freudig vegetiren.

In ihrer Heimath wachsen fast alle Sedumarten auf Mauern, Felsen, sandigen, sterilen Böden, die zarten Würzelchen an das magere Erdreich klammernd, allem Unbill der Witterung ausgesetzt. Immer ist der Boden, in welchem diese Pflänzchen wachsen, trocken und so porös, dass Regen- und Schneewasser sogleich abzufliessen oder durchzusickern vermag; sie haben daher nie von stagnirendem Wasser, wodurch sie bald faulen würden, zu leiden. Vermöge dieser Wachsthumsbedingungen sind wir daher in der Lage, den Sedumarten solche Plätze anzuweisen, wo keine unserer Gartenpflanzen gedeihen würde, denn sie begnügen sich mit wenigen Krümmchen Erde.

Eine Mauer, eine Steinplatte mit etwas Erde belegt, ein abgestorbenes Rasenstück, ein modernder Baumstrunk, das Astloch eines alten Eichenknorrens, eine Felsenritze, die Höhlung eines Holzschwammes genügt, wenn nur zeitweise gegossen wird, diese genügsamen Vegetabilien am Leben zu erhalten und da auch das kleinste Zweiglein, jeder Stengel die Fähigkeit besitzt, dorthin, wo er gefallen, alsobald Wurzeln zu schlagen, was bei Regenwetter oft in einem Tage geschieht, so darf man sich nicht wundern, wenn alte moosige Strohdächer, Fensterbrüstungen und Mauern auf Ruinen oft in kurzer Zeit mit einem Sedumpolster bedeckt sind, und man das Pflänzchen plötzlich da be-

merkt, wo es vordem nicht wahrnehmbar war.

Die Eigenschaft, an niederliegenden Stengeln fast überall gleichzeitig Wurzeln zu bilden, sichert
die Vermehrung fast aller Arten
ungemein, und es genügt, nur in
den Besitz einer Pflanze zu
kommen, um in Kürze bei einiger
Aufmerksamkeit über Hunderte
verfügen zu können. Der hohe
Preis einiger Sedum-Arten ist daher
ganz ungerechtfertigt,

Ganz anders geschieht die Vermehrung der bis zum Wurzelstock
absterbenden Arten. Diese müssen
im Frühjahr durch Stocktheilung
vermehrt werden, was um so leichter geschehen kann, weil jedes
Sprösslein, jedes Stückchen des
Stockes sich bewurzelt und in
kurzer Zeit ein freudiges Wachsthum bekundet. Bei der Stocktheilung abgebrochene Triebe können
übrigens recht gut als Stöcklinge
benützt werden.

Die Vermehrung aus Samen wird
selbstverständlich und mit Hinblick
auf die so ausserordentliche leichte,
oben geschilderte Vervielfältigung
nur höchst selten in Anwendung
gebracht. Der sehr feine Same geht
übrigens oft genug von selbst auf,
oder kann zur Besamung geeigneter
Plätze zuweilen recht mit Vortheil
benützt werden.

Kriechende Arten mit ausdauernden Stengeln sind unübertrefflich
zur raschen Bekleidung steiler
Hänge, der Steingerölle und an
ähnlichen Plätzen, wo man Gras
nicht wünscht, eine grüne Fläche
aber nicht vermissen will. Hiezu
empfehle ich besonders unsere einheimischen Arten: S. acre und
sexangulare, von denen die Stengel-
spitzen im lehmigen Boden etwa

in 15 Centimeter Entfernung gesteckt und öfter begossen, bald die
ganze Fläche begrünen werden.

Die meisten der kultivirten Arten
widerstehen der strengsten Winterkälte, ich werde daher bei der jetzt
folgenden Aufzählung der Arten
eine abweichende Kultur nur bei
jenen bezeichnen, welche eine
Durchwinterung im Zimmer oder
Glashause erfordern.

Sedum acre. Wildwachsend, variirt
mit bunten Blättern: S. acre foliis
variegatis oder elegans ähnlich S.
glaucum.

S. acre ist eine niedere dicht
gedrängte Art, überall leicht zu
haben, die sich bei einiger Bewässerung weit hin ausbreitet.
Blüten gelb.

Sedum Aizoon, aus Sibirien. Blumen
gelb.

„   album, niedrig. Blumen weiss.

„   aleppicum, äusserst genügsam
und dauerhaft.

„   alsinoides.

„   altissimum, 30 Centimeter
hoch. Blüten schmutzig weiss.

„   amplexicaule.

Sedum Anacampseros, Alpenpflanze.
Blüht weiss bis purpurroth.

Sedum anglicum, bildet dichten Rasen.
Blüht weiss.

Sedum anopetalum.

„   atrosanguineum,   blutrothe
Blätter.

„   boloniense.

„   Braunii.

„   brevifolium.

„   californicum.

Sedum carneum und carneum fol.
variegatis mit weissbunten Blättern, beliebt; besser im Kalthause zu durchwintern.

Sedum coeruleum, Einjährig. Blüht
hellblau. Wird zeitig in Töpfe
gesäet, dann versetzt; hübsch.

Sedum collinum.

Sedum Cooperi, niedrig, blüht weiss, verlangt Halbschatten und stets frischen Boden.

Sedum cristatum. Bl. roth. Topf-kultur.

Sedum cyaneum, schön, 5—8 cm. hoch, Bl. purpurroth. Freiland.

Sedum dasyphyllum, Stengel schwach; Blumen weiss.

Sedum Eversii, Blumen purpurroth.

Sedum fariniferum. Weissliche feste Schuppenplättchen in schönster, solider Form.

Sedum Forsterianum.

Sedum glaucum, sehr schöne niedere, geschlossene Felsenpflanze mit grau-grünen Blättchen und rosa-fleisch-farbenen Blüten, welche indess erst im zweiten Jahre nach dem Anpflanzen erscheinen, wesshalb, und wegen ihrer dichten, niederen Verzweigung, sowie wegen ihrer Schnellwüchsigkeit, eine der besten Arten für Teppichbeete, Sedum-hügel und kleinere, sonnige Fels-gruppen, die sie im Laufe eines Sommers überzieht

Sedum hispanicum; Blumen weiss
   „ hybridum, Blumen schwefel-gelb; wüchsig.
   „ hybridum altaiicum.
   „ ibericum. .
   „ involucratum, Blumen weiss.

Sedum Japonicum, variirt mit bunten Blättern (S. japonicum foliis medio pictis).

Sedum Kamtschaticum; Blumen schön gelb.

Sedum lividum.
   „ Lydium, sehr hübsch!

Sedum macrophyllum, hohe Art; Blumen schieferfarben; enorme Dolden.

Sedum magellense.
   „ maximum versicolor.

Sedum Maximoviczi, gelbblühende Spezies von Japan, mit absterben-den Stengeln, vielleicht frosthart.

Sedum micranthum.
   „ Middendorffianum.
   „ monregalense

Sedum montanum, eine wie Lycopo-dium gedrängt wachsende, saft-grüne Art.

Sedum multiceps.
   „ Nevii.
   „ nudum; Blumen gelb.
   „ ochroleucum.
   „ olympicum.

Sedum oppositifolium, niederliegend. Bl. weiss.

Sedum oppositifolium rubrum; nie-derliegend. Bl. leuchtend lillarosa.

Sedum populifolium, Alpenpflanze, strauchartig. Bl. weiss.

Sedum pulchellum, hellgrün, nieder. Bl. rosa.

Sedum pulchrum; Blumen purpurroth.

Sedum purpurascens, mit röthlicher Belaubung.

Sedum purpureum, gleich S. tele-phium purpureum.

Sedum reflexum glaucum, goldgelb blühend, frosthart.

Sedum Rhodiola, Alpenpflanze, Blumen von Gelb ins Röthliche übergehend.

Sedum Rodigazii, weiss panachirte Blätter.

Sedum roseum. Blumen schön rosen-roth.

Sedum rupestre, graugrün, Blumen gelb, frosthart.

Sedum Selskyanum, mittelhoch, Blu-men leuchtend gelb, frosthart.

Sedum sibiricum.

Sedum sempervivum. Eine der schönsten Arten 30 cm. hoch. Blumen scharlach oder blutroth, in einer dichten Enddoldentraube. Stirbt nach der Blüte ab, daher Fortpflanzung durch Samen. Ueber-winterung im Kalthaus. Blüht im zweiten Jahre nach der Aussaat.

Sedum Sieboldii. Fast die schönste
Art. Blumen schön rosenroth.
Variirt mit bunten Blättern d. h. die
Blätter haben einen breiten schwe-
felgelben Flecken in der Mitte,
welcher umringt von dem schönen
rosa Grundton, Blumen ersetzen
kann. (S. Sieboldii medio pictis.)
Sedum spathulifolium, neue Einführung vom Felsengebirge mit dichten
gelben Blüthenrispen.
Sedum species nova, aus Japan,
goldgelb.
Sedum species Dr. Hooker, niedere
neue Art mit silberweisser Blattfärbung.
Sedum spurium, kriechend; Blumen
purpurroth variirt mit weissen
(S. sp. album) gelben (Sp. luteum)
mit blass rosarothen (S. sp. pal-
lide roseum) mit lebhaft rothen

(S. sp. coccineum oder splendens)
Blumen.
Sedum stenopetalum, Stengel aufsteigend. Bl. gelb.
Sedum ternatum, Blumen weiss.
„ tenellum.
Sedum Telephium (Fetthenne) hoch-
wachsend, mit grossen Blättern,
Repräsentant der Gattung Anacampseros, welche von einigen
Botanikern von den kriechenden
Sedumarten getrennt wurde; Blumen schmutzig-gelblich weiss oder
grüngelb, in dichten Enddolden-
trauben. Variirt hochgehend (S.
T. maximum); mit purpurrothen
Blättern (S. T. foliis atropurpureis);
mit rosa Blüten (S. T. rubrum
oder fabarium), mit bunten Blättern (S. T. fabarium foliis aureo-
maculatis) u. A. m.

Die Aufzählung vorgenannter Arten wird jedem Felsfreund
genügen und für alle vorkommenden Fälle Material liefern. Es
gibt über 100 Arten dieses schönen Geschlechtes, welches durch
Handelsgärtner leicht in seinem ganzen Umfange beigeschafft werden
kann. Ich habe mich geflissentlich hierbei länger aufgehalten, weil
Sedumarten das billigste, überall beizuschaffende, leicht kultivirbarste
Material zu Felsanlagen liefern.

Die demnächst verwendbarste Gattung für trockene Felsanlagen
und Sandboden bildet

Sempervivum, mit theils winterharten,
theils Kalthaus-Species. Es sind
meist kleine, niedrige Pflanzen
die (mit geringer Ausnahme) nur
dann einen Stengel treiben, wenn
sie Blüthen bilden, daher zur
Bodenbedeckung zwischen hochgehenden Fettpflanzen oder zur
Verdeckung der Topfwände sehr
erwünscht. Sie wachsen, gleich
den Sedum-Arten, auf dem dürrsten,
sandigsten Boden, zumeist auf
Felsen, in den Ritzen der Mauern,
auf Ruinen, alten Dächern, über-

haupt an solchen Lokalitäten, wo sie
von Nässe nichts zu leiden haben,
und vertragen gleichfalls die ärgste
Vernachlässigung in Bezug auf
Bewässerung und Boden. Es sind
dies gleich den Sedumarten,
Pflanzen, um die man sich wenig,
fast nichts zu kümmern braucht;
wenn sie nur ein Mal angewurzelt sind, so begrünen sie — allerdings nicht so schnell und so
weitausstreichend, wie ein Sedum
— bald den ihnen angewiesenen
Platz.

Es ist nöthig sie in den Felsanlagen an den Vordergrund
zu bringen, weil sie im Hintergrunde, oder hoch angebracht,
von anderen Gewächsen überdeckt
und so ganz übersehen würden.
Bei der Aufzählung der Arten
werde ich jene, welche Durchwinterung im Kalthause erfordern,
genau bezeichnen.

Sempervivum acuminatum.
„   albidum.
„   alpinum.
„   anomalum.

Sempervivum, annuum, einjährig, für
Kalthaus.

Sempervivum arachnoideum, wie
mit Gespinnst überzogen, Blumen
purpurroth.

Sempervivum arachnoideum var.
transalpinum.

Sempervivum arboreum, Kalthauspflanze mit schönen gelben Blumen.
Variirt mit bunten Blättern.

Sempervivum arboreum atropurpureum sehr schön, im Sommer
fast schwarz.

Sempervivum arenarium.
„:   arvernense.
„:   assimile.
„:   atlanticum.

Sempervivum aureum (Greenovia)
Kalthauspflanze von sehr interes-
santer, becherförmiger Gestalt.

Sempervivum barbulatum, Kalthauspflanze.

Sempervivum blandum.
„   Boissieri.
„   Bort-Gayanum.

Sempervivum Braunii, bildet dicht-
gedrängte, kugelige braungefärbte
Rosetten.

Sempervivum Butinianum.
„   canariense, Kalthaus-
         pflanze.
„   calcareum.

Sempervivum californicum, eine der
schönsten, bildet graugrüne Rosetten mit braunen Spitzen.

Sempervivum cholochrysum, Kalthauspflanze, sehr grosse und schöne
Blätter, prächtiges Blüthenbou-
quet.

Sempervivum chrysanthum, Kalthauspflanze.

Sempervivum ciliatum. Kalthauspflanze.

Sempervivum colchicum.
„   Comolli, Kalthaus-
         pflanze.
„   Corni di Canzo.
„   cornutum.

Sempervivum cuspidatum (Umbilicus
spinosus) unter Schutz im Winter.

Sempervivum Delassiaei.
„   dichotomum, Kalthaus-
         pflanze.
„   Doellianum.

Sempervivum Donkelarii, in der Art
wie tabulaeforme, aber auch grösser.
Kalthauspflanze.

Sempervivum elegans.
„   Funkii.
„   fimbriatum.
„   glaucum.

Sempervivum globiferum, wie Echeveria secunda, zierliche kleine
Rosette, dunkelgrün.

Sempervivum grandiflorum.

Sempervivum heterotrichum und
heterotrichum var. bryoides.

Sempervivum Heuffeli.
„   hirtum.
         hispidulum.
         Hookeri.
         Huteri.
         Juratense.
         Laggeri.
         Mettenianum.
„   micranthum. Kalthaus-
         pflanze.
„   monanthum, Kalthaus-
         pflanze.

Sempervivum montanum.

„   Neilreichi.

„   pauciflorum.

„   pendulum, Kalthaus-
            pflanze.

Sempervivum phialoides, bis 30 cm.
hoch, dekorativ im Zimmer und
Freiland.

Sempervivum Pittoni.

„   Reginae Amaliae, sehr
            schön.

„   rubicundum.

Sempervivum Scherzerianum, schöne
braungefärbte, breite Rosette.

Sempervivum Schlehani.

„   soboliferum.

„   species Athen.

„   species Modgridge.

„   spinosum.

„   stenopetalum.

Sempervivum tabulaeforme, die
schönste, jetzt seltene Species,
flach ausgebreitet.

Sempervivum tectorum.

„   „   minus.

Sempervivum tectorum rusticum.

Sempervivum tomentosum, wie mit
weissem Gespinnst überzogen.

Sempervivum triste, Rosette von
durchaus dunkelpurpurner Färbung.

Sempervivum urbicum.

„   Verloti.

„   Webbianum.

„   Wulfeni.

„   Youglans, Kalthaus-
            pflanze.

Andere Arten unter den Gattungen Aeonium, Aichrysum,
Greenovia und Umbilicus,
und zwar: Aeonium cuneatum,
giganteum, Haworthi, molle, tabu-
lare — hybridum, urbanum und
Youngi — Aichrysum dicho-
tomum, Hamiltoni, immaculatum,
laxum, punctatum, tortuosum,
villosum. Greenovia aurea,
fallax, polymorpha. Umbilicus
horizontalis, pendulinus, Pestalozzi,
Semenowi, Sempervivum spinosus.

Die sämmtlichen Arten letztgenannter Gattungen können zwar
auch an geschützten, warmen Stellen, in sehr durchlassenden, sandigen Boden der Felsgruppen ausgetopft werden, indessen ist es doch
rathsamer, alle Kalthausfettpflanzen auch über Sommer in ihren ursprünglichen Gartengeschirren zu belassen und vereinzelt zwischen
dem Gestein aufzustellen. Dann muss aber eine Verdeckung des
Topfes, respektive dessen Randes, mit Kohlen, Kies, Torfbrocken,
Moos und anderem ähnlichen Material vorgenommen werden. Das
Wiedereinsetzen im freien Grunde gestandener Kalthaus-Sempervivum-
Arten bleibt immer eine missliche Sache: wird die Pflanze zu
zeitig ausgehoben, so bleibt eine störende Lücke in der Felsgruppe zurück, wogegen das zu späte Ueberpflanzen in Töpfe zuweilen Fäulniss der Wurzeln mit sich bringt, welche nur durch
Abschneiden der faulenden Theile und sorgfältiges Trockenhalten
des kränkelnden Exemplares behoben werden kann.

Meinem Geschmacke entspricht es mehr, die Kalthaussucculenten
auf künstliche Felspartien ins Glashaus zu setzen und dort unbe-

helligt zu lassen. Man wird staunen, welche Dimensionen derlei.
ausgetopfte Fettpflanzen im Laufe eines Jahres zwischen den Tuffsteinen erreichen!

§. 10.

Schling- und Kletterpflanzen.

Derlei Gewächse sind eine unentbehrliche Beigabe jeder Féls-
Gruppe, die im grösseren Massstabe angelegt und durch Bäume,
senkrechte Felswände, alte Baumknorren und dergl. naturgemäss
dekorirt wird.

Man kann sich nichts Reizenderes denken, als vielverzweigte
Bäume, von deren Aesten schlanke, duftige Ranken herabhängen,
die anmuthig im Winde schaukeln, oder Gebüsche, durchwogt vom
Blütenmeer der Rosen, deren lange peitschenförmige Triebe sich
schlangenähnlich am Boden hinziehen oder, im Geäste aufsteigend,
das Strauchwerk nach allen Richtungen hin durchklettern, um stolz
in langem, graziösen Bogen die Wipfel des Bosquets zu überragen,
und sich endlich zur Erde beugen durch die Last der herrlichen
Blütenbüschel; oder altersgraue Baumstämme und Felswände, eng
umstrickt von dem ewigen Grün des Epheus, das sich hastig zu
verbergen scheint im Moose des Geklüftes!

Ganz abgesehen von der ästhetischen Schönheit dieser Pflanzen-
gruppe bieten die Schlinggewächse Schatten dem Ruhenden, sicheres
Versteck dem Vogel, der sich so gern sein Nestchen im traulichen
Dunkel da oben baut, gesichert von den Nachstellungen seiner
Feinde, geborgen vor dem Sturme, der vergebens an dem zarten
Gezweige rüttelt.

Und wie geringe Mühe macht die Kultur dieser Pflanzen?
Einmal angewurzelt, zuweilen begossen, wenn es hoch kommt da
und dort an die Wurzeln etwas Composterde aufgefüllt, die Ranken
etwa geordnet, allenfalls in die gewünschte Richtung geleitet, Dürr-
holz entfernt, bei selteneren zarteren Arten eine leichte Umkleidung
oder sonstiger Winterschutz, das ist das Ganze, was man diesen
lieblichen Kindern Florens bieten muss, um sie in vollendeter Schönheit blühen und gedeihen zu sehen.

Ich will die vorzüglichsten dieses Genres benennen und das
Wissenswertheste in Kürze beifügen:

Abroba viridiflora, schöne Cucurbitacee
mit sehr zierlichen, tief eingeschnittenen, glänzend smaragd-
grünen Blättern und scharlachrothen Früchtchen. Wie fast alle
Cucurbitaceen nur zur Sommerkultur im Freien geeignet.

Adlumia cirrhosa, zierlich rosenroth
blühend, Sommerkultur; epheuähnliches Blatt, verlangt warmen
Standort. Die Knollen werden im
Kalthause durchwintert.

Akebia quinata. Nicht ganz winterharte, im Norden oft Decke be-
dürfend, kräftige Schlingpflanze
von Japan mit schönem Blattwerk
und zierenden Früchten.

Ampelopsis. Jungfernwein, mit den
Arten bipinnata, cordata, hederacea; die letzte Art unübertrefflich, hochgehend, ganz hart;
die im Herbste feurig rothen
Blätter sind reizend schön im Geäste der Bäume. Liebt Schatten
und Feuchtigkeit. Neue Arten sind
A. serjariaefolia, virginiana, Veitchi
und Roylei. Letztere zwei heften
sich selbst an die Gegenstände,
welche sie überranken sollen und
brauchen nicht gebunden zu werden.

Apios tuberosa, (Glycine Apios), eine
schlingende, knollwurzelige Staude
mit wohlriechenden Blüten, winterhart.

Amphicarpaea monoica. Perennirende
knollige Staude. Raschwachsend.

Aristolochia Sipho; frosthartes Holz-
gewächs, welches vermöge seiner
grossen Belaubung die dichtesten
Lauben bildet
    Niedriger, nicht über 4 Meter
hoch, rankt A. tomentosa.

Atragene alpina; frosthart, rankt
nicht hoch, taugt ins Gebüsch und
verlangt Sonne.

Bignonia (Tecoma) mit den Arten
grandiflora und radicans, letztere

mit mehreren schönen Varietäten;
Erstere Art will Winterschutz;
radicans ist hochgehender und hart
in geschützter Lage; beide verlangen Sonne. Heften sich mit
Saugwurzeln selbst an.

Bryonia alba und dioica; knollwurzelige, winterharte Kürbisgewächse
mit schöner Belaubung. Bedürfen
fast keiner Pflege.

Boussingaultia baselloides, knollige
Cucurbitacee, nur im Sommer ins
Freie, rankt bis 8 Meter hoch.
Empfehlenswerthe Schlingpflanze,
welche auch im tiefen Schatten
gedeiht, wo andere Pflanzen nicht
mehr vegetiren können.

Cajophora (Loasa) lateritia u. A.,
3—4 Meter hohe Sommergewächse
mit Brennborsten und schönen
Blüten; sonnig und schattig gedeihend.

Calampelis (Ecremocarpus) scabra.
Prachtvolle, bis 8 Meter hohe,
schönblühende, halbholzige Kletterpflanze für sonnige Lagen. Kalt-
hauscultur.

Calystegia, mit den Arten dahurica,
inflata, oculata, pubescens, Sepium
u. A. Ziemlich hochgehende, winterharte Winden, die leicht verwildern und zum Unkraute werden.
Schön im Gebüsch, besonders die
niedrige C. pubescens fl. pl. mit
schön gefüllten Blüten. Verlangen
keine Pflege.

Campsidium filicifolium. Eine schlingende Pflanze von grosser Eleganz.
Das Laub hat grosse Aehnlichkeit
mit Farn. Hat orangerothe Blüten
und verlangt Kalthauskultur; im
Sommer an ein sonniges Gebüsch
zu pflanzen.

Caprifolium (Lonicera). Eine allbe-
kannte, frostharte, schönblühende
wohlriechende Gattung mit den
empfehlenswerthen Arten: brachy-

podum, brachypodum fol. aur., reticulatis, Browni, Douglasi, involucratum, puniceum, purpureum, quercifolium, splendidum, vernum u. A. Schön zwischen anderem Gebüsch und an Bäumen hochrankend, oder über Felswände herabhängend, Mauer und Trümmerwerk umzierend. Verlangen öfterer Verjüngung durch Abhieb.

Celastrus mit einigen Arten, unter denen C. bullatus, crispulus und punctatus Schutz, allenfalls Decke verlangen. C. scandens frosthart, starkwachsend und verwildernd. Verlangt etwas Schatten, daher unter und in den Bäumen schön.

Clematis. Eine herrliche, reichgeartete Gattung, die der Rose und Wistarie, was Blüte der Kletersträucher betrifft, würdig an die Seite gestellt werden kann. Es ist mir nicht gestattet auf die sich jährlich mehrende Zahl der Gartenvarietäten, die sich alle durch grosse schöne Blüte auszeichnen, näher hinzuweisen; ich darf nur die Arten flüchtig berühren und nenne als hervorragend folgende: Cl. angustifolia, campanulaeflora, cylindrica, davurica, flammula, florida, glauca, graveolens, japonica, montana, Virna, virginiana, Vitalba, Viticella. Alle diese Genannten bedürfen keiner oder in sehr ungünstigen Lagen einer leichten Bedeckung. Abgefroren treiben fast alle aus der Wurzel wieder aus.

Clematis patens und lanuginosa mit ihren Varietäten, ferner Cl. Fortunei und eine Menge Hybriden dauern zwar auch im Freien, sie müssen aber bei grosser Kälte mit Tannenzweigen bedeckt werden, wenn sie nicht erfrieren sollen, obgleich nicht geläugnet werden

kann, dass auch viele der Bastardvarietäten an geeigneten Lokalitäten unbeschadet und unbedeckt durch den Winter gekommen sind. Die sehr hoch wachsenden Arten: Vitalba, virginiana, montana eignen sich am vortheilhaftesten zur Anpflanzung zwischen Gestrüpp und an hohe Bäume; sie zieren nicht nur durch Blüten, welche sehr angenehm riechen, sondern auch durch die federartigen Samenbüschel im Herbste. Von Rosen, Clematisarten, Brombeeren und Wein, lassen sich undurchdringliche Dickichte bilden, die einen erwünschten Schlupfwinkel für Singvögel aller Art, besonders für Nachtigallen, bieten.

Waldreben gedeihen sonnig wie schattig gut, doch lieben die meisten Arten den Halbschatten oder Fuss schattig, Gipfel sonnig. Sie lieben mässig-feuchten lockeren, humosen Boden. Die zarteren japanischen Arten, welche einer Bedeckung bedürfen, kann man am Boden und über Felsblöcke klimmen lassen und so leichter vor Frost schützen.

Clerodendron Balfuri und Rollissoni. Prachtvoll blühende Hauspflanzen. Unter Umständen über Sommer ins Freie.

Clitoria. Sommergewächse, sehr schön und reichblühend.

Cocculus Thunbergi. Holzartige Schlingpflanze, unter Bedeckung.

Convolvulus altissimus. Hochschlingende Kalthaus-Liane; kann im Sommer Verwendung im Freien finden.

Convolvulus aureus superbus, goldgelb, 2 Meter hoch, einjährig.

Cucumis / Die höher wachsenden
Cucurbita \ und weiter rankenden Gurken- und Kürbisarten können

an sonnigen Plätzen, etwa vor Gebüschen an diese hinaufrankend, benützt werden. Schön sind die sogenannten Zierkürbisse, mit sonderbar geformten Früchten, deren es über 100 Arten oder Varietäten gibt. Cucurbita perennis, mit knolliger Wurzel, hält bei uns im Freien aus, alle übrigen nur während des Sommers, ausgesäet gleich ins Freie.

Eopepon. Die hieher gezählten Arten sind rankende Kulturbitazeen mit schöner Belaubung und Frucht. Wachsthum sehr üppig. Die knollige Wurzel hält unsere Winter ohne Bedeckung aus.

Glycine; siehe Apios und Wistaria.

Gronovia Humboldti, Kürbisgewächs von ungemein rascher Bekleidungsfähigkeit und grossem Blütenreichthum. Im Mai ins freie Land zu pflanzen.

Hedera. Wenn ich dieser Gattung ein paar Worte mehr widme, als den übrigen Gewächsen, so ist der Umstand daran allein schuld, dass wir es hier mit Pflanzen zu thun haben, die so zu sagen mit dem Gestein verwachsen und verwoben sind. Der Epheu, namentlich der gemeine, ist eine echte Felspflanze, ein wahrer Waldbewohner, und ihm gebührt daher in unseren Anlagen der erste Platz.

Allein diese Bevorzugung ist auch eine sehr verdiente, denn ich kenne keine Felspflanze, kein Schlinggewächs, das sich so allgemein und bei den verschiedenartigsten Dekorationen verwenden liesse, wie der Epheu.

Sei es, dass wir ihn am Boden hinkriechend Felsblöcke und Baumstümpfe überziehen lassen, die er unter der Fülle seiner Seitentriebe und Blätter bald gänzlich verdeckt;

sei es, dass er von der Höhe herabsteigend graziös über die Zacken und Kanten des Gesteines klettert, überall wird er seinen Platz würdig ausfüllen.

Unendlich reizend sind Gartengebäude, Eremitagen, Schweizerhäuschen u. dgl., wenn sie bis an das Dach vom Epheu umzogen, unter dem Blättermeere zu brechen drohen, noch mehr tritt die pittoreske Wirkung unseres Lieblings dann hervor, wenn Ruinen mit demselben begrünt, die Riesenleiber alter Baumstämme mit Epheu bekleidet werden und sich das saftige Grün seines Laubes von der düstergrauen rissigen Borke freundlich abhebt.

Ueberall, im Schatten, unter den Bäumen wie an der Felswand und dem alternden Gemäuer, wo fast keine andere Pflanze gedeihen will, ist der Epheu von wundervoller Wirkung, und wer es schon gesehen hat, wie lebenswarm dieser Waldbewohner Baumgruppen durchschlingt und todte Aeste mit neuem Blattwerk schmückt, der wird ein treuer Freund dieser sinnigen Pflanze bleiben, die sich willig allen Anordnungen fügt und bereitwillig der leitenden Hand des Gärtners folgt.

Die Kultur dieser ewig grünenden Dekorationspflanze ist ungemein leicht. Man pflanze den Epheu stets in Rückstände verwester vegetabilischer Stoffe, in Laub-, Heide- und Holzerde mit Sand vermischt und sorge für Bodenfeuchtigkeit.

Von besonderem Vortheil bleibt es, wenn die Wurzel ungehindert zwischen Gestein ihren Weg finden darf und ein öfteres Ueberspritzen, namentlich jüngerer oder frisch gepflanzter Exemplare vorgenommen wird. Bei erstarkten, älteren Pflanzen fällt jede weitere Kultur von selbst weg, und man beschränkt sich bloss auf das Entfernen abgestorbener Blätter und Zweige, die allerdings recht störend auf den Gesammteindruck einwirken.

Um üppig wachsende, gesunde Pflanzen zum baldigen Ueberziehen mehr breiter als hoher Flächen, Mauern, Felswände zu zwingen, stutze man die Spitzen ein, worauf sich die Seitenäste verzweigen.

Junge, kräftige, 15—30 Centimeter hohe Exemplare sind bei allen Anpflanzungen den älteren unbedingt vorzuziehen, sie wachsen weit rascher, wurzeln besser und überholen die letzteren in Kürze.

Nur durch Auspflanzung ganz junger Stecklingspflanzen, die 15 Centimeter Höhe nicht überschreiten dürfen, ist es möglich, Epheu künstlich an alten Bäumen emporzuziehen. Man spritze hiebei täglich nicht nur den Epheu, sondern auch die Baumrinde, damit sie feucht bleibe und so dem Geranke Gelegenheit biete, Saugwurzeln zu bilden. An trockenen Gegenständen haftet der Epheu nicht so innig und wird dann mehr schlingend als anschmiegend.

Man vermeide es ängstlich dort, wo eine wilde Scenerie geschaffen und das Ganze den Eindruck urwüchsigen Naturlebens ungeschmälert beibehalten soll, buntblättrige Epheusorten anzuwenden, höchstens könnte noch die Varietät H. hibernica fol. marmoratis an niedrigen Gegenständen Verwendung finden.

Für hohe Bäume, Felsen, Mauern, besonders in kälteren Lagen ist der gemeine Waldepheu, Hedera Helix, allen anderen vorzuziehen, weil die anderen Arten (oder Varietäten?) bei grösserer Kälte oft erfrieren. In sehr kalten Wintern erfriert selbst zuweilen der Waldepheu an Mauern. Der grossblättrige, irländische Epheu ist sehr schön um niedrige Felsblöcke, Trümmer, Baumstöcke zu bekleiden, oder ungezwungen in einer Waldpartie am Boden hinzulaufen, wo er, da er dort vom Schnee und Laube geschützt wird, selten von der Winterkälte leidet.

Der sehr grossblättrige (bis 20 Centimeter) algierische oder kanarische Epheu (H. canariensis) ist im Freien nur dort zu gebrauchen, wo er gut bedeckt wird.

Die weiss- und gelbgescheckten Spielarten übergehe ich, als in die Felspartie nicht passend, hier gänzlich.

Humulus Lupulus, der gemeine Hopfen, mit allen seinen Varietäten, windet sehr hoch, ist ungemein dauerhaft, verbreitet sich allenthalben und verdient, richtig angewendet und eingeschränkt, seinen Platz eben so, wie die theuerste Schlingpflanze. Dabei ist er billig und überall zu haben, daher für Gartenfreunde mit beschränkten Mitteln höchst empfehlenswerth. Die blühenden, herabhängenden, würzigen Ranken sind auch nicht zu verwerfen und das Blatt ist edel geschnitten; demnach ist Hopfen für Gebüsche, Zäune, hohe Bäume recht gut, weil er bald die dichteste Verkleidung bildet, unter deren Schutz gern die Vögel brüten.

Jasminum. Mehr der südlichen Flora angehörend und, wegen der köstlich duftenden Blüten, auch der Kultur im Freien werth. Lage sonnig, geschützt, die Pflanzen im

Winter niedergelegt und bedeckt;
so kultivirt gedeihen die Arten:
J. fruticans, nudiflorum und officinale selbst nördlich; unbedeckt
nur in den mildesten Gegenden
Mittel-Europas.

Ipomaea. Prachtvoll blühende Arten
für sonnige Lage, gutem, feuchten
Boden. Gut gepflegt winden sich
die meisten Species bis 4 Meter
hoch an Gebüsch und Bäumen in
die Höhe und bringen zahlreiche
Blumen in ununterbrochener Folge.
Sehr zu empfehlen die Arten
I. coccinea, purpurea mit ihren
Varietäten, violacea u. A., die
Sommergewächse sind und ins
Freie gesäet werden. Ipomaea
candicans ist eine sehr hübsche,
mit geringer Bedeckung im freien
Lande aushaltende, reichblühende
Species aus Nordamerika.

Lathyrus. Theils einjährige sehr
wohlriechende Arten für Gebüsche,
theils Perennen und dann oft höher
gehend. Alle verlangen Sonne und
baldige Stütze für die Gabelranken.
Ich nenne nur L. odoratus, von
den einjährigen und L. tatifolius,
von den perennirenden Arten; die
anderen übergehe ich, da sie
durch die Genannten vollständig
ersetzt werden.

Lophospermum scandens, u. A.
hübsche reichblühende Schlingpflanzen, die auch im ersten
Jahre der Aussaat blühen, den
Sommer über recht gut im Freilande wachsen, gewöhnlich aber
im Kalthause kultivirt werden.
Verlangen Sonne.

Mandevillea suaveolens; eine Kalt-
hauskletterpflanze, im Sommer
ins Freie, hält zuweilen, gut bedeckt, den Winter aus. Schattige Lage.

Maurandia. Sehr schöne Arten, als

Sommergewächse behandelt fast
mehr kriechend, jedenfalls nie sehr
hoch kletternd und für niedrige
Gegenstände, auch herabhängend,
sehr schön. Verlangen Kalthauskultur und blühen meist im ersten
Jahre. Recht empfehlenswerth,
besonders M. antirrhiniflora, Bar-
clayana, Emeryana, semperflorens
u. A. Sonnige Lage. Ueberwin-
terte und mehrjährige Exemplare,
die allerdings nicht so reich
blühen, wie junge Pflanzen, klettern bis 4 Meter hoch.

Maximowiczia (Kadsura) Chinensis.
Ganz harte holzige Schling-
pflanze, schattige Lagen und den
Wald liebend; angenehm riechend,
durch die Fruchttrauben zierend.
Gut unter Bäumen.

Menispermum. Holzige, hochgehende
Schlingsträucher, die sich um
Bäume und Sträucher winden und
sich oft, gleich dem Hopfen, strick-
artig zusammendrehen. Die Arten M.
Canadense, Davuricum und Virginianum sind die bekanntesten, vollkommen hart und kommen überall
und in jedem Boden fort. M. Canadense, als amerikanischer
Epheu bekannt und beliebt, ist
zu Lauben, Mauern- und Felsbe-
kleidungen sehr zu empfehlen.

Mikania fragrantissima, starkwüchsig,
sehr schöne Blätter von frischer
grüner Farbe; Blumen weiss, nach
Vanille duftend; zur Sommer-
dekoration ins freie Land. M. scandens, unter dem Namen Som-
merepheu bekannt, gleichfalls
zum Auspflanzen, ins Freie, schön.

Mikania violacea, kurzrankend.

Passiflora. Obgleich heissen Ländern entstammend, so lassen sich
doch einige Arten dieser prachtvoll blühenden Kletterpflanzen,
unter Beobachtung gewisser Vor-

sichtsmassregeln, bei uns, im Freien, kultiviren; selbstverständlich nur als Topfpflanzen über den Sommer, doch gelingt es, **Passiflora** caerulea auch an einer sonnigen, schutzreichen Mauer, in nicht zu feuchtem Boden und unter einer guten, trockenen Bedeckung, milde Winter über im freien Lande zu erhalten; nur muss sie gut vor Nässe verwahrt werden. Dasselbe gilt für P. incarnata, eine Perennie; P. foetida, gracilis, pectinifera u. A. sind, bei zeitiger Aussaat im Mistbeete, geeignet, als Sommergewächse Dienste zu leisten und blühen noch dasselbe Jahr. Andere schöne Arten sind strauchartige Warmhauspflanzen und ich übergehe sie, weil sie nur selten kultivirt werden.

Periploca graeca. Schöner, ganz harter Schlingstrauch, mit herrlichen Blüten, die aber nur dann erscheinen, wenn die Pflanze im guten Boden, warm und sonnig steht. Klettert in die Baumwipfel bis zur Höhe von 7 Metern.

Pilogyne suavis, zarte, moschusduftende Schlingpflanze, während des Sommers in sonniger Lage zu kultiviren; sehr rasch wachsend, durch glänzend grüne Belaubung empfehlenswerth.

Platygonia Kaempferi. Eine harte, perennirende, Knollen bildende Cucurbitacee von Japan, die sich durch rasches Wachsthum und starke Ranken auszeichnet, daher zur Bekleidung von Mauern und Verdichtung der Gebüsche recht brauchbar ist. Die weissen Blüten bleiben über Nacht geöffnet und hinterlassen Beerenfrüchte, die, im Zustande vollkommener Reife, roth sind.

Rhodochiton volubile. Schön rosa-blühende Kalthausschlingpflanze; auch oft im Freien, während des Sommers, kultivirt, sonnige Lage und Schutz vor Regen fordernd; sehr schön!

Rosa. Nicht nur die Königin der Blumen überhaupt, sondern auch eine Fürstin unter den Klettersträuchern, die man nie zu viel anpflanzen kann. Schade nur, dass die schönsten dieses Genres nicht über 16, höchstens 20° R. Kälte vertragen, es ist daher besser, die langen Zweige von den Stützen, an denen sie emporgezogen wurden, herabzunehmen und mit Laub- oder Nadelholzzweigen zu bedecken. Auch genügt oft eine leichte Umkleidung von Nadelreissig (nie Stroh, weil dies die Mäuse anzieht, welche oft fürchterlich aufräumen, indem sie die Rinde benagen), in diesem Falle ist es nicht nöthig, die Triebe abzubinden. Eine Erddecke, die bei anderen Rosen so gute Dienste leistet, ist bei dem verworrenen Gezweige der Rankenrosen nicht ganz am Platze; man zersticht sich beim Aufdecken sehr und bricht viele der hoffnungsvollsten Triebe ab.

Ich will die für unsere Zwecke brauchbarsten Arten eingehender bezeichnen.

R. alba, wächst stark und hoch, eignet sich daher recht gut in Gebüsche zu Wandbekleidungen und Lauben. Ich sah eine gefüllte Varietät derselben im böhmischen Erzgebirge den Giebel eines Hauses deckend. Ist ganz hart.

R. alpina. Gleich der vorhergehenden zu verwenden. Braucht keinen Winterschutz. Die Sorten: **Bengal florida** und die alte **Boursault**

haben hangenden Habitus und sind gut im Geäste anderer Hölzer.

R. arvensis. Eine überaus schöne und raschwachsende Kletterrose, die Hecken und Dickicht reizend durchzieht und ihre schlanken, biegsamen, sehr langen Triebe, an denen die Blumen in grosser Menge erscheinen, weithin auslaufen lässt. Sehr empfehlenswerth zwischen Strauchpartien, an hohen Bäumen und Felswänden. Hart, obgleich einige hieher gerechnete Varietäten dennoch eines leichten Schutzes bedürfen. Die Varietäten Dundee Rambler, Rubra piena, Ruga und Virginalis superbissima sind die empfehlenswerthesten.

R. Banksiae, die **Banksrose** ist im Stande grosse Flächen zu bedecken und in die Bäume bis zur Höhe von 20 Meter zu klettern; sie ist leider nicht hart genug, um bei uns mit Erfolg im Freien kultivirt werden zu können. In Botzen sah ich sie ohne jegliche Decke als Mauerbekleidung den Winter überdauern, auch soll sie in Pressburg im Freien aushalten.

Hier (Karpfen, Ungarn) hält sie unter Laub- und Erddecke recht gut aus. Sie ist fast die schönste der Kletterrosen, macht Jahrestriebe von 5 Meter und überdeckt sich zur Blütenzeit mit Hunderten, ja Tausenden von Blütenbüscheln. Der Effekt solcher Pflanzen ist zauberisch.

R. Brunonii, mit weissen, wohlriechenden Blüten in grossen Büscheln; hält unter leichter Bedeckung mit Reisig aus.

R. bracteata. Schön, aber nur in südlichen Ländern, oder unter sehr guter Decke, als Mauerbekleidung verwendbar.

R. Eglanteria (lutea). Auch diese Rose sah ich als Kletterrose in Verwendung, indem sie eine ganze Wand bedeckte, öfters noch im nördlichen Böhmen ihre Varietät: R. bicolor, und konnte ich sie um so weniger übergehen, weil das bei Rosen so sehr erwünschte Gelb der Blüten in der That eine reizende Abwechslung bildet. Ist vollkommen hart.

R. laevigata. Kletterstrauch aus Nordamerika mit einzelnstehenden grossen weissen Blüten. Ist hart.

R. microcarpa. Rankender Strauch aus China mit zahlreichen kleinen Blüten. Verlangt Schutz und Decke.

R. moschata. Ein rankender Strauch aus Nordafrika und Madeira, an geschützten Stellen ausdauernd, erfriert in manchen Lagen bis auf die Wurzel, die wieder frisch austreibt.

Double white, La comtesse Piater, Princesse de Nassau und Rivers sind die bekanntesten Varietäten, in grossen Büscheln blühend. Von seinen Hybriden sind nennenswerth: Madame d'Arblay und The Garland, reichblühend und sehr kräftig wachsend, doch gegen strenge Kälte sehr empfindlich.

Streng genommen gehört auch die **Noisettrose** (R. Noisettiana) hieher, deren zahlreiche Varietäten z. B. Chromatella, Endoxii, Desprez, Isis, Mad. Deslongchamps, sämmtlich sehr schön blühend, als Kletterrosen sehr erwünscht, leider aber auch sehr zart sind und nur in einem Klima, wie es Botzen aufweisen kann, unbedeckt aushalten, bei uns aber einer Laubdecke bedürfen, wenn sie nicht bis auf den Boden abfrieren sollen.

R. multiflora. Diese Species birgt einige der herrlichsten Varietäten und Hybriden, die leider ganz unter denselben Verhältnissen wie die Moschusrosen bei uns ausdauern. Die Varietäten: De la Grifferaie, Lauré Davoust und Russeliana sind die schönsten und bringen ihre Blumen in grossen Dolden. Der Wuchs ist ausserordentlich kräftig.

R. rubifolia. Obwohl n i c h t alle Prairierosen vollkommen hart sind, sondern einer Reisigdecke bedürfen, so gibt es doch Gegenden und Lagen, wo diese Rosen u n b e d e c k t dem Winter Trotz bieten. H i e r werden die Prairierosen nie gedeckt, trotzdem die Kälte 18 ⁰ R. erreicht; besonders hart zeigen sich: Beauty of the Prairie, Caradori Allan, Belle de Baltimore und Queen of the Prairies, und ergötzen durch ihre reiche Blüte das Auge des Gartenfreundes.

R. sempervirens. Auch die immergrüne Rose ist nicht ganz hart und erfriert hie und dort, besonders wenn die Kälte 16—18 ⁰ R. erreicht, bis auf die Wurzel. Ich hatte diese Rose bis ans Dach meines Wohnhauses geleitet und sie erfror mir binnen 8 Jahren zweimal, sich jedoch stets aus der Wurzel regenerirend. Zwischen Bäumen und im Dickicht sind diese Rosen u n ü b e r t r e f f l i c h und kann ich die Varietäten Adelaïde (Léopoldine) d'Orleans, Félicité Perpetuée, Myrianthe Renoncule u. A., allen Rosenfreunden aufs Wärmste empfehlen. Die geringe Mühe des Winterschutzes lasse man sich nicht verdriessen, sie lohnt tausendfach durch das Blütenmeer dieser herrlichen Rosen!

R. sinica. Rankenstrauch aus China mit Bedeckung ausdauernd.

R. sulphurea. Gleich R. lutea verwendbar, vollkommen hart und durch die schönen gelben Blüten ausgezeichnet.

R. turbinata. Die Frankfurter Kreisel- oder Tapetenrose, nicht besonders schön in Blüte, aber vollkommen frosthart und oft als Wandbekleidung in Verwendung.

Auch unter den Remontantrosen gibt es sehr kräftig wachsende Sorten, z. B. Miss Elliot, Panachee d'Orleans, Gloire de Rosoméne und noch andere mehr, darunter einige die eben so frosthart sind wie andere Kletterrosen.

Dasselbe kann von den C h i n e s e r - h y b r i d e n, von den B o u r b o n - und N o i s e t t h y b r i d e n und von den D a m a s c e n e r - R o s e n gesagt werden; überall finden sich einzelne Individuen, die eben so starkwüchsig wie hart sind. Ungemein kräftig wächst auch die Moosrose, Princesse Adelaïde, bis 5 Meter hoch, doch ist nicht Raum genug, um alle solche Varietäten hier namhaft zu machen.

Im Uebrigen will ich dem geehrten Leser m e i n G e h e i m n i s s preisgeben, alle Rosen nach Möglichkeit z u m h ö c h s t e n W a c h s - t h u m e zu reizen. Man grabe eine metertiefe Grube und fülle sie mit einem Gemenge von Moos, Sägespänen, Häcksel, Baumlaub, Holzerde, Laub und Lauberde, Rasenstücken und besonders mit g e b r a n n t e r E r d e. Diese Stoffe dürfen nicht gesiebt werden und man bringt sie derart in die Grube, dass z w i s c h e n j e d e S c h i c h t eine Lage poröser Steine in K o p f g r ö s s e eingebettet wird. Die hineingepflanzten Rosen treiben, sobald i h r e W u r z e l n unter die erste Steinschicht dringen, was meistens nach Jahresfrist geschieht, enorm lange Triebe,

und die Blüten derselben sind
gross, wie bei keiner anderen
Kulturmethode.

Rubus. Man kultivirt nur die weiss-
und rosenroth gefüllten Varietäten von R. fructicosus, sowie
die mit geschlitzten Blättern und
silberweisser Panachirung. Alle
diese Varietäten sind zur Felsen-
und Baumdekoration recht gut zu
verwerthen und gedeihen in jedem
lockeren, mässig-feuchten Boden.
Sie können ebensogut dem Schatten,
wie auch der vollen Sonne ausgesetzt, verwendet werden. Nicht
minder schön und benützbar sind:
R. corylifolius (variirt mit
weissen und mit gelbbunten Blättern und mit gefüllten weissen
Blüten) R. caesius (darnieder-
liegend, zur Begrünung von Abhängen und Felstrümmern) R. la-
ciniatus (schön auf Felsen, Anhöhen,
Mauern), u. A. m.
Die Rubusarten sind gegen die
Unbill unserer Winter ganz wider-
standsfähig, doch verlangen die
Gartenvarietäten Heckenschutz.

Scotanthus tubiflorus; schön belaubte
Kürbispflanze mit schneeweissen,
röhrigen Blumen und scharlach-
rothen Früchtchen. Interessante
Bekleidungspflanze für das freie
Land wärend des Sommers.

Smilax. Immergrüne, schlingende
Sträucher mit schöner glänzend-
grüner Belaubung. S. aspera,
hastata und medica wollen stets bedeckt sein; die Arten: S. caduca,
rotundifolia, rubens und Sarsa-
parilla halten bald unbedeckt, bald
unter leichter Bedeckung bei uns
aus. Man pflanze sie stets in Schutz
und Schatten, am besten in die
Gebüsche.

Solanum. Nur die Art S. Dulcamara
ist kletternd. Man sagt, sie könne

nur an Ufern gebraucht werden
und müsse Schatten haben, ich
aber habe sie an recht sonniger
Mauer, allerdings bei recht fleissi-
gem Giessen, 4 Meter hoch gezogen. Reizend, mit schönen
Blüten und Früchten, weiche letztere leider giftig sind. Braucht
keine Winterdeke.

Tamus communis. Schlingende Staude,
die keiner Bedeckung bedarf und,
wenn stark geworden, recht hübsch.

Thladiantha dubia; knollwurzelige,
unsere strengsten Winter ausdauernde, rankende Cucurbitacee;
bis Spätherbst mit gelben Blumen
dicht bedeckt. Verlangt Sonne.

Trochostigma volubile. Blumen weiss,
wohlriechend; Früchte sollen ge-
niessbar sein. Bedeckt.

Tropaeolum. Schöne Kletterpflanzen
meist von einjähriger Dauer und
als Sommergewächse kultivirt. Man
muss sie zeitig säen, und erstarkt
ins Freie pflanzen, dabei reichlich
giessen, wenn sie hoch klettern
sollen Halten sich, gleich den
Maurandien, mit den Blattstielen
im Gebüsche fest und bieten durch
ihre gelben und feuerfarbenen
Blumen eine nicht gewöhnliche
Zierde, wenn zwischen andere,
besonders unansehnlich blühende,
Schlinggewächse gepflanzt. Reizend
wenn über Felsen herabhängend,
oder im Bosquet zerstreut. Man
verwende Tr. majus und minus
an niedere Gegenstände; Tr. Lobbianum und canariense für Bäume,
da letztere beide hochgehend sind.
Von den knollwurzeligen Arten
kann Tr. tuberosum zur Sommer-
dekoration recht gut verwendet
werden. Tr. pentaphyllum, poly-
phyllum und speciosum, sehr hochgehende und reichblühende Arten,
halten auch, unter guter Laubdecke,

in sonniger beschützter Lage, recht gut im Freien aus. Alle Tropaeolen verlangen guten Boden und reichliche Bewässerung, sonst wird man wenig Freude an ihnen erleben.

Vicia Gerardi; an sonnige Gebüsche; schön violett blühend.

Vitis. In begünstigteren Gegenden, wo der gemeine Wein unbedeckt unsere kalten Winter überdauert, würde ich nur diesen zur Verwendung als Kletterpflanze empfehlen, zumal dies den doppelten Gewinn bringt, neben einem eleganten Blattwerk sich der süssen Traube erfreuen zu können. Man wähle lieber schwarzbeerige Sorten; einestheils, weil sich deren Blätter im Herbste meist roth färben, andererseits, weil die dunklen Trauben von dem Laube sehr schön abstechen. Wer Wein mit essbaren Beeren anpflanzt, um Bäume mit ihm zu dekoriren, dem empfehle ich nur Sorten von starkem Wuchse, z. B. weissen Muskateller, Malvasier, Gänsefüssler, Schwarzwälschen, Diamant, Oporto, Früh-Leipziger, St. Laurent, Trollinger u. s. w. zu nehmen. .

In Lagen, wo nie Trauben reifen, sind die wilden, amerikanischen, u. a. Rebenarten vorzuziehen; namentlich an Bäumen, schattigen Felsen und anderen ungeeigneten Oertlichkeiten, mit Vortheil die Varietäten von Vitis Labrusca (Isabella, Catawba, palmata, tiliaefolia) ferner V. riparia (sehr wohlriechend) V. Thunbergii (im Herbste mit rothem Blatt) u. A. m.

Wistaria chinensis. Ein prachtvoller Kletterstrauch mit sehr langen Aesten, die sich bis 20 Meter hoch winden, und hellblauen, wohlriechenden Schmetterlingsblumen. Gedeiht im Freien und ist in milden Gegenden ganz hart, dagegen in kälteren empfindlich und muss bedeckt werden. Unübertrefflich wenn in die Baumkronen hinaufgezogen, wo sich die hängenden Blüten der Wistaria wunderschön ausnehmen und zwischen dem jungen Baumlaube angenehm kontrastiren. Sehr schön sind noch: W. Backhausiana, mit rothen, W. brachybotrys, mit blauen, W. floribunda, mit purpurrothen, und W. frutescens, mit violetten Blüten, welche gleiche Kultur, wie W. chinensis verlangen, leichten Boden und sonnigen Standort lieben.

Zum Schluss dieses Abschnittes muss ich berühren, dass alle Schlingpflanzen, namentlich die holzigen, in jungen, kräftigen, mehrfach und niedrig verzweigten Exemplaren ausgepflanzt werden sollten, weil alte Pflanzen sich der Umgebung nicht so willig anpassen, wie junge. Besonders sind alte verkümmerte Topfexemplare. die unten kahl geworden, sehr schwer zum Klettern zu bringen und werden nicht seiten vom Winde herabgerissen. Dagegen empfehle ich alle einjährigen Schlingpflanzen bei zeitiger Aussaat (Februar) hinter Glas zu halten, in kleine Töpfe zu setzen und, wenn Nachtfröste vorüber, je nach der Gegend Mitte oder Ende Mai mit unverletztem Wurzelballen ins Freie auszutopfen. Dies gilt in erster Linie für alle Cucurbitaceen. Um Kletterpflanzen aller Art an hohen

Bäumen emporzuleiten, kann man sich kurzer Nägel (der sogenannten Schuhzwecken) bedienen, welche man in die rissige starke Borke unbeschadet schlagen kann. Es versteht sich wohl von selbst, dass man die Setzgrube am Fusse des Baumes mit äusserster Vorsicht gräbt und letztere mit der jeder Species zusagenden Erdart ausfüllt.

§. 11.

Kriech- und Hängepflanzen.

Die Pflanzen dieser Abtheilung sind so zu sagen Schlinggewächse en miniature, und da es lächerlich wäre, sie im Freien an Gegenständen emporgehen zu lassen, so verfolgen wir den entgegengesetzten aber naturgemässeren Weg und lassen sie von Oben herabhängen oder gestatten, dass sie ihren Lauf über Steine und Baumwurzeln nehmend, am Boden im feuchten Moose ranken.

Auch Klettersträucher ersten Ranges können unter Umständen zur Kriechpflanze herabsinken, wenn man gewisse Zwecke verfolgt, z. B. Epheu zur Bedeckung des Bodens und Gerölles verwendet, und so kann oft eine Pflanze mehreren Bestimmungen zugleich genügen.

Kriechpflanzen aller Form bedecken die steinigen Hänge unserer Alpen, der Schatten des Waldes birgt sie eben so gut, wie sie in sengender Glut, im dürrsten Boden ihr armseliges Dasein fristen; sie sind es also, die wir vorzüglich zur Dekoration unserer Felspartie verwenden müssen, und in der That kann man sich einen Felsen ohne Gewächse mit niederliegendem Habitus kaum denken!

Wie reizend sind nicht derlei zarte Gewächse, wurzelnd und schwelgend im Moose, wie zart ihre kleinen duftigen Blütenkelche und wie sinnig der ganze niedergestreckte Bau, die oft winzigen, sattgrünen Blättchen in reicher Fülle zwischen dem graudüsteren Gestein? Gleichsam verjüngt, neu belebt erscheint uns die Baumleiche, der alte knorrige Stock, wenn aus seinen Astlöchern neckisch die Pflanze uns entgegenlacht, deren zartes Gezweige, gleich Fäden herabhängend, die lieblichen Blumen spendet in seltener Fülle.

Wahrlich, sie prunken nicht immer wie ihre Verwandten, die hochstrebenden und blütenreichen Schlingpflanzen, aber sie sind, wenngleich unscheinbar und bescheiden, eben so schön, ja fast unentbehrlicher am Felsen, als jene. Möge es mir daher gegönnt sein, einige der besten vorzuführen, wobei ich bemerke, dass ich, der Vollständigkeit wegen, auch Sträucher und Halbsträucher mit niederliegenden Aesten oder kriechenden Wurzeltrieben mit aufgenommen habe.

Acaena ovata; rasenartig.

Achimenes. Warmhauspflanzen, an warmen geschützten Stellen im Sommer ins Freie; reizend zur Verzierung alter Baumstämme; besonders schön: A. metallica, (T a p i n a variegata) eine buntblätterige Hängpflanze für Holzschwämme, Astlöcher u. dgl.

Aethionema cordifolium (persica) hart, immergrün, niederliegend und Boden deckend, sehr schön; A. Buxbaumii und saxatile, Sommergewächse, 8 cm. hoch.

Aeschynanthus grandiflorus und Boschianus. Warmhausampelpflanzen zu verwenden wie Achimenes.

Agalmyla staminea. Hängepflanze des warmen Hauses, mit ponceaurothen Blüten.

Andromeda ericoides und hypnoides. Moorbeetsträucher, immergrün, kriechend, im Schatten.

Androsace Laggeri, moosartige Belaubung; Blumen lebhaft rosa.

Antennaria tomentosa, silberbelaubte, dicht am Felsen rankende Pflanze; Varietät candida eine Verbesserung ersterer.

Antirrhinum Asarine und assurgens; kriechend, gelbblühend, für sonnige Felsen.

Aphanostephus ramosissimus; rasenbildendes, 10 cm. hohes Sommergewächs.

Arbutus alpina und Uva-Ursi; immergrüne, kriechende Staudensträucher.

Arenaria caespitosa; kleine Miniaturrasen mit netten Blümchen für Felsteller; ebenso: A. balearica, gracilis, glandulosa, graminifolia, longifolia, pinifolia und Welwitschi.

Aubrietia Columnae, graeca und microstyla; ganz nieder, den Boden deckend.

Azalea procumbens; ein rasenartig und niederwachsender immergrüner Halbstrauch für halbschattige, kleine Felsenbeete.

Bonapartea juncea; Kalthauspflanze für Ampeln und im Sommer in's Freie.

Caprifolium (Lonicera) brachypodum fol. aur. ret.; Das Goldnetzgaisblatt mit niederliegenden Zweigen; ebenso schön zur Bekleidung todter Baumstämme, wie zum Ueberziehen von Felsblöcken.

Cactus (Cereus) flagelliformis und andere Schlangenkaktusarten, reizend zur Dekoration knorriger und hohler Baumstämme in sonniger Lage. Winters im Kalthause.

Campanula Leitheimeri; porzellanblaue Ampelpflanze; C. fragilis und hirsuta ebenso und Durchwinterung im Kalthause. C. carpathica 8—10 cm. hoch und pusilla alba rasenartig wachsend.

Campelia Zanonia; schöne Ampelpflanze für Kalthaus und während des Sommers im Freilande.

Cerastium tomeontosum; weissblätterig, kriechend.

Chlorophytum Sternbergianum; ausgezeichnete Ampelpflanze für Kalthaus.

Circaea alpina; reizende, in lieblichen, weissen Rispen blühende, kleine

Pflanze, rasenartige, feuchte Stellen überziehend.

Clintonia pulchella, ein Sommergewächs mit biegsamen hängenden Zweigen.

Coccoloba nymphaefolia, eine Warmhauspflanze mit enormen Blättern. Eine, an geeigneter Stelle, schön rankende Pflanze, über den Sommer im Freien.

Coccocypselon repens; schöne Kalthausampelpflanze mit blauen Beeren.

Convolvulus Mauritanicus und Maur. atrocoeruleus; blaublühend für Ampeln. C. Tuguriorum mit niederliegenden Stengeln. C. Cupanianus 16 cm. hohes Sommergewächs.

Convallaria japonica; zur Bekleidung von Abhängen in südlichen Ländern, sonst nur gut bedeckt ausdauernd.

Cordyline vivipara, siehe Chlorophytum.

Commelyna deficiens fol. varieg.; Kalthausampelpflanze auch schön im Freien.

Crassula spathulata; succulente Hängepflanze für Kalthäuser; im Sommer an sonniger Felslage in's Freie.

Cotoneaster Nummularia; ein Strauch für sonnige Felsen mit niederliegenden Aesten; will Winterdecke haben.

Cytisus prostrata; Strauch mit liegenden Aesten für sonnige Felsen.

Daphne Cneorum; immergrüner niederliegender Strauch; sehr schön für Felsen in halbschattiger Lage.

Dichromena puberula; Kalthausampelpflanze.

Dichandra repanda und sericea; erstere mit hellgrünen, letztere mit silberweissen Blättern, für Ampeln. Verlangen Kalthauskultur.

Disandra prostrata; Hängepflanze für Kalthaus und Freilandsommerkultur.

Echinolaena polystachia, Warmhausampelpflanze.

Empetrum nigrum und rubrum: niederliegende Halbsträucher für feuchten Boden und Moorerde.

Epigaea repens; reizende nordamerikanische Pflanze, im Habitus der Linnaea borealis ähnlich und auch eben so zu kultiviren. Die rosenrothen Blüten sind köstlich wohlriechend. Verlangt schattige Felsen, Laub- oder Moorerde und im Winter eine Moosdecke.

Evonymus nana; geht in den Gärten auch unter dem Namen: angustifolia und rosmarinifolia. Aeste niederlegend und wurzelnd, Blätter im Herbste schön roth. E. radicans und radicans fol. argent. marg., kriechender Strauch, unter Bedeckung. Ein schöner Strauch für Felspartien; verlangt aber etwas geschützten Standort.

Palkia repens; niedliche Convolvulacee, den Boden überziehend, unter Bedeckung aushaltend.

Fragaria indica und muricata; gute Ampelpflanzen, zierend durch Früchte, gedeihen gut im Freien, im Winter Stubenkultur.

Fuchsia procumbens; eignet sich vortrefflich zum Ueberziehen von kleinen Felspartien, auch als Ampelpflanzung zu verwenden. Muss im September zurückversetzt werden.

Ficus minima, Kalthauspflanze, die 10 ° Kälte aushalten soll; hängend, kletternd und wurzelnd; wächst rasch.

Gypsophilla repens, niedrige, zierlich kriechende und rasenbildende Alpine.

Gaultheria procumbens, immergrüner Strauch, mit scharlachrothen Früchten für schattige Felsen. Leichte Moosdecke.

Genista sagittalis und procumbens, kleine Sträucher, niederliegend, für sonnige Lagen und trockene Böden.

Glechoma hederacea fol. var., schön für Ampeln, aber auch fürs Freiland in allen Lagen, besonders im Schatten schön.

Hedera; siehe Schling- und Kletterpflanzen.

Helianthemum polifolium, u. A. niederliegend, für sonnige Lagen.

Herniaria hirsuta, niedliche Portulacee; Zweige dicht an der Erde angedrückt, Blüten unscheinbar. Wächst ungemein schnell, liebt Sonne und leidet von Dürre nicht. H. cinerea mit blaugrüner Belaubung.

Hypericum calycinum repens, sich durch Wurzeltriebe sehr rasch ausbreitend, bildet in kurzer Zeit einen rasenartigen Ueberzug von grosser Schönheit. Besonders für Abhänge und schattige Plätze unter Bäumen gut.

Juniperus prostrata, recurva, Sabina, und squamata, Nadelholzsträucher mit niederliegenden Aesten, besonders auf grösseren Felsen und Wänden überhängend, schön.

Isolepsis gracilis und Parlatoris, mit fadenartig nach unten wachsenden und bis 1 Meter Länge herabhängenden Blättern; Kalthausgras für Ampeln u. dgl.

Kleinia repens; eine kriechende auffallende Kalthauspflanze; eine Zierde für sonnige Felspartien. Die aufrechtstehenden zolllangen Fett-Blättchen sind von himmelblauer Färbung. Auch Kl. tropaeoloides schön.

Linnaea borealis. Immergrüner Strauch, der seine fadenförmigen Stengel zwischen dem Moose auf der Erde ausbreitet. Verlangt kühle, hochliegende Gegenden, Heide- oder Moorerde und die Ueberschirmung durch Nadelhölzer, besonders Tannen.

Linaria alpina und Cymbalaria; sehr schön auf Felsen. Besonders ist L. Cymbalaria fol. ros. var. schön als Ampelpflanze, und verdient auch in der beschränktesten Sammlung einen Platz, erfordert zu ihrem vollen Gedeihen sandigen Boden und schattige, hochliegende Orte, wo sie bald um sich her alles umstrickt und alle Ritzen durchkriecht.

Lippia repens; zierliche kriechende Miniaturpflanze mit rosenrothen Blumen. L. nodiflora dichten Rasen bildend. Beide Arten wollen bedeckt sein.

Lobelia Erinus, mit allen Varietäten reizend auf sonnigen, kleineren Steingruppen; hat wurzelnde Zweige, verlangt aber Durchwinterung im Zimmer oder Kalthause oder jährliche, neue Ansaat, durch welch' letztere Methode man indess später zu buschigen Exemplaren gelangt.

Lychnis alpina; eben so wie L. Lagascae, rasenbildende Alpine.

Lotus corniculatus multiflorus; recht gut zum Ueberziehen von Felsen.

Lysimachia quercifolia, eine schöne Kalthausampelpflanze. L. Nummularia eine wildwachsende, aber zur Felsendekoration recht geeignete Pflanze in Sonne und Schatten. Die Varietät L. N. fol. var. mit schönem gelben Blatte ist besonders im Schatten verwendbar.

Mahonia repens; ein Strauch mit kriechender Wurzel, der für steile, schattige Abhänge, mit lockerem feuchten Boden recht verwendbar ist. Leichte Reissigdecke.

Malva lateritia; kriechend, für Fels und Ampel.

Medeola (Myrsiphyllum) virginica; schwachrankende Staude; asparagoides Kalthauspflanze für Ampel; M. angustifolium wohlriechende Blumen.

Mentha piperita und fol. var.; wohlriechend und gleich gut für Ampel, wie für sonnige Felsen.

Mesembrianthemum, alle Arten mit niederliegenden Zweigen sehr schön auf sonniger Felslage. Im Winter frostfreie Durchwinterung im Kalthause. M. cristallinum, einjährig, schön für Ampeln.

Mimulus; die meisten Arten mit niederliegenden Stengeln; namentlich M. alatus; moschatus und repens kriechend, besonders im Schatten schön.

Mitchella repens; immergrüne, im Schatten der Wälder zwischen Moos und an Baumstämmen wurzeinder Strauch, mit schönen rothen Beeren; recht hübsch an geeigneten Orten als Bodenbedeckung.

Muehlenbeckia complexa; herrliche Kalthausampelpflanze.

Myoporum acuminatum; gleichfalls eine Ampelpflanze, die Kalthauskultur verlangt, aber im Sommer einen Platz am Felsen finden kann.

Nertera scapanoides depressa; niedliche Alpine, rasenartig, mit orangerothen Beeren; kann nur im Süden im Freien kultivirt werden; verlangt Kalthaus und in günstigen Lagen mindestens gute Bedeckung.

Nierembergia rivularis und Veitchi; kriechende Kalthauspflanzen, für Steine und Ampeln, die vollste Sonne verlangend und im Freien nur bedeckt aushaltend.

Nolana atriplicifolia, grandiflora, lanceolata und paradoxa; Sommergewächse mit liegenden Stengeln für Ampeln und sonnige Felsstücke gut.

Ononis variegata, kriechendes Sommergewächs. O. Natrix für Ampeln, ferner für trockene, steinige, Böden, einjährig.

Othonna crassifolia; reichblühende, für Ampeln und sonnige Lage geeignete Kalthausfettpflanze.

Oxalis Schlachteri; reich blühende Ampelpflanze für Kalthaus. O. corniculata, micrantha, scandens, tropaeoloides und valdiviana, rasenartig sich ausbreitend. Nur , während des Sommers im Freien.

Oxalis rosacea (rosea) in voller Sonne schön.

Oxycoccos (Vaccinium) macrocarpus; amerikanische Preisselbeere, für Ampeln und feuchte, sandige, humose Erde geeignet; ebenso O. palustris.

Paronychia arabica, bonariensis, hispanica und nivea; zierlich kriechend, einen dichten Teppich bildend; Habitus ungewöhnlich.

Panicum variegatum, buntblättrige, weiss, grün und rosa panachirte, sehr schöne Graminea für Warmhaus, Ampel und Felsendekoration.

Pectis angustifolia, 6—10 Cm. hohen Rasen bildend, nach Citronen riechend.

Pelargonium hederaefolium (peltatum), eine Glashauspflanze, die nicht genug empfohlen werden kann, weil sie ihre langen Zweige, geziert mit schönen, grossen glänzenden und lederartig-fleischigen Blättern dicht an der Erde hinrankt und von Unkundigen meist für Epheu gehalten wird. Man wähle die neuen gefüllten Varietäten, welche auch zugleich durch ihre Blüten zieren, und gebe

den Pflanzen einen Platz auf halbschattigen Felsen, wo sie, von
oben herabhängend, von beson-
derer Schönheit sind. Hat man
genügende Nachzucht, so können
die ausgetopften Exemplare, nachdem sie über Sommer gedient
haben, dem Froste überlassen
werden.

Bemerken muss ich, dass man
nur die e c h t e n Epheupelargonien,
n i c h t aber deren Bastarde (Wil-
sii, Remarquable, Princess Thyra
u. A.) verwenden soll, da letztere
minder schlanke Triebe und weniger epheuähnliches Blattwerk
haben. Als Ampelpflanzen sind
alle schlankwachsenden Varietäten
der Urspecies vermöge ihres hängenden Habitus recht brauchbar.
Auf grösseren Felsanlagen sind
die Hybriden von P e l a r g o n i u m
P s e u d o - z o n a l e, welche 3—4
Meter weit ranken, ganz am
Platze.

Unter den krautartigen Feiar-
gonien gibt es einige mit niederliegenden Stengeln, z. B. Cooperi, P. Pink fl. albo und roseo,
hängendes Geranium, für Ampeln
ausgezeichnet u. s. w., die allenfalls Verwendung am Felsen in
sonniger Lage finden könnten,
indessen haben alle niedrigen Pelargonien meistens kleine, unscheinbare Blüten, wesshalb ich
sie nur ausnahmsweise empfehlen
kann und bloss jene Arten anpflanzen würde, die sich zugleich
durch aromatisch-riechende Blätter
auszeichnen. Alle Pelargonien
verlangen sonnige, mindestens
halbschattige Plätze und blühen
im Schatten, wo sie recht kräftig
emporschiessen, wenig oder gar
nicht.

Phalacraea Wendlandii u. A., kriechende Sommergewächse.

Phlox Nelsoni, nivalis und fl. alba,
subulata violacea, bicolor u. A.;
schöne, rasenartig sich ausbreitende, im Frühjahr blühende Perennen, die allgemeine Anpflanzung
verdienen.

Pyxidanthera barbulata, immergrüne, kriechende Pflanze.

Petrocoptis Lagascae vide Lychnis
Plectranthus purpureus var. argentea marginata, Durchwinterung im
Kalthause; im Sommer an sonniger Stelle ins Freie.

Potentilla, alle Arten echte Felsenpflanzen, grösstentheils Halbschatten verlangend, von den wildwachsenden sind: P. alba, Anse-
rina, reptans, rupestre u. A., Ausläufer treibende Arten, recht geeignet für Felsanlagen; besonders
für kleinere. P. Tormentilla Ton-
qui fl. pl. und reptans fl. pl.
herabhängend als Ampelpflanzen
verwendbar.

Portulaca grandiflora in allen ihren
Varietäten, besonders in den gefüllten, fast die schönste, dicht-
aufliegende Felsen- und Fettpflanze
für trockene Böden und sonnige
Lage. Es genügt, von den bereits
vorhandenen Exemplaren Zweige
abzubrechen und an die Fehlstellen
zu stecken, um in kurzer Zeit die
kahlsten Stellen zu begrünen und
ein Farbenmeer hevorzuzaubern.
Sommergewächse, durch Aussaat
leicht zu erziehen. Strotzend gefüllte Varietäten durchwintert man
im Kalthause.

Polygala Chamaebuxus; niedlicher
Staudenstrauch mit nieder liegen-
den Stengeln; gut an sonnigen
Felsanlagen.

Polygonum repens; kriechend für
sonnige Plätze; P. complexum und

rotundifolium, Kalthauspflanzen, sehr zierlich, zu Ampeln verwendbar.

Pyrethrum Tschihatschewi, rasenbildend, für trockene, sonnige, steinige Orte.

Ranunculus repens fl. pl.; kriechend im Schatten der Bäume und Sträucher.

Ribes prostratum; mit niederliegenden Zweigen. Freilandstrauch.

Rosa sempervirens. Ein hübscher Strauch mit weissen Blüten und niederliegenden, weithin kriechenden, oft wurzelnden Zweigen. Schöner sind seine gefüllten Varietäten, obwohl nicht alle so kriechenden Habitus haben, wie die Urform. Herrlich zur Bekleidung des Steingerölls und auch vom Felsen herabhängend, alte Baumstöcke umschlingend, sehr schön; leider erfriert diese Rose, wenn sie am vollkommensten ist, in nördlichen Gegenden zuweilen, muss daher eine leichte Reisigdecke bekommen.

Rubus hispidus; weithin kriechend mit dunkelrother Frucht. R. caesius, Canadensis, hirsutus und trivialis haben liegende Zweige und eignen sich sehr gut zwischen grösseren Felsblöcken, Gebüschen und von Plateaus herabhängend.

Russelia juncea; Glashausampelpflanze mit schönen scharlachrothen Blüten.

Sanvitalia procumbens; fl. pleno und plenissima mit gefüllten Blumen, niedrig und gedrungen wachsende Sommergewächse.

Saponaria bellidifolia und ocymoides, letztere besonders eine reizende Frühjahrsblume, sehr schön zur Bekleidung von Abhängen, Mauern etc. in sonniger Lage.

Saxifraga, fast alle Arten schön zur Felsdekoration, die meisten

niedrig und winterhart. S. caespitosa laxa villosa, caesp. hirsuta und caesp. latifolia frühblühend, sind für Steinpartien, wegen ihres schönen, grünen, rasenbildenden Wuchses, zu empfehlen. S. Cymbalaria im Schatten schön; S. caesia alpine Species, dichten graugrünen Rasen bildend; alle fürs Freiland.

Saxifraga filamentosa, ähnlich sarmentosa, Stolonen bildend.

Sehr schön für Ampeln und herabhängend von Bäumen sind: Saxifraga sarmentosa, S. japonica und japonica tricolor mit bunten Blättern, reichlich Ausläufer treibend. Diese 3 sind Kalthauspflanzen, aber auch im Sommer, zur Felszierde, recht brauchbar.

Sedum, fast alle Arten kriechend und Pflanzen ersten Ranges für sonnige Felsen; siehe Fettpflanzen.

Silene alpestris, maritima, quadridentata, und Schafta; rasenbildende Stauden für sonnige Lagen.

Sibbaldia procumbens; niederliegend.

Sollya heterophylla, Kalthauspflanze.

Spergula pilifera, rasenbildend, schön.

Spergularia azaroides, rasenbildende Staude für trockene, sonnige Hänge.

Spirea decumbens; mit niederliegenden Stengeln; winterharter Strauch.

Stellaria graminea aurea; bildet moosartige Teppiche, gedeiht trocken und sonnig, eben so gut, wie schattig.

Stenotaphrum glabrum variegatum; bunte Grasart mit langen Ranken, raschwachsend. Schöne Ampel- und Hängepflanze.

Tapina variegata; siehe A chimenes.

Torenia asiatica, eine der schönsten Kalthauspflanzen für Ampeln.

Tournefortia heliotropioides; kriechendes Sommergewächs.

Tradesantia bicolor, guianensis, repens, vittata, zebrina und zebrina aureo-vitatta; Kalthausampelpflanzen, recht gut im Freien, an schattigen Stellen verwendbar.

Trifolium repens nigrescens; Kleeart mit schönem dunklen Blattwerk.

Tropaeolum; fast alle Arten taugliche Felspflanzen; minder gut die starkrankenden Lobbianum-Varietäten; besonders schön T. majus, die zwergwüchsigen dunkelrothen Sorten und Trop. minus. Für kleinere Felspartien die Varietäten von T. majus nanum (Tom Thumb); reizend schön die Varietäten King of Thumb, Golden King und Model Scarlet. — Gedeihen sonnig eben so gut wie schattig, leiden in trockenen heissen Lagen, wo sie freilich weniger ranken und mehr blühen, oft sehr von den Erdflöhen. Bekannte Sommergewächse, deren zeitige Aussaat, in kleine Töpfe, empfohlen wird, damit sie rascher in Kraft kommen.

Tunica Saxifraga und flore pleno, sehr schön in voller Sonne. Winterhart.

Vaccinium, siehe Oxycoccos.

Veronica alpina; rasenbildend; V. romana niedlich, klein, den Boden deckend.

Verbena; bekannte Sommer- und Kalthausgewächse; man wähle nur die ganz niederen Varietäten mit wurzelnden Zweigen, pflanze kräftige Stöcklinge Mitte Mai an sonniger Felslage aus, bewässere oft und man wird über den Effekt,

welcher durch diese Pflanzen hervorgerufen wird — deren leuchtende Blüten zwischen den grauen Steinen herrlich kontrastiren — baldigst staunen.

Vinca major und minor; mit allen Varietäten unschätzbar und unvermeidlich für jede Felsanlage, gleichviel ob sonnig oder schattig. Beabsichtigt man die Nachahmung einer vollendeten Wildniss, so müssen die weiss- und goldbunten Varietäten in Wegfall bleiben. Schön im Gesteine der Vorgruppen, überall hin rankend zwischen Moos und im Boden wurzelnd. Vollkommen winterhart und immergrün.

Viola biflora und pedata, niedrige, schwachkriechende, perennirende Veilchen mit schönen Blüten. Uebrigens ist ein jedes Veilchen mehr oder weniger kriechend, und alle sind schön zwischen dem Moose und Gemäuer. Ich empfehle selbst Viola tricolor, jedoch nur sparsam und zerstreut, anzubringen. Dagegen kann man von den wohlriechenden Arten tellerförmige Pflanzungen auf den Felsabsätzen anbringen.

Vitis elegans (Cissus elegans) klettert nicht, sondern treibt nur eine Menge, bis 1 Meter lange, ruthenförmige Aeste fast unmittelbar aus der Wurzel. Hält unter Bedeckung gut aus, muss aber im Schatten stehen, wenn die Blätter schön bunt bleiben sollen.

Zauschneria Californica, schöner, kleiner, grasgrüner Strauch, staudenartig, mit niederliegenden Aesten. Für sonnige Felsen gut, und unter Bedeckung aushaltend.

Mit den Vorgenannten ist indessen die Liste der hängenden, kriechenden und wurzelnden Gewächse noch keineswegs abgeschlossen, ja ich behaupte, dass es deren noch so manche gibt, die, obgleich bei uns wildwachsend, eines Platzes in unserer Felsanlage würdig sind. Man lerne bei dem Durchstreifen der Wiesen und Wälder Umschau halten auf dem Gebiete Florens, und man wird noch so manches unscheinbare, aber immerhin recht brauchbare Kriechpflänzchen entdecken. Auch unter den Gewächshauspflanzen, unter unseren Annuellen und Perennien mag es Pflanzen geben, deren ich nicht gedachte.

Man lasse sich indess eine Partie Samen von Einfassungspflanzen kommen, die alle mehr oder weniger niedrigen Habitus, liegende Stengel, rasenartigen Wuchs u. dgl. haben und man wird schon nach Verlauf eines Sommers mit geringen Unkosten zur Kenntniss jener Gewächse gelangen, die auf der Felslage in Sonne oder Schatten Dienste zu leisten berufen sind.

Es ist selbstverständlich, dass die feineren und zarteren Kriechpflanzen, namentlich jene mit buntem Blatte oder schöner Blüte, für alle Fälle sämmtliche Miniaturgewächse ganz in den Vordergrund der Gruppe, wo sie bald ins Auge fallen, leicht und genau besehen werden können, gestellt werden müssen, wogegen man die kraftvoller rankenden, z. B. die Pelargonien, Tropaeolen, Vitis, Rubus, Rosa mehr in die Mitte, zwischen die grösseren Felsstücke, Sträucher, mit niederliegenden Aesten aber ganz in den Hintergrund, oder auf das Felsplateau verbannt. Man vermeide zu dichte Anpflanzung. Ich sah Felspartien von Epheu so umstrickt, dass keine andere Pflanze darunter aufkommen konnte und der Effekt total verloren ging; aus diesem erhellt, dass man Miniaturpflanzen mit starkrankenden und wurzelnden Gewächsen nie nahe aneinander gesellen dürfe, und dass man sich im Vorhinein schon dessen bewusst sein muss, welcher Platz dieser und jener Pflanze für immer zugewiesen werden könne.

Eine ganz ausserordentliche Erscheinung bieten alte Baumstöcke und Lagerbäume, mit Kriechpflanzen aller Art bewachsen. Hierzu ist nothwendig, auf der Oberfläche des Lagerholzes eine Rinne zu meisseln, selbe mit humoser-sandiger Erde auszufüllen und mit lebendem Moose zu verdecken. Dahinein säe oder pflanze der Gartenkünstler ganz kleine Exemplare der gewünschten Species, indem er mit dem Finger vorsichtig Löcher bohrt und dahin die Pflänzchen setzt.

Lagerbaumpartien müssen, sollen sie natürlich aussehen.

Moos, Schatten und Feuchtigkeit ·haben; demgemäss können auf
Lagerhölzern nur solche Gewächse prosperiren, die Schatten liebend
sind, oder doch im Halbschatten noch leidlich fortkommen, dabei
gut decken und vollkommen winterhart sind; dahin gehören: der
Epheu, Sinngrün, Epigaea repens, Mitchella repens, Lysimachia Nummularia, Gundermann u. a. Rankengewächse.

Ich habe in das Verzeichniss der Kriechpflanzen auch solche
des Warm- und Kalthauses aufgenommen, einestheils, weil Felsanlagen aller Art auch unter Glas zur Durchführung kommen, anderseits weil viele Ampelpflanzen unserer Häuser über Sommer recht
gut im Freien gedeihen, daher es Thorheit wäre, sie, die oft
durch sonderbare Formen und schöne Blüten hervorleuchten, nicht
in Verwendung nehmen zu wollen.

Hauspflanzen pflegt man, sofern sie zur Sommerdeko-
ration im Freilande benützt werden, in der Regel nicht auszupflanzen, sondern sammt den Geschirren aufzustellen. Sofern es
sich um sehr seltene und zartere Arten handelt, will ich
von dieser Gewohnheit nicht abrathen, indessen kann ich bei minder
werthvollen Hauspflanzen, z. B. bei den Epheupelargonien,
Schlangenkaktus u. A., die das Wiedereinpflanzen im Herbste
entweder sehr gut vertragen, oder leicht durch Stecklinge zu vermehren sind, nur rathen, selbe aus den Töpfen zu nehmen, indem
die ungehinderte Ausbreitung der Wurzel in Baumlöchern und Fels-
klüften nur kräftig auf die Pflanze wirken kann und ihre natürliche,
ungezwungene Verästelung — ein Punkt von höchster Wichtigkeit,
der aber leider so oft übersehen wird — allseits begünstiget.

Wer etwas Apartes in seinem Garten haben will, der kultivire
alle Ampelpflanzen der Warm- und Kalthäuser nur auf diese Weise.
Einen tropischen Anblick gewährt auch ein alter, recht knor-
riger, abgestorbener Baum, dessen Höhlungen und Astlöcher
mit selteneren Hängepflanzen verwachsen sind. Ich empfehle hierzu
Maurandia-Arten, Saxifraga tricolor, Fragaria indica,
Ficus minima, Linaria Cymbalaria fol. roseis var., Vinca
major aur. var., Convolvulus mauritanicus, sowie jede schön-
blühende, harte Kriech- und Hängepflanze, zu welcher, wenn der
Baum im Gewächshause steht, noch so manche andere zarte
Pflanze, als: Achimenes, Thyrsacanthus, Selaginella und dergleichen
Ampelgewächse, beigesellt werden kann.

Derlei Baumleichen sollten mit schönen Holzschwämmen geziert

werden, in welche man Löcher meisselt und darin kleine Pflanzen,
Sedumarten, Farnkräuter u. drgl. mit Vortheil anbringt. Den Fuss
des Stockes umgebe man mit Felsstücken, die mit Sinngrün oder
Epheu garnirt werden können.

Ampeln zwischen den Bäumen der Felsanlage aufhängen
zu wollen, wäre geradezu lächerlich, dessenungeachtet sah ich schon
dieses kindische Arrangement; wenn übrigens auch ich in meinem
Verzeichnisse von Ampelpflanzen sprach, so möge dem geehrten
Leser zur Verständigung dienen, dass darunter Hängepflanzen
im Allgemeinen zu verstehen sind, deren Verwendung, je nach
Wunsch und Bedürfniss — indem man sie theils am Felsen selbst,
theils in der Borke und den Achseln der Bäume oder auf Holzschwämmen wachsen lässt — modificirt werden kann.

§. 12.

Freilandfarne.

Nächst den Coniferen gibt es wohl kaum eine Pflanze, die in
der Lage wäre, dem Felsen den Charakter der Urwüchsigkeit und
Wildheit in seiner vollendetsten Form so aufzudrücken, wie das
Farnkraut. Es bildet gleichsam das Bindeglied zwischen dem
moosigen Gestein und dem starren Nadelholze, es erfreut das Auge
durch seine seltsame, dabei elegante und graziöse Form, durch die
ganze Noblesse seines luftigen Ausbaues, durch reines, dunkles, oft
wieder helles Grün seiner meist überaus zierlich gegliederten Wedel,
und zwar so, dass wir uns keine schattige Felsanlage denken können,
auf welcher nicht einige Repräsentanten dieser seltsamen Pflanzen-
familie Platz gefunden hätten.

Die Vorliebe für Farne gehört der Neuzeit an und ist, zugleich
mit jener für Felspartien und Alpenpflanzenkultur, sozusagen ins
Blut der Gartenfreunde übergegangen; kein Wunder, denn gerade an
den Farnkräutern kommt die charakteristische Wirkung der Formen,
welche von denen der übrigen Gartenpflanzen so abweichend sind,
dass selbst der Uneingeweihte durch das Bizarre dieser Gewächse
überrascht und zugleich angezogen wird, am Effektvollsten zum
Vorschein.

Was aber die Farne besonders auszeichnet, ist der Umstand,
dass sie — sei es, dass wir sie einzeln als Solitärstücke paradiren

lassen, oder, zu Gruppen vereiniget, mit anderen Pflanzen vermischt aufstellen — nie verfehlen, einen d a u e r n d e n Effekt hervorzubringen, dass sie, selbst in grösserer Menge angepflanzt, dem Felsen nie den Eindruck der Ueberladung aufbürden und trotz des abweichenden Habitus nie eine Disharmonie hervorrufen werden.

Dazu kommt, dass Farne fast überall auf leichte Weise zu haben sind, indem man sie entweder an ihren natürlichen Standorten, in den Wäldern und auf Felsen selbst sammelt, oder von den Handelsgärtnern bezieht. Erstere Bezugsart empfiehlt sich Pflanzenfreunden, die in der Nähe von Waldungen und Gebirgen ihren Aufenthalt haben, letztere . wird der Städter, namentlich jener mit Glücksgütern gesegnete, mit Vortheil in Anwendung bringen können.

Wer es nur immer möglich machen kann, der sammle und beziehe seine Farne nur dann, wenn sie sich im Zustande völliger Ruhe befinden, im tiefen Herbste oder zeitigsten Frühjahre, zu welcher Zeit sie auch am leichtesten transportirt werden können. Topfexemplare lassen sich begreiflicher Weise zu jeder Jahreszeit versenden, verursachen aber, da man doch die Wedel geschont haben will, weit grössere Transportkosten.

Beim Ausgraben im Walde verfahre man· mit grösster Sorgfalt und schone die Wurzeln nach Möglichkeit, was am besten dadurch geschieht, dass man die Farne n u r m i t E r d b a l l e n aushebt. Wird das Ausgraben während der Entwickelung der Wedel vorgenommen, so müssen die Pflanzen mit leichten, breiten Bändern lose umwickelt, während des Transportes öfters mit Wasser bespritzt und vor den sengenden Sonnenstrahlen, welche die zarten Fieder-Blättchen, besonders die Spitzen, bald verbrennen würden, sorgfältig geschützt werden.

Zu Hause angekommen, säume man nicht, die Farnkräuter sofort einzupflanzen, zu begiessen und mindestens so lange in tiefem Schatten zu halten, bis sich neue Faserwurzeln gebildet haben, was unter 8 Tagen kaum der Fall sein dürfte.

Ausnahmsweise kann man Farnkräuter auch ohne Erdballen aus dem Walde entnehmen, wenn man dafür sorgt, dass die Wurzeln mittlerweile nicht vertrocknen, was dadurch vermieden wird, dass man die Farne, nachdem man ihre Wedel ungefähr 5—10 Centimeter über dem Wurzelstocke abgeschnitten hat, schichtweise in Körbe packt und zwischen jede Lage feuchtes Moos einlegt. Dauert

das Sammeln den ganzen Tag, so müssen die Körbe obendrein von
Zeit zu Zeit ins Wasser gestellt, zum mindesten das Moos tüchtig
durchnässt werden. So kann man Farne stundenweit versenden,
ohne dass sie Schaden leiden; begreiflich ist es jedoch, dass solche
mitten in der Vegetation gestörte, daher geschwächte Pflanzen selbst
bei guter Behandlung im selben Jahre nur kleine, oft sogar miss-
gebildete Wedel austreiben und kaum ahnen lassen, zu welcher
Ueppigkeit und Grösse naturgemäss behandelte Exemplare gelangen
können.

Ich habe die kleinen auf Felsen wachsenden Arten, z. B. Asplenium Trichomanes und Ruta muraria, Polypodium vulgare u. Andere
durch Abhebung des schieferigen Gesteines, meistens mit unverletztem
Wurzelballen gewonnen; sie setzten mich dann, nach gelungener
Uebersiedelung, in den Stand, kleinere Felspartien wie mit einem
Zauberschlage, oft binnen wenigen Stunden, so zu begrünen, als ob
die dahin gesetzten Pflanzen schon Jahre hindurch an dieser Stelle
gestanden hätten; freilich dürfen dann die zarten Wedelchen beim
Packen in keiner Weise beschädigt werden, man benutze daher beim
Transporte mehr flache als hohe Körbe und stelle dorthinein die
Pflanzen aufrecht, dicht nebeneinander.

Um Pflanzenfreunde in die Lage zu setzen, nach eigener
Geschmacksrichtung vorzugehen, habe ich nachstehend eine grössere
Collection von Freilandfarnen zusammengestellt und empfehle selbe
Gartenbesitzern auf das Angelegentlichste. Bei dem Chaos, welches
in Betreff der Classification und Nomenclatur dieses Geschlechtes
obwaltet, fand ich es für räthlich, dem Artennamen auch jenen des
Autors beizufügen.

Adiantum pedatum (L.), eine reizende
    Art, 30—60 Centimeter hochwach-
    send, die Wedel im Herbst' ab-
    sterbend.
Adiantum Capillus-Veneris (L.), 20
    Centimeter, unter schwacher Be-
    deckung ausdauernd.
Allosorus atropurpureus, sehr zier-
    lich, äusserst selten, bedeckt.
Allosorus crispus, bedeckt.
    „   gracilis, reizend, bedeckt.
Aspidium acrostichoides.
    „   „   incisum.
    „   aculeatum, (Polystichum) Sw.

Aspidium Brownii (Spenu.)
    „   bulbiferum.
    „   Bertuchianum, aus der Schweiz
        20—30 Centimeter hoch, im
        Herbst einziehend.
    „   cristatum (Prol.)
    „   „   Clintonianum.
    „   decursive-pinnatum (Kze.)
    „   dilatatum (Prsl.)
    „   erythrosorum proliferum
        (Rgl.)
    „   filix mas (Lastraea, Nephro-
        dium) L.
    „   filix mas Barnesi.

Aspldium Filix mas, crispum, schön.

» » » cristatum.
» » » angustifolium.
» » » daedaleum.
» » » dilatatum.
» » » Fritzelliae.
» » » intermedium.
» » » interruptum.
» » » marginatum, sehr schön.
» » » monstrosum.
» » » paleaceum.
» » » Pindari, sehr schön.
» » » pumilum.

Aspldium fragrans, der kleine, höchst zierliche Schildfarn, dessen Blätter einen Veilchengeruch besitzen.

Aspldium Goldieanum (Nephrodium).

» lobatum Sw. (Polystichium), schön.
» Lonchitis (Sw.) (Polystichium), schön und selten.
» Ludovicianum (Kz.)
» marginale (Nephrodium).
» novaboracense (Sw.)
» pallidum (Lk.), schön.
» Phegopteris.
» remotum (A. Br.)
» rigidum (Sw.)
» spinulosum (Sw.)
  » Botti.
  » dilatatum.
  » intermedium.
  » lepidotum.
» Thelypteris (Nephrodium.)

Asplenlum Adiantum nigrum L., var.
· acutum, eine elegante Varietät.
» Adiantum-nigrum.
» angustifolium, schön.
» fissum Kit.
» fontanum (Bernh.)
» Halleri (Spreng.), 8—10 Centimeter.
» Ruta muraria (L.), 5—8 Centimeter hoch, gedeiht auf trockenen, doch nörd-

lich gelegenen Mauern, recht hübsch.

Asplenlum septentrionale.
» Serpentini (Tausch.)

Asplenlum Trichomanes (L.), 8—10 Centimeter hoch. Sehr zierlicher Freilandfarn mit kleinen, runden Blättchen an den schwarzen Stielen, hart und empfehlenswerth.

Asplenlum viride (Hudson), 8—10 Centimeter hoch.

Athyrlum Filix femina (Roth).
(Aspidium, Asplenium) aqueforme. Extra schön und gross an den Spitzen der Blätter krispirt.

Athyrlum fem. cornigerum.
» F. fem. corymbiferum (Hort.)

Athyrlum Filix femina coronatum (Moore). Kaum 5 Centimeter breite, kurze Wedel, krausartig gespalten und mit grossem straussartigen Büschel am Ende, vielfach gabelförmig getheilt. Das Ganze bildet ein dichtbelaubtes schönes Farnkraut, viel breiter als die Länge der Wedel ist. Reizende Zwergsorte.

Athyrlum F. fem. Craigii.

Athyrlum F. fem. diffissum (Moore). Wedel 5—8 Centimeter breit, lanzettförmig, die untere Zertheilung sehr verlängert, die obere sonderbar und unregelmässig gezähnt. Sehr hübsche Zwergsorte mit absterbenden, 24—40 Centimeter hohen Wedeln.

Athyrlum F. fem. diffuso - multifidum (Moore). Zierlich schlanke, 8—10 Cm. breite Wedel, erste Zertheilung entferntstehend, zwei- oder dreimal kurz gegabelt, am Ende kammförmig; die zweite Zertheilung kurz, unregelmässig, vieleckig gezähnt, die Zähne oft wieder gespalten, jeder Büschel einige Centimeter von der Spitze abgeneigt, die Aestchen sehr blätterreich und eckig gezähnt.

Das Ganze bildet eine schöne, grosse und breite schopfartige Quaste. Ausgezeichnete, einziehende Varietät von mässiger Grösse (24—40 Centimeter hoch).

Athyrium F. fem. Elworthi, schön.

Athyrium F. fem. Fieldiae (Moore). Kurzstielige Spielart, höchstens 2 Centimeter breite Wedel, allmählig spitz zulaufend, mehrmals getheilt und in Büscheln endend, die oberen Fiederpaare abwärts, die unteren aufwärts stehend, so dass eine kreuzartige Form gebildet wird. Merkwürdige Spielart mit abstrebenden Wedeln, die 30—40 Centimeter hoch werden.

Athyrium F. fem. flexuosum (Moore). Grosswüchsige, abstrebende Form mit 40—60 Centimeter langen Wedeln, bemerkenswerth durch ihre oft auffallende und immer leicht gezackte Mittelrippe, welche Eigenthümlichkeit sich mitunter auf die Mittelrippe der seitlichen Fiederreihen ausdehnt.

Athyrium Filix-femina Fritzelliae (Hort angl.) Zierliche, 24—40 Cm. hohe, einziehende Art, deren Fiederblätter so stark verkürzt sind, dass sie ein quastenartiges Ansehen erhalten.

Athyrium F. fem. grandiceps.

Athyrium F. fem. interruptum.

Athyrium F. fem. laciniatum dissectum, mit ausserordentlich fein zertheilten Fiederblättchen, welche fast ein fadenförmiges Ansehen haben; 24—40 Cm. lange Wedel, zieht ein.

Athyrium F. fem. latifolium (Babington) mit 8—10 Cm. breiten, schmale oder lanzettförmige Büschel bildenden Wedeln; die zweite Zertheilung sehr hervorstehend, zierlich kraus und fein gezähnt. Eine ausserordent-

lich hübsche und auffallende, im Herbst einziehende, aber ziemlich variirende Spielart mit 30—45 Cm. langen Wedeln.

Athyrium F. fem. monstrosum (Roth).

Athyrium F. fem. multiceps. Lange (24 bis 40 Cm.) Wedel. Jedes Fiederblatt der Wedel von dieser sommergrünen Varietät endet in einen monströsen Büschel.

Athyrium F. fem. multiceps Victoriae; sehr schön!

Athyrium F. fem. multifidum (Hort.)

Athyrium F. fem. multifurcadum (Moore). Wedel 15—24 Cm. breit, schmal, lanzettförmig, an den Endspitzen 8 Cm. breit, 0,60 bis 1,0 Meter lang. Trägt am Ende jedes Wedels breite, flache, mehr oder weniger runde, und kammartige Quasten, die ziemlich auseinander stehenden ersten Zertheilungen haben gleiche, aber kleinere Endspitzen. Diese schöne, einziehende Varietät erzeugt auch manchmal Büschel ohne vielspaltige Enden und muss demnach als eine höchst seltene Spielart betrachtet werden.

Athyrium Filix-femina plumosum, (Moore.) Breitgewölbte, 24—30 Cm. breite, lanzettförmige, meistentheils dreimal getheilte, 0,60 bis 1,0 Meter lange Wedel, deren zweite Zertheilung schmale, tief eingeschnittene, scharfe Zähne hat. Sehr schöner Farn, wenn vollkommen ausgewachsen; weniger auffallend, wenn noch jung. Im Herbste einziehend.

Athyrium F. fem. Pritchardi cristatum.

Athyrium F. fem. purpureum (Hort.) Dieser Name ist zwei oder drei leicht variirenden Spielarten oder Species beigelegt worden. Die schönste in England vorkommende ist die purpurfarbige, oft dunkelpurpurn, entstanden aus der Varietät Athyrium Filix femina incisum. Sie ist bloss sommergrün und hat 0,60 bis 1,0 Meter lange Wedel.

Athyrium F. fem. sagittum. Kordelartige, lange Wedel mit kreuzweiss sitzenden Fiederblättchen.

Athyrium F. fem. Stansfieldi.

Athyrium F. fem. stipitatum.

Athyrium F. fem. thyssanotum (Moore). Wedel 10—15 Cm. breit, jeder an der Spitze eine flache, krause Quaste und eine ähnliche, aber kleinere, an den Spitzen der ersten Zertheilung tragend. Zierliche Varietät, sommergrün, mit 30—40 Cm. langen Wedeln, verwandt mit der Spielart corymbifera, aber dennoch gut von dieser unterschieden.

Athyrium F. fem. thyssanotum multiceps (Sim.) Von Athyr. Filix fem. polydactylon gewonnene, ausserordentlich schöne Spielart. Die 15 bis 30 Cm. langen Wedel haben die Form und Breite der Vorstehenden, alle Endspitzen aber sind mit den viel- und straussförmigen Quasten von Athyr. Filix. fem. multiceps geschmückt. Sehr seltene Varietät.

Athyrium fissidente excurrens Lyelli; sehr schön.

Athyrium Görringianum pictum oder (Görringianum tricolor); schön buntblätterig, verlangt aber Laubdecke, wenn sie im Freien ausdauern soll. Von Japan.

Blechnum L. (Lomaria) boreale (Swartz); (Spicant Smith). Einziehende 30—60 Cm. hohe Art mit nachstehenden Varietäten:

Blechnum boreale caudatum, (Moore) die harten Wedel kurz und ziemlich schmal nach der Spitze zu in ein kaum 2 Centimeter langes ungetrenntes, schweifartiges Ende sich zuspitzend, die Fiedern überhängend. Zierlich und hübsch und genügend verschieden von Blechnum lancifolium 15—20 Cm. hoch, für Terrarien geeignet, aber nichts für Freiland.

Blechnum boreale lancifolium (Wollaston) die beinahe an die Erde hingestreckten, 1 Cm. breiten, harten Wedel sind von der Spitze bis ziemlich zur Hälfte in dicht aneinander sitzende Läppchen geschnitten; die Fruchtwedel gerade stehend, sehr schmal, die obere Hälfte rinnenförmig.

Zierliche, büschelartige, ausnehmend hübsche, 8—10 Cm. hohe Zwergsorte für kleine Felspartien geeignet.

Blechnum boreale ramosum (Kinahan) die ziemlich kurzen, 16—20 Cm. langen Wedel sind ähnlich denen der Species, aber von der Endspitze in zwei kurze Zweige getheilt, welche gekraust, rund, fast kammartig sind. Ausserordentlich schöne und distinkte Spielart, die für kleinere Steingruppen recht passend ist.

Botrychium (Osmunda) Lunaria.

Botrychium virginianum, schön!

Camptosorus rhizophyllus (Scolopendrium rhiz. Hook). Seltene sehr zierliche, kleine, immergrüne Spezies aus Nordamerika, daselbst Walking leaf, wandelndes Blatt genannt, weil sich an den, in eine lange auf den Boden herabgeneigte Spitze, auslaufenden Blättern häufig junge Pflanzen bildet.

Ceterach. Willd. (Asplenium, Grammitis.) officinarum (Willd.) Schuppiges Farnkraut mit 10—20 Cm. langen Wedeln. Eine schöne Abart ist:

Ceterach officinarum crenatum (Moore) mit 15—30 Cm. langen, daher grösseren Wedeln, als die der Species.

Die Blatttheile sind rund gezähnt, und sehen aus, als wären sie nach der Rückseite zu leicht gedreht. Vom Cap d. gut. Hoffnung, nicht fürs Freiland.

Cheilanthes vestita, unterhalb silberweiss; schön! Verlangt Schutz.

Cyrtomium atratum (Presl.), eines der schönsten Farnkräuter in niederer Haltung.

Cyrtomium falcatum (Prsl.) (Aspidium, Sw.) Schöner, harter Farn mit glänzend dunkelgrünen, lederartigen, sichelförmig geschnittenen Blättern. Wedel 45—60 Cm. lang. Hat die unter Cyrt. falc. caryotidum bekannte Varietät. Beide nur unter Bedeckung im Freilande ausdauernd.

Cyrtomium Fortunei (J. Sm.) Mit 30—45 Cm. langen Wedeln, pfeilförmigen Fliederblättern, sehr hart, Blätter wechselständig, an den Stielen sitzend, elegant und sehr schön, doch Winterdecke verlangend.

Cystopteris (Bernh.) (Aspidium. Cystea, Polypodium) alpina (Desv.)

Cystopteris bulbifera (Bhdi.) Leicht und zierlich.

Cystopteris fragilis (Bhdi) zierlicher bis 30 Cm. hoher Farn, den ich seiner Härte und allgemeinen Verwendbarkeit wegen für grössere und kleinere Anlagen dringend empfehle. Variirt mehrfach. Die schönsten Spielarten sind:

Cystopteris fragilis Dickieana (Moore) mit breiteren, 10—15 Cm. langen Wedeln, sehr schön, eine Var. von alpina; nur sommergrün.

Cystopteris fragilis obtusa (Woodsia). Schöne Varietät mit dunkelgrünen Blättern, die 15—24 Cm. lang werden, und im Winter absterben.

Cystopteris regia, sehr schön!

Cystopteris sempervirens, schöne einheimische Art

Cystopteris sudetica (A. Br. et Milde), recht hübsch.

Davallia alpina. Zierlicher sommergrüner Farn mit 24—30 Cm. langen Wedeln.

Dicksonia punctiloba. Schön.

Doodia caudata (R Br.) Immergrüner Farn mit riemenartigen, 15—30 Cm. langen Blättern.

Gymnogramme triangularis (Kfs.) Neue Einführung aus Oregon; der erste Goldfarn fürs freie Land, doch nur unter Bedeckung aushaltend.

Hymenophyllum tunbridgense (Smith) 8—15 Cm. hohes Farnkraut von Tunbridge.

Hymenophyllum unilaterale (Bory) Wilsons häutiges Farnkraut 5 bis 15 Cm hoch.

Die Hymenophyllum-Arten verlangen eine sehr feuchte Luft und desshalb besondere Kultur. Die Erde muss aus faserigem schwammigem Torf (in dessen Ermangelung schwarzer fibröser Lauberde) weissem Sand und ein wenig zerhacktem Sumpfmoos (Sphagnum palustre) bestehen, vermischt mit kleinen Stücken gebrannter Mauersteine, Sandstein und Holzkohle. 5—8 Cm. Tiefe dieser Mischung ist hinreichend für die Pflanze, der Rest des Topfes ist mit Abzugsmaterial, Scherben u. s. w. auszufüllen. Die Pflanze ist stets feucht zu halten, jedoch ohne stagnirende Nässe gegen die direkten Sonnenstrahlen zu schützen und mit einer Glasglocke oder einem Glase zu decken. Bei der Topfkultur muss das Gartengeschirr in einem glasirten Unternapf stehen. Am zweckmässigsten ist es, die Hymenophyllen in einem Glaskasten (Terrarium) zu kultiviren, wo sie

sich prächtig entwickeln Die vorstehenden beiden Arten sind
die empfindlichsten, welche
man bis jetzt kennt

Lastraea (Presl.) (Aspidium, Nephrodium) aemula (Brackenridge) Bekanntes Farnkraut, wie Heu duftend, welche Eigenschaft die Echt-
heit dieser Spezies beurkundet. Wedel 30 bis 45 Cm. lang. (Winterschutz.)

Lastraea cristata major (Michx.)

Lastraea crinita (Rchbg. fil.); bedeckt.

Lastraea decurrens; Schön aufrechtstehende Wedel hellgrün, gut bekleidet, bedarf Schutz.

Lastraea dilatata (Presl.) Breiter
Schildfarn 0,6 bis 1,3 Meter hoch,
mit folgenden Varietäten:

Lastraea dilatata - angustipinula
(Moore.) Erste Zertheilung weit-
stehend, Fiedern schmal, zweite oft
fehlend, immer verschieden an
Grösse der Fiederchen, was von
dem unregelmässigen Abnehmen
ihrem krausen, scharfgezähnten Einschnitte kommt. Hübsche, noch
seltene Varietät mit 30 bis 45 Cm.
langen Wedeln.

Lastraea dumetorum (Moore.) Wedel
breit, kurz, (15—30 Cm) fast kraus,
indem die zweiten Zertheilungen
ein gequetschtes zerknittertes Ansehen haben.

Diese kleine, sehr hübsche Varietät ist noch dadurch bemerkenswerth, dass sie schon fructificirt,
wenn sie erst 5 Cm. gross ist.

Lastraea lepidata (Desv.), schön.

Lastraea nana (Moore), Wedel 30—45
Cm. lang, 15 Cm. breit, beinahe
gleichseitig, die ersten Zertheilungen unten sehr weit auseinander, gegen das Ende zu sehr dicht
und alle stark befiedert, wegen des
Zusammendrängens der zweiten
Zertheilungen.

Lastraea Filix mas (Presl.) mit folgenden schönen Unterarten:

Lastraea F. mas abbreviata, (Babing-
ton.) Verkürztes dichtgedrängtes
Farnkraut, mit 30—45 Cm. langen
Wedeln.

Lastraea F. mas cristata Glatt ge-
presste, grosse Wedel an den Spitzen
breit krispirt, eine der schönsten.

Lastraea Filx mas, crispa (Sim.) Kurzstielige fast aufrechtstehende 10
bis 15 Cm breite, 24 bis 30 Cm.
lange, länglich-ovale, dunkelgrüne
Wedel, die ersten Zertheilungen
überhängend, die zweiten auf der
Mittelrippe liegend, und sie ver-
bergend. Dicht belaubte sehr hübsche Zwergsorte, von eigenthümlichem gedrungenen Bau.

Lastraea F. mas furcans, mit gabelförmig getheilten Blättern, wird 0,6 bis
1,0 Meter hoch. Nestartig schön.

Lastraea F. mas grandiceps (Sim).
Wedel 10—15 Cm. breit, vielfach getheilt. Wenige Centimeter vom We-
delende verzweigt sich die Mittelrippe, jedes Aestchen wieder drei-
oder viermal gabelförmig, mit eng
zusammenstehenden, sich verkürzen-
den Fiedern versehen, die Enden
der letzten Fiederästchen büschel-
artig dicht belaubt. Das Ganze
bildet eine grosse, sehr belaubte
Masse von Büscheln oder Quasten
mit blassen, saftig aussehenden
Mittelrippen. Sehr auffallend schöne,
38—45 Cm. hohe Varietät, nicht
zu verwechseln mit L. grandiceps
(Hort.)

Lastraea F. mas monstrosa. Schöne
Varietät mit schmalen Fiederblättchen und moosähnlichen, quastenförmigen Spitzen. Wedel 45—60
Cm. lang.

Lastraea F. mas paleacea; recht hübsch.

Lastraea F. mas Pindari (Moore).
Beinahe aufrechtstehende, braun-

schuppige, kurzstielige, schmale und in der Mitte 8—10 Cm. breite Wedel, die eine Länge von 0,60 bis 1,0 Meter entwickeln, nach oben und unten spitz zulaufen und dadurch einen langen schmalen, lanzettförmigen Umriss zeigen. Aus erhöhter Wedelkrone sich hebend, gleich L. paleacea, von welchem diese schmalblätterige, kürzere, übrigens ebenso schöne als seltene Spielart eine hinreichend verschiedene Verwandte genannt werden kann. Selten echt zu bekommen.

Lastraea Filix mas polydactyla (Moore). Ebenfalls eine prächtige Spielart, welche sich durch die Fiedrung ihrer 45—60 Cm. langen Wedel auszeichnet.

Lastraea F. mas rigida (Presl). Herrlicher Farn, welcher sich durch seine aufrecht getragenen Wedel, die 24—30 Cm. lang werden, hervorhebt.

Lastraea Filix mas spinulosa. Sehr schöne, nur sommergrüne, 30—45 Cm. hohe Varietät.

Lastraea Goldeana.
    „   interrupta.
    „   opaca (Hook)
    „   ramosa
    „   Shepherdi (Moore), bedeckt.
    „   ·   villosa (Prsl.)
Sämmtlich sehr schöne Arten.

Lomaria alpina.
    „   crenulata. (In Japan.)
    „   Spicant (Desc.), siehe Blechnum Spicant.

Notholaena Maranthae (R. Brown); schön und klein, verlangt eine Winterdecke.

Onoclea sensibilis (L.); sommergrüne Art, mit 4—60 Cm. langen Wedeln; sehr schön!

Ophioglossum lutisanicum; bedeckt.

Ophioglossum vulgatum (L.) Gemeiner Natterzungenfarn 8—15

Cm, hoch, abstrebend. Schön für kleine Felspartien.

Osmunda cinnamomea (L.) 0,60 bis 1 Meter hoch.
    „   Claytoniana.

Osmunda regalis (L.); 30—38 Cm. hoch, herrlicher Farn, ganz hart, verlangt aber zu seinem Vollgedeihen sehr viel Feuchtigkeit, kann sogar ganz im Wasser stehen. Unübertrefflich für Uferverzierungen und Wasserfälle.

Osmunda spectabilis (Willd.) var. gracilis; 15—24 Cm, hoch.
    „   purpurascens; beide nur Abart von O. regalis.

Phegopteris Ludoviciana (Kze.)

Polypodium alpestre. (Spr)
    „   calcareum (Robertianum) (J. Sm.)
    „   Dryopteris (L.)
    „   hexagonopterum.
    „   Oreopteris.
    „   Phegopteris (L.) mit der Abart: Phegopteris-interruptum (Sim.) Die ersten Zertheilungen hier und da verkürzt mitunter einige auch ganz fehlend, oder wie abgebissen. Sehr interessante und konstante, 15 bis 30 Cm. hohe, sommergrüne Spielart.

Polypodium vulgare (L.) mit seinen Varietäten:

P. vulgare - bifido - lobatum (Moore) Neue Form von P. bifidum, die Zertheilungen stark gerundet, einige ährenähnlich, wie bei P. auritum. Eine hübsche, kleine Form 24—30 Cm. hoch.

P. vulgare - cambricum (L.) Langstielige, circa 15 Cm. breite, nie fructificirende Wedel; die Bandlappen breit gezähnt, nach der Mittelrippe zu verlängert, die oberen Divisionen überhängend. In Folge seiner eigenthümlichen und vollbelaubten, 24 bis 45 Cm. langen Wedel, ein auffallend schöner Farn.

Polypodium vulgare cristatum (Sim.) Die etwa 8 Cm. breiten, 40—45 Cm. langen Wedel mehrfach gabelförmig getheilt, mit kammförmigen Endspitzen und kammartigen krausen Quasten. Sehr schöne, distinkte Abart.

P. vulgare serratum (Willd.) Die einzelnen Wedeltheile dieser Varietät sind dichter gezähnt, als die der Spezies; 30—45 Cm hoch.

Polystichium angulare (Presl.) hat folgende Abarten geliefert;

„ angulare cristatum (Moore) Breite und Form der Wedel, wie die der Spezies. Die Endspitzen derselben aber in dichte krause Quasten ausgehend. Schöne 0,60 bis 1,0 Meter hohe Varietät.

„ angulare grandiceps (Moore.) Wedel 45—60 Centimeter lang, 5 Cm. breit, dunkelgrün, die ersten Zertheilungen mit der zweiten an der Mittelrippe dicht verbunden, jeder Fiedertheil mit spitzen, scharfen Zähnen und in der kleinen Quaste endend.

Vielfach gabelförmig und quastig. In der Regel bilden 50 oder mehr solche kleine Quasten einen grossen Büschel, Schopf oder Kopf, daher der Name dieser wirklich prachtvollen und seltenen Varietät. Die schönste, bekannte quastenförmige Form der Species.

„ angulare grandidens (Moore) Wedel 5—8 Cm. breit, 30—45 Cm. lang, von dichter Textur, in ihrer Länge unregelmässig; Fieder'chen häufig keilförmig und mit scharfen, langen tiefeingeschnittenen Wedeln versehen. Eine sehr eigenthümliche, hübsche und völlig konstante Varietät.

Polystichium angulare hirsutum.

„ angulare imbricatum (Moore.) Wedel sehr kurzstielig, doch 30—45 Cm. lang, 5 Cm. breit, spitz zulaufend, zweimal getheilt, glänzend tiefgrün. Die Nebenfiederchen sind zwar überhängend, aber nur bei jungen Pflanzen besonders auffallend.

Diese schöne Pflanze hat ein ganz fremdartiges Aussehen.

„ angulare lineare (Moore). Wedel 45—60 Cm. lang, 10—13 Cm. breit, zweimal getheilt, gänzlich befiedert, erste Zertheilung sehr schmal, in zwei Drittel ihrer Länge getheilt in sperrige, mehr oder weniger winzige, manchmal nur dornartige Verzweigungen und bilden schliesslich ein sägenförmiges, dorniggezähntes, ziemlich breites Ende. Elegante und noch sehr seltene Varietät.

Polystichum angulare lobatum (Pr.) Schöner dunkelgrüner gedrungen wachsender Farn.

„ angulare marginatum.

„ angulare proliferum, eine überaus zierliche und gross wachsende Abart. Polystichium ang. proliferum Footi, und proliferum Wollastoni. Letztere Varietät extra schön!

„ angulare rotundatum (Moore). Sehr kurzstielige, 8—10 Centimeter breite, lanzettförmige, zweimal getheilte, glänzend dunkelgrüne Wedel, die eine Länge von 30—45 Ctm. erreichen.

Die erstern 0,5—1,0 Centimeter breiten Verzweigungen nehmen nach und nach an Länge ab; die zweiten Zertheilungen wechseln in der Form, indem sie theils rundlich, theils beinahe viereckig, und sämmtlich kurz gezähnt sind.

Schöne, sehr seltene Varietät,

unähnlich jeder anderen einheimischen oder exotischen Art.

Polystichium angulare setosum
(Schott.), aus Japan, mit 30—45 Ctm.
langen Wedeln; bedeckt.

Polystichum angul. subtripinnatum.
Sämmtlich reizende Formen!

Polystichum vestitum (Presl.) var.
venustum (Moore). Prachtvoller
Farn von Neuseeland. Derselbe
bildet mit seinen spitzgezähnten
harten Wedeln herrliche Rosetten
und zeichnet sich noch durch eine
schwarzgrüne Färbung u. gedrung.
Wuchs aus. Selten! Wird 30—45
Centimeter hoch. Ist zu schützen.

Pteris aquilina (L.), der bekannte
Adlerfarn, 1,3 bis 3,0 Meter hohe,
heimische Spezies, die einen halbschattigen Standort zum vollen
Gedeihen benöthiget. Wedel schön
überhängend.

Pteris cretica albo-lineata. Schöner
hellgrüner Farn mit silberweissen
Mittelstreifen.

Pteris foliis marginatis; sommergrün; Wedel 30—45 Cm. lang.

Die Pterisarten ziehen im Herbst
ein und sind zur Dekoration halbschattiger Felsvorsprünge und für
grössere Anlagen sehr passend.

Scolopendrium offic. cinnamomeum.
„   offic. crispum (Hort.)schön.

Scolopendrium officinarum (Swartz)
(Scolopendrium vulgare, L.)

Scolopendrium officinarum cristato-
digitatum (Sim). Schöne Form,
spärlich gefunden unter Sämlingen
von Scol. digitatum. Sie hat, wenn
jung, einfach oder doppelt verzweigte Wedel, in beiden Fällen
in runden, flachen, eleganten
Quasten endigend. Rand kraus
gezähnt. Wird 8—15 Ctm. hoch.

Scolopendrium officinarum Daedaleum; mit an den Spitzen doppelt
getheilten Wedeln.

Scolopendrium officinarum digitatum
(Wollaston.) Kurzstielige, fast aufrechtstehende, 24—30 Centimeter
lange Wedel, sich vielfach zerthei-
lend und handförmig theilend, jedes
Zweiglein mit einem Büschel
(Quaste) endigend. Eine der schönsten quastentragenden Farne.

Scolopendrium officinarum fissum
(Moore). Zwei Centimeter breite,
aufrechte, leicht wellenförmige
Wedel mit tief eingeschnittenen
gezähnten Rändern und gelappten
Federspitzen. Hübsche 30–45 Cm.
hohe Varietät.

Scolopendrium officinarum flabella-
tum. Mit fächerförmig getheilten
10—15 Centimeter langen Wedeln.

Scolopendrium officinarum glome-
ratum (Moore). Schmale riemenför-
mige Wedel, deren Zweige wieder
vielfach verzweigt, mehr oder
weniger gelappt oder breit gezähnt
sind. In Folge der vielfachen Verzweigungen bildet die Pflanze in
ihrer Lokalität dichte, kugelför-
mige Knäule. Interessante Spielart, 8—10 Centimeter hoch.

Scolopendrium officinarum Haemio-
nitis (Sw.) schön! Etwas empfindlich.

Scolopendrium officinarum lobatum
(Deakin). Nicht immer konstante
Varietät, indem die Wedel manchmal einfach, manchmal drei- und
vierfach gabelförmig sich theilen,
wird 45—75 Centimeter hoch.

Scolopendrium offic. marginatum.

Scolopendrium offic. ramo - marginatum (Clapham). Wedel 15—24
Centimeter lang, aufrecht, vielfach
getheilt und verzweigt; jede der
vielfältigen Verzweigungen endet
in einem 5—8 Centimeter breiten,
fast zirkelrunden Büschel von
vielen Aestchen, die zurückgebogen
sind. Eine der schönsten und

originellsten der quastenförmigen Spielarten.

Scolopendrium officinarum ramosum (Gray). Beinahe aufrechte, doppelt gezweigte Wedel, die länglichen Nebenwedelchen herabgebogen, zwei- oder dreimal gegabelt, die letzten Einschnitte tief gelappt; rund gezähnt und sehr kraus. Wohl bekannte, sehr schöne 15—30 Centimeter hohe Varietät.

Scolopendrium offic. sagittato-cristatum (Clapham) 5 Centimeter breite, wellige, pfeilartige Wedel, nach den Spitzen zu gabelförmig gezweigt, jeder Zweig wieder ein- oder zweimal getheilt, die letzten mehr oder weniger eckig-lappig. Das Ganze bildet eine ziemlich hängende, sehr grosse kammartig-krause Quaste. Schöne hochwachsende (45—60 Centimeter) Varietät.

Scolopendrium offic. subcornutum (Tait.) Aufrechte, steife, 1 Cm. breite Wedel von starker Substanz, vielfach verzweigt, die Mittelrippe an der unteren Fläche hornartig, auf der oberen durch Fiederplättchen fast ganz bedeckt. Höchst interessante auffallende, 15—24 Centimeter hohe Spielart.

Scolopendrium offic. turgidum (Wollaston). Wedel 5 Cm. breit, aufrecht, von dicker Substanz, (wie angeschwollen); jeder Wedel endet entweder plötzlich und dann tief gespalten, oder gabelförmig sich ausbreitend; manche Wedel sind auch mehr oder weniger rinnenförmig. Merkwürdig plump aussehende 15—30 Centimeter hohe Varietät.

Scolopendrium offic. undulatum schön, und selten.

Scolopendrium offic. transverso-lobatum. Mit an den Spitzen gelappten Wedeln, weiche zurückgebogen und 30—45 Centimeter hoch sind.

Scolopendrium officinarum Wardii (Clapham). Zweimal oder öfter verzweigte Blattstiele, jeder derselben trägt einen 2,5 Centimeter langen und breiten buschartigen kleinen Wedel, zusammengesetzt aus dichtstehenden, sehr krausen Theilen, deren Ränder gelappt und unregelmässig dicht gezähnt sind. Diese Zwergsorte (2,5 bis 5 Centimeter hoch) ist gleich dem Scolop. ramosus-Varietäten ein wahrer Juwel, entfaltet sich aber vollkommen und üppig nur in einem feuchten geschlossenen Glashause oder Kasten.

Ueberhaupt müssen die schönen Varietäten von Scolopendrium officinarum, wenn sie zum Schmuck des Felsens dienen und ausgepflanzt werden sollen, hinreichend feucht gehalten und gegen die heissen Sonnenstrahlen geschützt sein. Nur in diesem Falle entfalten sie sich in ihrer vollen Schönheit und Eigenthümlichkeit.

Selaginella japonica (Moore). Vollständig bei uns im Freien ausdauernd, liebt aber sehr feuchten Standort und zieht im Herbst ein. Wedel 30—45 Centimeter lang.

Selaginella helvetica (Link), schöne und dabei völlig harte Varietät; sie wächst häufig in der Schweiz und Südtirol und wird weniger kultivirt als sie es eigentlich verdiente.

Selaginella denticulata (Link), ist die S. obtusa oder obtusata der Gärtner. Sie wächst wild in Südeuropa und gleicht der helvetica, ist jedoch himmelweit verschieden von denticulata der Gärtner. Will bedeckt sein.

Selaginella spinulosa (A. Br.) (Lycopodium selaginoides L.) Diese
Pflanze wächst wild in Deutschland
und der Schweiz und wird manchmal kultivirt

Selaginella Wildenowii, 30—49 Centimeter lang. Verlangt Schutz.

Alle Selaginella-Arten verlangen
Feuchtigkeit, Schatten, die meisten
auch Winterschutz; alle sind für
kleinere Steinpartien empfehlenswerth.

Struthiopteris germanica (Willd), der
deutsche Straussfarn mit 1 bis
1,3 Meter langen Wedeln. Schön.

Struthiopteris germanica var. pensyl-
vanica (Moore), eine schöne 1,0 bis
1,3 Meter hohe nordamerikanische
Varietät, mit im Herbst absterben-
den Wedeln.

Thelypteris palustris.

Trichomanes radicans (Swartz), dieser liebliche kleine Farn muss
ebenfalls in geschlossener, feuchter
Luft kultivirt und darf der Sonne
nicht ausgetetzt werden. Die Erdmischung hierzu muss sehr porös

sein und desshalb aus Kohlen-
und Ziegelstücken, nicht glatten
Steinen, (z. B. Granit) und aus
faserigen Torfstücken bestehen.
Diese Spezies wird folglich auf
ähnliche Weise wie die Hymenophyllum behandelt. Ist demnach
und wegen seiner Kleinheit (15 bis
30 Centimeter) für geschlossene
Kästen, in welchen kleine Steinpartien aufgestellt sind, sehr zu
empfehlen.

Woodsia hyperborea.

Woodsia ilvensis (R. Br.) Reizender
kleiner, nur 8 Centimeter hoch
werdender Farn, auf kleine Felspartien passend, am liebsten in
der Nähe des Wassers, oder für
Kästen.

Woodsia obtusa (Hook.)

Woodwardia (Blechnum, Doodia)
orientalis; sommergrüner, 24 bis
30 Centimeter hoher Farn.

Woodwardia virginica (Smith) 30 bis
45 Centimeter hoher Farn, im
Herbst einziehend.

Nebst diesen soeben beschriebenen Arten und Abarten, deren
genaue Beschreibung ich im Interesse der Pflanzenfreunde vornehmen
zu müssen glaubte, um eine leichtere Auswahl zu ermöglichen, gibt
es auch viele im Kalthause kultivirte, tropische Arten, die sich unter
Beobachtung gewisser Vorsichtsmassregeln, successiver Abhärtung,
namentlich Vermeidung eines plötztlichen Wechsels der Wärme und
Feuchtigkeit, während der wärmsten Sommermonate recht gut zur
Ausschmückung der Felsanlagen im Freien verwenden lassen.
Man trachte, sie nach und nach an die rauhere, trockenere Luft zu
gewöhnen, was aber nie in voller Vegetation geschehen darf,
weil sich dann die Wedel selten in ihrer ursprünglichen Grösse und
Schönheit entwickeln, sondern schon im Beginn ihrer Vege-
tation vorgenommen werden sollte.

Selbstverständlich gibt man ihnen die wärmsten, geschütztesten
Standorte und bevorzugte Plätze, wo sie gleich ins Auge fallen,
wodurch der Felsen und die ganze Anlage einen weit höheren Reiz

erhält. Man thut wohl daran, nur solche exotische Farnkräuter im Freien aufzustellen, welche sich durch ihren Habitus vor den im Freien aushaltenden wesentlich auszeichnen.

Meines Erachtens nach dürfte es wohl gethan sein, derlei fremde Farne im Topf zu belassen und sammt demselben zwischen den Felsen (die Töpfe selbstverständlich gut und natürlich maskirt) aufzustellen, weil das Wiedereinpflanzen im Herbst denn doch mit vielen Uebelständen verbunden ist, die man füglich vermeiden sollte. Will man aber dennoch auspflanzen, so wähle man trübe Tage dazu und verwende Heide-, Torf- und Lauberde, mit Sand tüchtig gemengt, als Füllmaterial.

Zur Felsendekoration während des Sommers empfehle ich folgende exotische Farnkräuter:

Adiantum L. Haarfarne.

Adiantum L. aethiopicum (trigonum La Bill.), sehr niedlich

Adiantum assimile (Lk.) tenerum (Sw.)

„ cuneatum (Langsd. et Fisch.)

„ formosum (R. Br.)

„ fulvum (Raoul.)

„ hippocrepis (R. Br.)

„ laxum.

„ nobile (Fisch.)

„ setulosum (J. Sm.) (diaphanum, Bl.)

„ trigonum (Labill.)

„ trapeziforme pentadactylon (L. und F.)

Alsophila, Hainfarn.

Alsophila, australis, eine der dankbarsten Baumfarne.

Aneimia, Nacktähre.

„ laciniata.

„ Phyllitidis (Sw.) (longifolia Raddi.)

„ tomentosa.

Aspidium, Schildfarn.

„ coriaceum (Tectaria) (Sw.)

„ reptans radicans (Mett.)

„ uliginosum (Cheilanthes setigera). (Kze.)

Asplenium, Strichfarn.

„ Belangeri. (Kze.)

Asplenium Nidus avis (L.)

Blechnum, Rippenfarn.

„ australe.

„ brasiliense, schöner Baumfarn.

Blechnum, corcovadense, ähnlich den vorigen, aber mit wellenförmig gekrausten Fiederblättern. Baumfarn.

Cheilanthes, Schuppenfarn.

„ microphylla, Sw. var. micromera, reizend.

Cibotium, Knorpelfarn.

Cibotium, Schiedei, recht schön fürs Freiland, schon als kleine Pflanze dekorativer Baumfarn; mit glänzenden Blättern.

Davallia, Sm.

Davallia canariensis (Smith); äusserst zierliche und reizende Formen, sehr dekorativ für Felsen.

Dicksonia, Sm.

Dicksonia antarctica (Balantium antarcticum) (Labill.); sehr harter Baumfarn.

Dicksonia, fibrosa.

Dicksonia Sellowiana (Balantium Karstenianum), prächtiger, ziemlich rasch wachsender Baumfarn; selten.

Dickssonla squarrosa (Sw.), mit
schwärzlicher Behaarung, schöner
Baumfarn.

Doodia, R. Br.
  „   aspera. (H. Melb.)
  „   rupestris. (Kifs.)

Lomaria (Willd.) Saumfarn.
  „   ciliata, Baumfarn.
  „   fluviatilis (Blechnum).
  „   gibba und gibba crispa
        Baumfarn.
  „   zamioides, Baumfarn.

Lygodium, Sw. Schlingfarn.
  „   japonicum (Prsl.); rankend.

Microlepia, Presl.
  „   majuscula (Th. Moore).
  „   strigosa Khasyana(Hook.)

Nephrodium, Rich. Nierenfarn.
  „   decursiv-pinnatum (P o-
        l y p o d i u m).
  „   molle (A s p i d i u m vio-
        lescens) (R. Br.), sehr
        schön.
  „   Sieboldi (Aspidium).

Nephrolepis, Schott.
  „   exaltata   (Aspidium)
        (H. Melb.)
  „   imbricata (Kaulf.)

Onychium, Kaulf. Klauenfarn.

Polypodium, L. Tüpfelfarn.
  „   dimorphum (Lk.)
  „   pustulatum (Forst.)

Pteris, L. Flügelfarn.
  „   aspericaulis (W.)
  „   hastata (Cassebeera) (Sw.)
  „   langifolia (L.), hart.
  „   nemoralis fol. var. (Willd.)
  „   serrulata und serr. cristata
        (L.), harte Sorten.

Pteris tripartita (Litobrochia), rasch
  wachsend, von sehr schönem
  Bau. Ausgezeichnete Dekorationspflanze.

Todea, Willd.

Todea barbara (africana) (Moore),
  eine der seltsamsten Spezies, kurze,
  dicke, unförmliche Stämme bildend.
  Baumfarn.

Selaginella, Spring. Moosfarn
  „   atroviridis.

Selaginella Krausiana A. Br. (hortensis Melb.); beste für Rasen
  und Einfassungen in kalten
  und temperirten Häusern, unter
  Umständen in feuchten, schattig-
  warmen Lagen auch zur Bodenbedeckung im Freien.

Selaginella lepidophylla; verträgt
  grosse Trockenheit, ist aber so
  selten, dass die echte Art wohl
  kaum zur Gartenkultur gelangen
  dürfte.

Woodwardia radicans (Sw.); palmen-
  artig schön.

Es ist unmöglich, alle Hausfarne, welche sich zur Felsendekoration im Sommer eignen, hier anzuführen. Ueber viele fehlt
genügende Erfahrung, doch habe ich mich überzeugt, dass auch
Farne, besonders baumartige, welche sonst im Warmhause kultivirt
zu werden pflegen, den freien Stand im Garten, während der Monate
Juni, Juli und August, natürlich nur im Schatten und geschützt
vor Winden, recht gut vertragen, ermuntere daher die Pflanzen-
liebhaber, besonders jene, die viel Vermehrung haben, zu umfassenden Versuchen in dieser Richtung, wobei ich hinzufüge, dass Farnkräuter, welche in Folge trockener Luft schwarzfleckig werden, oder

deren Wedel absterben, nicht todt sind, sondern sich bei hinreichender Pflege in feuchtwarmer, gespannter Luft wieder erholen.

Nicht unberührt darf ich lassen, dass eine übermässige Befeuchtung der Hausfarne, namentlich ihres Erdballens, eben so störend auf das Wurzelsystem, wie das zu starke Austrocknen des Topfballens wirkt. Beides bringt verkrüppelte Wedelbildung, oft den Tod nach sich, man giesse daher mit Vorsicht, überbrause lieber mehr und belege die Oberfläche des Topfes oder Kübels mit lebendem Moose, um eine gleichmässige Feuchtigkeit der Erde und Luft zu erzielen. Steht dem Pflanzenfreunde Regen- oder Flusswasser zu Gebote, so verwende er wo möglich nur solches zum Giessen und Spritzen der Hausfarne, weil die fremden, im Wasser gelösten Bestandtheile auf den Blättern liegen bleiben, die Poren verstopfen, die Behaarten und Bestäubten ihres Schmuckes entkleiden, überhaupt das reine, ästhetische Aussehen der Farne beeinträchtigen.

Ich komme nun zur Kultur der Freiland-Farne und bemerke, dass dieselbe weniger Schwierigkeiten darbietet. Allerdings kann nicht überall an die Kultur der Farne gedacht werden, denn dieselben erfordern, wie auch andere Pflanzen, zu ihrem Fortkommen die Erfüllung derjenigen Bedingungen, an welche die Natur ihr Leben und Gedeihen geknüpft hat, und wir werden um so sicherer gehen, je strenger wir den Pfad verfolgen, den sie uns vorgezeichnet.

Wer je ausging, in der Absicht Farne zu sammeln, wo fand er sie? Fast nur im Innern der Wälder, im Schatten der Buchen, in feuchten Thälern und Schluchten, fern ab von menschlichen Wohnungen. Viele bewohnen Fels und Gestein, bevölkern alle Ritzen oder sammeln sich zum gemeinschaftlichen Vorkommen auf den Plateaus der Felssäulen; andere zieren die steinigen Ufer der Gewässer, umgeben Wasserfälle und Quellen und steigen selbst hoch hinan die kühle, düstere Kluft, wo beständig Wasser über die Felsen tröpfelt.

Diesem Vorkommen unserer Farne an Orten, wo die Temperatur verhältnissmässig immer kühl, Luft und Boden feucht ist, muss nun auch deren Kultur in unseren Gärten angepasst werden.

Die erste Bedingung, die wir zu erfüllen haben, ist also die, unsere Farnkräuter vor der glühenden Mittagsonne zu schützen; wir verweisen sie daher an die Nord- und Ostseite

unserer Felsanlagen, sowie an die Schattenseite von Mauern, Gartengebäuden und sorgen dort, wo sich von selbst kein günstiges
Plätzchen findet, durch Anpflanzung von Baum und Strauch, hohen
dichtbelaubten Perennien, Schlingpflanzen und dergl., für genügenden
Schatten.

Ein seltener und gewiss auch auffälliger Schmuck des Gartens
sind Farne, wenn sie auf Felsen kultivirt und dort entweder vereinzelt angebracht, oder auf erhöhten, doch nicht sehr umfangreichen
Beeten zwischen Felsstücken kultivirt werden; wer es nur immer
möglich machen kann, der ziehe Farne nur auf diese Weise und
scheue nicht Mühe und Kosten einer solchen Anlage; denn wird
die Ausführung dieser Arbeit mit Geschmack geleitet und nicht ein
blosser Steinhaufen — wie man deren selbst in Gärten ersten Ranges
zu sehen, leider nur zu oft Gelegenheit hat — geschaffen, sondern
ein Felsen in natura gebildet, ein Gebirge im Kleinen, das dem
Auge ein verschiedenartiges und anziehendes Bild gewährt; so ist
der dadurch erzielte Effekt ein ungewöhnlicher und dauernder!

Dass man schon beim Beginn der Arbeiten auf der Steinpartie
die für einzelne Arten nöthigen Pflanzenlöcher aufsparen müsse,
möge hier nur angedeutet sein, so wie das, dass alle hochwachsenden Arten Pflanzenlöcher von mindestens 30 Centimeter Breite und
45—50 Centimeter Tiefe bedingen, während sich kleinere Spezies
schon mit Pflanzenlöchern von 15 Centimetern Breite und 24 bis
30 Centimetern Tiefe begnügen und die kleinsten Arten in jeder
Felsritze, jedem Loche untergebracht werden können.

Den oft bindenden, thonigen Untergrund der Anlage muss man
auf entsprechende Tiefe ausheben und die Pflanzlöcher mit der geeigneten Erdmischung ausfüllen.

Was nun die Erde betrifft, in welche Farne gepflanzt werden
sollen, so lehrt uns die Erfahrung, dass die meisten unserer Freilandfarne zwar in jeder guten lockeren Gartenerde gedeihen, falls
solche nur hinreichend feucht ist, dass aber ein kräftiges üppiges
Wachsthum nur in besonders zubereitetem Erdreich zu
erwarten sei.

Alle Farne lieben Moor-, Heide- und Lauberde, oft Nadelerde und Produkte des Holzmoders, reichlich mit Sand gemengt.
Je grösser die Spezies, mit um so schwererem Boden nimmt sie
vorlieb, während die ganz kleinen, zarten, besonders die in Fels-

ritzen wachsenden Arten, recht leichte, sandige Humuserde verlangen.

Wo Torf nicht zu haben ist, genügt schwarze Rasenerde von feuchten Wiesen, mit etwas faseriger Lauberde und Flusssand gemengt. Laub- und Holzerde, mit feinem Grubensande versetzt, ist für kleinere Arten völlig zureichend, selbst eine Mischung von Rasenerde, Sägespänen, zerhacktem Moos- und Holzkohlenstückchen ist für die meisten Arten genügend.

Auch gewöhnliche Gartenerde, reichlich mit Moos- und Kohlenstückchen gemengt, hat mir bei vielen härteren Arten gute Dienste geleistet.

Dünger, d. h. animalischer, darf bei der Farnkultur nicht in Anwendung gebracht werden.

Die Bepflanzung der Anlage erfordert Umsicht, sowie Kenntniss der einzelnen Arten und Varietäten.

Ganz in den Vordergrund kommen selbstverständlich minder hohe, sowie auffallend geformte Arten und Abarten, sogenannte Schau- und Paradestücke (siehe die vorhergehende Beschreibung einzelner schöner Varietäten) von Scolopendrium officinarum, Athyrium Filix femina, Cystopteris, Lastraea u. Andere.

Die höheren Partien bepflanze man mit den grossen Arten und Varietäten von Aspidium, Pteris aquilina, Asplenium Filix femina, Osmunda regalis, Struthiopteris germanica (ohne jedoch eine strenge Durchführung des Grössenverhältnisses obwalten zu lassen, vielmehr ist eine malerische Abwechslung in Grösse, Form und Gliederung der Farne sehr erwünscht) und benütze namentlich den Hintergrund, wohl auch den Fuss grösserer Steinpartien zur Aufstellung von seltenen Baumfarnen.

Näher dem Gesichtskreise des Beschauers stehen endlich die kleinen Arten von Asplenium, Woodsia, Polypodium, ferner Ceterach officinarum und dergl. am geeignetsten in den Ritzen des künstlichen Felsens und so wird durch möglichste Nachahmung der Natur ein vollendetes Bild üppiger Waldvegetation auch im Stadtgarten geschaffen werden können. Tiefer in das Detail des Arrangements einzugehen, ist mir nicht gestattet; vor einem groben Fehler in der Bepflanzung von Felsanlagen muss ich jedoch den geehrten Leser allen Ernstes warnen.

Ich sah Felspartien, fast kegelförmige Anhäufungen von Steinen vorstellend, die mit trockenem Moose ausgefüttert und mit kleineren Farnkräutern dicht bepflanzt waren.

Zur Krönung des Ganzen aber hatte man hoch oben am Gipfel riesige Farne, Pteris aquilina und dergl., gleichsam als Schopf aufgesetzt, was der ganzen Anlage den Stempel einer läppischen Spielerei aufdrückte.

Man bedenke, dass Farnkräuter ästhetische Gebilde sind, die nur dann ihren Platz würdig ausfüllen, wenn sie es vermögen, den tiefen Ernst einer ruhigen Waldeinsamkeit abzuspiegeln; sie dürfen daher nur so, wie sie im Wald und auf der Felswand von selbst auftreten (in ungezwungener Gruppirung, häufig vereinzelt) im Garten plazirt werden und wirken dort, wo Moos und Nadelholz in ihrem Geleite auftreten oder besser gesagt: wo Farne einen ergänzenden Theil von Nadelholzgruppen bilden, sicher am effektvollsten und natürlichsten.

Dass man beim Auspflanzen die Wurzel, eventuell die Wedel schone, ist nicht nöthig zu wiederholen, doch muss auf den imensen Vortheil hingewiesen werden, der unseren Lieblingen durch Belegen der Pflanzstelle und des Wurzelraumes mit lebendem Moos erwächst, wodurch das schnelle Verdunsten des Wassers und das Abschlemmen der Erde beim Giessen vermindert wird.

Endlich muss ich auch noch die Bewässerung der Freilandfarne in den Kreis unserer Betrachtung ziehen. Dieses modificirt sich je nach der Gegend, ob südlich, ob nördlich, nach der Seehöhe und nach der Exposition des Gartens selbst. In engen Thälern, unweit von Gewässern und Wäldern werden unsere Lieblinge wohl nur in trockenem Frühlinge und heissem Vorsommer eines täglichen, durchdringenden Begiessens bedürfen, wogegen man in Städten und auf dem flachen Lande mit dem Wasser ja nicht geizen darf.

Durch reichliches Giessen im Vorsommer wird die normale Ausbildung der Wedel ungemein begünstigt, was besonders bei den monströsen Varietäten wohl zu beachten ist, welche, im Giessen vernachlässigt, ihre individuelle Schönheit selten hervorheben.

Einmal gekräftigt, bedarf die Pflanze des Wassers nicht so oft, es genügt ein zwei bis dreimaliges tüchtiges Bebrausen während der Woche, dagegen darf ein tägliches leichtes Uebersspritzen während der Sommermonate nicht verabsäumt werden.

Aus leicht begreiflichen Gründen unterlässt man im Monate September das Begiessen (ausser es sei anhaltende Trockenheit eingetreten) fast ganz und wirkt auf die Einziehung der Wedel, bei sommergrünen Arten, hin.

Das Ueberbrausen und Begiessen geschehe nur in früher Morgenstunde und spät Abends. Die weitere Pflege besteht in dem Abschneiden verdorrter Wedel im Herbst, in Auffüllung frischer Erde um den Wurzelstock, endlich in Anbringung einer genügenden, trockenen Winterdecke durch Aufstreuen von Laub, Moos, Nadeln, Heidekraut, über welches Material man noch Nadelholzreisig breitet, bei jenen Arten, die unsere kalten Winter im Freien nicht gut überdauern. Solche sind: Adiantum capillus-Veneris; Athyrium Görringianum pictum; Cyrtomium falcatum und Fortunei; Nothochlaena Maranthae; Ophioglossum lutisanicum u. A., welche in nördlichen Gegenden besser im Topf zu kultiviren und nur während des Sommers hinauszustellen sind.

Wie sehr nicht selten ein passender Standort auf die Ausdauer und die Fortpflanzung exotischer Farne einwirkt, beweist der Umstand, dass ich Pteris longifolia in einem verfallenen Glashause eines vernachlässigten Gartens in Ungarn und, täusche ich mich nicht, auf einem unzugänglichen, allen Winden ausgesetzten Felsen, nicht weit von ersterwähntem Orte, verwildert fand.

§. 13.

Flechten und Moose.

Beim Lesen dieser Ueberschrift dürfte so mancher meiner geehrten Leser den Kopf schütteln und fragen: „Was ist's mit Flechten und Moosen? Sollen wir diese, so unscheinbaren kryptogamischen Gewächse etwa auch im Garten dulden, wohl gar ansiedeln?" — Nicht überall, das dürfte sich von selbst verstehen, doch können wir sie im Park nicht ganz umgehen; auf Felsanlagen aber sind Flechten wie Moose geradezu unentbehrlich, denn sie geben dem verwitterten Gestein jene originelle Bekleidung, jene Wetterfarbe, die uns so lebhaft an tiefe Wildniss, an den Zauber des Waldes gemahnt; sie unterstützen den Gartenfreund bei der Kultur so mancher Pflanze, welche ohne Beihilfe des Mooses nur zu bald verdorren würde: sie sind endlich die einfachsten, wahren und sichersten Regulatoren der Luft- und Erdtemperatur in unseren Gesteingruppen und namentlich in dieser Hinsicht der vollsten Beachtung eines jeden Gartenfreundes werth.

Es kann nicht meine Aufgabe sein, mit pedantischer Aufzählung aller Gattungen und Arten dieses so reich verzweigten Geschlechtes die Spalten vorliegenden Werkes zu füllen, ja ich darf
mir nicht einmal erlauben, die wichtigsten der Moose dem geehrten
Leser vorzuführen, muss mich vielmehr begnügen, bloss über die
Verwendung dieser Cryptogamen auf der Felsgruppe einige Rathschläge zu geben.

Flechten werden am sichersten im Garten angesiedelt, wenn
man sie gleich mit den Steinen, auf welchen sie wachsen, auf die
Gruppe bringt. Zu diesem Behufe muss dafür gesorgt werden, dass
man, nach Auswahl des bestbewachsenen Gesteines, letzteres sorgfältig transportirt, indem man Moos, Heu oder Stroh auf den Wagen
wirft, auf diese Unterlage die Steine bettet und während des Fahrens
öfter nachsieht, ob sich die einzelnen Stücke nicht aus ihrem Lager
rütteln und reiben. Desshalb ist es auch wohlgethan, bei besonders
schönen Stücken nur eine Lage aufzuladen und die Zwischenräume
gut mit Waldmoos zu verstopfen.

Derlei flechtenbewachsene Steine dürfen sowohl beim Auf- wie
beim Abladen nicht geworfen, sondern nur getragen und behutsam
aufgestellt werden, sie eignen sich namentlich für Steinpartien in
trockenen Lagen, wo Moos nicht gedeihen würde, für Cactus- und
Sedumgruppen, überhaupt dort wo Succulenten ausgepflanzt werden
sollen, und hebt sich das dunkle Grün der Saftpflanzen ganz reizend
von dem altersgrauen Gesteine ab.

Das tägliche Ueberspritzen der ganzen Gruppe reicht vollkommen
aus für die Erhaltung und Fortpflanzung der Steinflechten.

Wir kommen nun zu den Moosen.

Auch diese müssen in Wäldern gesammelt werden und — falls
es sich um jene Arten handelt, die auf Steinen wachsen, wie z. B.
Hypnum cupressiforme und tamariscinum — mit jener Vorsicht transportirt werden, wie oben bei den Flechten gelehrt wurde.

Ich mache hiebei auf ein Verfahren aufmerksam, welches, meines
Wissens, nur ich in Anwendung bringe, indem ich lebendes
Moos an Stellen, wo ich es eben benöthige, gewissermassen aus-
pflanze und nicht nur zum Anwurzeln, sondern auch zum Fort-
wachsen bringe.

Das Verfahren ist einfach und sicher.

Das Moos wird in vollkommen zusammenhängenden,
möglichst grossen Platten oder Streifen von dem Gestein be-

hutsam 'abgelöst. Dies geschehe nur bei ganz trockenem Wetter und um die Mittagszeit, wenn das Moos vertrocknet zu sein scheint, worauf eine Moosdecke nach der anderen in flache Körbe gebreitet und nach Hause geschafft wird.

Die Steine, welche mit Moos bekleidet werden sollen, müssen nunmehr angefeuchtet, an ihrer Oberfläche mit einer dünnen Schicht Lehmbrei überstrichen, mit Lauberde eingestaubt und mit den Platten belegt werden, welche man sofort an die Steinflächen, besonders an alle Ecken und Vertiefungen derselben, recht fest andrückt, dergestalt, dass die ursprüngliche Form des Gesteins, welches überkleidet werden soll, möglichst getreu wiedergegeben wird.

Von besonderem Vortheile hat es sich erwiesen, nicht nur die Obertheile des Gesteines zu belegen, sondern das ganze Stück mit den Platten zu umwickeln, weil dadurch ein grosser Theil der Moosdecke in Berührung mit Erde gelangt, welch' letztere dem Moose die ihm nöthige Feuchtigkeit unablässig zuführt, auch trägt diese Art der Tapezierung sehr viel zur Befestigung der Moosplatten bei, welche sich, wenn man nicht mit gehöriger Vorsicht zu Werke geht, später oft verschieben, nicht selten ganz ablösen, ehe sie angewurzelt sind.

Man sehe bei dieser ganzen Arbeit darauf, dass sie mit Genauigkeit gemacht werde, auch befleisse man sich einer grossen Reinlichkeit dabei, denn mit Lehm verunreinigtes Moos lässt sich nicht sobald in der früheren Schönheit und Frische herstellen. Man wasche sich daher, ehe man das Moos aus Gestein festdrückt, was mehrmals geschehen muss, jedesmal die Hände rein und vermeide es, einen übermässigen Druck auf das Moos auszuüben. Man beobachte dabei folgende Handgriffe:

1) Umwickeln des trockenen Mooses.

2) Sofortiges tüchtiges Ueberbrausen des belegten Gesteines.

3) Andrücken des mit Wasser vollgesogenen Mooses so lange, bis man glaubt, dass sich die Platte recht innig an das Gestein angeschmiegt habe.

4) Ein täglich zweimaliges Ueberbrausen der ganzen Moospartie, mindestens acht Tage hindurch.

Derlei moosige Steingruppen sind bei der Anzucht der meisten Alpenpflanzen und Ericaceen, zur Verschönerung der Coniferengruppen und der vielen, hier nicht näher zu bezeichnenden Gewächse mit kriechendem Habitus, die nur auf und zwischen dem Moose fort-

kommen, z. B. Linnaea borealis, fast unentbehrlich, ganz abgesehen
davon, dass das moosige Gestein so recht den Wald-Charakter wieder-
spiegelt und gehörig behandelt; d. h. täglich überspritzt, einen
reizenden Anblick gewährt.

Man vergesse jedoch nicht, dass Moos nur im tiefen Schatten,
höchstens der Morgensonne ausgesetzt, fortleben kann, und dass Erd-
und Luftfeuchtigkeit für Moose Existenzbedingungen sind.

Desshalb wird man moosbewachsene Steingruppen nur im Schatten
hoher Bäume oder in nördlicher Lage, am Fusse der Felswände, bei
Wasserläufen und Cascaden mit Vortheil herstellen können, auch
pflegt man moosige Gebilde aller Art fast nur in Gesellschaft der
Coniferen und Farne in voller Lebensfähigkeit und Frische anzutreffen, was zu beachten ist.

Moosarten, welche auf der Erde wachsen, können gleichfalls zur Dekoration unserer Steingruppen benützt werden, wenn man
die Vorsicht gebraucht, die Moospolster sammt der daran haftenden Walderde auszuheben und unverweilt an den Ort ihrer
Bestimmung einzusetzen.

Man kann mit dieser Manipulation recht schöne Spezies für den
Garten gewinnen, z. B. das glänzende Astmoos (Hypnum splendens), das gemeine Weissmoos, (Leucopryum vulgare, H.) welch'
letzteres zur Hervorbringung von Kontrasten recht verwendbar ist,
u. a. m., deren specielle Aufzählung ich übergeben muss, umsomehr
als doch ein Jeder nur jene Moosarten sammeln wird, die sich in nächster
Umgebung seines Wohnsitzes vorfinden, obgleich der Transport
seltener und schöner Moosarten aus der Ferne durchaus nicht
ausgeschlossen werden darf.

Wir kennen eine Menge Moose. die auch auf dürrem Boden
und in trockener Luft gedeihen; solche verwenden wir auf jenen
Felsgruppen, welche der vollen Sonne ausgesetzt sind, wo sie, im
Verein mit Sedum und Sempervivumarten, bei Ausfüllung der Spalten
und Löcher benützt, zur Vollendung des Ganzen nicht wenig beitragen. Nicht selten bin ich bei meinen Wanderungen durch Gärten
und öffentliche Anlagen auf Steingruppen gestossen, deren Fugen,
mauerähnlich, mit trockenem Waldmoose, ja sogar
mit Torfmoos, ausgestopft waren, wodurch die Gruppen
nichts weniger als felsenähnlich aussahen.

Man unterlasse doch diese kindische, ganz effektlose Spielerei;
wer nicht begreift, dass vergilbte wirre Moosbüschel dem Gesteine

keine Zierde gewähren, dem geht eben jedes Verständniss für derlei Ausführungen total ab.

Könnte ich darüber gebieten, so würde ich solche Steinhaufen, Monumente eines schlechten Geschmackes und noch schlechterer Naturanschauung, niemals dulden!

Ich kann diesen Abschnitt nicht beenden, ohne der Lycopodiaceen (Bärlappe) zu gedenken, die den Uebergang von den Laubmoosen zu den Farnkräutern bilden und viel Aehnlichkeit mit den ersteren haben. Ihr Stengel ist meist kriechend und dicht mit einfachen Blättern besetzt.

Die verbreitetste Art ist der gemeine Bärlapp (Lycopodium clavatum) ein auf Heiden und sonst an trockenen, wie auch feuchten Plätzen kriechendes Gewächs, ferner L. complanatum, in Heidegegenden gemein.

Die Bärlappe ziehen gleich Schlangen am Boden hin und schlagen mehrfach Wurzeln aus dem Geranke, ihr Habitus ist originell und da diese Pflanzen an manchen Orten gar nicht vorkommen, so wäre es angezeigt, sie von ihren heimathlichen Standorten zu beziehen und unsere Felsgruppen damit zu schmücken, wo sich die mehrfach windenden, schlingenden und kriechenden Gewächse zwischen dem Gestein recht sonderbar ausnehmen dürften.

Selbstverständlich wird ein schattiger Standort und genügende Bodenfeuchtigkeit dazu beitragen, diese seltsamen Gewächse zur höchsten Vollkommenheit zu bringen; sie verdienen den angewiesenen Platz umsomehr, als sie sonst seltene Bewohner unserer Gärten und eine wirkliche Zierde des Gesteins sind.

§. 14.

Schirmbäume.

Eine bisher nicht in Anwendung gebrachte Art des Gartenschmuckes ist die durch Schirmbäume.

Ich verstehe darunter eine künstliche Baumform, mit flach- oft etwas gewölbt-ausgebreiteter Krone, wie sich solche bei einigen Bäumen, z. B. den Föhren, im höheren Alter meistens

von selbst bildet und bei einzeln stehenden Exemplaren oft von
wundervoller, malerischer Wirkung ist.

Diese Neigung zur Schirmkronenbildung kann man bei den
meisten **Laubhölzern erzwingen**, bei den **Coniferen** theilweise wohl nur begünstigen und unterstützen.

Lächerlich wäre es indess, obschon die Möglichkeit nicht ganz
ausgeschlossen ist, von Natur aus schlank und pyramidalwachsende
Gehölze, z. B. die italienische (Pyramiden-) **Pappel** und **Fichte**
in diese Form zwängen zu wollen. Wir würden trotz aller ange-
wandten Mühe wenig Erfreuliches erreichen, die Zeit, welche auf
derlei Spielereien verwendet würde, könnte nur als eine **verlorene**
bezeichnet werden, während der **Schirmbaum**, mit Rücksicht auf
natürlichen Habitus und Wuchs gebildet, seinen praktischen Werth
nie verläugnet.

Man kann mit der Bildung von Schirmkronen in jedem Lebensalter des Baumes beginnen, obwohl es angezeigter erscheint, seine
Arbeiten schon in der jüngsten Wachsthumsperiode des Baumes zu
beginnen und, so fortschreitend, sein Werk binnen einigen Jahren
zu vollenden.

Ein Schirmbaum muss **alljährlich** unter Axt, Messer und
Scheere gehalten werden, seine Vollendung fällt zwischen fünf bis
zehn Jahre, und nur ausnahmsweise wird man einen kürzeren Zeitraum zur Bildung einer schönen, natürlich gehaltenen Schirmkrone
verwenden können.

Je älter und schwachwüchsiger der Baum, desto schneller wird
man mit dessen Kronbildung zu Stande kommen, unter der Voraus-
setzung, dass er zu dieser Behandlungsweise inklinirt, während
junge Hölzer, deren Gezweige ein üppiges Wachsthum verräth, nur
schwer in den gewünschten Schranken erhalten werden können, auch
genügt es, alte Bäume alle Jahre **nur einmal**, zur Zeit des
Vegetationsstillstandes, einzustutzen, wogegen **jüngere** Exemplare
auch **dreimal** in einer Vegetationsperiode unter die Scheere
kommen müssen.

Als Princip wird festgesetzt, dass man nach erfolgter Bildung
der Hauptäste **nur in den jüngsten Zweigen, nie im alten
Holze** schneiden darf, wenn ein vollkommen dichtes Laubdach
erzweckt werden will.

Vorerst errichte man das Gebälk des Laubdaches durch Vertheilung der Hauptäste in genügender Höhe, welche sich, je nach-

dem man Zwergschirmbäume oder Hochstämme zu erziehen gedenkt, nur nach dem jeweiligen Bedürfnisse bestimmen lässt.

Ebenso darf die Verzweigung der stärksten Astpartien nie regelmässig, auch nie in gleichem Niveau statthaben; während daher die mittleren Hauptäste mit ihren Abzweigungen am höchsten hinaufreichen und gleichsam den Schirm kuppelförmig überragen, dürfen die Seitenäste sich nur in mässigen Abständen unterhalb dieser Laubpartie zum Himmelsdome wölben.

Ein wohlgelungener Schirmkronenbaum wäre mithin der, dessen Aeste selbst, und zwar jeder für sich, das vollkommenste Laubdach darstellen, dabei eine nur an der äussersten Peripherie des Baumes gelichtete Blättermasse bilden und sich staffelförmig emporhebend, zu einem natürlich geordneten Ganzen verschmelzen würden.

Man darf sich hiebei nur erinnern, dass die Natur ihre Gebilde, wenn auch nach festen Gesetzen, so doch durchaus nicht mit peinlicher Regelmässigkeit aufbaut, und so darf denn auch bei der Bildung einer Schirmkrone durchaus nicht die Doldenblüte unserer Wurzelgewächse als Modell dienen, sondern es muss eine ungezwungene, lichte Anordnung im Geäste, mehr noch in der Zertheilung des Stammes selbst, vorherrschen.

Hiebei ist es durchaus nicht gleichgültig, welche Species man vor sich hat, ob man mit einem Laub- oder Nadelbaume arbeitet, denn während beim ersteren eine Zertheilung des Stammes schon zwei Meter über dem Boden beginnen kann, selbst wenn der Baum eine beträchtliche Höhe erreichen soll, wird man genöthigt sein, das Nadelholz langschäftig in die Höhe gehen zu lassen, wo dann die Abzweigung ohne viel Unterbrechung bald in die Krone verlaufen mag.

Die Umgestaltung höherer Bäume in diesem Sinne ist umständlich und kostspielig, daher nicht empfehlenswerth, wogegen die Heranbildung von Zwergschirmbäumen nicht genug befürwortet werden kann. Gibt man diesen Zwergbäumen, wozu sich eben so gut Laub- wie Nadelhölzer eignen, eine Höhe von 2 bis 4 Meter, so lassen sie sich ganz gut formen und gewähren, theils in lichten Gruppen, theils vereinzelt aufgestellt, eine ungewöhnliche Zierde jeder, sogar kleineren Felsanlage. Ich habe binnen 8 Jahren Zwergkiefern gezogen, welche gleich einem Steinpilze hochgewölbte Kronen so voll und dicht besassen, dass kein Spatz hindurch kriechen konnte. Jeder, der diese Gebilde sah, war entzückt von ihnen, ja,

so Mancher glaubte, exotische Nadelhölzer vor sich zu haben, und
doch hatte ich nichts weiter gethan, als junge Föhren mehrere
Jahre hindurch mit der Heckenscheere tüchtig an der Krone beschnitten. Noch schneller geht dies bei Laubhölzern, besonders
bei Weissbuchen, Eichen und Rothbuchen, am besten beim
Feldahorn, der sich, wie keine andere Baumart, vortrefflich zu Zwergbäumen eignet und sein Laub gleich einem dichten
Teppiche über dem knorrigen Stämmchen wölbt.

Auch Weissdorn-Zwergbäumchen sind reizend, wenn in
Blüte stehend, und ich habe einen Apfelbaum so behandelt, der
jährlich blühte und reiche Ernten lieferte.

Kurz, es bietet sich hier dem denkenden Gartenfreund ein
weites Feld zu mancherlei Versuchen, wobei ich bemerke, dass die
Zwergschirmbäume schneller zum Fruchtansatz schreiten, als Bäume
gleichen Alters auf gewöhnliche Weise behandelt, d. h. sich selbst
überlassen.

Zu Schirmkronenbäumchen lassen sich ziehen Arten der Gat-
tungen: Acer, Biota, Buxus, Castanea, Cedrus, Celtis, Cerasus, Cornus,
Corylus, Crataegus, Cupressus, Evonymus, Fagus, Frangula, Fraxinus,
Gleditschia, Ilex, Juniperus, Laurus, Ligustrum, Maius, Mespilus,
Myrica, Padus, Philadelphus, Pinus, Pirus, Platanus, Prunus, Quercus,
Rhamnus, Robinia, Rosa, Sambucus, Sorbus, Syringa, Taxus, Thuja,
Tilia, Ulmus, Viburnum und noch viele andere, auch Kalthauspflanzen, die in Kübeln aufgestellt (letztere aber maskirt), nicht verfehlen werden, jeder Anlage zur wahren Zierde zu gereichen. So
können Myrtus communis, Viburnum Tinus und manche Nadel-
holzpflanze, z. B. Retinospora, behandelt und im Sommer an die
gewünschten Plätze ins Freie gestellt werden.

Fünfter Theil.

Felsbewohner aus der Thierwelt.

---

§. 1.

Säugethiere.

Der mit Glücksgütern gesegnete, mit sinnigem Gemüthe ausgestattete Naturfreund wird zweifelsohne auch bestrebt sein, die
Umgebung seines Wohnsitzes mit lebenden Wesen zu bevölkern.

Auch der Fels darf und kann nicht des animalischen Lebens
entbehren!

Wer von meinen geehrten Lesern hat nicht schon einen Herbst-
tag im Hochgebirge verlebt, zwischen Felswänden eingeschlossen,
allein in der öden Wildniss, wo auch nicht ein Laut des Vogels,
ja nicht einmal das Schwirren eines Insektes an das Ohr des einsamen Wanderers dringt, welcher, beängstigt vom drückenden Gefühle tiefster Vereinsamung, sich zweifelsohne beeilen wird dieser
Grabesstille der ihn umgebenden Natur zu entfliehen?

In unserem Garten und Parke, zwischen unseren Felsen wollen
wir dieser bangen Stille durchaus nicht begegnen, und so müssen
wir trachten, Fels und Garten mit Thieren zu besetzen, die in
keiner Weise störend auf den künstlich geschaffenen Pflanzenwuchs
einwirken, wohl aber jenes Leben um uns aufkommen lassen, das
allein geeignet ist uns zu erheitern, trübe Stunden, sowie die grossen
und kleinen Leiden des menschlichen Lebens, wenn auch nicht
immer ganz zu verscheuchen, so doch zu mildern.

Beginnen wir Rundschau zu halten im Kreise der höheren
Thierwelt, so wird sich uns die Ueberzeugung nur zu bald
aufdringen, dass wir aus der obersten Klasse des Thierreiches
auch nicht einem Individuum das Freileben auf un-

seren Felsanlagen gestatten dürfen, ohne die Existenz der ganzen
Anlage in Frage zu stellen. und nur ausnahmsweise, in grossen
natürlichen Felspartien und im Parke, wird man einem Säugethiere,
dem Eichkätzchen, den permanenten, uneingeschränkten Aufenthalt gestatten können.

Wohl aber wird es uns vergönnt sein so manches Thier in Ge-
fangenschaft zu halten· und es zwischen dem Gestein so zu placiren,
dass es den Anschein haben kann, als sei die dem Thiere ange-
wiesene Wohnung keine Zwangsanstalt, sondern ein freiwillig ge-
wählter Aufenthaltsort.

Dieser Grundgedanke muss uns stets leiten, wenn wir beabsichtigen, Felsbauten in Thierwohnungen umzuformen, und so mag
es uns, bei richtigem, sage naturgemässem Ausbau des Thierpalastes
wohl vergönnt sein, einige Vierfüssler, namentlich Höhlenbewohner, in den Bereich unseres Heims zu ziehen. Ich be-
zeichne Fuchs und Dachs, Kaninchen und Feldhase, Meerschweinchen und Igel als solche unfreiwillige Gäste, die, selbst
in den kleinsten Gärten und Felsanlagen ein Plätzchen bekommen
können, des munteren Eichhörnchens nicht zu vergessen, das,
im grösseren Gebauer gehalten, nicht verfehlen wird, durch sein
lebhaftes Wesen den Blick des Zuschauers zu fesseln.

Wo es hoch hergeht, da mag vielleicht auch eine Fischotter
auf felsiger Insel internirt, hier ein Stück Rehwild, dort wohl gar
ein Wolf oder ein exotisches Thier, etwa ein Waschbär u. dgl.
Platz finden, aber ich bitte dies wohl zu beachten, nur vereinzelt,
nur mit Maass, da wir am Ende keinen zoologischen Garten zu
schaffen wünschen.

Hiebei bitte ich, nicht vergessen zu wollen, dass diese Thiere
nicht an die bevorzugtesten Plätze, sondern mehr abseits oder in
den Hintergrund der Anlage passen, besonders wenn diese in kleinerem
Massstabe zur Ausführung gelangte; auch ist es bekannt, dass alle
diese Thiere im Gefangenleben, selbst bei grösster Reinlichkeit und
sorgfältiger Abwartung, einen höchst unangenehmen, penetranten
Geruch ausdünsten, der zwischen den Duft der Blumen durchaus
nicht passt und in der Nähe der Sitzplätze wahrgenommen, eben
nicht sonderlich angenehm auf uns einwirkt.

Wir verweisen demnach unsere Gefangenen an ruhige, einsame
Plätze, dort jedoch auch in die Nähe der Fusswege, wo sie sich

ganz wohl befinden und, umschattet von dem Grün der Gehölze, recht gut ausnehmen werden.

Noch besser ist es, wir verbergen die gesammte Sippschaft zwischen dem Gemäuer einer Ruine, wo die künstlichen Gelasse und Eisengitter minder störend auf das Reine und Harmonische der Fels- und Waldwildniss wirken, auch die Möglichkeit geboten ist, alle nothwendigen Arbeiten, Reinigung, Fütterung, Ausbesserung der Zellen u. s. w., aus dem Innern der Ruine, daher ohne Beeinträchtigung der Felsanlage, zu vollführen.

§. 2.

Vögel.

Gleich' den Säugethieren werden wahrscheinlich auch die höheren Arten dieser Klasse kaum auf unserem Felsen wohnen, obgleich nicht geläugnet werden kann, dass Kauz und Elster, Thurmfalke und Rabe, Dohle, Häher und andere der raubenden und mordgierigen Sippe zuweilen von selbst in unsere Nähe sich drängen und hier, nicht eben als willkommene Gäste, hausen dürften. Ausser dem Käuzchen, Thurmfalken und der Schleiereule, welche drei als eifrige Mäusevertilger alle Schonung verdienen und den mit ihnen in einem Garten wohnenden kleineren Vögeln nur höchst selten an den Leib rücken, begünstige man keinen der Raub- und Krähenvögel im Garten, wo sie, eifrige Nestplünderer, oft keinen Singvogel aufkommen lassen und, gleich den Falken' und Würgern, in kurzer Zeit selbst einen ausgedehnteren Park entvölkern können.

Adler, Falken, den Uhu und Rabenvögel werden wir daher in sicheren Gewahrsam bringen und in den Räumen der verfallenen Burg, am vortheilhaftesten zwischen den Mauern eines Thurmes wohnen lassen, während Tauben friedlich und ungefährdet die Ruine umkreisen.

Wo keine Ruine oder doch kein ähnliches Gemäuer im Parke vorfindig ist, müssen wir uns begnügen, einzelne Raubvögel, Eulen und Käuze, hier und dort in geräumigen Felslöchern (Höhlen) unterzubringen, für den Nothfall genügt auch ein Vogelhaus aus Naturholz, mit Rinde, Schilf oder Stroh bedeckt, auf mehreren Steinblöcken ruhend, doch keineswegs zu viel gekünstelt und verziert. So werden wir uns mit Geschick selbst im kleinsten

Raume, Thierwohnungen bauen und uns an dem Gefangenleben der Vögel
erfreuen können, wobei nicht zu vergessen ist, dass eine gut eingerichtete Volière zu den schönsten Erscheinungen eines Gartens gehört und nicht verfehlen kann, wesentlich zur Erheiterung der
Gartenbesucher beizutragen, besonders wenn man neben den hervorragendsten einheimischen Vögeln, die so überaus anmuthigen fremden Finkenarten, Webervögel und Papageien züchtet, wohl
gar, bei hinreichender Vermehrung, im Freien verwildern lässt.

Mehr noch als das Gefangenleben der Luftbewohner muss den
wahren, warmfühlenden Naturfreund das Freileben der Vögel interessiren. Er wird sein Hauptaugenmerk auf die Einbürgerung
jener Arten richten, die sich bislang dem Garten fernhielten, und
dies wird um so leichter stattfinden können, weil jede Felsanlage
eine Waldpartie im Kleinen darstellt und alle Existenzbedingungen
der gefiederten Welt: geheime Schlupfwinkel, Ruhe, dichtes Gestrüpp, beerentragende Sträucher, schattengebende Laubbäume, Tannenwäldchen, Schlinggewächse, Wasser, Felsklüfte, Moose und dergleichen Annehmlichkeiten für ein Vogelherz in sich einschliesst.

Jede grössere, gut angelegte Felspartie ist ein wahres Eldorado
für den Singvogel, vorausgesetzt, dass Raubvögel, Katzen, Marderarten und andere Thiere nicht störend einwirken, und der Gärtner
mit seinem Treiben fern bleibt von der Brutstätte unserer Lieblinge.

Wer Singvögel mit Erfolg in seinen Garten einbürgern will,
der beachte die vier Hauptbedingungen wohl, die da heissen: viel
Ruhe, viel Wasser, viele Beerensträucher, unzählige düstere Schlupfwinkel. Man lege daher, wo immer es angeht, dichte Hecken von
Lonicera, Brom- und Himbeeren, sowie Ribesarten an; pflanze
Sambucus nigra und racemosa, Ebereschen, Heidelbeeren, Liguster,
auf freien Plätzen Erdbeeren; man stelle Nistkästen auf die Bäume,
bringe knorrige, dabei löcherige, alte Stämme, mit Schlingpflanzen
umrankt, zwischen die Felsen, öffne Quellen, baue Teiche, leite wo
möglich Bäche durch den Garten, zum mindesten an dessen Grenze;
man stelle Fallen auf gegen das vierfüssige Raubgesindel, tödte die
durchstreichenden Falkenarten, zerstöre die Nester der Elstern, Häher,
besonders aber jene der Würgerarten, die, so unschuldig sie auch
aussehen, oft jeden Strauch nach jungen Vögeln durchstöbern; man
überwache endlich das Gelichter der Haus- (nicht Feld-) Sper-
linge, welche, wie ich oft gesehen, die Eier der Rothschwänzchen etc.

aus den Nistkästen holen und beschränke deren allzugrosse Vermehrung.

Beobachtet man diese einfachen, leicht ausführbaren Regeln, so
wird man schon nach Jahresfrist über Mangel an Singvögeln nicht
zu klagen haben und thut man noch ein Uebriges durch Ausstreuen
von Winterfutter für Fink, Stieglitz, Girlitz, Spatz und Meise, so
kann man sicher sein, dass es im Sommer von Vögeln aller Art
nächst dem Wohnhause wimmeln wird.

. Noch sicherer geht man bei einigen selteneren Arten zu Werke,
wenn man Eier derselben den im Garten brütenden Vögeln unter-
legt, was indess schon viele Vorsicht und eine besondere Umsicht
erfordert, oder junge Vögel im Garten auffüttern lässt; endlich jung
aufgezogene und überwinterte Vögel im Frühjahre in den
Garten aussetzt, wo sie, wenn alle Existenzbedingungen vorhanden,
ihre bleibende Wohnstätte aufschlagen werden.

Letztere Methode der Einbürgerung empfehle ich namentlich bei
der Königin des Gesanges, bei unserer Nachtigall.

Ich habe diesen Vogel häufig in Schlagnetzen gefangen und,
trotz misslungener Versuche, so oft im Garten die Freiheit geschenkt, bis sich endlich doch ein Männchen herbeiliess, im Gestrüpp seinen Sitz aufzuschlagen; nach mehreren Jahren hatte ich
deren so viele, dass sie in der Umgebung sich ansiedelten und eine
Gegend, wo bisher nie ein Nachtigallenschlag erklang, reich be-
völkerten. Allein diese Vögel sind sehr eigensinnig in Bezug auf
Wahl bleibender Wohnsitze, Erlengestrüppe mit Weiden an Bach-
und Flussufern, auch an Teichen, dichte Bocksdorn-, Schlehen- und
Weissdornhecken, mit Clematis vitalba wild durchzogen, sagen der
Nachtigall sehr zu; auch verlangt sie zum Nestbau unbedingt
Reisighaufen im Gebüsche mit trockenem Laube reichlich versehen. Mir sind Fälle bekannt, dass Nachtigallen von
solchen Parks und Gärten auswanderten, wo man das dürre Reisig
zwischen dem Gebüsche entfernte und alles Laub ängstlich sammelte.

Richten wir unser Augenmerk nunmehr auf jene Vögel, die so
gern auf Baum und Strauch oder auf dem Erdboden zwischen dem
Felsen nisten, auch sonst mit Vorliebe dort verweilen. Es ist die
Schwarzamsel, die Singdrossel, fast alle Meisenarten,
die Spiess- und Baumlerche, das Goldhähnchen, der Zaun-
schlüpfer, die Heckenbraunelle, der Goldammer, Blut-
hänfling und das Rothkehlchen.

Sie alle können indess **n u r i m P a r k**, beim Vorkommen grösserer natürlicher Felsen mit Erfolg stabil gemacht werden, in Hausgärten aber dürfte es schwerlich gelingen, sie dauernd zu fesseln, etwa mit Ausnahme der Kohl- und Blaumeise, des Rothkehlchens, des Goldammers und der Schwarzdrossel, die ich selbst mitten im Gewühle grosser Städte (Wien und Prag) in Gärten nistend gefunden habe und würde der Amsel unbedingt den ersten Preis zuerkennen, wenn sie nicht die für kleinere, besonders Alpenanlagen so schädliche Untugend hätte, im Laube förmlich zu wühlen und eingedeckte Pflanzen aus ihrer Lage zu bringen.

Man kann sich nichts reizenderes denken, als in der Stadt eine kleine Wildniss, wo dunkle Fichten eine aus dem Gewässer aufsteigende Felswand umrahmen, während Amsel und Rothkehlchen dort ihr melancholisches Abendlied singen, beim Scheidegruss der untergehenden Sonne!

S c h w a r z a m s e l und **R o t h k e h l c h e n** lassen sich leicht einbürgern; man kaufe einige Exemplare von den Händlern, je mehr gezähmt, desto lieber, stutze ihnen die Fittige etwas ein, so dass sie noch etwas fliegen können, sorge an geeigneten, festen Plätzen für Wasser und Nahrung, und sie werden selbst dann, wenn ihnen die Flügel wachsen, den Garten nicht verlassen, besonders wenn derselbe mit hohen Mauern umgeben sein sollte. Zum Ueberflusse kann man die meisten Vögel des Gartens im Spätherbste oder vor ihrem Wegzuge mittelst Netzen einfangen, in Kammern durchwintern und im Frühjahre wieder in Freiheit setzen; so gewinnt man Gartenbewohner, die zutraulich und keck sind, zugleich bei Annäherung des Menschen nicht fliehen und ungescheut im ersten besten Busche ihre Jungen grossziehen.

§. 3.

Kriechthiere, Lurche und Fische.

Auch diese Aufschrift wird vielen meiner geehrten Leser ein Lächeln abzwingen und so Mancher wird fragen: Gehören **d e r l e i T h i e r e** wohl auch **a u f** den Felsen?

Nicht **a u f** das Gestein selbst, allein, wie alle Naturreiche ergänzend neben einander stehen und Eines in das Andere übergeht, ebenso bildet auch diese Abtheilung der niederen Thierwelt den

ergänzenden Theil einer vollkommenen Felsanlage und findet ihre
Vertreter theils im feuchten Moose zwischen dem Gesteine, theils
in dem Gewässer das den Felsen bespült, im Sprühregen des Wasserfalles, endlich in den Tausenden von Künsteleien, wo Wasser und
Gestein vereint die Hauptrolle spielen: in Aquarien und Terrarien,
im Wasserbecken jener Grotten und Höhlen, die wir bereits früher
ausführlicher besprochen und dargestellt haben, und so kann ich
mit Fug und Recht daran gehen, minder geschulten Lesern einige
wohlgemeinte Winke zu ertheilen.

Wer von meinen geehrten Lesern kennt sie nicht, die flinken
E i d e c h s e n und wer wollte es bezweifeln, wenn ich sage, dass
diese anmuthigen Thierchen jedenfalls a u f die Steinpartie gehören?
Es sind echte Felsbewohner, und nur der, den blöder Unverstand
oder kindische Furcht abhält, wird es vermeiden, die unschuldigen
munteren Geschöpfe auf dem Steine sonnend zu sehen.

In gut eingefriedeten Hausgärten oder in Aquarien und Terrarien
wird auch der F e u e r s a l a m a n d e r gehalten werden können,
vielleicht nur der Sonderbarkeit wegen, denn eigentliches Vergnügen
gewährt dieser, im feuchten Moose träge dahin schleichende Erd-
molch keinesweges.

Dagegen sind die T r i t o n e n , von welchen wir den K a m -
m o l c h , F e u e r m o l c h und T e i c h m o l c h kennen, recht
lebhafte Wasserthiere und können nicht nur in Aquarien, sondern
auch in dem Becken der Cascaden, nicht minder in anderen Wasserbehältern gehalten werden.

In neuerer Zeit wird häufiger der sogenannte Axolotl, die Larve
einer südamerikanischen Molchart bei uns eingeführt und in den
Aquarien als besondere Varietät gehalten. Es wurden mir einzelne
Stücke für 8, 12 bis 20 fl. (12—35 ℳ.) angeboten, und wer die
Auslage nicht scheut, mag sich immerhin von diesem Molche, der
16—18 Centimeter lang wird, einige Exemplare anschaffen, um sie
in gesperrten, mit Wasser gefüllten Gefässen an bevorzugten Stellen
unterzubringen.

Der Abscheu vor S c h l a n g e n aller Art ist so gross und so
tief eingewurzelt im menschlichen Gemüthe, dass ich es nicht wagen
darf, von der Ansiedlung der sonst unschädlichen R i n g e l n a t t e r
und anderen ähnlichen Gelichters zu sprechen, trotzdem es Personen
gibt, die auch für diese boshaften Geschöpfe, welche Fische, Frösche,
ja auch kleine Nestvögel, selbst Eidechsen nicht in Ruhe lassen,

Neigung haben und derlei Thiere in Aquarien und Terrarien bevorzugen. Was mich betrifft, so will ich von diesen Räubern, schon den kleinen Vögeln zu Liebe, im Garten Nichts wissen. Das Begegnen einer Schlange ist unter allen Umständen, selbst wenn man sie und ihre Lebensweise genau kennt, ein unangenehmes, und ich dulde lieber eine Kröte, so hässlich sie auch ist, in meiner Nähe, wenigstens ist ihr Gutmüthigkeit nicht abzusprechen; sie lernt bald ihren Pfleger kennen und kommt zur Fütterung gern aus der Felsspalte hervor, in der sie bleibenden Aufenthalt genommen.

Alle Kröten nützen durch Verzehren schädlicher Insekten, der verständige Mensch wird ihnen daher gern ein verstecktes Plätzchen im Moose gönnen, doch ist es nicht nöthig, sie erst anzusiedeln, sie erscheinen an feuchten Orten bald von selbst. Schöner als die Kreuzkröte ist der braune Land- oder Thaufrosch, der auch in feuchten Felspartien von selbst erscheint, sich unter den Pflanzen verbirgt und gern gesehen wird.

Wir kommen nun zu den Sängern schilfbewachsener Teiche zu den Wasserkröten, Unken und Teichfröschen, die ihre fröhlichen, für viele Menschen etwas zu lauten und unangenehmen Gesänge so übermüthig in die laue Mainacht hinaus schreien.

Ich stelle die Frösche unter meinen Schutz und würde Jedem, der über Bassins und Wassertümpel nächst seiner Felspartie verfügt, nur freundlichst rathen, alle diese Lurche, die ihrem Beobachter und Beschützer durch ihr munteres Gebahren nicht nur zur Zeit der Begattung im Frühjahre, sondern auch im Sommer manches Vergnügen bereiten, zu begünstigen und dieselben, falls sie durchaus nicht im Garten vorkommen sollten, daselbst einzubürgern.

Der allgemein bekannte und beliebte Laubfrosch, theils im Wasser, theils im Laube der Bäume lebend, lässt seine schmetternde Stimme aus den Kronen der Gehölze herab ertönen und gilt für einen Wetterpropheten. Gönnen wir ihm diesen Ruhm und das Plätzchen im Blätterdache unserer Bäume. Er ist überall leicht zu bekommen und unschwer dort zu erhalten, wo es Wasser in der Nähe gibt.

Wer etwas ganz Apartes in seinem Teiche zu haben wünscht, der schaffe sich den bereits in Frankreich eingeführten amerikanischen Ochsenfrosch an, dessen Grösse und gewaltige Stimme Alles übertreffen soll, was von Fröschen bisher gesehen und gehört worden sei.

Vorläufig nehmen wir mit unseren einheimischen Lurchen vorlieb und gehen mit dem wonnigen Gefühle ihres Besitzes zu der Betrachtung der Fische über. Letztere sind es allerdings am wenigsten, die zu den Felsen passen; wer von meinen geehrten Lesern hat es indessen schon vergessen, als ich sagte, wie nahe Fels und Wasser zu einander stehen, als ich die aussergewöhnlichen Reize einer Wohnung der Wassernixen schilderte, wo Wasser und seine Bewohner in Mitten von Fels und Gestein die Hauptrolle spielen, und wer besass je ein Aquarium, das nicht mit Tuffsteinen verziert war?

Es ist ungemein schwer, ja fast unmöglich, das Eine. ohne Gefahr etwas Unvollkommenes geschaffen zu haben, von dem Anderen zu trennen, und so möge es auch mir zur Abrundung des Ganzen vergönnt sein, so Manches scheinbar nicht in den Rahmen der Felsanlage Passende, dennoch einzuflechten.

Die bevorzugteste Fischgattung für kleine Gewässer ohne merklichen Zu- und Abfluss ist unstreitig die der Karpfen.

Obenan der Goldkarpfen, gemeinhin Goldfisch genannt, in zweiter Linie der gemeine und Spiegelkarpfen, endlich die Karausche und die Teichschleihe. Sie alle können ohne sonderliche Mühe und Auslagen beigeschafft und erhalten werden, wogegen in Behältnissen mit fliessendem Wasser auch Barben, Gresslinge und Bitterlinge, Weissfische, Barsche und noch viele andere einheimische Fischarten sich gross ziehen lassen.

Dort, wo klare kalte Gewässer von dem Gestein herabstürzen, findet die Bachforelle und andere ihr verwandte Arten den richtigen Aufenthaltsort, und es wäre schade, die Gelegenheit zur Züchtung dieses edlen Fisches ganz unbenützt vorübergehen zu lassen; im Schlamme des ersten besten Wassertümpels befinden sich Schmerlen und Schlammbeisser ganz wohl.

Es gibt noch so manchen Fisch, der in Aquarien und sonstigen Behältern faktisch gehalten wird, oder doch gehalten werden könnte, ich begnüge mich jedoch, dem geehrten Leser einige Winke gegeben zu haben, mit welchen Species er seine Gewässer bevölkern müsse, um ein Doppelleben in die ihn umgebende Natur zu zaubern.

Vor dem Schlusse dieses Paragraphes weise ich auf noch eine Abtheilung der Kriechthiere hin, nämlich auf die Schildkröten, von denen wir am häufigsten die griechische Landschildkröte und die europäische Teich-, fälschlich auch Flussschildkröte genannt, auf unsern Märkten sehen. Erstere ist ein

harmloses, zugleich aber auch ein stupides Thier, das seinem Herrn
wenig Vergnügen gewährt, daher ich den Besitz eines solchen Ge-
schöpfes gern vermisse.

Intelligenter ist unsere Teichschildkröte, die man nicht
selten in Aquarien findet, wo sie indessen den Fischen häufig
empfindlich an den Leib rückt.

Wer übrigens ein Freund von diesen Geschöpfen ist, wird nicht
fehl gehen, wenn er ein Bassin im Garten anlegt, in dessen Mitte
sich ein kleiner, aus Tuffsteinen gebildeter Felsen erhebt, ringsum
von sandigem Grunde umgeben, auf welchen die Schildkröten, besonders bei Nacht, gern emporsteigen.

Der Fels kann übrigens mit Farnkräutern und mancher Wasserpflanze recht schön dekorirt werden und gereicht auch ohne Schildkröten dem Garten zur Zierde.

Sollte übrigens der eine oder der andere meiner geehrten Leser
besonderes Vergnügen an Kriechthieren finden, so wird er von
Thierhändlern unserer Hafenstädte, besonders in Hamburg, recht
prompt bedient werden und kann aus überseeischen Ländern, vielleicht
aus Amerika, derlei Gethier (allerdings mit grösseren Unkosten
verbunden) anstandslos beziehen.

§. 4.

Insekten.

Niedere Thiere aller Arten werden sich auch ohne unser
Zuthun, ja mehr als wir es wünschen dürften, auf der Felsanlage
einfinden, es kann daher meine Aufgabe nicht sein, mich tiefer in
das Leben und Treiben der Insektenwelt, die einerseits zwischen dem
Gesteine selbst, andererseits auf allen Gewächsen der Anlage nur zu
bald sich ausbreiten wird, einzulassen; ohngeachtet dessen muss ich
bemerken, dass, so wenig auch der Mensch einer massenhaften Entwicklung der Insekten entgegenarbeiten kann, so wenig ist er im
Stande, fördernd auf die Verbreitung und Vermehrung dieses
oder jenes Insektes einzuwirken.

Insekten kommen und verschwinden meistens von selbst ohne
des Menschen Zuthun, und nur in sehr seltenen Fällen (wie zur
Zeit grosser Raupenschäden) wird es in dessen Hand liegen, in be-

schränktem Kreise dem verderbenbringenden Auftreten eines oder des andern Insektes mit Nachdruck zu begegnen.

Trotzdem, und im grossen Ganzen betrachtet die meisten Insekten der Felsanlage — richtiger gesagt, den daselbst gepflanzten Gewächsen — mehr schädlich als nützlich sein werden, ist es doch nicht wünschenswerth, sich dieser Thierarten ganz zu entäussern.

Sie gehören einmal zum grossen Ganzen und wer das Eine: felsige Waldpartie im Garten haben will, muss auch das Andere: Insektenleben im Walde als untrennbares Anhängsel mit in den Kauf nehmen.

Indessen muss ich gestehen, dass ich dieses und jenes Insekt im Garten nicht vermissen will; ich ergötze mich an dem bunten Falter, der über dem Blütenkelche schaukelt, eben so gut, wie an dem goldglänzenden Käfer, der seinen Lauf über die sammtartigen Moospolster zu mir herüber genommen; ich höre es gern das Summen und Schwirren der Fliegen und Immen in den Baumwipfeln, und vollends des Abends!

Melancholisch zirpt das Heimchen im Geäste, während die Abendglocke läutet und der Mückenschwarm über dem Gewässer tanzet, welches die stahlblaue Wasserjungfer noch einmal schwirrenden Fluges umkreist.

Bald verstummt auch das Schnurren des Hirschkäfers, der bedächtig emporkriecht an der rissigen Borke des Eichbaumes. Und die Schatten der Nacht locken sie heraus aus ihren Verstecken, wo sie des Tages über im dolce far niênte ihre Zeit verträumt: all die Nachtvögel und Schwärmer, um beizuwohnen dem Elfenreigen in stiller kühler Mondesnacht.

Ein Meer von Düften haucht das Jasmingebüsch in die feuchtwarme Abendluft und, während das Rothkehlchen die letzten Strophen seines Abendliedchens verklingen lässt in dem düsteren Getann dort an jenem Felsgelände, schlüpft die Amsel geisterhaften Fluges, einem Schatten gleich, zum Wasserfalle, um noch einmal zu löschen den Durst aus dem perlenschäumenden Waldpokale.

Fledermaus und Käuzchen jagen nach Sphinx und Nachtkäfern aller Art, fast lautlos durch die Baumriesen streifend, wo sich die Sänger des Waldes zur Ruhe begeben nach dem geschäftigen Treiben des Tages und nur die Nachtigall, im dichten Weissdornbusche dort unten, sendet ihre klagend-schmelzenden Töne weit hinaus in die ruhige Mondnacht: die Königin unserer gefiederten Sänger!

Leuchtkäferchen ziehen geschäftig durch das Tannenwäldchen, umkreisend Fels und Mauer in lautloser Eile, um endlich auszurasten tief unten im kühlen schwellenden Moose, und bis spät in die Nacht hinein schaukeln sich wonne- und nectartrunken Nachtschmetterlinge und Käfer in den Blütensträussen der Felsensträucher.

Ja rege ist das Leben der Insekten zur Nachtzeit, fast ebenso geschäftig ihr Treiben im Finstern, wie am sonnenhellen Tage, wo Bienen und Ameisen sich tummeln durch Wald und Flur.

So interessant und belehrend das Gebahren der Insekten auch ist, wir müssen uns begnügen, sie zu belauschen, wo wir sie eben finden, denn ansiedeln lassen sich diese Thierchen, mit wenigen Ausnahmen, wohl nicht, es sei denn, wir beabsichtigen uns an dem Gewühle eines Ameisenhaufens zu erfreuen. In diesem Falle genügt es, im Vorsommer mit einem Sacke ausgerüstet, in den Wald zu spazieren und von dem ersten besten Ameisenhaufen ein Theil des Innern mit sammt den Puppen (Ameiseneiern) einzuraffen.

Nächst der Nadelholzpartie unserer Felslage ausgeschüttet, wird das geschäftige Heer der Waldameisen bald zur Anlage neuer Wohnung schreiten und, wenn nicht weiter gestört, diese letztere in kurzer Zeit ungemein vergrössern. Wer die grosse Waldameise, die sog. Rossameise in seiner Nähe zu haben wünscht, muss sie in hohlen Baumstämmen ansiedeln; trotz ihrer Grösse sind es ganz friedfertige Thiere, die höchstens mit ihren Kiefern etwas zwicken, während die kleinen gelben Erdameisen so empfindlich stechen, dass es wünschenswerth erscheint, sie überall energisch zu vertilgen.

Von dem Heere der übrigen niederen Thiere wüsste ich keines zu nennen, das würdig wäre einer systematischen Einbürgerung unterzogen zu werden; es sei denn man beabsichtige die den Felsen durchströmenden Gewässer mit Wasserjungfern, Krebsen, Sumpfschnecken, Perl- und Flussmuscheln zu bevölkern, was ohne sonderliche Mühe gelingen wird, wenn man einige Exemplare der gewünschten Art in tiefere Wasserbecken theils mit kiesigem, theils mit schlammigem Grunde einsetzt.

Die Larven der Wasserjungfern fischt man leicht mit engmaschigen Schöpfnetzen aus Teichen und Sümpfen, wobei auch

Wasserkäfer, Sumpfschnecken und noch viele andere kleinere gewünschte und nicht gewünschte Thiere mitgefangen werden.

Je felsiger und pflanzenreicher das Ufer unserer Gartenwässer, umsomehr Insekten werden darin von selbst Aufenthalt nehmen, die eingesetzten· sich aber um so wohler befinden; diese reichliche Insektenwelt wird andererseits wieder Nachtigallen und sonstige Singvögel herbeilocken, welche in der Gesammtanlage durchaus nicht fehlen dürfen, und so reiht sich Glied für Glied der ungleichartigsten Naturgebilde zum wohlgeordneten Gesammtleben.

Sechster Theil.

Schutz der Felsenpflanzen.

---

§. 1.

Störende menschliche und thierische Eingriffe.

Wenn schon in jedem Garten Schäden, wie immer sie heissen, schwer empfunden werden, so muss die Beschädigung einer solch feinen Anlage, wie jede Felspartie ist, wo oft die seltensten und schwer zu kultivirenden Pflanzen mit grossen Auslagen aus weiter Ferne herbeigeschafft werden mussten und das Eingehen irgend einer Pflanze schon eine bedeutende Lücke verursacht, doppelt unangenehm sein.

Wir schützen daher unsere Felsanlagen so viel als nur möglich, und da dürfte es denn ganz am Platze sein, wenn ich diesbezüglich einige Worte äussere.

Der grösste Feind derlei Anlagen ist, wie überall im Leben, leider der Mensch.

Bosheit, Neid, Unverstand sind im Stande, binnen wenigen Stunden bedeutenden Schaden anzurichten und uns unserer kostbarsten Schätze zu berauben!

Ich sah, wie sich Knaben von exotischen Nadelhölzern, die, kürzlich angekauft, 30 fl. Oest.-W. kosteten, Spazierstöcke schnitten; ich erlebte, dass der boshafte Nachbar mir alle Pflanzen einer Anlage über Nacht herausriess, das Moos von den Felsen kratzte und selbst ziemlich grosse Steine umwälzte. Gegen solche und ähnliche Eingriffe schützt eine gute, 2—3 Meter hohe Mauer, die auch in anderer Beziehung (gegen kalte Winde u. drgl.) empfohlen werden kann; zum mindesten ein, zwei Meter hoher Palisadenzaun, oben dicht mit Dornen durchflochten.

Ich sah aber auch, wie meine Gäste die engen Pfade zwischen den Felsen besuchten und ganz bequem auf sorgfältig gepflegtes Moos, auf seltene Alpenpflanzen traten, über Felsblöcke hinwegsprangen, Blüten mit dem Spazierstocke köpften, Farnwedel knickten, kurz sich so benahmen, als ob sie wirklich nur im tiefen Walde wären und die Steinpartie eine natürliche Felsmasse sei, wo sie ungenirt ihrem Uebermuthe fröhnen könnten.

Gegen solche Schädlinge gibt es nur ein Schutzmittel: Zusperren der Gartenthüre!

Mitgebrachte, oder vom Nachbar herübergestiegene Hunde brachten mich nicht selten dadurch in gelinde Verzweiflung, dass sie Löcher scharrten, Moos abkratzten und dergl. mehr. Man vermeide es ängstlich, Hunde in die Felsanlage zu lassen; sie sind dort abscheuliche Ungeheuer.

Katzen können unter Umständen zu den grössten Pflanzenfeinden gezählt werden, denn nicht genug, dass sie ihren Koth vergraben und dadurch Pflanzen herausreissen, so sind sie zur Begattungszeit, während welcher die Felspartie zum Tummelplatze ihrer nächtlichen Liebesfreuden dienen muss, eine wahre Plage. Dabei stellen sie den Singvögeln eifrig nach; man muss daher jede Katze vom Garten so viel als möglich fern zu halten trachten, sie in Fallen und Schlingen fangen, eventuell erschiessen.

Eben so muss man zum Schiessgewehr greifen, oder seine Zuflucht zu Fallen und Fangeisen nehmen, wenn Marder, Iltisse und Wiesel, welche den kleinen Vögeln nachstellen und unseren Garten gar bald entvölkern würden, in den Bereich unseres Wohnortes kommen. Letztere sind minder schädlich und können im Spätherbst, wenn die befiederten Sänger weggezogen sind und Mäuse überhand zu nehmen drohen, zeitweise geschont werden. Der mäusejagende Igel verdient stets unsere Nachsicht, wogegen Hasen und Kaninchen, welche bei schlechter Umzäunung oft unvermuthet über Nacht einbrechen, was besonders im Winter nicht selten geschieht, bald möglichst abgefangen und getödtet werden müssen, wenn die ganze Anlage nicht in Frage gestellt werden soll; denn die letztgenannten Thiere benagen alle Laubgehölze empfindlich, auch scharren sie die Perennien unter dem Schnee hervor, räumen überhaupt im Garten oft so gründlich auf, dass es noth thut sich dieser ungebetenen Gäste, auf was immer für eine Weise, schleunigst zu entledigen.

Sollten **Maulwürfe** in bedenklicher Weise auftreten, so muss auch zu deren Vertilgung geschritten werden, weil sie, gerade zwischen den Felslöchern, wo die Alpenpflanzen stehen und es beständig feucht ist, arg zu wühlen pflegen. Einen oder den andern Maulwurf kann man, da jedes dieser Thiere den Engerlingen und Regenwürmern sehr nachstellt, unbehelligt lassen, sobald der zugefügte Schaden innerhalb der Grenzen des Erträglichen bleibt.

Den Pflanzen aller Art nachtheilig sind auch **Mäuse** und **Ratten**. Sie graben Löcher, scharren und wühlen Erdhaufeu auf, fressen Wurzeln, Samen aller Art und Zwiebelgewächse und müssen, am besten mit Giftpillen, überall ausgerottet werden, wo sie sich nur blicken lassen, wogegen die niedlichen **Spitzmäuse** eifrige Insektenvertilger sind und jede Schonung verdienen.

Fühlbaren Schaden machen auch alle zahmen und wilden **Hühnerarten**, namentlich **Haushühner**, und sie müssen durch gute Umzäunungen abgewehrt werden. Wo dies nichts fruchtet, leistet oft ein Schiessgewehr die besten Dienste, besonders dann, wenn eigensinnige Nachbarn sich nicht zum Einsperren ihres Geflügels bequemen wollen.

Dass manche **Finkenarten**: **Girlitz, Edelfink, Spatz, Grünfink, Ammer** auf den Saatbeeten nicht eben nützlich sind, ist erwiesen, wir werden sie desshalb aber nicht tödten, sondern, durch Ueberdecken der Saatplätze mit Reisig und anderem leichten Material, von den Felsbeeten fern zu halten suchen. Manches Jahr kommen **Gimpel** im Winter massenhaft in unsere Gärten und richten unter den Blütenknospen der Obstbäume gräuliche Verheerungen an und zwar so, dass nicht selten die Obsternte mancher Gattung, z. B. der **Pfirsiche** und **Aprikosen**, in Frage gestellt wird. Man muss sich daher bemühen diese schädlichen Gäste zu verscheuchen und, wenn dies nichts nützen sollte, sie wegzufangen. Dies gilt auch vom **Dickschnabel**, obgleich derselbe weit weniger Schaden stiftet als der Gimpel.

Raupen, wie immer sie heissen mögen, sind Verwüster unserer Bäume und Sträucher und werden, minder schädlich zwar, auch an krautartigen Gewächsen unserer Felsanlage bemerkbar. **Gemischte Bestände**, wie solche um unsere Felsanlagen vorkommen, begünstigen indess das massenhafte Auftreten einer oder der anderen Raupenart nicht. Demungeachtet kann es geschehen, dass der **Baumweissling** (Papilio Crataegi), der **grosse Fuchs** (Papilio Polychloros), der Grosskopf (Bombyx Dispar), der Goldafter (Bombyx chrysorrhoea), der Ringelspinner (Bombyx Neustria) und Andere durch Vertilgen der Eier, Raupen und Schmetterlinge eingeschränkt werden müssen. Dies gilt auch für den Frostnachtschmetterling (Geometra Brumata) und Stachelbeerspanner (Geometra Grossulariata), die Spindelbaummotte (Tinea Evonymella), den Pflaumenwickler (Tortrix Pruniana) und andere mehr. Die schönen Raupen des Ligusterschwärmers (Sphinx Ligustri), des Abendpfauenauges (Sphinx Ocellata), dann des Frühbirnspinners (Bombyx Quercifolia), des Lindenspinners (Bombyx Bucephala), der Schlehen-Eule (Noctua Psi) treten, nebst anderen nur vereinzelt auf, können leicht abgelesen und vertilgt werden.

Andere schädliche Insekten sind die Blattläuse, die mit der Hand zerdrückt werden können und besonders an Sambucus-Arten, Rosen, Schneeball, Johannisbeeren und anderen Sträuchern recht hässlich aussehen; die Schildläuse, durch Abkratzen vertilgbar; die Milbenspinnen, in trockenen, sonnigen Felsgruppen leider sehr häufig; die Erdflöhe eben daselbst, Arabis- und Tropaeolumarten, oft Alles vernichtend; Asseln, den Ansaaten verderblich; Ohrwürmer, Tausendfüsse und dergl.

Einige, im Garten häufig vorkommende Ameisen-Arten: Die rothgelbe Ameise (Formica rubra), die braune (F. fusca) und die schwarze Ameise (F. nigra) schaden besonders allen rasenartig wachsenden und kriechenden Pflanzen, mehr noch den Alpinen, durch Aufwühlen und Aushöhlen der Erde und Entblössen der Wurzeln. Zugleich stechen sie empfindlich und verderben manche kleine Felsanlagen gänzlich. Sie müssen unbedingt getödtet werden, indem man Petroleum in ihre Haufen giesst, alte hohe Schinkenknochen aufstellt, ihnen Honigwasser, mit Arsenik vergiftet, bietet und durch andere Hilfsmittel mehr.

Die grosse Rossameise (Formica herculanea) und die Waldameise (F. rufa) dagegen, siedle man an, weil sie viele kleine Raupen, Puppen, Käfer, Blatt- und Schildläuse und deren Eier vertilgen. Zu den Hauptschadenbringern des Gartens kann man unbedingt den Maikäfer zählen, der eben so durch Abfressen der Blätter und Blüten als vollkommenes Insekt, wie durch Benagen der Wurzeln im Larvenzustande, als sogenannter Engerling, enormen Schaden an allen Gewächsen des Gartens anrichtet.

Maikäfer müssen abgeschüttelt und aufgelesen, Engerlinge

dagegen können in einer Felsanlage, wo selbstverständlich vom Um-
graben keine Rede sein kann, nur durch Begünstigung ihres ärgsten
Feindes, des Maulwurfes, unschädlich gemacht werden.

Juni-, Rosen-, Gartenlaub- und andere Käfer, welche die
Blüten der Rosen, Viburnum-Arten und anderer Sträucher gräulich
benagen, auch im Larvenzustande schaden, beschränkt man nur
durch Wegfangen der Käfer selbst. Auch die sogenannte spanische
Fliege (Lytta vesicatoria) ein Käfer, der in manchen Jahren Eschen,
Syringen, Liguster und dergl. oft völlig entlaubt, muss abgelesen
werden und wird von Apothekern gut bezahlt.

Der Hirschkäfer nährt sich bloss von dem ausfliessenden
Baumsafte, schadet also nicht im Geringsten, seine sehr grosse Larve
(grosser Engerling) lebt in alten Sägespänen, faulendem Holze,
alten modernden Eichenstöcken, schadet daher selten und eben so
wenig, wie der Nashornkäfer (Oryctes nasicornis) und dessen
Larve, welch beide sich nur von Lohe und Mist zu nähren scheinen.

In manchen Gegenden eine wahre Plage sind auch die Werren
(Gryllotalpa vulgaris) und in Felsanlagen umsomehr, weil sie unter
dem Gestein sichere Schlupfwinkel finden, wo ihnen nicht so leicht
beizukommen ist. Das Eingiessen von Wasser und Baumöl hinten-
drein in ihre Löcher vertilgt sie zuverlässig, besser noch eine
Mischung von 2 Theilen Steinkohlentheer mit 1 Theil Terpentinöl,
die man Kaffeelöffel voll dem Wasser nachgiesst. Auch die Werre
hat an dem Maulwurfe den grössten Feind, man thut daher wohl
daran, mit der Vertilgung des Letzteren, selbst wenn er im Garten
etwas schaden sollte, zu zögern.

Alle Schnecken, sowohl die nackten, wie die Schalen-
schnecken, nähren sich von Vegetabilien, besonders von Sämlingen; man kann daher diese Thiere zu den sehr schädlichen rechnen.
Namentlich die sogenannte Weinbergsschenke, welche oft in
Menge vorhanden ist, hat mich oft sehr belästigt und nicht selten
empfindlichen Schaden an den seltensten Alpenflänzchen zugefügt,
ohne dass ich im Stande gewesen wäre, dem nächtlichen Treiben
dieser Störenfriede gründlich abzuhelfen, weil sie sich in die
Schlupfwinkel zwischen das Gestein zurückzogen, bis ich endlich,
durch Nachsuche spät Abends mit der Laterne, gründlich aufräumte.
Eben so schädlich ist die Ackerschnecke (Limax agrestis) und
die Gartenschnecke (Limax ater), die sich zwischen Moos und
Buchsbaum sehr gut zu verstecken wissen. An feuchten Abenden

und Morgen, sowie nach Regengüssen, kann man diese ungebetenen
Gäste, deren Gegenwart zerfressene Blätter und getrocknete glänzende Schleimstreifen verrathen, in Menge vertilgen.

Was die Insekten aller Art betrifft, so muss ich ausdrücklich
betonen, dass wohl kein Gartenbesitzer über grossen Raupenfrass
und andere Insektenschäden zu klagen haben wird, wenn er es versteht, Vögel in den Garten zu locken.

Rüssel- und Borkenkäfer können wohl kaum anders in
Schranken gehalten werden, als dass man die Meisen und Spechte
ängstlich schont. Dort, wo sich eine Kohlmeise eingenistet,
wird man bald die Abnahme aller Raupen verspüren.

Ein Nest der Blaumeise und Schwanzmeise zu zerstören,
halte ich nahezu für ein Verbrechen, denn diese Thiere sind es,
welche bei ihrem Umzuge durch die Obstgärten unberechenbaren
Nutzen stiften.

§. 2.

Schutzmassregeln gegen Elementarschäden.

Felsenpflanzen leiden durch Einwirkung und Vorkommnisse
der Natur zuweilen ungemein. Grosse Hitze und dadurch be-
dingte Trockenheit des Bodens und der Luft, schadet den Meisten,
während Einige durch zu reichliche Wasserzufuhr in Folge
von langdauernden Regengüssen in Fäulniss gerathen, wie z. B. die
meisten Succulenten. Gegen Beides können wir unsere Lieblinge
schützen, indem wir bei anhaltender Trockenheit nicht nur Pflanze
und Boden durchdringend begiessen, sondern auch die umgebenden
Gehölze täglich überspritzen und so die Luftfeuchtigkeit auf
das richtige Mass zurückführen, wogegen wir stagnirendes Wasser
von unseren Saftpflanzen dadurch fern halten, dass wir ihnen
recht sandigen Boden bieten, dessen Untergrund Felsgeröll und
Schutt bildet, oder durch Abzugsgräben und sonstige Mittel
dem zu reichlichen Andrange des Wassers bei Regenfluten vor-
beugen.

Bei Hagelwetter können kleine Gruppen, oder einzelne werthvolle Alpenpflanzen mittelst Ueberwerfen von Stroh- oder Bastmatten
(Decken) geschützt werden.

Gewächse, welche unter Bäumen fortkommen, geniessen bei Wetterschäden den Schutz des Oberholzes.

Zu reichliches Vorkommen stark beschattender Laubhölzer ist selbst bei schattenliebenden Alpinen zu vermeiden und stets auf wechselnden Schatten hinzuwirken.

Steinpartien, wo Cactusarten, Sedum, Sempervivum gepflanzt wurden, bedürfen des Schattens durchaus nicht, ja es würde hier selbst eine vorübergehende Beschattung verderblich wirken können, wir müssen daher stets im Klaren sein, welche Pflanzen auf der Gruppe Platz finden sollen und darnach müssen wir die Strahlen der Sonne reguliren, respektive die oft verderbliche Wirkung der Letzteren abschwächen.

Ein Hauptaugenmerk müssen wir bei Felsanlagen, ob gross, ob klein, auf die Winde und ihre Wirkungen richten, denn ganz abgesehen davon, dass sie Bäume brechen, Pflanzen jeglicher Gattung aus dem Boden reissen können, so dehnen sie ihre verderbliche Wirkung noch aus, dass sie den Boden austrocknen, die Lufttemperatur verändern, Samen forttragen und dergl. mehr.

Jedermann kennt die verderblichen Wirkungen der durchdringenden, ertödtenden Ostwinde, und wenn ich bei Anführung der einzelnen Felspflanzen von geschützten Standorten und warmen Lagen sprach, so ist dies zu verstehen, dass alle solche Orte gegen erkältende Windstriche möglichst geschützt sein sollten.

Winde werden abgewehrt und theilweise gebrochen durch vorstehende Gebäude, Mauern, Berge, endlich durch Waldungen oder sonstige, hainartige Baumpflanzungen.

Man lege daher womöglich kleinere Steinpartien am Fusse der Hügel, inmitten von Gehölzen, in Mulden, an der Süd- und Westseite hoher Gebäude, Mauern an und man wird dann in der Lage sein, auch zartere Pflanzen kultiviren zu können.

Sind derlei Schutzmittel nicht schon vorhanden, so muss man sich bequemen rings um die Felsgruppe eine sogenannte Schutzpflanzung zu machen. Ich unterscheide ausdrücklich Schutzwäldchen und Schutzhecken. Erstere, im Park verwendbar, bestehen aus unseren heimischen, allenfalls auch aus dicht- und schnellwachsenden fremden Nadelhölzern, und eignen sich die Fichte (Picea vulgaris Lk., Pinus Picea Du Roi), Thuja occidentalis L., Juniperus Virginiana L. und als Unterholz oder Vorpflanze Juniperus communis L. am besten dazu, obwohl man auch Laubhölzer, namentlich Eichen und Weissbuchen, welche ihre Blätter ziemlich lange festhalten, untermischen kann.

Man thut wohl daran, den Aussenrand jedes Schutzwäldchens mit anderen niedrigen Gehölzen zu besetzen, wozu sich abermals viele Juniperus-Arten, der gemeine Buchsbaum, ferner Ilex Aquifolium L., Ligustrum vulgare, Rosen, Flieder und andere dichtwachsende Sträucher eignen, denn nicht nur. dass die malerische Schönheit der Schutzhölzer dadurch bedeutend erhöht wird, gewinnt auch das Wäldchen an Dichtigkeit und vermag solchergestalt seinem Zwecke vollkommen zu genügen. Schutzhecken, mehr für kleinere Anlagen passend, dienen gleichfalls zur Abwehr kalter Winde und sind viel leichter, auch schneller herzustellen, als Wäldchen und Haine. Derlei Schutzhecken sollten die Felsgruppe hufeisenförmig, nördlich, westlich und östlich, umgeben und nicht unter 2 Meter Höhe betragen. Man wähle hiezu ebenfalls nur vollkommen winterharte, womöglich immergrüne, robuste, dabei aber dicht wachsende Baum- und Straucharten: Juniperus, Thuja, Pinus, Ilex, Buxus, Feldahorn, Liguster, Retinospora, Taxus, Syringa, Crataegus, Berberis, Pyrus, Spiraea, Rosa, und andere Gattungen, von denen man theils nur eine Species, theils ein buntes Gemisch anpflanzt, dazwischen auch Schlingrosen, Weinreben, Clematisarten und noch andere Schling- und Klettersträucher wirr durcheinander laufen lässt und etwa sich bildende Lücken schnell ausfüllt. Sehr schön und dicht werden derlei Hecken, wenn man sie von Hopfen durchranken lässt, auch würde ich empfehlen, derlei Schutzpflanzungen an die Grenze des Gartens, an Zäune, Planken, Gitter und dergl. zu verweisen.

Bildet man Schutzhecken von Weissbuchen, Feldahorn, Fichten, virginischem Wachholder, Taxus und andern hochwachsenden Gehölzen, so müssen Letztere stets unter der Scheere gehalten werden, wenn sie nicht lückenhaft werden sollen, ohne dabei geradlinige Formen zu verfolgen, oder gar eine widernatürliche Steifheit und Künstelei bemerkbar zu machen. Wenigstens trachte man den Höhenwuchs durch fleissiges Einstutzen der Gipfeltriebe zurückzuhalten, damit die Hecke bald eine angemessene Breite, nicht unter einem Meter, erreiche.

Natürlich entwickelte nicht unter der Scheere gehaltene Schutzhecken sollten eine Breite von mindestens 2 Meter, bei einer

durchschnittlichen Höhe von 2,5 bis 3 Meter erreichen: sie gewähren
dann nicht nur den Felsenpflanzen genügenden Schutz, sondern locken
auch viele Singvögel an, die in dem dichten Gezweige sehr gern
nisten.

Schutzwäldchen und Hecken müssen, wenn nicht etwa theilweise schon vorhanden, angepflanzt, nicht aber angesäet werden,
weil letztere Methode lange Zeit beansprucht. Man wähle grössere,
gut geschulte Exemplare hiezu, schneide sie tüchtig zurück und
pflanze, wo es nur immer angehet, mit dem Ballen. Etwa ent-
stehende Lücken fülle man mit Topfexemplaren aus, namentlich bei
Nadelhölzern, besonders bei Taxus baccata.

In südlicheren Gegenden, unter dem 49. Breitegrade, bedürfen
jene Gewächse, welche im Norden von Deutschland noch zu den
Zarten klassificirt werden, fast keiner andern Winterdecke als
Nadelholzreisig, mit welchem man Gehölze behängt, Perennien einfach zudeckt.

Wo der Weinstock unbedeckt über Winter nicht erfriert,
werden auch Monatsrosen, Feigenbäume, Jasmin, Magnolien und viele exotische Nadelhölzer ohne Nachtheil
unsere kalte Jahreszeit im Freien unter ganz geringem Deckmaterial aushalten; noch südlicher: im Banate, in Kroatien
und dem österreichischen Küstenlande; in Krain, Südtyrol, wird auch diese geringe Decke wegfallen, weil in einer
Gegend, wo Oleander, Granatbäume, Theerosen, auch
die zarten Banksrosen, R. microphylla und berberifolia, Myrthen, Araucarien, Kamellien, Kapern und
noch viele andere südamerikanische, japanesische und
nordafrikanische Gehölze, im Garten unbedeckt den Winter
überstehen, der dort im Verlaufe vieler Jahre höchstens eine Kälte
von 7° R. im Gefolge hat, von einem Bedecken der im Freilande
gezogenen Pflanzen selbstverständlich keine Rede zu sein braucht.

Der Nordländer wird indessen auf genügenden Winterschutz
für seine Felsenpflanzen denken, die Gehölze fremder Zonen theils
mit Heidekraut oder Schilf, theils mit Reisig dicht umwickeln, die
Perennien mit Moos oder Laub überwerfen müssen, worauf in den
rauhesten Lagen noch zum Ueberfluss Reisig gebreitet werden muss.
Umkleidungen von Stroh sind verwerflich; werden derlei Einhüllungen
zu leicht gemacht, so erfrieren die Pflanzen in nassen Wintern

dennoch, während starke Umkleidungen Moder und Schimmel er-
zeugen und frühe Triebe hervorlocken, die beim Aufdecken im Frühjahre vom ersten besten Froste vernichtet werden.

Ich empfehle zum Einbinden Fichten-, Kiefern- und
Wachholderreisig oben an, in zweiter Linie Heidekraut,
trockenes Schilfrohr und Farnkraut, welches letztere der
Adlerfarn in Masse liefert.

Das beste und sicherste Deckmaterial ist unstreitig der Schnee,
und unsere Alpenpflanzen werden sich am wohlsten unter
demselben befinden; man häufele daher, wenn und wo es nur immer
angeht, Schnee auf die Steinpartie. Baarfröste schaden allen
krautartigen Pflanzen um wie vielmehr den Alpengewächsen, die
ein halbes Jahr hindurch hoch mit Schnee überschüttet unter dieser
natürlichen Decke ganz gut überdauern. Wo daher schneelose
Kälte aufzutreten pflegt, müssen alle Felspflanzen mit Laub leicht
überworfen, allenfalls mit schwacher Reisigdecke geschützt
werden.

Halbharte Holzpflanzen häufelt man unten am Stamme
mit Erde an oder bedeckt die Wurzel mit Kohlenstaub, Sägespäne,
Laub, Moos und dergl., legt über diese Materialien Stroh, bindet
dann dasselbe dachförmig und dicht am Stamme zugleich fest zusammen, wodurch die Wurzeln warm und trocken erhalten werden,
während der übrige Theil des Stammes dem Wetter ausgesetzt
bleibt.

Auch eine blosse Bedeckung der Wurzeln mit Moos, Erde,
Steinen ohne vorerwähnte Strohlage ist vortrefflich und man würde
kaum glauben, was durch diese einfache Bodenbedeckung erreicht
werden kann.

Wo es nur immer angeht biege man die schutzbedürftigen
Holzarten zur Erde nieder, und bedecke sie mit Laub oder Nadel-
reisig, wobei aber wohl zu beachten ist, dass auch die Bie-
gungsstelle, die in der Regel am ehesten von der Frost-
wirkung leidet, mit dem Deckmaterial mindestens 15 Centimeter
hoch überlegt werden muss.

Zärtlichere Perennien werden theils mit Laub überworfen,
theils mit Sand, Sägespäne, Spreu, Erde überschüttet, worauf man
Dachziegel legen kann, wenn die Kälte oder Nässe anhaltend sein
sollte. Viele empfehlen Moos als gutes Deckmaterial für Perennien,
ich aber kann nach meinen gesammelten Erfahrungen nur rathen,

Fichten- oder Kiefernnadeln zu benützen, minder zarte
Perennien aber nur mit Nadelholzreisig zu belegen, welches
besonders in Felsspalten, und anderorts, wo aufgeschichtetes
Deckmaterial nicht halten, sondern vom Winde weggeführt werden
würde, recht wohl anwendbar ist. Wo Stürme zu hausen pflegen,
wird man wohl daran thun, alles Deckmaterial noch obendrein mit
Steinen, Ziegeln, Holzscheiten, Stangen u. s. w. zu belegen.

An senkrechten Mauern, Felswänden, Thürmen empor-
kletternde Gewächse schützt man durch Schilf- und Strohmatten vor
Frost und plötzlichem Temperaturwechsel, auch kann man einzelne
Holzgewächse oder kleine Gruppen mit Stroh und Schilfdecken
umgeben.

Bei starkem Schneefall müssen Bäume und Sträucher von dem
daran haftenden, Aeste und Gipfel brechenden Schnee durch vorsichtiges Abschütteln und Abklopfen befreit werden; selbst an
höheren Bäumen lässt sich dies bewerkstelligen, wenn man lange
Stangen zu Hilfe nimmt und Ast für Ast tüchtig rüttelt.

Der Pflanzenfreund schreite zu dieser Arbeit aber nicht erst
dann, wenn die Bäume sich schon auffallend neigen, sondern beginne
mit dem Abschütteln seltener Bäume weit eher, wenn sich die
Schneemassen bedenklich häufen, oft während des Schneefalles selbst.
Ich habe durch dieses einfache Mittel die schönsten Solitärbäume erhalten, während im nachbarlichen Garten alle Gehölze unter der
Last des Schnee- und Eisanhanges zusammenbrachen und einige
derselben kaum mehr zu retten waren.

Schliesslich dürfte es mir vergönnt sein über den Winterschutz
ganzer Felsgruppen zu sprechen.

Kleinere Fels- und Steinpartien mit zarten Alpengewächsen oder anderen Perennien bepflanzt, können nämlich am
sichersten und leichtesten durch die vom Hofgärtner Bosse mitgetheilte
Methode geschützt werden.

Das Verfahren hierbei besteht einfach darin, dass man um die
Steinpartie entweder zwei aus Weiden leicht geflochtene Korbringe
anbringt, welche etwas höher als die zu deckenden Pflanzen sein
müssen; der erste innere Korbring wird ungefähr 50—80 Centimeter
vom zweiten, äussersten, entfernt aufgestellt und zwar so, dass
innerhalb der beiden Korbringe ein Zwischenraum entsteht, welcher
mit vollkommen trockenem Material, mit Laub, Sägespänen,

Moos, Kiefern- und Fichtennadeln, Spreu u. s. w. ausgefüllt werden muss. Dieses Füllmaterial sollte auch im Winter trocken erhalten werden, wesshalb man über das Ganze (über beide Korbringe sammt der Gruppe) ein kegelförmiges Rohr- oder Strohdach dergestalt anbringt, dass es den äusseren Korbring etwas überragt.

Den Erdboden zwischen den Pflanzen innerhalb der beiden Korbringe kann man 30 Centimeter hoch mit trockenen Nadeln, in deren Ermangelung mit trockenem Laube, belegen und so den Wurzelraum der schutzbedürftigen Gewächse vor stärkerem Frost bewahren.

Grössere Steinpartien, welche in ähnlicher Weise geschützt werden sollen, müssen einem etwas abweichenden Verfahren unterzogen werden.

Man schlägt nämlich Pfähle ringförmig um die Gruppe ein, durchflicht sie mit biegsamen Zweigen dergestalt, dass das Flechtwerk die Spitzen der einzudeckenden Gehölze ungefähr 30 Centimeter überragt.

In angemessener Entfernung (0,60 Meter von diesem Flechtwerke) bringt man ein zweites, ähnliches, jedoch dichteres Flechtwerk an, und zwar so, dass auch hier zwei grosse Korbringe entstehen, deren Zwischenraum ebenso, wie früher gelehrt worden, mit trockenem Material ausgefüllt wird.

Die Pfähle des äusseren Flechtwerkes, auf welchen die Sparren eines aus Brettern oder Schwärtlingen gebildeten Daches ruhen, müssen entsprechend dick sein, auch fester in den Boden getrieben werden, als die des inneren Korbringes, welcher, allenfalls ganz leicht geflochten, vollkommen seinem Zweck entspricht.

Ist die Kälte gar zu gross, so kann der Raum innerhalb dieses Flechtwerkes, zwischen den Pflanzen, mit Laub ausgefüllt werden. Auch das Dach kann man bei sehr grosser Kälte noch mit Laub, Reisig, Streu, Pferdemist und dergl. überwerfen, wohl auch den äussersten Korbring mit einem Umsatz von Pferdedung umgeben.

Anstatt des Flechtwerkes kann man förmliche Bretterhütten bauen und so einrichten, dass sie sich leicht zusammenstellen und auseinandernehmen lassen; werden solche Hütten wohl gar mit Theer oder Leinölfarbe überstrichen und an trockenen Orten aufbewahrt, so können sie vielleicht 20 Jahre hindurch im Gebrauch stehen.

Bemerkt muss werden, dass man derlei Bauten in nördlichen Gegenden nicht auf ein Mal auseinandernimmt, sondern nur theilweise, dagegen öfter und stark lüftet, zuerst den Umschlag, dann die Korbringe entfernt, das Dach aber am längsten stehen lässt, etwa bis Ende April. Das Anbringen von derlei Deckmittel muss indess schon in der zweiten Hälfte des Monates Oktober, in rauheren Gegenden noch eher erfolgen.

Unter solchen Flecht- und Bretterhütten lassen sich alle als zart bekannten Freilandgehölze z. B. Theerosen, Clematisarten, Evonymus Japonica, Hydrangea hortensis, Aralia alle Arten, Desmodium alle Arten, Deutzia gracilis, Edgeworthia chrysantha, Fraxinus xanthoxyloides, Geblera suffruticosa, Genista-Arten, Hedera, buntblättrige Varietäten, Jasminum fruticans, Indigofera dosua, Kalmia latifolia, Leicesteria formosa, Mahonia japonica u. A., Nandina domestica, Phillyrea alle Arten, Ribes speciosum und subvestitum, Rubus rosaeflorus, Sophora Japonica, Ungnadia speciosa, Weigelia-Arten, Hybiscus syriacus, Fortunea chinensis, die Magnolien, Cydonia japonica, alle Arten Bhododendron, Viburnum Tinus, Prunus Lauro-Cerasus, Cypressen und andere exotische Coniferen, sowie immergrüne Eichen u. A. ohne Bodendeckung und ohne Dungumschlag durch kalte Winter bringen.

Besser geschützt wollen schon manche Kalthausgehölze und Perennien sein und verlangen daher, nebst Wurzeldeckung, auch noch einen Umsatz von Pferdedung und doppelte Bedachung. Ich nenne nur: Feigen, Granaten, baumartige Paeonien, Spartium junceum, Laurus nobilis, Phormium tenax. Ferner einige sonst nur im Kalthause gezogene Arten der Gattungen: Fuchsia, Arbutus, Daphne, Nerium, Melaleuca, Metrosideros, Jasminum, Thea, Passiflora, Camellia, Kalmia, Chimonanthus, Gordonia, Celastrus, Cistus, Lonicera, Coriaria, Gaultheria, Malva, Erica, Menziesia, Escallonia, die Opuntia vulgaris, Ficus indica, Agave americana, Agapanthus umbellatus, Acaena millefoliata, auch Yucca filamentosa und gloriosa, sämmtliche Acanthus-Arten, Acorus graminifolius, japonicus und minimus, Amphicome arguta, Aristolochia rotunda, Arundo Donax fol. var., Asparagus capensis, Asphodelus cerasiferus und floribundus, Biebersteinia Orphanidesi, Bongardia Rauwolfii, Centaurea candidissima und gymnocarpa, Claytonia caroliniana, Convallaria japonica, Convolvulus mauritanicus, Cypripedium mehrere Arten, als occidentale, guttatum, macranthum, spectabile etc., Datisca cannabina; Gazania alle Arten, Gunnera manicata und scabra, Helleborus olympicus und orientalis, Helonias alle Arten, Houstonia coerulea, Iberis sempervirens und gibraltarica, Iris californica, caucasica, japonica, Kaempferi, kamvonensis, laevigata, subbiflora, susiana und Wittmania, Leontice Leontopetalum, Ligularia japonica und Kaempferi, Lobelia fulgens, Mentha Pulegium, Monarda alle Arten, Nierembergia rivularis, Ophiopogon Jaburan und piscatum, Pardanthus (Moraea) chinensis, Petalostemon alle Arten, Plumbago, Larpentae, Salvia patens, Saxifraga peltata und thysanodes, Senecio pulcher, Sisyrhinchium alle Arten, Spigolia marylandica, Statice Fortunei, Stockesia cyanea; Symplocarpus foetidus, Tritomia alle Arten, Tussilago japonica, Wahlenbergia tuberosa; unter den Farnen: Athyrium Goringianum pictum, auch Cyrtomium falcatum und Fortunei, Nothochlaena Maranthae u. A.

Ich könnte noch mehr der Gewächse nennen, die sorgfältige Bedeckung bedürfen, wenn sie im Freilande prunken sollen, der geehrte Leser möge sich indess mit dem Gebotenen begnügen, umsomehr, weil in Bezug auf Ausdauer mancher Gewächse nichts Bestimmtes vorliegt, und z. B. Gehölze, welche in einem Garten bis auf die Wurzel erfrieren, oft im nächsten Orte, die grösste Winterkälte ertragen. Wer daher hinreichende Vermehrung besitzt, oder sonst die Auslagen für Neuankauf erfrorener Pflanzen nicht scheut, mag immerhin so manche härtere Kalthauspflanze in den Gartengrund verweisen, wobei ich nur noch bemerke, dass Gewächse zwischen das Gestein verpflanzt, vom Wechsel der Witterung wenig zu leiden haben, weil das plötzliche Aufthauen, auch Wind und Wetter, durch vorstehende Steinblöcke abgehalten wird.

Ganz kleine (nicht über 2 Meter breite und 1 Meter hohe) Tuffsteingruppen, auf welche seltenere Sedum- und Sempervivum-Arten, Opuntia vulgaris, Engelmanni und Rafinesquiana, Echinocactus Simpsoni, Agaven, Saxifraga-Arten oder sonstige zarte Miniatur-Gewächse gepflanzt wurden, welche das Licht nicht gern entbehren, müssen, wenn alle diese Succulenten im Freien fortkommen sollen, von einem Bretterkasten umgeben und mit Glasfenstern bedeckt werden, wodurch gleichsam ein kleines Kalthaus geschaffen wird, welches die darin befindlichen Pflanzen vollständig gegen Nässe schützt, was besonders im Frühjahre und

Herbste sehr nothwendig ist. Die Fenster erhalten eine Neigung
gegen Süden, und die Bretter dieses Kastens werden, beim Eintritte der kalten Jahreszeit von Aussen noch mit Laub umlegt.
Im Monate Mai hebt man Kasten und Fenster ab, um selbe im
Oktober abermals, als nicht zu verachtendes und billiges Schutzmittel in Anwendung zu bringen. Die Kastenhöhe richtet sich
selbstverständlich nach der Höhe der Steinpartie, auch brauche
ich nicht erst zu bemerken, dass alle vorbeschriebenen Schutzvor-
richtungen die weitgreifendste Anwendung, und mannigfaltige Ab-
änderung zulassen.

　　Schliesslich kann ich nicht genug darauf aufmerksam machen,
dass jede, an die Felspflanzen gebrachte Bedeckung nicht unmittelbar die ersteren berühren, sondern mehrere Centimeter über der
Pflanze angebracht werden sollte, dergestalt, dass ein hohler
Raum zwischen der letzteren und der Schutzdecke zurückbleibt.

　　Besonders sollten alle Alpinen hohl gedeckt werden;
bei kleineren Anlagen geschieht dies am einfachsten durch Ueber-
legen mit Hohlziegeln (Preussen), oder durch Ueberstürzen mit
Gartengeschirren, Töpfen und Schüsseln von Thon,
Holz, Auflegen von alten Backtrögen, Schwingkörben
u. dgl., auf welch' alle man sodann das weitere Deckmaterial: Laub,
Reisig u. dgl. in der erforderlichen Höhe anbringt. In südlichen
Gegenden ist oft der einfachste Schutz dadurch hergestellt, dass
man Pflanzen, besonders kleinere Holzgewächse, mit Strohkörben,
bienenkorbartig geflochten, d. h. oben ganz zu, überdeckt.

　　Sollen Holzgewächse mit diesen Bienenkörben geschützt werden,
so entblättere man sie vorher, nehme ihnen die nicht verholzten
Triebe und häufele auf die Wurzeln etwas Erde an.

　　Gegen Windstösse müssen diese Körbe durch Pfähle gesichert werden.

　　Das Ausheben zarter Holzgewächse aus der Steinpartie, zum
Zwecke der Durchwinterung im Keller oder in sonstigen frostfreien
Räumen, ist selten ausführbar, man kann aber Kalthausgewächse
z. B. Fuchsien, Begonien, welche während des Sommers die
Steingruppe geziert hatten, im Herbste in Töpfe zurückversetzen; es
muss dies aber mit möglichster Wurzelschonung und so zeitig als
möglich, etwa zu Ende September geschehen.

Siebenter Theil.

Schluss.

---

§. 1.

Im Herbste des Lebens.

Es braucht Jahrzehnte, nicht selten ein ganzes Lebensalter, bevor das, was zu bauen und zu pflanzen ich gelehrt, seiner Vollendung entgegenschreitet, bevor alle Pläne, alle Wünsche des Gartenfreundes zur Durchführung gelangen.

Selbst in der Hand des sehr begüterten Naturfreundes liegt es nicht, eine Felsanlage sammt ihrem Pflanzenschmucke mit einem Zauberschlage auf die Höhe der Vollkommenheit zu bringen. Menschenhänden wird es wohl gelingen, die Kräfte der Natur auszunützen, letztere jedoch in ihrem langsamen aber sicheren Gange auch nur um ein Haar breit aufzuhalten oder zu verändern, das wird keinem Erdenkinde vergönnt sein.

Unterstützt von der Macht des Geldes können wir zwar Ströme in die Sandwüste leiten, letztere mühselig begrünen, Berg und Fels auf der Ebene wohl in kurzer Frist erstehen lassen — — das Wachsthum der Gewächse aber, das nach ewigen Gesetzen geregelt worden, sind wir nicht im Stande zu beschleunigen und werden geduldig zusehen müssen, wie langsam sich Sommer für Sommer Ast und Gezweig zur Baumkrone formt, um endlich dazustehen als imposantes Laubdach auf mächtigem Stamme! So werden Jahre vergehen.

Unter diesem rastlosen Schaffen und Wirken ist der Gartenfreund alt geworden, es sind ihm wahrscheinlich auch nicht fern geblieben die grossen und kleinen Leiden des menschlichen Lebens, und sein Haar ist gebleicht von manchen Sorgen. Desshalb sehen wir ihn oft vereinsamt dasitzen auf seinem Lieblings-Plätzchen, zwischen der Felswand, wo jene Buche, welche e r gepflanzt, bereits ihre Aeste breitet über die moosige Decke, wo die Quelle, die er hieher geleitet, leise murmelt zwischen dem Gesteine und Farnkraute.

Der bleiche Strahl der westwärts sinkenden Sonne verräth, dass wir uns schon im Herbste befinden. Bereits fällt einzeln und schwer das Laub des Bergahorns zu Boden und die Sänger alle zogen dahin, welche noch kurz zuvor im Gebüsche ihr munteres Liedchen zwitscherten. Wie ist doch das Abfallen des Laubes ein ewig wiederkehrendes memento mori! Auch dem Dasitzenden überkommt beim Treiben der dürren Blätter im leisen Lüftchen die Herbstmahnung des eigenen Lebens; ermüdet unter jahrelanger, unausgesetzter Arbeit sehnt er sich nach Ruhe.

Der Gartenfreund aber will ruhen zwischen seinen Lieblingen, ihm ist der Ort, wo er gelebt und gewirkt, ein Heiligthum. Dürfen wir es dem armen Erdenpilger verargen, wenn er herbeisehnt den ewigen Frieden zwischen den Felsen, die er aufgebaut, bepflanzt, gepflegt sein ganzes Leben hindurch, wenn er endlich rasten will in den ruhigen, kühlen Felsen.

§. 2.

Die letzte Ruhestätte.

Ein täglicher Anblick des Grabes ist nicht für Jedermann!

Wir werden daher die Gruft, denn nur von dieser kann noch die Rede sein, an den entlegensten Theil des Gartens verlegen, sogar den Zugang zu ihrer nächsten Umgebung verbergen und durch Zaun und Hecke sorgsam die Blicke Unberufener fernhalten.

Was sollte die letzte Ruhestätte des Gartenfreundes anderes sein, als eine geräumige Felshöhle, deren Eingang ein mächtiges Thor von Eichenholz verschliesst.

Ist das Gefüge des Gesteines nicht derart, dass es unter dem Hammer und Schlägel des Bergmannes seine Dauer bethätigt, so muss selbstverständlich die Gruft gewölbt werden. Breite und Länge der Gruft richtet sich nach Bedürfniss und ist an die in Verwendung kommenden Geldmittel gebunden, es lässt sich daher schwer darüber etwas Bestimmtes sagen.

Der geehrte Leser verzeihe sonach, wenn ich die weitere Ausführung den Baumeistern vom Fach überlasse und mich beschränke, einige, die äussere und innere Ausstattung betreffenden Winke zu geben.

Dem tiefen Ernste des Ortes entspricht der natürliche Fels am meisten; sofern daher Ziegelwölbungen Platz greifen müssen, können diese in bereits früher bezeichneter Weise durch kleineres Gestein, allenfalls durch Tuffsteingebilde maskirt und naturgemäss dekorirt werden. Die aus dem Felsen selbst gebrochenen Steine bilden auch hier das beste Verkleidungsmaterial.

Bunte und glitzernde Steine, sowie Muscheln dürfen keineswegs zur Verwendung kommen; ein düsteres Grau sei die einzige Farbe, welche überall vorwalte, sie nur entspricht der Heiligkeit des Ortes.

Rechts und links gestatten stollenähnlich durchgeführte Fenster dem Tageslichte nur beschränkten Eingang. Farnwedel und die schlanken Zweige der Trauerbirke dämpfen draussen die grellen Strahlen der Sonne.

Der Fussboden der Gruft, breit genug, um Leidtragenden unbeengt den Zutritt zu dem in der Mitte befindlichen, eigentlichen Grab zu gestatten, wird mit Quadern gepflastert.

Mehrere Stufen einer breiten Felstreppe führen zum Eingang der Gruft.

Das Thor forme man im gothischen Style, die Pforten werden aus Granit oder Sandstein hergestellt; eine schwere, solide Thüre aus Eichenholz, mindestens 2 Meter breit, zieren massive, messingene oder eiserne Bänder, das Schloss sei gewuchtig, als gälte es den grössten Schatz zu verwahren.

Unsere nächste Aufgabe wäre nun den Eingang zur Gruft und deren Umgebung naturgemäss zu verzieren, und so mögen denn einige darauf bezügliche Notizen entgegengenommen werden.

Man kultivirt eine Menge von Trauerbäumen in unseren Gärten und hält sie alle tauglich zur Dekoration von Grabstätten. Es sind dies Gehölze mit hängenden Zweigen, vollkommene Symbole der Trauer und ganz geeignet, Kirchhöfe und einzelne Gräber zu zieren; im Park aber und in der Nähe der Gruft sind sie durchaus nicht am rechten Platze, am allerwenigsten die so sehr beliebte Trauerweide, Salix Babylonica L., und ihre Varietät: (S. annularis) die Napoleonsweide.

Es gibt fast unter allen lange in Kultur befindlichen Gehölzen

Varietäten mit schlanken, biegsamen, abwärts gerichteten Zweigen und desshalb besitzen wir bereits Trauer-Eschen, Ulmen, Eichen, Haseln, Rosen, Vogelbeerbäume und noch viele andere mehr, ohne dass indess auch nur eine dieser Varietäten zur Ausschmückung der felsigen, waldumsäumten Gruft so recht verwendbar wäre. Herbst und Winter entlauben das Gezweige der Trauerweiden und wenn dann der Nordwind traurig über die Gräber unserer Lieben braust, so geht die stille, ernste Ruhe, welche man für einen solchen Platz erwünscht, völlig verloren.

Wir betrachten vorerst den Berghang über der Gruft und werden uns gestehen müssen, dass wir zur Anpflanzung dorthin allen Coniferen den Vorzug einräumen.

Das prächtige tiefe, oft düstere Grün des Nadelbaumes, die, man könnte fast sagen Unvergänglichkeit seines Laubes, der eigene, majestätische Ausbau seiner Krone, alles das zusammen genommen verleiht der einsamen Wohnung unserer Todten das Gepräge längst ersehnter Ruhe.

Auch der tiefe, sprechende Ernst, der uns aus dem Gezweige des Nadelholzes herabwinkt, harmonirt vollkommen mit der ganzen Anlage, und wann immer man hinzutritt, im Sommer oder Winter, bleibt die ganze Umgebung unverändert im Kleide sanfter Trauer.

Ein echtes Bild der Unvergänglichkeit führt die Tanne über der düstern Gruft ihr abgeschiedenes ruhiges Leben, sie stirbt nicht ab, wenn sich die kalten Herbstnebel über unsere Fluren wälzen, sie hat es nicht erst nöthig beim Nahen des Frühlings von Neuem aufzuwachen aus ihrer Erstarrung, sondern sie steht da ungebeugt, schützend ihre Aeste ausbreitend über die Todesstätte, welche ihrem Schutze anvertraut wurde, für jetzt und immer.

So soll denn auch sie und ihre Schwestern hingepflanzt werden, als immergrüne Wächterin unseres Grabes!

Zunächst der Tanne ist es die Föhre, welche berufen ist ihre schirmartige Krone hoch über die Gruft zu breiten und eignet sich nicht nur die gemeine Kiefer (Pinus sylvestris), sondern auch die Schwarzkiefer (P. austriaca) und die Zirbe (P. Cembra), vorzüglich zu derlei Gebilden.

Ferner empfehle ich zu gruppenweiser Anpflanzung, in nächster Nähe des Grabes: die Weymuthskiefer (P. Strobus), die starre Kiefer (P. rigida), die spanische Tanne (P. Pinsapo), die Sternkiefer (P. Pinaster), Thuja gigantea (der Riesen-

Lebensbaum), ferner Cupressus Lawsoniana, Chamaecyparis
Nutkaensis u. A.

Als Unterholz wäre Taxus baccata, auch einige Retinos-
pora- und Juniperus-Arten zu verwenden, welche, untermischt
mit Ilex und Mahonien, mit Buxus und sonstigen immergrünen Laubhölzern, nicht verfehlen werden die gewünschte
Wirkung hervorzurufen, indem besonders das dunkle, sattgrüne Laub
der letztgenannten Gehölze zwischen den Nadelhölzern eine angenehme Abwechslung bietet.

Schlinggewächse, hochkletternd und von den Bäumen
herabhängend, erhöhen den Gesammteindruck der Anpflanzung, sie
sollen daher häufig Platz finden, namentlich der durch Blüten nicht
prunkende, dabei harte und schnellwüchsige Wildwein, die gemeine Waldrebe, viele Caprifolien und dergleichen harte
Hochkletterer.

Wir haben nun noch die Front und ihren bescheidenen
Schmuck zu betrachten.

Knapp über dem Eingang wölbt sich der kahle Felsen fast
zum Bogen; wir überziehen ihn mit Epheu und Wildwein,
während am äussersten Rande des Gehölzes über dem Eingange
zur Gruft die Wedel einheimischer Farne, besonders von Pteris
Aquilina sich über die Tiefe neigen, und das zu Tage tretende
Wurzelwerk mächtiger Stämme wirr umfangen wird von den Ranken
des Brombeerstrauches (Rubus fruticosus). Rechts und
links vom Eingange können mächtige Blattpflanzen (etwa Bocconia
cordata und japonica, Aralien, Solanum, Ricinus, Heracleum
eminens, Rheum und noch viele andere Species) recht vortheilhaft
verwendet werden, indem wir sie theils einzeln, theils in kleinen
Gruppen vereint aufstellen; wirr und ungezügelt drängt sich das
Sinngrün (Vinca) bis zu der Felsentreppe, wo Sedum und
Lysimachia Nummularia, im Verein mit Oxalis, Glechoma
und Linaria Cymbalaria zwischen den Ritzen wuchern.

Die grösste Rolle bei Dekoration der Grabgewölbe fällt aber
jedenfalls dem Epheu zu. Seine Anspruchslosigkeit an Boden und
Klima, seine Ausdauer im Vereine mit der Erreichbarkeit hohen
Alters, das schöngeschnittene, tiefgrüne Blatt, das zarte sich innig
an Fels und Gesteinbrocken schmiegende Geäste machen ihn so
recht zum Sinnbild einer ewigen Dauer.

Von allen sonstigen Bauten und Verzierungen passt keine wohl mehr zur Gruft, als die E r e m i t a g e, deren wir schon früher beschreibend gedachten. Ohne auffällig und störend zu wirken, wird wohl dieser Bau nur dazu beitragen, der Umgebung eines so ernsten Ortes die wahre Weihe zu geben. Wo es daher nicht mit besonderen Schwierigkeiten verknüpft ist, säume man nicht abseits vom Wege ins düstre Getann oder anlehnend an die Felswand, eine K l a u s n e r h ü t t e anzubringen, deren H o l z k r e u z mahnend zwischen den wettergrauen Stämmen uns entgegenwinkt und ernste Betrachtungen in uns erweckt.

So mag sich in stillster Einsamkeit, im tiefsten Schatten mächtiger Bäume und mitten unter seinen duftigen Lieblingen und den schönsten Sinnbildern irdischer Hinfälligkeit und ewiger Dauer der Gartenfreund die Stätte bereiten, in welcher er sein lebensmüdes Haupt darauf zur letzten Ruhe bettet.

The borrower must return this item on or before the last date stamped below. If another user places a recall for this item, the borrower will be notified of the need for an earlier return.

*Non-receipt of overdue notices does **not** exempt the borrower from overdue fines.*